BAEDEKER

B

BRETAGNE

»

Trinke Cidre, Laou,
Cidre ist gut.
Ein Sou, ein Sou
das Glas.

«

Alan Stivell

baedeker.com

DAS IST DIE BRETAGNE

TOUREN

LEGENDE

Baedeker Wissen
● Textspecial, Infografik & 3D

Baedeker-Sterneziele
★★ Top-Reiseziele
★ Herausragende Reiseziele

ZIELE VON A BIS Z

HINTERGRUND

ERLEBEN UND GENIESSEN

PREISKATEGORIEN

Restaurants
Preise für ein dreigängiges Menü ohne Getränke

€€€€	über 100 €
€€€	50 bis 100 €
€€	30 bis 50 €
€	bis 30 €

Hotels
Preise für ein Doppelzimmer mit Dusche/Bad ohne Frühstück

€€€€	über 200 €
€€€	150 bis 200 €
€€	100 bis 150 €
€	bis 100 €

PRAKTISCHE INFORMATIONEN

ANHANG

MAGISCHE MOMENTE

ÜBERRASCHENDES

D
DAS IST...

die Bretagne

Die fünf großen Themen rund um Frankreichs »wilde Küste«. Lassen Sie sich inspirieren!

Rosa Granit, wildes Meer und ein Leuchtturm: die Quintessenz der Bretagne bei Ploumanac'h an der Cote de Granit Rose ►

GEFANGEN VON LANDSCHAFT UND LICHT

Malern an Staffeleien begegnet man in der Bretagne auch heute noch. Ihre große Zeit als Tummelplatz für die künstlerische Avantgarde erlebte die Region aber in der zweiten Hälfte des 19. Jahrhunderts, als sich Paul Gauguin und viele andere hier inspirieren ließen.

◄ Paul Gauguin: »Landschaft mit zwei bretonischen Frauen«

Mit Gauguin im Museum von Pont-Aven

DAS MEER, das bisweilen so wuchtig an die felsige Küste klatscht, der Himmel mit seinen dramatischen Wolkenspielen, das ständig wechselnde Licht, die starken Farben und Kontraste – all das hat die Bretagne zu einem der Lieblingsziele jener Maler gemacht, die sich ab Mitte des 19. Jh.s vom etablierten Pariser Kunstbetrieb abwandten, ihre Ateliers verließen, die Staffeleien packten und die Malerei unter freiem Himmel für sich entdeckten. Auch die bretonischen Dörfer und Städte zogen die Künstler in ihren Bann und die Menschen – Fischer und Bauern. Den Alltag der einfachen Leute auf die Leinwand zu bringen, das Leben, so wie es ist, mit Pinsel und Farben einzufangen – das trieb die damalige Avantgarde an.

Ein Lieblingsort der Maler

Zu einem der kreativen Hotspots entwickelte sich damals **Concarneau** mit seiner Ville Close, der Altstadt, die wie eine schwimmende Festung auf einer Insel liegt. Zu den berühmtesten Künstlern, die hier für kürzer oder länger die Staffelei aufstellten, gehörten Signac, Sérusier, Delaunay und Corot. Einer, der Concarneau lange die Treue hielt, war **Fernand le Gout-Gérard** (1856-1924), der mit 33 Jahren eine Beamtenlaufbahn abgebrochen und sich ganz der Malerei verschrieben hatte. Er schuf stimmungsvolle Landschaftsbilder mit impressionistischem Touch, malte immer wieder bretonische Wochenmärkte, auf denen sich Frauen in schwarzer Tracht mit weißen Hauben um Stände und Warenkörbe scharen.

Internationaler Treffpunkt

Auch viele Künstler aus dem Ausland zog es in die südbretonische Hafenstadt. Sie kamen aus Großbritannien, Skandinavien, Russland, und Kanada. Sogar ein Neuseeländer, **Sidney-Lough Thompson**, war Teil der Künstlerkolonie von Concarneau. Nicht, dass es den Weitgereisten daheim an eindrucksvollen Landschaften gefehlt hätte – ursprünglich waren sie ja nach Paris gekommen, die damals unangefochtene Welthauptstadt der Kunst. Dort machten sie es wie viele ihrer Kollegen, sie kehrten der Akademie den Rücken und folgten dem Drang nach Luft und Licht.

Die »Schule von Pont-Aven«

Weit bekannter als die Künstlerkolonie von Concarneau ist aber die von Pont-Aven. In dem bretonischen Städtchen war in den 1880er- und 1890er-Jahren einer der ganz Großen am Werk – **Paul Gauguin**. Er experimentierte hier mit radikal neuen Maltechniken, setzte auf plakative Farben und stark voneinander abgegrenzte Flächen. Weit wichtiger als Abbildungstreue waren ihm die Symbolkraft der Farben, die Emotionen, die er mit Blau, Grün und Rot, mit leuchtendem Gelb und düsterem Braun hervorrufen konnte. Gauguins Malweise inspirierte die gesamte internationale Künstlerschar, die sich in Pont-Aven aufhielt. Als »Schule von Pont-Aven« ließ sie die Freiluftmalerei hinter sich. Nun ging es nicht mehr darum, Landschaftsstimmungen einzufangen. Das Anliegen der Pont-Aven-Künstler war es vielmehr, das Geschehene zu interpretieren und so Gefühlswelten auf die Leinwand zu bannen. Damit lieferten sie die **Vorlagen für spätere Kunstrichtungen** – für Symbolismus und Expressionismus. Paul Sérusier, einer der jungen Maler, die sich in Pont-Aven um Gauguin scharten, wurde führendes Mitglied der rebellischen Nabis-Künstlergruppe. Der große Meister selbst besuchte das bretonische Künstlerdorf 1894 zum letzten Mal. Dann verließ Gauguin Europa für immer und setzte sich nach Tahiti ab. »Der geahnte Traum ist etwas Machtvolleres als Materie.« Sein künstlerisches Credo wird den Zurückgelassenen wohl noch oft im Ohr geklungen haben.

BAEDEKER DAS IST ...

AUF DEN SPUREN GAUGUINS

In Pont-Aven führen drei Touren (Dauer 1 – 1,5 Std.) zu den Lieblingsorten des Malers. Der Tourismusverband hat an 19 Plätzen Infotafeln aufgestellt, wo Gauguin seine Staffelei aufbaute, damit Besucher die Motive aus der gleichen Perspektive sehen können, wie der Künstler es tat (https://vitrinesdepontaven.com). Werke Gauguins und der berühmten Pont-Aven-Schule kann man in den Museen von Pont-Aven, Quimperlé und Brest bewundern.

SO VIEL MEER

Salzige Luft, Wind und Wellen, das immer wiederkehrende Schauspiel der Gezeiten: In der Bretagne bestimmt die See das Lebensgefühl. Denn die ist hier, am nordwestlichen Ende Frankreichs, allgegenwärtig. Und grandios.

Der Phare de la Jument trotzt dem Sturm. ▶

VON keinem Ort in der Bretagne ist die Küste weiter als eine Autostunde entfernt, mit all ihren Ein- und Ausbuchtungen beläuft sich die Küstenlinie der gar nicht so großen Region auf über 2700 Kilometer. Und die bietet **jede Menge Abwechslung**. Da sind die sanft abfallenden Sandstrände in der Bucht von St-Malo, wo das Land kaum höher als der Meeresspiegel ist. Und dann, welch ein Kontrast, die spektakulären Steilküsten, an denen – wie am Cap Fréhel – der europäische Kontinent abrupt abzubrechen und aus über 70 Metern Höhe jäh ins Meer zu stürzen scheint. Am Cap Sizun, im äußersten Westen der Bretagne, ragen die Landzungen wie spitze Finger weit in den Ozean vor, und an der Côte de Granit Rose haben die Naturgewalten eine felsige Fabelwelt modelliert. Die glattgewaschenen Granitblöcke scheinen der Schwerkraft zu spotten, und im Schein der tiefstehenden Sonne leuchten sie in surrealem Rosé.

Hosen hochgekrempelt und ab ins Watt: Unterhalb des Mont St-Michel geht das prima.

Gefährlich

Für die **Schifffahrt** ist die bretonische Küste mit ihren windumtosten Kaps, gefährlichen Strömungen und Felsriffen schon immer eine Herausforderung gewesen. Berüchtigt ist die Passage zwischen dem nordwestlichen Festlandzipfel und der Île d'Ouessant. Hier toben sich im Herbst die Orkantiefs aus. Leuchttürme, längst vollautomatisiert und von Radarstationen unterstützt, weisen hier den Schiffen mit Kurs auf den Ärmelkanal den Weg.

Dunkles Kapitel

Die **Leuchtturmdichte** in der Bretagne ist eine der höchsten weltweit. Dennoch kam es immer wieder zu schweren

LUV ODER LEE

In See stechen und die Küste vom Wasser aus erleben – das ist ein besonderes Erlebnis und es wird umso authentischer, wenn man zur Crew gehört und mit anpacken darf. An Bord der nostalgischen Segler »Enez Koalen« und »La Nébuleuse« können Sie 2,5 Stunden durch das Archipel von Bréhat kreuzen oder für ein ganzes Wochenende anheuern. Erfahrene Skipper sind mit von der Partie. Infos und Reservierung: 57 €/Archipel de Bréhat, 2 Tage/490 €, ab Port de Lézardrieux oder Paimpol, www.voilestraditions.fr.

Havarien. Unvergessen ist die Katastrophe von 1978, als der Supertanker **»Amoco Cadiz«** mit defekter Ruderanlage vor der Île d'Ouessant mit einem Felsen kollidierte. Viel zu spät hatte die Besatzung Hilfe angefordert, der Tanker brach in drei Teile, rund 220 000 Tonnen Rohöl ergossen sich ins Meer – mit verheerenden ökologischen und ökonomischen Folgen. Am Unglück des Tankers **»Erika«**, der im Dezember 1999 bei stürmischer See auseinanderbrach, war ebenfalls marodes Material schuld. Damals wurden Ölkonzern, Eigner und Reederei zu 192 Millionen Euro Schadenersatz verklagt. Glücklicherweise hat sich ein vergleichbares Unglück in bretonischen Gewässern seither nicht wiederholt.

Besondere Schauspiele

Im Sommer kann man den Ozean von seiner ruhigen Seite erleben – vor allem an der **Südküste** und dort besonders am Golfe du Morbihan, dem »kleinen Meer«, wie die geschützte Bucht genannt wird. Mancherorts nimmt sich das Meer stundenlange Auszeiten. Boote, die bei Ebbe mit dem Kiel im Schlick stehen, gehören zu den typisch bretonischen Impressionen.

Die Schwankungen des Meeresspiegels im Rhythmus der Gezeiten sind an der **Nordküste** der Bretagne so stark wie fast nirgendwo sonst auf der Welt. In der Bucht von St-Malo beträgt der Tidenhub 13,5 m, am Mont St-Michel sogar 15 m. Auf dem Klosterberg zu stehen und zuzuschauen, wie das Meer aus der Ferne wieder gen Küste rollt, ist ein atemberaubendes Erlebnis – besonders wenn es zu einer Springflut kommt (▶ Baedeker Wissen, S. 294). Auch wenn die Herbststürme den Atlantik aufpeitschen und sich haushohe Wellen an Felsen und Ufermauern brechen, bieten sich großartige Schauspiele – aber bitte aus sicherer Distanz.

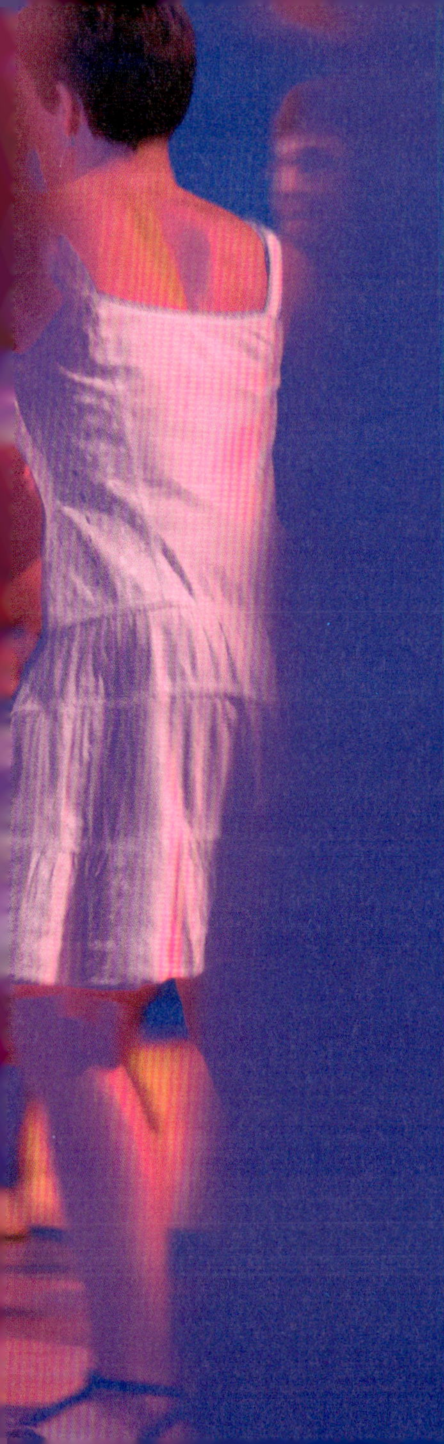

ÜBER-SCHÄU-MENDE LEBENS-FREUDE

In der Bretagne feiert man oft und gerne – und mit mitreißendem Temperament. Besondere Erlebnisse sind die Festoù-noz – nächtliche Tanzfeste voller Lebensfreude.

◄ Wer behauptet, dass traditionelle Feste nur für ältere Semester in Trachten sind? Beim Fest-noz in St-Martin-des-Champs machen alle mit.

MAN fasst sich bei den Händen oder hakt sich unter, setzt die Füße trappelnd seitwärts, vor und zurück. Mal geht es links, mal rechts herum, mal läuft die Schrittfolge auf ein energisches Trampeln, mal auf einen kecken Hüpfer hinaus. In Kreis- oder Kettenformationen bewegen sich die Tanzenden durch den Raum, voneinander weg und auf einander zu, im Rhythmus der Musik, die immer schneller und ausgelassener wird. Und irgendwann scheint sich alles drumherum aufzulösen. Wer mittanzt, wird Teil des Strudels, spürt den Sog, spürt die pure Energie. Und wer einmal mitgemacht hat, wenn Bretonen eine **Fest-noz** feiern und eine Gavotte nach der anderen aufs Parkett legen, wird das rauschhafte Glücksgefühl nicht so schnell vergessen.

Kein Fest ohne Tanz

Ausgelassene Feste haben in der Bretagne jahrhundertelange Tradition. Das bäuerliche Leben war hart und jeder Anlass recht, eine kleine **Auszeit vom Alltag** zu nehmen und beim fröhlichen Feiern für ein paar Stunden Sorgen und Strapazen zu vergessen. Getreide-, Kartoffel- und Apfelernte waren willkommene Gelegenheiten für ein Dorffest mit Musik und Tanz und allem, was sonst noch Spaß macht und dazu gehört. Der Kirche waren die Fest-noz lange Zeit ein Dorn im Auge. Zu viel Körperkontakt zwischen den Geschlechtern, zu viel Ablenkung von den strengen Regeln der katholischen Moral. Unterbinden konnten die geistlichen Autoritäten das ausgelassene Singen und Tanzen nie. In einigen bretonischen Pfarrgemeinden wurde aber – um Schlimmstes zu verhüten – das »mouchoir« angeordnet, ein Tuch, das, eng am Leib getragen, allzu intimen Kontakt zwischen weiblichen und männlichen Tänzern verhindern sollte.

Tradition in Gefahr

Bis in die 1920er-Jahre hatten die Fest-noz ihren festen Platz im bäuerlichen Jahresreigen. Das änderte sich in den 1930ern. Immer mehr Maschinen verdrängten die Handarbeit und mit ihr die althergebrachte dörfliche Kultur. Wo die Tradition noch lebendig war, wurde sie von den deutschen Besatzern verboten. Mitte der 1950er-Jahre besannen sich die ersten Bretonen dann wieder auf das fast verlorene Erbe. Als einer der Retter der Fest-noz hat **Loeiz Ropars** (1921-2007) von sich reden gemacht. 1955 lud der Lehrer, Sänger und Musiker in seinen Heimatort Poullaouen ein, eine kleine Gemeinde im Finistère. Um die 3000 Menschen folgten ihr – die Fest-noz war neu geboren.

DAS TANZBEIN SCHWINGEN

Gavotte, Laridé, Andro und Plinn – wenn Sie bei einem Fest-noz richtig mittanzen möchten, können Sie in Combrit Sainte-Marine bei Quimper die Grundschritte der beliebten Tänze lernen. Juli und August immer montags. Infos bei der Touristeninformation, Place Grafenhausen, Tel. 02 98 56 48 41

Verankertes Kulturerbe

Bald schon eroberten sich die »nächtlichen Feste« ihr angestammtes Terrain, die Cornouaille, zurück. 1958 wurde das ursprünglich bäuerliche Event erstmals in einer Stadt gefeiert, in Quimper, der alten Hauptstadt des historischen Kernlands der Bretagne. Nun, in der neuen Zeit, fanden auch die Städter Gefallen an derlei Vergnügen. Dabei ging es nicht nur um Brauchtum und Lebensfreude. Fest-noz zu feiern, das wurde in den 1960er-Jahren auch zum Ausdruck einer **wiedererwachenden bretonischen Unabhängigkeitsbewegung.** Immer mehr Barden betraten die Bühnen und sangen in keltischen Dialekten, heizten dem Publikum mit dem Binou, dem Dudelsack ein, und mit der Bombarde, einer Oboe, die viel Atem verlangt und die bretonischen Tänze seit eh und je begleitet. Auch die schon lange in Vergessenheit geratene keltische Harfe erlebte eine Renaissance. Zum Meister dieses Instruments wurde **Alan Stivell**, der, von der internationalen Folk-Euphorie getragen, das keltische Erbe im In- und Ausland populär werden ließ und große Hallen und Säle zum Beben brachte. Konzerte hat der Bretone bisweilen zu rauschenden Festnoz werden lassen, bei denen es keinen Fan auf dem Sitzplatz hält.

Heute finden die bei keltischen Klängen durchtanzten Nächte rund ums Jahr, vor allem im Sommer, in vielen Orten der Bretagne statt – und seit 2012 gehören die Festoù-noz zum immateriellen Weltkulturerbe der UNESCO.

Alan Stivell und sein Lieblingsinstrument

AUF FLIESSEN-DEN WEGEN

Flüsse und Kanäle durchziehen das Innere der Bretagne. Einst waren die Wasserläufe wichtige Lebensadern der Region – heute beglücken sie Freizeitkapitäne.

An Schloss von Josselin vorbei schippert man auf der Oust, die hier der natürliche Teil des Kanals von Nantes nach Brest ist. ▶

STEUERBORD und backbord gleiten sanfte Landschaften vorbei. Von manchen Orten ist nicht viel mehr als eine Kirchturmspitze zu sehen – andere werfen Spiegelbilder ihrer Mittelalterkulisse aufs Wasser. Wenn man auf einem Kanal durch das Innere der Bretagne schippert, könnte man meinen, die künstlichen Wasserstraßen seien eigens für dieses entspannende Freizeitvergnügen angelegt worden. Aber daran hat natürlich niemand gedacht, als man vor über 200 Jahren Nantes und Brest, St-Malo mit Rennes und Arzal im Morbihan durch Kanäle verband. Es ging einzig darum, das bretonische Hinterland an die Hafenstädte anzubinden.

Kanäle statt Straßen

Die Idee, einen **Kanal von Ost nach West** zu bauen, spukte schon im 16. Jh. durch so manchen bretonischen Kopf. Doch in Angriff genommen wurde der Kanal von Nantes nach Brest dann doch erst zu Beginn des 19. Jahrhunderts. Gleich mehrere Flüsse wie Edre, Isac und Oust wurden abschnittsweise in die neue Wasserstraße integriert und für diesen Zweck begradigt. Eine besondere Herausforderung waren die insgesamt 555 Höhenmeter, die auf der gut 360 km langen Strecke überwunden werden müssen. Dafür waren **238 Schleusen** nötig. Napoleon finanzierte das Vorhaben aus der Staatskasse. Schuften mussten dafür hunderte Häftlinge, darunter viele politisch unliebsame Zeitgenossen. Unter unsäglichen Bedingungen ließ man sie den bis zu 23 m tiefen Graben schaufeln. Ein großer Teil der Arbeiter starb an Erschöpfung oder an Malaria. 1858 konnte der Kanal dann auf ganzer Länge eingeweiht werden.

Konkurrent Bahn

Einige Jahrzehnte lang pulsierte die neue Lebensader. Frachtschiffe beförderten Getreide, Zucker und Salz, Holz, Kohle, Schiefer. In den ersten Jahren waren es durchschnittlich 10 000 Tonnen, 1911, im Spitzenjahr, 174 000 Tonnen. Doch das änderte nichts daran, dass der Kanal **im Grunde zu spät** gekommen war. Die Bahn machte dem Warenverkehr zu Wasser zunehmend Konkurrenz. Auf der Schiene ließen sich Transporte kostengünstiger und letztlich auch zuverlässiger bewerkstelligen. Die Weltkriege verstärkten die Krise, und danach kam die Schifffahrt nicht mehr in Schwung. 1977 tuckerte das letzte Kanal-Frachtschiff gen Brest.

Pures Freizeitvergnügen

In den 1990er-Jahren hat man die ausgedienten Wasserstraßen als **Reviere für Sport- und Hobbykapitäne** entdeckt. Der Nantes-Brest-Kanal lässt sich zwar nur zwischen Nantes und Pontivy und zwischen Port-Launay und Goariva befahren. Der Attraktivität tut das aber keinen Abbruch. Lohnende Etappenziele locken vor allem an der ersten Teilstrecke. Zudem bieten sich weitere natürliche Wasserläufe für kleine Abstecher und Anschlusstouren an. So kann man nördlich von Redon auf dem Flüsschen Aff weiterschippern – bis nach La Gacilly, wo die Kosmetikfirma Yves Rocher in ihren herrlichen Blumengarten einlädt. Bei Pontivy, am Ende der schiffbaren Strecke, können Kapitäne ihre Boote auf den Blavet steuern und diesem Fluss folgen, bis er bei Lorient den Atlantik erreicht.

Idyll am Flüsschen Aff: La Gacilly

BAEDEKER DAS IST ...

LEINEN LOS

Wer es selbst ausprobieren will: Diverse Verleiher vermieten auf dem Nantes-Brest-Kanal Hausboote, die man ohne Bootsführerschein steuern darf – vom schlichten Basistyp für 2 bis 3 Personen bis zu Luxusversionen mit Dusche und kompletter Küche. Keine Angst: Auch die Schleusen lassen sich ohne besondere Vorkenntnisse gut bewältigen. Anbieter: www.leboat.de, www.hausboot-nicols.de, www.locaboat.com.

SCHON GELESEN?

Die Landschaften der Bretagne haben schon viele Autoren fasziniert – vor allem auch nicht-bretonische. Vor beeindruckenden Kulissen lassen sie die Figuren ihrer Romane agieren – wobei die Kommissare inzwischen den Fischern den Rang abgelaufen haben.

Jorg Bong alias Jean-Luc Bannalec ist der geistige Vater von Kommissar Georges Dupin. ▶

»DIE Wolken zogen am Himmel, und ihre Schatten trieben übers Meer wie dunkle Inseln. Der Wind blies scharf hinein ins milchig grüne Wasser, ohne nachzulassen, und das Meer war eine Armee spitzer Wellen, der Horizont rauchte.« Zu den schönsten literarischen Liebenserklärungen, die der Bretagne je gemacht wurden, gehören die des deutschen Schriftstellers **Bernhard Kellermann** (1879–1951). In seinem Roman »Das Meer« – veröffentlicht 1910 – nimmt er seine Leser mit auf eine karge Insel im Westen Frankreichs, die Insider leicht als Ouessant erkennen. Der Erzähler weilt dort als Fremder und ist fasziniert von dem Leben, das die Naturgewalten prägen. »Das Meer« wurde ins Französische übersetzt, und die Bretonen haben den Roman als Teil ihrer Literaturgeschichte angenommen. Bisweilen ist der Blick von außen ja auch der schärfere, mit etwas Distanz lassen sich die Eigenheiten eines Landstrichs genauer unter die Lupe nehmen, Charakter von Landschaft und Menschen leichter in literarische Formen gießen.

Unter harten Männern

Das wohl bekannteste Werk der bretonischen Literatur wurde ebenfalls von einem Nicht-Bretonen geschrieben. **Pierre Loti** (1850–1923), Autor der »Islandfischer«, wurde viel weiter südlich an der französischen Atlantikküste geboren. Doch Loti fuhr selbst zur See, war vertraut mit der Lebenswelt, die er beschrieb. Fischer Yann, die Hauptfigur heuert in Paimpol an, um für Monate vor Island auf Dorschfang zu gehen. So hart und gefährlich der Alltag an Bord auch ist, so ist er doch das Lebenselixier des Romanhelden. Nur hier, unter seinesgleichen, unter harten Männern, ist er in seinem Element – wobei Pierre Loti nicht nur auf das gesellschaftliche Milieu anspielt, sondern auch eine homoerotische Komponente anklingen lässt.

Traditionsbewusstsein

Ganz anders **Xavier Grall** (1930–1981). Ihm geht es um die politische Realität in der Region, in der man sich nie ganz französisch gefühlt hat. Gralls Themen sind die Rückbesinnung auf die keltischen Wurzeln der bretonischen Kultur und ein Wunsch nach Unabhängigkeit. Daran arbeitet sich kein »Zugereister« ab, derlei bewegt Menschen, die hier verwurzelt sind – Grall stammte aus dem Finistère. »La fête de nuit« (»Das Fest der Nacht«) erschien 1972 und gewährt noch immer erhellende Einblicke in bretonische Befindlichkeiten.

Tatort Bretagne

Im Juni 2022 erschien »Bretonische Nächte«, der 11. Roman mit **Kommissar Dupin**, der längst ein Millionen-Publikum begeistert. Erfunden hat ihn **Jean-Luc Bannalec**, hinter dem sich Jörg Bong, ein deutscher Verleger, Schriftsteller und Übersetzer verbirgt. Der lässt seinen smarten Kommissar an spektakulären Schauplätzen ermitteln, etwa an der Côte de Granit Rose, im Legendenwald Brocéliande und in Saint-Malo. Letzteres ist Schauplatz im neunten Fall »Bretonische Spezialitäten«, den die ARD 2020 wie alle anderen Fälle sehr erfolgreich mit Pasquale Aleardi in der Hauptrolle verfilmt hat. Dupin ist in Concarneau zu Hause, wohin der Mann aus Paris strafversetzt wurde. Es hätte ihn schlimmer treffen können.

BAEDEKER DAS IST ...

AUF DEN SPUREN VON GEORGES DUPIN

Der Touismusverband der Bretagne hat eine Karte mit den Schauplätzen und Lieblingsorten von Kommissar Dupin aus allen zehn Romanen herausgebracht: www.bretagne-reisen.de/urlaubsvorbereitung/urlaub-a-la-carte/rundreisen-in-der-bretagne/auf-den-spuren-kommissar-dupins

LINKS: Pierre Loti war zwar kein Bretone, aber doch Seemann. UNTEN: Der Schweizer Pasquale Aleardi, der seit 2014 für die ARD als eigenwilliger Kommissar Dupin ermittelt, ist auch ein leidenschaftlicher Musiker.

T
TOUREN

Durchdacht, inspirierend, entspannt

Mit unseren Tourenvorschlägen lernen Sie die besten Seiten der Bretagne kennen.

Einer der schönsten Stopps auf einer Bootstour auf dem Kanal von Nantes nach Brest ist Malestroit. ▶

UNTERWEGS IN DER BRETAGNE

Zauberhaft zu jeder Jahreszeit

Sturmgepeitschte Steilküsten, blinkende Leuchttürme, volkstümliche Sakralkunst und rätselhafte Riesensteine, quirlige Hafenstädte und malerische Dörfer, trendige Boutiquen und traditionelles Handwerk: Frankreichs schönste Halbinsel liebt die Kontraste. Im steten Rhythmus von Ebbe und Flut verzaubert sie die Besucher, im Abend-

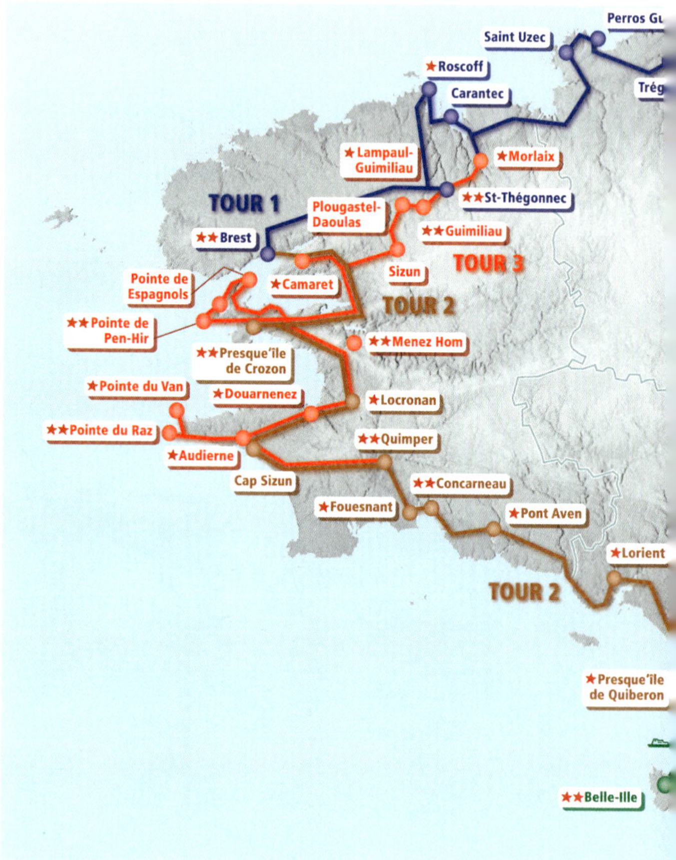

licht, wenn im Hafen von Sauzon die letzten Boote am Kai festmachen, oder am frühen Morgen, wenn die aufgehende Sonne die Granitblöcke der Côte du Granit Rose (Rosa-Granit-Küste) in rötlich leuchtende Skulpturen verwandelt. Im Herbst duckt sich das Land unter den stürmischen Westwinden, im Sommer sonnen sich Zigtausende auf goldenen Sandstränden und in stillen Buchten.

Mit dem Auto, per Bahn, Rad oder Schiff

Wer seinen Urlaub nicht nur am Strand verbringen, sondern auch das Land entdecken möchte, ist meist auf das eigene **Auto** oder einen **Mietwagen** angewiesen. Alle Fahrpläne und Tarife auf einen Blick – egal ob Zug, Bus, Bahn oder Schiff – finden Sie auf der Web-

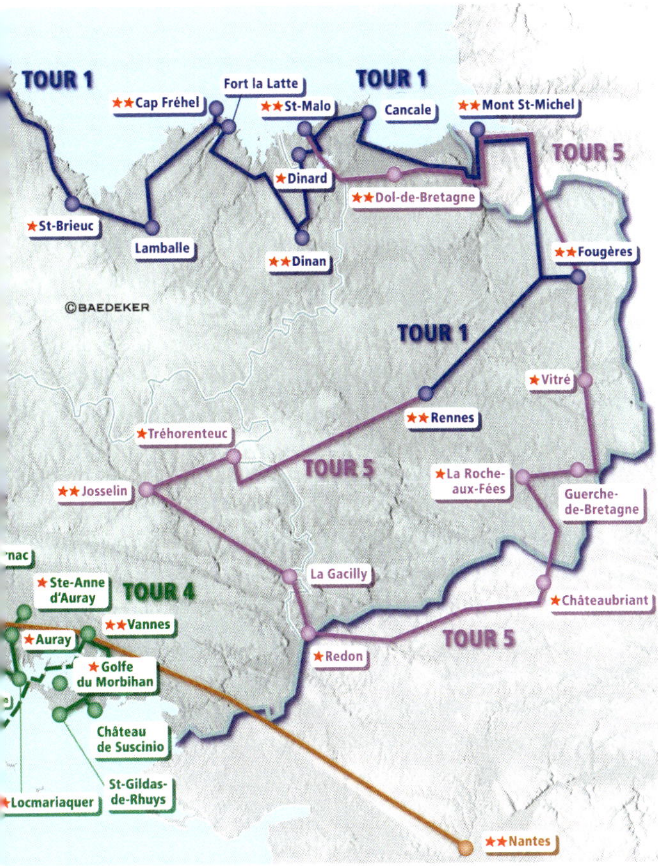

site von **Mobibreizh**, die auf Englisch und Französisch zur Verfügung steht (www.mobibreizh.bzh). Abseits der Touristenpfade sind auch Mitfahrgelegenheiten aufgeführt. Eine Fahrt mit der **Fähre** gehört zum bretonischen Alltag. Die beliebtesten Überfahrten führen zu den Inseln Bréhat, Belle-Ile, Batz, Ouessant, Groix, Glénan und Sein. Sehr gefragt sind auch die Ausflugsfahrten im Golfe du Morbihan und zum Vogelschutzgebiet Sept-Iles vor Perros-Guirec. Das Binnenland lässt sich auch wunderbar mit einem **Hausboot** erleben (▶ Das ist die Bretagne S. 20): 600 km Wasserstraßen warten auf Freizeitskipper, die für das Steuern und Schleusen keinen Bootsführerschein brauchen. Kaum schneller voran geht es mit den **Roulotte-Pferdewagen**, komfortablen Planwagen (www.france-eco tours.com/familienurlaub/zigeunerwagenferien/bretagne.html).
Steifer Gegenwind und stetes Auf und Ab machen eine **Radtour** durch die Bretagne zum schweißtreibenden Vergnügen, auch wenn der höchste Gipfel nur 384 m hoch ist. Doch es gibt auch einfache Radtouren wie die 25-km-Tour von Pontivy aus am Nantes-Brest-Kanal entlang. Die **Voies vertes** sind autofreie Radwege, auf denen Sie nur Radfahrer, Fußgänger, Inlineskater und manchmal auch Reiter treffen. Die familienfreundliche »Grüne Route Nr. 7« folgt der ehemaligen Eisenbahnstrecke zwischen Roscoff und Concarneau. Bei **Oui Bike** (www.ouibike.net/de) finden Sie 300 Vermieter von Trekkingrädern, E-Bikes, Kinderrädern und Zubehör. Die französische Eisenbahn SNCF hat ein Netz von Radverleihern mit **Accueil Vélo**-Label in der Nähe von Bahnhöfen oder öffentlichen Verkehrsmitteln (https://de.francevelotourisme.com).

VIEL KUNST UND NATUR IM NORDEN

Start: Rennes | **Ziel:** Brest | **Länge:** 530 km | **Dauer:** 8 Tage

Tour 1

Grandiose Küstenlandschaften, traditionsreiche Seebäder, verträumte Dörfer, berühmte Kalvarienberge und Kultstätten aus prähistorischer Zeit: Die Tour von Rennes nach Brest führt zu den spektakulärsten Reisezielen im Norden der Bretagne.

Trutzige Festung, wunderbarer Klosterberg

Ausgangspunkt ist ❶ ★★ **Rennes**, die Hauptstadt der Bretagne. Für einen Besuch des mittelalterlichen Kathedralviertels mit bunten Fachwerkhäusern und quirligen Straßencafés sollte man sich ebenso Zeit nehmen wie für das eine oder andere Museum. Die Werke Gauguins z. B. gehören zu den Attraktionen des Musée des Beaux-Arts. In nordöstlicher Richtung geht es knapp 50 km auf der A 84 in die alte Festungsstadt 2 ★★ **Fougères** mit ihrem Bilderbuch-Schloss. Bei der Weiterfahrt auf der A 84 und ab St-James auf der Hauptstraße nach Pontorson hat man den berühmten Klosterberg 3 ★★ **Mont St-Michel** nach einer halben Stunde erreicht. Am eindrucksvollsten ist die Szenerie bei Flut. Tipp: Den Anreisezeitpunkt nach dem Gezeitenkalender ausrichten, den man beim örtlichen Tourismusbüro erfragen kann.

Herrliche Küste und Austern satt

Die Küstenstraße D 797 entlang der Bucht Mont St-Michel verlockt mit herrlichen Panoramablicken. In der Küstenstadt 4 **Cancale** können Austernfans das Objekt der Begierde oft direkt an den Austernparks genießen. 5 ★★ **St-Malo**, die alte Korsarenstadt, und die weite Mündung der Rance lassen sich bei einem Rundgang auf der alten Stadtmauer aus einer faszinierenden Perspektive erleben. Ein Naturschauspiel der besonderen Art ist der Wechsel der Gezeiten: Mit 12–16 m gehört der Tidenhub in der Bucht von St-Malo zu den höchsten der Welt.

Belle Époque und Ausblick am Kap

Bei 6 ★ **Dinard**, dem aristokratischen Seebad der Belle Époque, begeistert Technikfans das erste Gezeitenkraftwerk der Welt. Nächstes Ziel ist die malerische Festungsstadt 7 ★★ **Dinan** im Hinterland am Ufer der Rance. Im Sommer pendeln Ausflugsschiffe zwischen Dinard und Dinan, sodass man für den Abstecher kein Auto benötigt. Die Trutzburg 8 **Fort la Latte** thront eindrucksvoll auf einer schmalen Landzunge und diente bereits als Filmkulisse. Ein Zöllnerpfad – die zweistündige Wanderung verspricht grandiose Panoramen – verbindet das Fort mit dem 9 ★★ **Cap Fréhel**, das 70 m hoch aus der tosenden Brandung aufragt. Ein Leuchtturm auf der Felsenspitze wurde bereits im 17. Jh. gebaut, der aktuelle stammt aus den 1940er-Jahren. Für Pferdefreunde lohnt sich ein Abstecher zum Landesgestüt in 10 **Lamballe**. Eine knappe Autostunde von Cap Fréhel entfernt liegt die moderne Industriestadt 11 ★ **St-Brieuc** mit der Kathedrale im alten Herz. Den Hafen Légué sollte ansteuern, wer hervorragenden Fisch essen will: Das Restaurant »Aux Pesked« wurde von Michelin auch 2022 mit einem Stern bedacht (www.auxpesked.com).

Hoch verehrt: der hl. Yves von Tréguier

Über **Paimpol** – Ausgangspunkt für Fahrten zur »Blumeninsel« Ile de Bréhat – geht es auf der D 786 weiter nach 12 **Tréguier**. Ein Bummel durch die ehemalige Bischofsstadt lohnt schon wegen der kunstvoll verzierten Fachwerkbauten. Berühmt ist die Kathedrale von Tréguier, deren größter Schatz in der Sakristei aufbewahrt wird: der Totenschädel des hl. Yves. Einmal im Jahr wird die Reliquie bei einem Pardon durch den Ort getragen.

Faszinierende Felsformationen

In 13 **Perros-Guirec** zeigt sich die Rosa-Granit-Küste von ihrer schönsten Seite – inklusive Badestränden für jeden Geschmack und einem Zentrum für Thalassotherapie. Die spektakulären Skulpturen, die das Meer aus den Felsen geschliffen hat, lassen sich bei einer kleinen Wanderung auf dem Zöllnerpfad nach Ploumanac'h bestaunen (hin und zurück ca. 2 Std.). In der Hochsaison wird es auf der beliebten Aussichtsstrecke recht voll. Zu den Wahrzeichen der Bretagne gehören rätselhafte Steindenkmäler. Der 14 **Menhir von Saint-Uzec** liegt abseits der D 21 Richtung Pleumeur-Bodou. Der Granitkoloss wurde hier etwa 2500 v. Chr. in Position gebracht und im 17. Jh. mit christlichen Symbolen versehen.

Wandern im Watt

Von Lannion folgt die Route der D 786 Richtung Morlaix und dann dem spektakulären Abschnitt der D 769 nach 15 **Carantec**. Das kleine Seebad bietet sich als Ausgangspunkt für eine Wattwanderung an, die gefahrlos auf eigene Faust unternommen werden kann. Am Aussichtspunkt »Chaise du Curé« nahm früher der Pfarrer von Carantec Platz, um die auslaufenden Schiffe zu seg-

nen und wohl auch um den grandiosen Blick zu genießen. ⑯ ★ **Roscoff**, bekannt für rote Zwiebeln und inzwischen auch für seine Algenprodukte, lockt mit schönem Strand und lebhaften Fischauktionen.

Berühmte Kalvarienberge

Eine bretonische Besonderheit sind umfriedete Pfarrhöfe mit prächtig gestalteten Kalvarienbergen. Die berühmtesten liegen westlich von Morlaix: St-Thégonnec, Guimiliau und Lampaul-Guilmiliau. Für die Fahrt von Roscoff nach ⑰★★ **St-Thégonnec** empfiehlt sich die malerische Strecke entlang des Flusses Penzé.
Die letzte Etappe führt nach ⑱★★ **Brest**. Als reizvolle Alternative zur Autobahn sollte man die D 712 wählen. Brest kann mit einigen Attraktionen aufwarten, etwa dem Kunstmuseum mit Werken der Maler von Pont-Aven, dem großen Aquarium Océanopolis oder dem Jardin des Explorateurs. Wer noch ein paar Urlaubstage zur Verfügung hat, kann auf der Route des Phares et Balises rund 30 Leuchttürme, Leuchtfeuer und Seefunkstationen erkunden. Besonders interessant: der Phare de St-Mathieu auf der malerischen Landspitze desselben Namens mit den Ruinen eines alten Klosters.

RAUER WESTEN, LIEBLICHER SÜDEN

Start: Brest | **Ziel:** Vannes | **Länge:** 470 km | **Dauer:** 8 – 10 Tage

Tour 2

In der südlichen Bretagne ist das Klima milder, die Landschaft lieblicher als im Norden am Ärmelkanal. Felskulissen wechseln sich mit Sandstränden ab, mittelalterliche Architektur mit riesigen Steinsetzungen. Auf der Reise durch die Cornouaille, dem Land des Cidre, kann man den spritzigen Apfelwein gleich beim Produzenten verkosten.

Filmreife Kulisse

1 ★★ **Brest**, die Hafenstadt im Westen der Bretagne, ist Ausgangspunkt von Segeltörns wie auch der Fähren zur Ile d'Ouessant, dem bretonischen Außenposten im Atlantik. Brest selbst war im Zweiten Weltkrieg ein bedeutender Marinestützpunkt, wurde deshalb in Schutt und Asche gelegt und nach 1945 im Schachbrettmuster wieder aufgebaut. Einige Attraktionen – allen voran das Aquarium Océanopolis – lohnen den Besuch, bevor man sich auf die Reise durch die Cornouaille macht, dem Land der Äpfel und des Cidre. Auf dem Weg nach Crozon passiert man die reizvolle Landschaft des Parc Naturel Regional d'Armorique und der 2 ★★ **Presque'Ile de Crozon**. Schönste Felsspitze der Halbinsel ist die Pointe de Pen-Hir nahe dem malerischen Fischerstädtchen Camaret. Auf dem Weg nach Quimper lohnen noch zwei Zwischenstopps: der 330 m hohe Menez-Hom mit seinem fantastischen Rundblick und 3 ★★ **Locronan**, eine dörfliche Idylle, die schon öfter als Filmkulisse diente.

Am Ende der Welt

Die nächste Landspitze, die sich weit in den Atlantik schiebt, ist das 4 **Cap Sizun**: Spektakuläre Klippen, vorgelagerte Leuchtturminseln, Brutreviere von Seevögeln, Ginsterwiesen, Kapellen und Kalvarienberge – hier präsentiert das Finistère, das »Ende der Welt«, in jeder Hinsicht faszinierende Seiten. Zu den reizvollsten Orten des Cap Sizun gehört das Städtchen Pont-Croix mit seiner verträumten Altstadt, den Treppchen und den blumenbewachsenen Gemäuern. Tipps für schöne Wanderungen (auch mit Führung) findet man unter www.beuzec-cap-sizun.com.

Fachwerk, Fayencen und Cidre

Für 5 ★★ **Quimper**, einst Hauptstadt des Königreichs Cornouaille, sollte man sich möglichst einen ganzen Tag Zeit nehmen. Die Kathedrale ist ein spätgotisches Meisterwerk, und wie ins Mittelalter versetzt fühlt man sich in den romantischen Altstadtgassen. Quimper ist auch die Stadt der Fayencen, über die man bei einer Manu-

fakturführung Interessantes erfährt. Zeitgenössische Kunst wird in einer Kaserne aus dem 19. Jh. präsentiert, auf die großen Meister des Barock trifft man im Musée des Beaux-Arts. »Kunst aus der Flasche« gibt es rund um Quimper im Apfel-Anbaugebiet der Cornouaille.

Über Pont-l'Abbé und Benodet fahren Sie weiter nach 6 ★ **Fouesnant** in der Südbretagne. Wenn das Wetter mitspielt, ist der beliebte Ferienort das ganze Jahr über gut für einen Spaziergang am langen Sandstrand von Mousterlin. Von Frühjahr bis Herbst legen am Hafen an der Landspitze Beg Meil Fähren zum Wassersportparadies der Glénan-Inseln ab, die den Botanikern wegen ihrer einzigartigen Narzissenart ein Begriff ist. Ein Zöllnerpfad – heutige ein Panoramaweg – verbindet Beg Meil mit dem Cap Coz.

Sandstrände und seltene Narzissen

Dicke Mauern und jede Menge Kunst

7 ★★ **Concarneau**, jahrhundertealtes Hafenstädtchen, einst Weltspitze in Sachen Sardinenfang und heute Frankreichs wichtigster Hafen für den Thunfischfang, ist besonders in der Hochsaison in den Abendstunden am schönsten. Wenn das Gros der Besucher die befestigte Altstadt verlassen hat, ist die Ville Close ein wunderbar romantisches Pflaster. Die Kleinstadt 8 ★ **Pont-Aven** erlangte Berühmtheit, als sich hier in den 1880er-Jahren Maler niederließen. Auch Paul Gauguin gehörte zu den Künstlern, die sich von dem Licht, der Landschaft und der Atmosphäre angezogen fühlten; im Musée de Pont-Aven kommt man ihnen und der von ihnen begründeten »Schule von Pont-Aven näher (▶ Das ist die Bretagne, S. 8). Heute reiht sich in Pont-Aven eine Galerie an die andere, hier kann man sicher interessante Entdeckungen machen.

Seefahrt gestern und heute

Für die Weiterfahrt nach 9 ★ **Lorient** sollte man die landschaftlich attraktive Strecke wählen (D 24 und D 152), die in Küstennähe über Moëlan-sur-Mer, Le Pouldu und Larmor-Plage verläuft. Lorient, zu Zeiten der Ostindischen Kompanie eine blühende Wirtschaftsmetropole, ist einen Stopp besonders dann wert, wenn man sich für die Geschichte der Seefahrt und U-Boote interessiert. In der alten Handelsstadt hatte die deutsche Kriegsmarine einen riesigen Stützpunkt. Einblicke in die Basis gibt die Base des Sous-Marins, im Sommer kann ein Teil der Anlagen im Rahmen von Führungen besichtigt werden.

Feine Strände, schöne Inseln und berühmte Megalithe

Über Etel führt die Tour zur 10 ★ **Presqu'Ile de Quiberon**. Kinderfreundliche Badestrände bietet die Ostküste, wild präsentiert sich die Westküste. Hat man einen Tag Zeit, lohnt eine Überfahrt zu einer Radtour auf der Insel **Belle-Ile**. Zurück auf dem Festland ist ★★ **Carnac** mit seinen weltberühmten Megalithdenkmälern das nächste Ziel. Auch in ★★ **Locmariaquer** lassen sich steinerne Zeugnisse aus der prähistorischen Epoche bestaunen. Fähren schippern zu den kleinen Inseln Houat und Hoëdic, auf denen es in der Hochsaison beschaulicher zugeht als auf der benachbarten Belle-Ile. Über kleine Küstenstraßen am Golf von Morbihan führt die Tour dann nach ★★ **Vannes**. Das Städtchen bietet mit seinen farbenfrohen, windschiefen Fachwerkhäusern und dem akkurat gepflegten Barockgarten Jardin des Remparts viel fürs Auge.

Ausflug nach Nantes

Für einen Ausflug in die frühere bretonische Hauptstadt 11 ★★ **Nantes** bietet sich – auch wenn man mit dem eigenen Fahrzeug unterwegs ist – die Bahn an. Die Fahrzeit von Vannes nach Nantes beträgt je nach Verbindung 80 bis 120 Minuten. Eindrucksvolle Baudenkmäler, ein hervorragendes Kunstmuseum, die spektakuläre Île de Nantes und das Flair der quirligen Stadt an der Loire lohnen den Abstecher auf jeden Fall.

URSPRÜNGLICHE WINKEL IM WESTEN

Start: Morlaix | **Ziel:** Quimper | **Länge:** 330 km | **Dauer:** 6 – 8 Tage

Von den umfriedeten Pfarrhöfen der Nordwestküste zu den windgepeitschten Kaps der Cornouaille: Die Route verbindet Höhepunkte der bretonischen Kultur und Natur.

Tour 3

Juwelen mittelalterlicher Kunst

Ausgangspunkt der Fahrt durch das Finistère ist 1 ★ **Morlaix**, dessen imposanter Eisenbahnviadukt die Altstadt überspannt; sehenswert ist hier das »Laternenhaus« der Reine Anne. Wenige Kilometer westlich liegen die umfriedeten Pfarrhöfe der Bretagne, die im ausgehenden Mittelalter von den reichen Tuchmacherstädten zu wahren Kunstwerken ausgeschmückt wurden. Erste Station ist der Enclos Paroissial von 2 ★★ **St-Thégonnec** 20 km westlich. Besonders ausdrucksstark und realistisch ist sein Calvaire: Die Schächer hängen in Pluderhosen, einer typischen Kleidung des 17. Jh., am Kreuz; zwei Soldaten sind im Begriff, Jesus zu schlagen; Pontius Pilatus wäscht sich die Hände in einer schiefen Schüssel. Noch imposanter ist der Calvaire von 3 ★★ **Guimiliau**: 200 Figuren erzählen in lebendigen Szenen die Leidensgeschichte Christi. Ein weiteres Standardthema der bretonischen Kalvarienberge ist das sündige Mädchen Katell Gollet, das noch im Beichtstuhl log und in Guimiliau vom Teufel und seinen Helfern in den Schlund der Hölle gezogen wird. Der Pfarrbezirk von 4 ★ **Lampaul-Guimiliau** zeichnet sich durch seine prachtvolle, sehr farbenfrohe Kirche aus. Das Tonnengewölbe aus Holz leuchtet lichtblau, auf dem Triumphbalken trauern Maria und Johannes unter einem großen gekreuzigten Jesus. Farbig gefasste Schnitzszenen erzählen die Passionsgeschichte, die auch der Passionsalter links vom Chor mit üppigen Bildern in Goldschmuck darstellt. Über das hübsche Dorf Locmélar und die landschaftlich reizvolle D 30 geht es weiter nach 5 **Sizun**, dessen Pfarrbezirk die größte und wohl schönste Triumphpforte besitzt. Der Kalvarienberg von 6 **Plougastel-Daoulas** 28 km weiter westlich gehört zu den größten der Bretagne. 180 Figuren stellen 20 Szenen aus der Passionsgeschichte dar.

Stürmische Kaps

Vorbei an Erdbeerfeldern führt die Fahrt weiter zur südlich gelegenen ★★ **Presqu'Ile de Crozon**, die zu einem längeren Aufenthalt einlädt. Schönstes der sechs stürmischen Kaps ist die 7 ★★ **Pointe de Pen-Hir**. Im malerischen Fischerstädtchen 8 ★ **Camaret**, einst ein bedeutender Langustenhafen, laden an der Hafenzeile zahlreiche Restaurants ein, mit Blick auf die Kutter am Kai zu schlemmen. Von der 9 **Pointe des Espagnols** eröffnen sich großartige Ausblicke auf

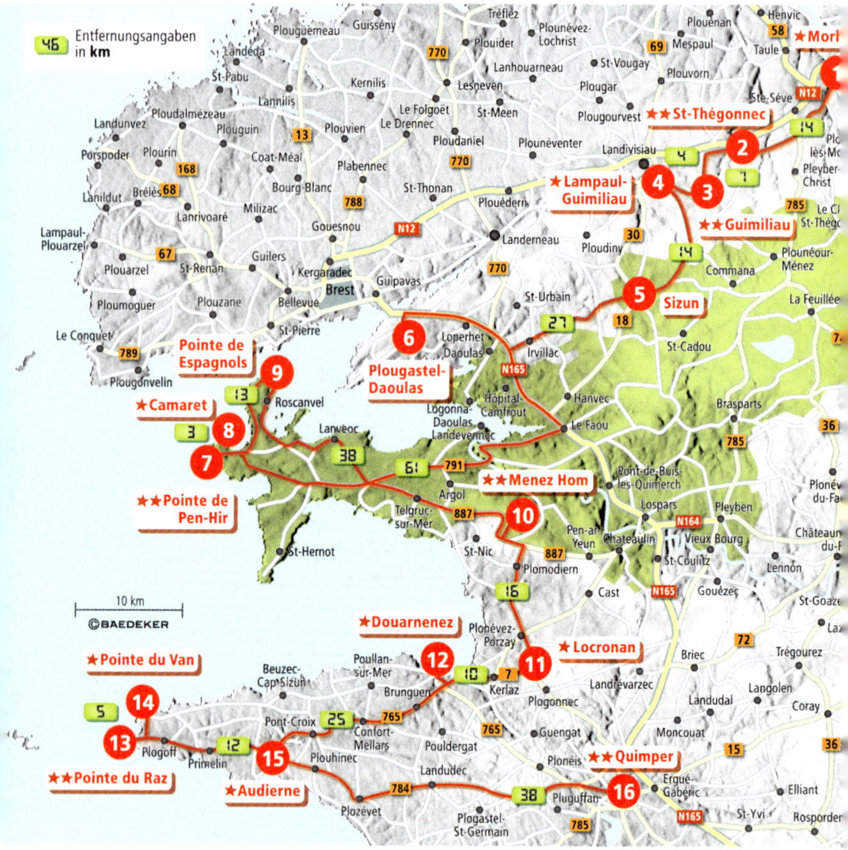

die Reede von Brest. Auf dem Weg nach Süden erhebt sich einsam und kahl der 330 m hohe ⑩ ★★ **Menez Hom** aus der Ebene. Der Weg hinauf lohnt sich: Der Rundblick vom zweithöchsten Berg der Bretagne ist fantastisch. ⑪ ★ **Locronan** kennen viele von der Leinwand: Roman Polanski drehte vor den malerischen Granithäusern des Bilderbuchdörfchens am Forêt du Duc den Kinofilm »Tess«, Philippe de Broca das Historiendrama »Les Chouans«. Alle sechs Jahre treffen sich hier Tausende von Pilgern zur Grande Troménie, der größten Wallfahrt der Bretagne. Liebhaber alter Schiffe und Boote sollten in ⑫ ★ **Douarnenez** unbedingt den Besuch des Port-Musée mit alten Schiffen im Port-Rhu einplanen. Jenseits der Brücke über das Hafenbecken lockt der Stadtteil Tréboul mit Jachthafen, Badestrand und Thalassotherapie. Die ⑬ ★★ **Pointe du Raz** auf dem Cap Sizun zählt zu den großen Wahrzeichen des Finistère. Für viele schöner – und deutlich ruhiger – ist die benachbarte ⑭ ★ **Pointe du Van**. Hauptort des Cap Sizun ist die Hafenstadt ⑮ ★**Audierne** an der Südküste, die allerlei Abwechslung bietet: quirliges Hafenleben am Ufer des Goyen, ein Aquarium und Ausflüge zur Ile de Sein, der winzigen Toteninsel der Kelten. Die Route endet in ⑯ ★★ **Quimper**, der alten Hauptstadt der Cornouaille. Hoch ragen die spitzen Türme der Kathedrale St-Corentin über die Fachwerkhäuser der Altstadt. Das Fayencen-Museum zeigt kunstvollste Keramik. Idyllisch: eine Bootsfahrt auf dem Odet, dem »schönsten Fluss Frankreichs«.

GRAUE VORZEIT

Start: Auray | **Ziel:** St-Gildas-de-Rhuys | **Länge:** 150 km
Dauer: 4 – 7 Tage

Tour 4

Nirgendwo sonst auf der Welt finden sich so viele prähistorische Zeugnisse wie im Bereich des Golfs von Morbihan. Die Küste lädt mit langen Sandstränden zum Baden ein, malerische Städte zum Schlendern und Genießen.

Steinkolosse, Badespaß und Kuchen

Beiderseits einer Flussschleife des Loc'h liegt die Handelsstadt ❶ ★ **Auray**. An lauen Sommerabenden sind die Bars und Bistros im malerischen Hafenviertel St-Goustan bis auf den letzten Platz besetzt. Einen Abstecher lohnt die Basilika in ❷ ★ **Ste-Anne-d'Auray**, einer der wichtigsten Wallfahrtsstätten der Bretagne. Zehntausende Gläubige pilgern alljährlich im Juli zu diesem Heiligtum. Am Westufer des schmalen Goulet, das den Atlantik mit dem Golfe du Morbihan verbindet, liegt ❸ ★★ **Locmariaquer**. Mit dem zerbrochenen Feenstein, dem größten Menhir der Welt, und dem gewaltigen Dolmen »Table des Marchands« besitzt das alte Hafenstädtchen einige der wichtigsten Zeugnisse der Megalithkultur aus der Zeit um 5000 bis 2000 v. Chr. »Hauptstadt der Vorzeit« ist jedoch ❹ ★★ **Carnac**. So viele Steinalleen, Dolmen und Menhire wie hier gibt es sonst nirgendwo, über 4000 steinerne Zeugnisse der Vorzeit sind in nächster Umgebung erhalten. Das größte Megalithfeld der Welt ist heute als UNESCO-Welterbe geschützt. Erholung pur bieten die feinsandigen Strände von Carnac-Plage, die sanft in die Fluten abfallen.
Einen Besuch lohnt auch der große Wochenmarkt von Carnac-Bourg, auf dem die Händler Spezialitäten wie Kuttelwurst und den süßen Blätterteigkuchen Kouign Amann zum Probieren anbieten. Eine Landenge führt auf die ❺ ★ **Presqu'Ile de Quiberon**. 1795 wurde

hier Geschichte geschrieben, 5000 königstreue Chouans wurden vom französischen Revolutionsheer niedergemetzelt oder gefangengenommen und später hingerichtet.

Künstlerdomizil und Inselmeer

Quiberons Hafen Port-Maria ist das Sprungbrett zur »schönen Insel im Meer«, der 6 ★★ **Belle-Ile-en-Mer**. Wundertätige Feen, so die Legende, schenkten den Bretonen einst ihre größte Insel. Ende des 19. Jahrhunderts wurde die Belle-Ile zum Künstleridyll. Claude Monet malte hier, Marcel Proust und André Gide kamen zur Stippvisite,

die Schauspielerin Sarah Bernhardt verbrachte fast 40 Sommer hier. Als Domizil wählte sie sich einen kleinen Befestigungsbau an der Nordwestspitze der Insel.
Wer nicht wieder nach Quiberon zurückkehren möchte, kann im Sommer die Reise per Schiff fortsetzen: Einmal täglich legt eine Autofähre nach Vannes ab, passiert den nur 1 km breiten Goulet des 7 ★ **Golfe du Morbihan** zwischen der Pointe de Kerpentir und Port-Navalo und schippert dann gemütlich durch die Inselwelt des »mor bihan«, des »kleinen Meeres«, zur Hauptstadt des gleichnamigen Départements. Unzählige Eilande und Felsen ragen aus dem flachen Wasser, das bei Flut rund 130 km², bei Ebbe hingegen nur knapp 50 km² bedeckt. Größte Insel im Golf ist die 6 km lange Ile aux Moines. Der einstige Klosterbesitz ist heute ein idyllischer Ferienort, der sich am besten mit Leihrädern erkunden lässt. Zu den schönsten steinzeitlichen Denkmälern gehört der rund 5000 Jahre alte Tumulus auf der unbewohnten Ile de Gavrinis, dessen Tragsteine mit eingeritzten Gravuren übersät sind. Das Gesamtkunstwerk der Vorzeit lässt sich nur im Rahmen von Führungen besichtigen.

Kultur angesagt

Mindestens einen halben Tag sollte man für 8 ★★ **Vannes** einplanen. Hinter seinen Festungsmauern, die für Besucher teilweise geöffnet sind, pulsiert das Leben in den mittelalterlichen Gassen. Auf der quirligen Place Gambetta laden Cafés ein, das Treiben im Jachthafen bei Fruits de mer und einer Flasche Weißwein zu genießen. Besonders bunt geht es ab Frühsommer zu: Auf das Festival International de la Photo de Mer (April/Mai) mit Open-Air-Ausstellungen in der Altstadt folgen die Fête Historique Mitte Juli und das Festival du Jazz Anfang August. Wer noch Zeit hat, sollte die Rundfahrt mit einem Abstecher zur Halbinsel Rhuys abschließen, die den Golf im Osten begrenzt. Hauptattraktionen sind hier das wehrhafte 9 **Château de Suscinio** mit einer einmaligen Sammlung mittelalterlicher Fliesen, die Jachthäfen Port-Navalo und Port de Crouesty und die mächtige Kirche von 10 **St-Gildas-de-Rhuys**, die auf einem Plateau über dem Atlantik und dem 1000-Seelen-Ort thront.

IM REICH DER SAGEN

Start: Rennes | **Ziel:** St-Malo | **Länge:** 490 km | **Dauer:** 4 – 6 Tage

Tour 5

Die Bretagne ist das Land der Sagen und Legenden, geschichtsträchtige Orte verleihen der Fantasie Flügel. Hier traf Christliches auf die reiche Fabelwelt der keltischen Kultur, und so manches mischte sich zu neuem Stoff.

Lancelot, Artus, Merlin & Co.

Startpunkt der Tour ist 1 ★★ **Rennes**, die Hauptstadt der Bretagne, die ihren Besuchern allerhand zu bieten hat, ganz gleich ob sie eher an Mode, Kunst oder kulinarischen Genüssen interessiert sind. Den **Foret de Paimpont** westlich der Stadt haben die Dichter von Ritterepen im Hochmittelalter zum Zauberwald Brocéliande verklärt. Im Herzen des Hochwalds, so wollte es die Fantasie, begegnete einst der Zauberer Merlin der Fee Viviane, ließ sich von der Schönen bezaubern und verriet ihr vertrauensselig die Geheimnisse seiner Zauberkünste. Der heldenhafte Artus und Ritter Lancelot sollen den bretonischen Forst durchstreift haben – sogar der Heilige Gral soll im Herzen des Hochwalds verborgen sein!
Am Westrand des Waldes liegt der kleine Ort 2 ★ **Tréhorenteuc**. In der malerisch verwitterten Kapelle greifen die Wandmalerei und ein Fenstermosaik die Erzählung von der Tafelrunde der Artus-Ritter und ihrer Vision vom Heiligen Gral auf – noch immer Grund für Esoteriker, zum Wald von Paimpont zu pilgern. Wanderungen durch den Zauberwald, ob mit Guide oder ohne, sind in den Morgenstunden am schönsten. Wenn zarte Frühnebelschleier über das mythenbeladene Terrain wabern und Sonnenstrahlen allmählich durch die Baumkronen brechen, fühlt man sich den Legendenfiguren seltsam nahe.

Bilderbuchschloss und Liebeswald

Nächstes Etappenziel ist 3 ★★ **Josselin** mit seinem wehrhaft-trutzigen Schloss, das einer Bilderbuchkulisse gleicht. Bis heute ist es im Familienbesitz und bewohnt; ein Teil der Anlage kann aber besichtigt werden. Zu einem romantischen Waldspaziergang lädt der Bois d'Amour, der Liebeswald, mit seinen verschlungenen Wanderwegen ein.

Machen Rosen schön?

Auf der N 24 geht es zurück nach Ploërmel und weiter auf der D 8 nach 4 **La Gacilly**, wo das Kosmetikimperium Yves Rocher Pflanzen für Cremes und andere Schönheitsprodukte züchtet. Interessantes über die pflanzlichen Stoffe und ihre Wirkung auf Haut und Haar lässt sich im botanischen Garten des Unternehmens in Erfahrung bringen. 5 ★ **Redon** am Nantes-Brest-Kanal ist als verkehrsreiche Messestadt keine makellose Schönheit, hat sich aber einige idyllische Ecken bewahrt. Das atmosphärereiche Hafenviertel, das sich auf einer Landzunge zwischen Fluss und Hafenbecken erstreckt, ist auf jeden Fall einen Besuch wert.

Mächtige Festung

Eine knappe Autostunde entfernt liegt 6 ★ **Châteaubriant**, ein mittelalterliches Städtchen mit mächtiger Burg. Ein schriftstellerisch tätiger Diplomat und ein Doppelsteak mit Kräuterbutter machten den Ortsnamen in aller Welt bekannt. Mehrere Literaten ließen in der Festung, die einst die Ostgrenze der Bretagne sicherte, ihre Erzählungen spielen. Auf ihren Spuren führen Schauspieler bei abendlichen Literaturspaziergängen Besucher durch die Stadt. Der Rinder-

markt von Châteaubriant zählt zu den größten in Frankreich. Wen verwundert es da, dass man in dem Ort auch nicht lange nach einem saftigen Steak Ausschau halten muss?

Mysteriöse Kräfte walten wieder an 7 ★ **La Roche-aux-Fées**, dem Feenfelsen im Wald von Theil, knapp 30 km nördlich von Châteaubriant. Der Felsen ist eigentlich ein Dolmen, und zwar mit respektablen Abmessungen – 19 m Länge, 5 m Breite und 3 m Höhe. War er in

Besondere Glücksbringer

grauer Vorzeit Begräbnis- oder Kultstätte? Die Forscher sind sich bis heute uneinig. Mehr hingegen ist über seine Funktion in jüngster Vergangenheit bekannt. Noch in der ersten Hälfte des 20. Jh.s sollen Pärchen mit Hochzeitsplänen den Dolmen als Eheorakel befragt haben. Dafür umrundeten sie ihn in einer Vollmondnacht und zählten die Steine. Die Runde musste jeder alleine machen, anschließend wurden die Ergebnisse verglichen. Eine Differenz von drei oder mehr Steinen verhieß nichts Gutes für eine gemeinsame Zukunft. Heute kommen Paare sicherheitshalber erst nach der Trauung zum Feenfelsen, der beliebte Kulisse für Hochzeitsfotos ist.
Über Retiers und die D 47 erreicht man die Festung von ⑧ **Guerche-de-Bretagne**, das einst ebenso wie Châteaubriant zu der Kette von Burgen gehörte, die die Bretagne gegen Feinde aus dem Osten schützen sollte.

Fachwerk und Trutzburgen

Nach einer halben Stunde Autofahrt bietet sich mit ⑨ ★★ **Vitré** ein prachtvolles Festungsstädtchen und eine äußerst fotogene Kulisse als nächster Stopp an. Das Schloss mit der Wandteppichsammlung und der städtischen Kuriositätenkollektion sollte man auch von innen besichtigen. Die Festungsstadt ⑩ ★★ **Fougères** nennt eine imposante Trutzburg ihr Eigen, die zu den größten Burganlagen ihrer Zeit gehörte und bis zur Erfindung des Schießpulvers als uneinnehmbar galt. Ein Abstecher für Blumenfreunde: Von Frühsommer bis Herbst lassen sich anschließend die Rosen und Hortensien im nahen Parc Floral de Haute Bretagne bewundern, der zu einem stattlichen Herrenhaus gehört.

Urgewaltige Klosterinsel

Kein Geringerer als der Erzengel Michael persönlich soll den Bau des ⑪ ★★ **Klosters Mont St-Michel** in Auftrag gegeben haben. Vorher hatte er auf der Spitze des rund 500 Mio. Jahre alten Granitfelsens Mont Dol den Teufel besiegt. Beim Schwertkampf zwischen Gut und Böse soll, so will es die Legende, die Spitze des Berges zerborsten sein. Den Urgewalten ist man auch auf der Klosterinsel sehr nahe: Die heranstürmende Flut zu beobachten, die den Klosterberg umspült, bis sich die grandiose Szenerie in der Wasseroberfläche spiegelt (was dank des Damms im Fluss Couesnon wieder möglich ist), ist ein unvergessliches Erlebnis. ⑫ ★★ **Dol-de-Bretagne**, das Städtchen am Fuß des Mont Dol, ist für seine prachtvolle gotische Kathedrale berühmt. Nach einem Bummel durch den hübschen Ort steht ein Abstecher zu dessen gerade mal 62 m hohen Hausberg an, der einst wie der Klosterberg St-Michel eine der Küste vorgelagerte Insel im Ärmelkanal war. Archäologen stießen Ende des 19. Jh.s auf über 100 000 Jahre alte Spuren des Neandertalers. Und mit etwas Fantasie lässt sich der Abdruck des Flügels erkennen, den der Engel bei seinem Kampf gegen den Fürst der Dunkelheit im harten Granit des Mont Dol hinterlassen hat.

Dämonische Felsfratzen

Vor der Rückfahrt nach Rennes steht ein Abstecher in die alte, mächtig ummauerte Korsarenstadt ⑬ ★★ **St-Malo** an. Die bizarren Felsskulpturen von Rothéneuf, direkt an der Küste nordöstlich von St-Malo, sind einer überbordenden Fantasie entsprungen. Geschaffen wurden sie von einem Priester, der sich nach einem Schlaganfall an die Küste zurückzog und ein Leben als Einsiedler führte. Über 25 Jahre lang meißelte er dämonische Fabelwesen aus den Granitklippen. Offenbar halfen sie dem Einsiedler, seine Befindlichkeit auszudrücken, aber auch, sich gelegentlich aus der Einsamkeit zu befreien – denn schon zu seinen Lebzeiten kamen Besucher, um sich die steinernen Werke des Abbé Fouré anzuschauen. Fantastisch sind auch die Austern, die man sich zum Abschluss der Tour unweit von St-Malo in Cancale gönnen kann.

MIT DER NASE IM WIND

Start: Tréguier | **Ziel:** Lannion | **Länge:** 70 km | **Dauer:** 4 Tage

Tour 6

Verträumte Badebuchten und bizarre Felsen, Seebäder mit Tradition, malerische, kleine Häfen und eine großartige Gastronomie – die Côte de Granit Rose macht es Besuchern nicht schwer, sich in sie zu verlieben. Auf Schusters Rappen lässt sich dieser Küstenabschnitt am intensivsten erleben.

1. Etappe

Ausgangspunkt der Tour, die dem rot-weiß markierten Fernwanderweg **GR 34** folgt, ist **Tréguier**, die einstige Bischofstadt mit schmalen Gassen, Fachwerk- und Granithäusern und einer der schönsten Kathedralen Frankreichs. Wer diese und auch das Grab des hl. Yves Hélori-Kermartin im benachbarten Minhy-Tréguier besuchen will, sollte schon am Tag vor der Wanderung anreisen, denn für die erste, ca. 20 km lange Etappe bis Port-Blanc sind etwa acht Stunden zu veranschlagen. Der Wanderweg verläuft entlang des Flüsschens Jaudy, das hier einen breiten Trichter bildet, bevor es in den Ärmelkanal mündet. Hinter La Roche Jaune hält der Aussichtspunkt »Bellevue«, was er verspricht, und gibt schon mal einen kleinen Vorgeschmack auf die grandiosen Panoramen dieser Wanderroute.
Nach etwa 10 km erreicht man **Plougrescant**. Hier hat man zum einen Gelegenheit, sich mit Crêpes oder Galettes zu stärken. Zum anderen ist die pittoreske Kirche St-Gonery mit ihrem schiefen Glockenturm sehenswert. Ob der Turm durch das Gewicht seines Bleidachs oder durch Blitzschlag in Schieflage geraten ist oder ob der Teufel persönlich Hand anlegte, diese Frage erregte die Gemüter von

Generationen. Fest steht: Auch diverse Restaurierungsarbeiten konnten die Fehlstellung des Glockentürmchens nicht korrigieren.
Bei der Umrundung der ★★ **Pointe du Château le Gouffre** tun sich atemberaubende Ausblicke auf – kleine Inseln vor der Küste scheinen irgendwo zwischen Wasser und Himmel im unendlichen Blau zu schweben. Einige der Mini-Eilande sind bewohnt. Seit Mitte des 19. Jh.s fühlen sich Künstler und andere illustre Persönlichkeiten magisch von den entrückten Orten angezogen. Hier am »Schlund« (Gouffre) findet sich auch eines der beliebtesten Fotomotive der Bretagne: ein winziges, zwischen große Granitblöcke gezwängtes Häuschen (▶ Abb. S. 129).
Eine Felsenkulisse, die der Fantasie eines Bühnenbildners entsprungen sein könnte, ist das Markenzeichen von **Port-Blanc**. Die kleine Ile de Femmes kann man bei Ebbe zu Fuß erreichen. Die Ile de Saint-Gildas, seit fast 100 Jahren in Privatbesitz, darf von der Allgemeinheit nur an einem einzigen Tag im Jahr betreten werden: am Pfingstsonntag, wenn in der kleinen Kapelle eine Messe zur »Wallfahrt der Pferde« gefeiert wird.

2. Etappe

Perros-Guirec, das Ziel des zweiten Tagesabschnitts (ca. 12 km, 6 Std.), ist ein beliebter Ferienort an der Rosa-Granit-Küste. Historische Bausubstanz gibt es kaum, dafür schöne Strände, feinsandig und durch umrahmende Felskulisse auch recht gut vor starken Atlantikböen geschützt. Für einen wanderfreien Tag lohnt sich ein Bootsausflug zu felsigen Inseln, die riesige Seevogelkolonien beherbergen. Das Zentrum für Thalassotherapie bietet Gelegenheit, Schlamm, Schlick und andere Wohltaten des Meeres auf den Körper wirken zu lassen und verspannten Muskeln mit einer Massage Gutes zu gönnen. Beim Schiffskai an der Plage de Trestraou beginnt der Streckenabschnitt, den auch »Sonntagswanderer« gern beschreiten. Wenn die Sonne die Felsenformationen in rötliches Licht taucht, präsentiert sich dieser die Fantasie beflügelnde Küstenabschnitt von seiner spektakulärsten Seite. Der Küstenwanderweg führt vorbei am Maison Littoral, einem Haus, das über Flora, Fauna und Küstenschutz an der Côte de Granit Rose informiert, zur **Pointe de Squéouel**. Am malerischen Strand von **St-Guirec** thront auf einem Felsen eine Kapelle, die dem hl. Guirec gewidmet ist; der walisische Mönch soll im 6. Jh. exakt an dieser Stelle an Land gegangen sein.

3. Etappe

Auf dem dritten Streckenabschnitt (24 km, ca. 8 Std.) verlässt der Fernwanderweg vorübergehend die Küste. Der Abstecher ins Hinterland führt zum **Menhir von St-Uzec**. Der 8 m hohe Steinbrocken wurde im 3. Jt. v. Chr. in Stellung gebracht und im 17. Jh. christianisiert. Christliche Symbole sollten ihn als Kultstätte für eventuell wiedererstarkende Naturreligionen unbrauchbar machen. Zurück an der Küste erreicht man nach kurzer Zeit die **Ile Grande**, die durch eine

Straße mit dem Festland verbunden ist. Außer einem Badestrand gibt es eine Ferienhauskolonie und auch ein Vogelreservat auf der 300 ha großen Insel. Im Sommer hat das Tourismusbüro ornithologische Führungen im Programm.
Trébeurden, der Endpunkt dieser Etappe, kann ebenfalls mit Megalithbauten aufwarten, aber auch mit sehr schönen Stränden. Besonders beliebt und in der Hochsaison entsprechend frequentiert ist die Plage de Tresmeur. Hinter dem Strand reihen sich Villen und schmucke Ferienhäuser in einem Kiefernstreifen aneinander. Muschelsammler finden ihr Dorado bei Ebbe an der Plage de Port Mabo.

4. Etappe

Der letzte Tagesmarsch (12 km, ca. 5 Std.) nach **Lannion** führt zunächst an der Küste, dann am Ufer des Flusses Léguer entlang. Die Stadt präsentiert sich als ein angenehmes Pflaster mit guten Einkaufsmöglichkeiten. Donnerstags sorgt der Markt in der Altstadt für Leben: Zwischen dem Parkplatz am Léguer und der Place Leclerc wird ein großes Lebensmittelaufgebot, aber auch Textiles präsentiert. Die Markthalle mit ihren Fischständen ist ebenfalls einen Besuch wert, selbst wenn man nur schauen will. Wer sich für die Mühen der letzten Tage belohnen möchte, kann die Destille Warenghem in Lannion besuchen und eine Flasche des feinen Single-Malt-Whiskys im Rucksack verstauen.
Ein Mietauto empfiehlt sich, wenn man anschließend noch die berühmten Pfarrhöfe und Kalvarienberge westlich von Morlaix besuchen möchte (▶ Tour 3). Hat man das Auto in Tréguier abgestellt, kommt für den Rückweg auch ein Taxi infrage. Der Ausgangsort ist auf der Straße nur 20 km entfernt.

Z
ZIELE

Magisch, aufregend, einfach schön

Alle Reiseziele sind alphabetisch geordnet. Sie haben die Freiheit der Reiseplanung.

Kein Wald wie jeder andere: Durch den Forêt de Paimpont weht der Geist von Artus und seiner Tafelrunde. ▶

★ AURAY

Département: Morbihan | **Einwohner:** 14 100

Auray in der Südbretagne ist ein mittelalterliches Städtchen, beschaulich und charmant. Am Westufer des Loc'h liegt die Oberstadt, die sich bis hinauf zur Ruine des einst so wehrhaften Schlosses erstreckt. Am Ostufer des Flusses lockt das Hafenviertel St-Goustan mit maritimer Atmosphäre und guter Gastronomie. Und dann ist da noch der Markt ...

Beschaulich und charmant

Denn am besten kommt man an einem Montag nach Auray. Dann findet der Wochenmarkt statt, einer der größten der Bretagne. Zwischen Rathaus und Kirche St-Gildas stapeln sich an bunten Ständen die Produkte der Region: Cidre, Artischocken, Käse, Austern, geräucherte Würste und allerlei mehr. Immer ein Erlebnis sind Schiffsausflüge von Auray zum ▸ Golfe du Morbihan.

Wohin in Auray?

Viel Mittelalterflair

★ Oberstadt

Das Herz der Oberstadt ist die dreieckige **Place de la République**. Mit hohem Uhrturm samt Glockenspiel ragt das 1882 vollendete Rathaus aus hellem Stein über die restaurierten Fachwerkhäuser, dahinter laden die Markthallen zum Schauen und Probieren ein.

Die 1641 geweihte **Kirche St-Gildas** zeigt einen charmanten Stilmix: Das Südportal stammt aus der Renaissance, die Kassettendecke innen wird von gotischen Arkaden auf dorischen Säulen getragen. Barock präsentiert sich das Marmorretabel. Die Chapelle St-Esprit aus dem 12. Jh. wird seit 1982 für Ausstellungen genutzt.

Lebhaftes Hafenviertel

Unterstadt

Fischer und Seeleute waren die ersten Bewohner von **St-Goustan** am linken Ufer des Loc'h. Später kamen bretonische Fürsten und errichteten eine hölzerne Burg am Flussübergang. Die Steinbrücke erhielt im 17. Jh. ihre heutige Form. Damals war St-Goustan ein wichtiger Hafen am Weg von ▸ Nantes nach Spanien. Getreide, Fisch, Wein und das Salz der Guérande wurden hier verschifft. Einen tollen Ausblick auf St-Goustan hat man vom 24 m hohen **Wehrturm** aus dem Jahr 1721 am Ende des Impasse Belvédère.

Um die kleine **Place St-Sauveur** drängen sich Cafés und Restaurants. Kutter, Kabinenkreuzer und alte Kähne sind am Kai vertäut, am anderen Ufer grüßt die Oberstadt mit Festungsmauer und Bürgerhäusern. Treppen führen hinauf zur Kirche St-Sauveur. Vom ur-

AURAY ERLEBEN

OFFICE DE TOURISME
20 Rue du Lait
56400 Auray
Tel. 02 44 84 56 56
www.baiedequiberon.de/Auray

WOCHENMARKT
450 Stände im Sommer,
250 im Winter.
in der Ortsmitte
Mo. 9 – 12.30 Uhr

MANOIR DE KERDRÉAN €€€
Mittelalterliches Herrenhaus 5 km südöstlich von Auray mit neuem Anbau. Alle Zimmer gehen auf den Park und zum Pool. Traditionelle Regionalküche bietet das Restaurant (Di. – So. nur abends 19 – 21 Uhr, €€).
Chemin de Kerdréan, Le Bono
Tel. 02 97 57 84 00
www.manoir-kerdrean.com

TERRE ET MER €€€/€€
Schlichtes, aber schickes Ambiente und dazu feine, regional inspirierte Küche, die auf Fisch wie Fleisch setzt. Formidable Weinauswahl! Abends bietet Chef Anthony Jéhanno Menüs, für die man Muße braucht, mittags die kleine Variante mit zwei Gängen.
20 Rue Louis Billet
Tel. 02 97 56 63 60, Sa. mittags, So. abends u. Mo. geschlossen
www.restaurant-terre-mer.fr

LA PAUSE GOURMANDE €€/€
Sympathisches traditionelles Restaurant, angenehme Preise.
85 Rue Georges Clémenceau
Tel. 02 97 29 06 32, https://lapausegourmande-auray.jimdofree.com

sprünglichen Bau (15. Jh.) sind nur das Portal und der Kalvarienberg erhalten. Am 4. Dezember 1776 ging Benjamin Franklin in Auray von Bord. Der spätere US-Präsident war gekommen, um einen Vertrag mit Frankreich auszuhandeln. Sein Ziel war Nantes, wo sein Schiff aber wegen schlechter Wetterbedingungen nicht anlegen konnte. Am heutigen Benjamin Franklin Quai (Haus Nr.8) bezog er Quartier.

Der letzte Chouan

Mausolée de Cadoudal

Chouans nannte man die aufständischen Bretonen, die nach der Französischen Revolution gegen die neuen Pariser Machthaber kämpften. **Georges Cadoudal** (1771 – 1804) ist als »letzter Chouan« in die Geschichtsbücher eingegangen. Der Sekretär eines Anwalts leitete die Armee der Royalisten des Comte d'Artois, wofür er am 25. Juni 1804 in Paris enthauptet wurde. Seine sterblichen Reste bewahrt ein Mausoleum gegenüber dem Elternhaus in einem Park, errichtet 1852 im neoklassizistischen Stil.

BAEDEKER ÜBERRASCHENDES

6X GUTE LAUNE

Das hebt die Stimmung.

1. PERFEKTE CRÊPES

Wie die **hauchdünnen Pfannkuchen** gelingen, lernt man in der Crêperie du Port in Saint-Quay-Portrieux an der Côte du Goëlo. Gemeinsam ausprobieren, gemeinsam verspeisen! (▶ **S. 133**)

2. KARUSSELL FÜR ALLE

Das von der Künstlergruppe »Compagnie la Machine« gestaltete dreistöckige Karussell auf der **Île de Nantes** ist von den fantastischen Unterwasserwelten Jules Vernes inspiriert und nicht nur für Kinder verlockend. (▶ **S. 226**)

3. THALASSO-KUR

Die Bretagne ist ein perfekter Ort dafür. Meerwasser, Schlamm, Schlick und Algen sind eine **»Apotheke für den Körper«** – ein Hochgenuss! (▶ **S. 372**)

4. FEIERN UND TANZEN

Eines der schönsten Trachtenfeste der Bretagne ist das **»Festival des Filets Bleus«** in Concarneau. Hier treten auch tolle Bands auf, und bevor die Nacht durchtanzt wird, kann man die richtigen Schritte für die traditionelle Gavotte nachmittags auf der Straße lernen. (▶ **S. 90**)

5. EINE NACHT IM BAUM

In einem hundertjährigen Baum schlafen, von Vogelgezwitscher aufwachen – die »Nester« des **Baumhaushotels** bei St-Malo sind ebenso romantisch wie komfortabel. Hier wird ein Kindheitstraum wahr. (**www.lesormes.com**)

6. MARKTTREIBEN

Muscheln, Fisch, Backwaren, Käse, Wurst und in der Saison die herrlichen Erdbeeren von Plougastel – **Wochenmärkte** sind ein Erlebnis für die Sinne. In Auray verwandelt sich am Montagvormittag die ganze Altstadt in einen Markt. (▶ **S. 53**)

Rund um Auray

Zu Ehren der hl. Anna

★ Ste-Anne-d'Auray

Das 6 km nordöstlich gelegene Sainte-Anne-d'Auray gilt als der bedeutendste bretonische Wallfahrtsort. Höhepunkt ist alljährlich der **Pardon am 26. Juli**, den eine Lichterprozession am Vorabend eröffnet. Verehrt wird die hl. Anna, Mutter der Jungfrau Maria – der Legende zufolge eine Bretonin: Während ihrer Schwangerschaft sei sie von ihrem Ehemann Joachim verstoßen und von Engeln nach Nazareth getragen worden, erzählten sich die Bretonen (Ganz anders das apokryphe Jakobusevangelium: Nachdem Joachims Opfer wegen der Unfruchtbarkeit seiner Frau im Tempel von Jerusalem abgelehnt wurde, zog er sich in die Wüste zurück. Ein Engel erschien ihm dort und Anna in ihrem Haus; er befahl beiden, sich zu »begegnen«). 1623 ist die hl. Anna in ihrer alten Heimat dem frommen Bauern Yves Nicolazic erschienen. Sie führte ihn zu jener Stelle, an der dann 1625 die erste Anna-Kirche errichtet wurden. Die heutige Basilika aus Granit mit 75 m hohem Turm wurde erst 1867–1872 erbaut. Die Fenster des Hauptschiffs schildern das Leben der hl. Anna. Nicolazics Gebeine ruhen in einer Kapelle im rechten Seitenschiff.
Die Kirche ist mit einem **Karmeliterkloster** verbunden, dessen Kreuzgang aus der Zeit um 1640 stammt. Zum Wallfahrtsbezirk gehören außerdem eine Quelle, der Wundertätigkeit nachgesagt wird, die heilige Treppe (Scala Sancta), die Schatzkammer mit Gaben der Gläubigen sowie die Espace Jean Paul, die an den Papstbesuch 1996 erinnert. Von der Erscheinung der hl. Anna bis zum Papstbesuch erzählen die Wachsfiguren im **Musée de Cire**.

Musée de Cire: 6 rue de Vannes | www.musee-de-cire.com

Schauplatz der Geschichte

Kartäuserkloster von Auray

Zur Erinnerung an die Gefallenen der Schlacht von Auray 1364 ließ Jean de Montfort 1382 rund 3 km nördlich von Auray in der Nähe des Schlachtfelds eine Kapelle und ein Kollegium errichten, das 1480 in die Chartreuse d'Auray (Kartäuserkloster von Auray) umgewandelt wurde. Zu besichtigen sind die 1720 geweihte Kirche, die Grabkapelle aus dem 19. Jh., der Kreuzgang und das Mausoleum für die gefallenen Chouans. Die Königstreuen waren im Revolutionsjahr 1795 auf dem nahen Champs des Martyrs von Toulbahadeu erschossen worden, wo seit 1829 eine Kapelle ihr Andenken bewahrt.

Land und Leute entdecken

Ecomusée St-Dégan

Den Alltag der Landbevölkerung im 19. Jh. demonstriert anschaulich – u. a. mit unterschiedlichen Veranstaltungen im Lauf der Jahreszeiten – das Freilichtmuseum 4 km nördlich in Saint-Dégan.

Rue Park Segal | Mo. – Fr. 14 – 17, Juli/Aug. Mo. – Fr. ab 10, So. 14.30 bis 18.30 Uhr | Eintritt 6 € | www.ecomusee-st-degan.fr

★★ BELLE-ÎLE-EN-MER

Département: Morbihan | **Einwohner:** 5100

Was für ein herrliches Eiland! Smaragdgrünes Meer trifft auf goldenen Sand. Das Inselinnere wartet mit Weizen- und Roggenfeldern, Pinienwäldchen und kleinen Ortschaften mit weißgekalkten Häusern auf. Claude Monet, der große Impressionist, konnte sich an der schönen Insel gar nicht sattsehen. Etliche Male hat er sie auf seine Leinwand gebannt.

Eine wahre Schönheit

Auch wenn man bisweilen den Eindruck hat, dass die Uhren hier ein wenig anders ticken als auf dem Festland – verschlafen ist die Insel nicht. Zumindest nicht im Sommer, wenn Urlauber und Ausflügler in großer Schar von Bord der Fähre gehen, sich auch jede Menge junges Publikum an den Stränden, Cafés und Kneipen tummelt. Stille Plätzchen finden sich aber auch in der Hochsaison zur Genüge. Man muss sich nur aufmachen: Rund 35 km Rad- und über 100 km Wanderwege laden ein, die Insel zu erkunden.
Der Legende nach ist das 20 km lange, 9 km breite und ca. 40 m hohe Schieferplateau **ein Geschenk der Feen**. Ihre Tränen, die sie über die Vertreibung aus dem Wald von Paimpont vergossen, füllten den Golfe du Morbihan, Blumenkränze, die sie zum Abschied ins Wasser warfen, verwandelten sich in Inseln. Der schönste Kranz wurde vom Wind auf die offene See getrieben und bildet seitdem die Belle-Île.
Die Belle-Île war wegen ihrer Lage immer heftig umkämpft und wechselte häufig den Besitzer. Im Jahr 1658 baute Nicolas Fouquet, der Finanzminister Ludwigs XIV., die Insel zur Privatfestung aus und sicherte sie mit einer eigenen Flotte. Nach Fouquets Verhaftung 1661 wurde die Insel mehrfach geplündert, bis 1683 Ludwig XIV. seinen Festungsbaumeister Vauban beauftragte, die Insel ausreichend zu sichern. Knapp 100 Jahre blieb die Belle-Île uneinnehmbar. 1761 eroberten die Engländer die Insel, gaben sie jedoch 1763 im Tausch gegen Menorca wieder an Frankreich zurück. Mit dem Aufkommen des Badetourismus wandelte sich die Belle-Île zum »Sylt Frankreichs«. Gustave Flaubert verfasste auf der Insel seine Reisetagebücher »Über Feld und Strand«, auch Marcel Proust, Alexandre Dumas, Claude Monet und Henri Matisse verbrachten hier so manchen Sommer.

Wohin auf der Belle-Île?

Auf den Spuren der Geschichte

★ Le Palais

Weithin sichtbar dominiert die Zitadelle Vaubans den Inselhauptort Le Palais. Die Fährschiffe legen im großen Vorhafen an, die Fischer-

Im Innenhafen von Le Palais haben nur kleine Boote Platz.

boote und Jachten hinter dem Schleusentor im Innenhafen. Bereits 1549 entstand unter König Heinrich II. an der Stelle von Kirchenbauten ein einfaches Fort, das 1683 und 1689 von Vauban durch Bastionen verstärkt wurde. Ihr heutiges Aussehen erhielt die **Citadelle Vauban** im 19. Jahrhundert. Heute logiert hier ein edles Hotel mit Restaurant (www.citadellevauban.com) und in den Kasernen das **Musée Historique**, das Stiche, Schiffsmodelle und Memorabilien berühmter Inselbesucher wie Sarah Bernhardt zeigt.

Musée Historique: März – Okt. tgl. 9.30 – 18, Juli/Aug. bis 19 Uhr
Eintritt 9 €

Sommerresidenz im Fort

★ Pointe des Poulains

1884 erwarb die französische Schauspielerin **Sarah Bernhardt** (1844 – 1923) die kleine Festung auf der Nordspitze der Insel (Pointe des Poulains) und verbrachte dort bis 1922 jeden Sommer. Ihr Domizil, ein kleines Fort, und ihr Gästehaus stehen als **Villa des Cinq Parties du Monde** Besuchern offen. Der Leuchtturm auf der Île des Poulains ist bei Ebbe zu Fuß erreichbar.

Villa des Cinq Parties du Monde: Juli/Aug. tgl. 10.30 – 18, April – Juni, Sept. Di. – So. 10.30 – 17.30 Uhr | Eintritt 6 €

BELLE-ÎLE-EN-MER ERLEBEN

OFFICE DE TOURISME
Quai Bonnelle
CS 61102, 56360 Le Palais
Tel. 02 97 31 81 93
www.belle-ile.com

Vom Port-Maria in Quiberon fahren ganzjährig Fährschiffe zum Haupthafen Le Palais, April – Ende Okt. auch von Vannes, Port Navalo und La Turballe ebenso zum Hafen von Sauzon. Der kleine Flugplatz liegt im Inselinneren bei Bangor.

CASTEL CLARA €€€€
Über der Südwestküste nahe Bangor thront die Nobelherberge mit zwei Häusern. Sie punktet mit beheizten Meerwasserpool, Thalassotherapie, Spa und tollem Blick auf bizarre Felsformationen. Das Restaurant »Le 180 °« serviert Gourmetküche, das Café Clara lockt mit Buffets mit Fisch und Meeresfrüchten.
Port Goulphar, Bangor
Tel. 02 97 31 84 21
www.castel-clara.com

LA DÉSIRADE €€€/€€
Die 28 Zimmer und vier Suiten des Hotels sind auf sechs charmante, rosa getünchte Häuschen verteilt, die sich um einen Swimmingpool gruppieren. Ländlich-elegant gestaltete, großzügige Zimmer, entspannte Atmosphäre. Das Hotel verfügt über einen schönen Wellnessbereich und ein Restaurant mit sehr guter Küche.
Le Petit Cosquet
(2 km westlich von Bangor)
Tel. 02 97 31 70 70
www.hotel-la-desirade.com

ATLANTIQUE €€/€
Am Hafen von Le Palais logiert man in einem hübschen Haus aus dem 18. Jh. Die Spezialität von Inhaber Christophe Noël ist die Meeresfrüchteplatte.
Quai de l'Acadie, Le Palais
Tel. 02 97 31 80 11
www.hotel-atlantique.com

HÔTEL AUX TAMARIS €
Gemütliches Haus westlich des Ortes mit hübschem Garten. Sylvaine und Jean-Michel servieren ein leckeres Frühstück. 15 Zimmer, davon eines behindertengerecht.
11 Allée des Peupliers, Sauzon
Tel. 02 97 31 65 09
hotel-belleile-auxtamaris.fr

★★ Côte Sauvage

Bizarres Felsenmeer
An der »Wilden Küste« im Westen haben Brandung und Wetter eine bizarre Felslandschaft geschaffen. Auf die fjordartige Bucht Ster Vras folgt die **Pointe du Vieux Château** mit einem Vogelschutzgebiet. Kormoranen, deren Nester in den Felsspalten an aufgereihte Apothekengläser erinnern, verdankt die **Grotte de l'Apothicairerie** in der 50 m hohen Steilküste ihren Namen. Aus Sicherheitsgründen ist der Zugang gesperrt. An der D 25 südlich von Sauzon erzählen die beiden Menhire **Jean et Jeanne** die Legende von zwei Liebenden, die sich in Vollmondnächten vereinen.

Spots für Maler und Wellenreiter

Kervilahouen

Die älteste Gemeinde der Insel südwestlich von Bangor wurde bereits im 6. Jh. von Mönchen aus Irland gegründet. 1886 wählte Claude Monet (1840–1926) das Dorf als Standort, um die bis zu 43 m hohen Felsnadeln bei **Port-Coton** auf Leinwand festzuhalten. 39 Bilder malte er mit diesem Motiv. Der 47 m hohe, 1835 eingeweihte **Grand Phare** ist mit einer Reichweite von 32 Seemeilen einer der lichtstärksten Leuchttürme Frankreichs. Wer die 256 Stufen zur Brücke erklimmt, wird mit einem großartigen Blick über die Belle-Île belohnt. Mit seinen spektakulären Wellen ist das weiter nördlich gelegene **Port Donnant** das »Hawaii« der Insel: ein Mekka für Wellenreiter.

Highlights im Osten

Locmaria

Schroffe Klippen prägen den am höchsten gelegenen Ort der Insel (71 m) ganz im Osten. Seine 700 Einwohner leben in 33 »Dörfern«. Die Kirche **Notre-Dame-de-l'Assomption** von 1714 ist das älteste Gotteshaus der Insel. Ihr Turm erinnert an 78 frankokanadische Familien, die 1765 von Ludwig XV. hier angesiedelt wurden. Vom Leuchtturm an der Ostspitze der Insel, der Pointe de Kerdonis, bietet sich ein schöner Blick auf die Inseln Houat und Hoëdic.
Befestigungen aus dem 17. und 18. Jh. säumen den feinsandigen, fast 2 km langen Strand **Grands Sables** an der Nordostküste.

★★ BREST

Département: Finistère | **Einwohner:** 139 600

Eine Schönheit ist Brest wirklich nicht. Doch städtebauliche Schwächen gleicht Frankreichs westlichste Metropole und Universitätsstadt mit Kunst und Kultur aus, mit authentischer Betriebsamkeit am Hafen, mit quirligen Kneipen, wo man zu traditioneller Musik tanzt – es lebe das keltische Erbe! Und dann ist da noch Océanopolis, ein Meeresforschungszentrum und -museum der Superlative, eine der größten Attraktionen der Bretagne.

Stadt im Wandel

Brest – bretonisch »Beg Rest«, das »Ende des Waldes« – liegt an der rund 40 km tief ins Land vordringenden Rade de Brest nördlich der Halbinsel Crozon. Eine 1,8 km breite, von Felsen gesäumte Durchfahrt, der Goulet de Brest, trennt die Bucht vom Atlantik. Gespeist von Penfeld, Aulne und Elorn, ist das 12 – 30 m tiefe Binnenmeer ein beliebtes Segelrevier. Alle vier Jahre drängen sich im Juli Tausende am Ufer, um Windjammer und andere alte Segler zu be-

staunen – dann feiert Brest sein großes Festival der alten Boote (das nächste Mal im Jahr 2024).
Die geschützte Lage des 150 km² großen Naturhafens erklärt die **strategische Bedeutung** von Brest und seine bewegte Vergangenheit. Bereits die Römer nutzten im 3. Jh. »Gesocribate« als Stützpunkt. 1631 begann der Ausbau zum Kriegshafen. Unter Colbert entstand das berüchtigte Bagno, ein Gefängnis, dessen 3000 Häftlinge in Ketten u. a. die Festung errichteten. Ab 1683 prägte der Festungsbaumeister Vauban das Stadtbild. Als wichtigster Flottenstützpunkt Frankreichs wurde Brest im Zweiten Weltkrieg von den Deutschen okkupiert und deshalb von den Alliierten in Schutt und Asche gebombt. Im Zentrum blieb allein das Schloss vom Bombenhagel verschont. Nach Kriegsende baute man Brest neu auf, kostengünstig und nüchtern – mit schnurgeraden Straßen und schmucklosen Wohnblocks. Von großer Bedeutung sind noch immer die Werften, wo Marineschiffe gebaut oder nach dem Einsatz in rauer See in den Trockendocks wieder flottgemacht werden.

Wohin in Brest?

Rue de Siam

Jacques Préverts Gedicht »Erinnere dich Barbara« machte die schnurgerade Mittelachse der Stadt bekannt.

»
Rapelle-toi, Barbara. Il pleuvait sans cesse sur Brest,
et je t'ai croisée rue de Siam.
«

Ihren Namen verdankt sie drei Gesandten aus Siam, dem heutigen Thailand, die 1686 in die Stadt kamen. Sie zieht sich von der **Place de la Liberté** mit dem 1961 erbauten Hôtel de Ville und dem 1988 eröffneten Kultur- und Kongresszentrum Le Quartz bis zur Recouvrance-Brücke.

★ Musée des Beaux-Arts

Werke europäischer Meister
Fast ein Muss ist der Besuch des Kunstmuseums mit Gemälden niederländischer, italienischer und französischer Künstler des 17. bis 20. Jh.s, darunter Werke der **Schule von Pont-Aven** (Bernard, Delavallée, Jourdan, Maufra, Moret und Seguin, jedoch kein Gauguin) und einiger Impressionisten.
22 Rue Traverse | Di. – Sa. 10 – 12, 14 – 18, So. 14 – 18 Uhr | Eintritt 5 €

★ Cours Dajot

Bummeln mit Aussicht
Entlang der von Vauban erbauten Stadtmauer legte sein Schüler Dajot einen Garten an, eine 600 m lange Promenade mit tollem Panora-

BAEDEKER ÜBERRASCHENDES

6X FÜR KINDER

Langeweile verboten!

1. KLEINE KAPITÄNE

Segeln lernen – das macht Spaß und selbstbewusst. Im Centre Nautique Fouesnant lernen kleine Kapitäne, wie sie einen Minikatamaran navigieren können. (**www.centre-nautique-fouesnant-conouaille.com**)

2. BESONDERER RITT

Einem **Riesenelefanten,** der trompetet und Wasser verspritzt, begegnet man nicht alle Tage. Es sei denn, man ist auf der **Île de Nantes**, wo man auf dem gigantischen Spielzeug sogar reiten kann. (▶ **S. 226**)

3. SCHAURIG

Im Urzeitpark von **Malansac** treffen Besucher auf Tyrannosaurus Rex und andere urzeitliche Tiere – zumindest auf ihre lebensgroßen Abbilder, die in der waldigen Umgebung ziemlich echt wirken und überaus beeindrucken. (▶ **S. 271**)

4. EIN TAG AM STRAND

Besonders schöne Strände hat die **Halbinsel Crozon**. Für Kinder ideal sind die durch Klippen vor Wind geschützte Plage Trez Bellec, die Plage Morgat, die flach ins Wasser fällt oder auch die Plage Goulien. (▶ **S. 242**)

5. AQUARIUM DER SUPERLATIVE

Im **Océanopolis in Brest** kann man Haien und Riesenschildkröten in die Augen schauen und vielen anderen Meeresbewohnern ziemlich nahekommen. Seeigel und Seesterne dürfen sogar von kleinen Händen gestreichelt werden! (▶ **S. 64**)

6. KLETTER-ABENTEUER

Sich auf schwingenden Seilbrücken von Baum zu Baum wagen, ist nur eine Möglichkeit bei einer mehrstündigen Tour durch den **Klettergarten Karaez** in Carhaix-Plouguer. Adrenalinkick garantiert! (▶ **S. 73**)

BREST ERLEBEN

OFFICE DE TOURISME
Avenue Georges Clémenceau 8
29200 Brest, Tel. 02 98 44 24 96
www.brest.fr
www.brest-metropole-tourisme.fr

Flughafen Brest Bretagne 9 km nordöstlich (www.brest.aeroport.fr), Busse zur Tramstation Porte de Guipavas bzw. zum Bahnhof. Bus und Tram erschließen die Stadt (www.bibus.fr). Fähren nach Le Conquet – Molène – Ouessant sowie zur Crozon-Halbinsel (Camaret) legen am Port de Commerce ab (Compagnie Maritime Penn ar Bed, www.pennarbed.fr).

21. Juni: Fête de la Musique.
Mitte Juli – Ende Aug.: Do. abends »Jeudi du Port« (Musik, Straßentheater etc.). Mitte Juli: Alle vier Jahre (coronabedingt verschoben auf 2024) treffen sich bei der 6-tägigen Fête Maritime Internationale über 1000 Segelschiffe.
Letztes Septemberwochenende ist großer Straßenflohmarkt.

RECOUVRANCE
Ein tolles Erlebnis sind die halb- bis sechstägigen Segeltörns auf der 1992 vom Stapel gelaufenen »Recouvrance«, einem Nachbau eines Zweimastschoners von 1817.
Tel. 02 98 33 95 40
www.larecouvrance.com

In den Halles St-Louis ist morgens Markt. Gut einkaufen kann man in der Rue de Siam, in der Rue Jean-Jaurès und in der Rue Victor Hugo.

1 JARDIN D'HIVER €€€/€€
Ende 2019 eröffnete David Castro das beste Bio-Restaurant von Brest. Entspannte Atmosphäre mit Gartenmöbeln, Vintage-Geschirr und sanften Jazzklängen im hellen Saal. Probieren Sie die Zucchini-Tajine mit Kichererbsen und Sellerie.
7 Rue Amiral Linois
Tel. 09 85 60 88 29, So. geschl.
https://jardin-hiver.fr

2 NAUTILUS €€€/€€
Schickes Lokal im Herzen von Brest im 82-Zimmer-Hotel Océania. Die Küche vereint Bretonisches mit Aromen aus aller Welt.
82 Rue de Siam
Tel. 02 98 80 90 67

3 LA CHAUMIÈRE €€
Schon in der dritten Generation wird hier beste Regionalküche geboten, aber heute werden die Klassiker fantasievoll neu interpretiert.
25 Rue Emile Zola
Tel. 02 98 44 18 60, So. geschl.
www.lachaumine.bzh

4 CRÊPERIE DE CORNOUAILLE €
Eine Crêperie wie aus dem Bilderbuch, die Crêpes sind toll, der Service ist freundlich – und schnell.
Rue St Marc 9, Tel. 02 98 80 01 91
So., Mo. geschlossen

1 HÔTEL L'AMIRAUTÉ BREST €€€
Hinter der nüchternen Fassade verbergen sich große, zeitgemäß gestylte Zimmer mit angenehmem Komfort.

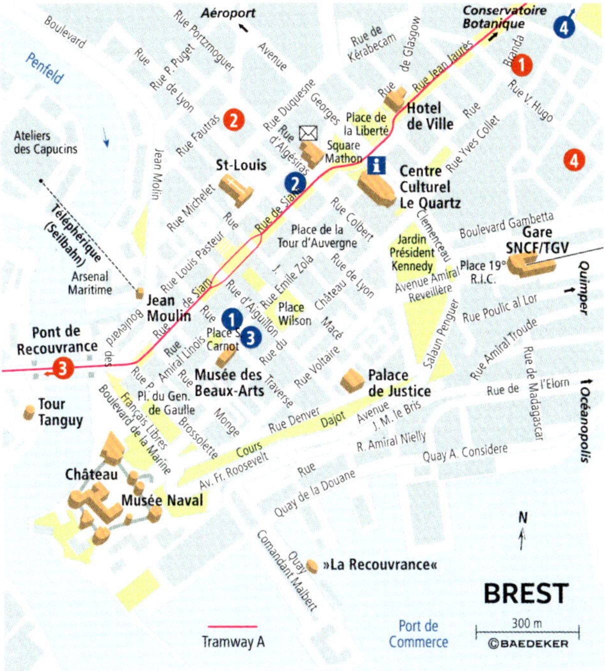

1 Jardin d'Hiver	1 Hôtel L'Amirauté Brest
2 Nautilus	2 La Paix Hôtel Contémporain
3 La Chaumière	3 Hotel de la Corniche
4 Crêperie de Cornouaille	4 Bellevue

Das Frühstücksbuffet lässt kaum Wünsche offen und die zentrale Lage ist perfekt.
41 Rue Branda
Tel 2 98 80 84 00
www.hotel-brest-amiraute.com

2 LA PAIX HÔTEL CONTEMPORAIN €€€/€€

Klassisch-modernes, ruhiges Hotel im Zentrum mit Sauna und Hammam. Zahlreiche Restaurants sind nur wenige Gehminuten entfernt.
32 Rue Algésiras
Tel. 02 98 80 12 97
www.hoteldelapaix-brest.com

3 HOTEL DE LA CORNICHE €€

Hübsches kleines Haus im alten bretonischen Stil etwas außerhalb westlich der Marinebasis nahe den Spazierwegen an der Küste gelegen. Sehr hübsche Terrasse.
1 Rue Am. Nicol
Tel. 02 98 45 12 42
www.hotel-la-corniche.com

4 BELLEVUE €€/€

Modernes Hotel nahe dem Bahnhof, Zimmer teils mit Meerblick.
53 Rue Victor Hugo, Tel. 02 98 80 51 78, www.hotelbellevue.fr

ma: vom Handelshafen (Port de Commerce) zur Halbinsel Plougastel und über die Rade de Brest bis zur Halbinsel Crozon. Eine Orientierungstafel steht vor der Präfektur.

Vom Meister des Festungsbaus

★ Château

Die beeindruckende Festung an der Mündung des Penfeld entstand ab dem 11. Jh. auf den Grundmauern des römischen Castrums, die letzten Erweiterungen erfolgten im 17. Jh. unter Vauban. Das **Marinemuseum** im Donjon beschäftigt sich mit der Geschichte des Arsenals, der französischen Kriegsflotte und des Hafens. Von der Tour Madeleine erschließt sich ein schöner Blick über die Bucht von Brest.

Musée National de la Marine: April – Sept. tgl. 10 – 18.30, Okt. – März Mi. – Mo. 13.30 – 18.30 Uhr | Eintritt 7 €

Luftige Perspektive

La Téléférique

Die erste innerstädtische Seilbahn Frankreichs – la téléférique – verbindet die Innenstadt seit 2016 mit dem Kapuzinerviertel am anderen Ufer des Flusses und gewährt dabei in 72 m Höhe einen 360-Grad-Blick auf Brest und seine Rade. Der Spaß dauert nur 3 Minuten – dafür gibt's das Ticket zum Bustarif (2 €).

Einstieg: Station Jean Moulin, 1 Rue Louis Pasteur | www.bibus.fr

Beeindruckende Technik

Pont de Recouvrance

Selbst dicke Pötte lässt die (nach der in Rouen) **zweitgrößte Hebebrücke Europas** passieren: 150 Sekunden benötigt die 1954 erbaute Betonbrücke, um die 87 m lange Fahrbahn 26 m hoch zu hieven. Zur Stadtbefestigung gehörte der Turm **Motte-Tanguy** (14. Jh.) jenseits des Flusses, in dem das **Musée de la Tour Tanguy** untergebracht ist. Es erinnert an das alte Brest.

Musée de la Tour Tanguy: Mitte April – Mitte Sept. tägl. 10 – 18, sonst Sa. – Do. 14 – 18 Uhr | Eintritt frei

Wichtiger Stützpunkt

Base Navale

Westlich der Penfeld-Mündung erstreckt sich der **Marinehafen** über 4 km weit bis zur ehemaligen deutschen U-Boot-Basis (Besichtigung inkl. eines Kriegsschiffs von der Porte de la Grande Riviere aus, nur für EU-Bürger, Personalausweis nötig).

Marinehafen: Juli, Aug. Mo. – Fr. 10 – 16 Uhr | 2-std. Führungen Eintritt frei

Abtauchen in die Unterwasserwelt

★★ Océanopolis

Alle fünf Weltmeere an einem Tag erleben – mit dieser Option lockt das Océanapolis. Unterwasserwelten, von den Tropen bis zur Arktis, hat man hier erschaffen. Clownfische, Pinguine, Robben und Haie lassen sich aus nächster Nähe betrachten, in den maritimen Streichelzoos ist sogar ein vorsichtiger Körperkontakt mit Seesternen und

Seeigeln erlaubt. In die Tiefen des Meeres, zu einem von bunten Fischen besiedelten Korallenriff, können Besucher in einem gläsernen Fahrstuhl abtauchen. Bei allem Spaß, den das Océanapolis bietet, stehen auch Forschungsthemen im Mittelpunkt. Wie funktionieren die Ökosysteme der Ozeane? Wie kann man sie schützen? Hier geht es um die Herausforderungen, mit denen sich Meeresbiologen heute konfrontiert sehen.

Mitte Sept. - Ende Okt, Nov., Ende Jan./Anf. Feb. und März Di. - So., sonst tgl. 9.30 - 17/18, Mitte Juli - Ende Aug. bis 19 Uhr | Eintritt Erwachsene 21,90 €, Kinder 3 - 13 J. 13,60 € | www.oceanopolis.com

Blumen aus aller Welt

Jardin des Explorateurs

Im Quartier de Recouvrance am rechten Ufer des Penfeld lebten einst die Seeleute. In der Batterie du Cavalier lockt der Jardin des Explorateurs, ein Park mit Pflanzen, die die Brester Seefahrer einst von ihren Reisen aus aller Welt mitbrachten. Die Hortensie, die Nationalblume der Bretagne, wurde von dem Botaniker Commerson in Japan entdeckt.

3 Rue de la Pointe | Mitte Mai - Mitte Sept. 9 - 22 Uhr, sonst bis 18 Uhr

Paradies für Pflanzen

Conservatoire Botanique

Über 50 000 Pflanzenarten der Welt sind vom Aussterben bedroht. 1700 davon - viele aus der Bretagne - haben im Botanischen Garten im Vallon du Stang Alar (Rampe de Stangalard) ein einmaliges Refugium gefunden.

Park: Sommer tgl. 9 - 20, sonst 18/19 Uhr | Eintritt frei
Treibhäuser: Osterferien und Juli/Aug. Mi. - Fr. 14 - 17.30, letzter Einlass 17 Uhr | Eintritt 6 € | Führung Juli, Aug. Mi., Do. um 11 Uhr

Rund um Brest

Spannender Badeort

Plougonvelin

Die hellen Strände machen den 15 km westlich gelegenen Badeort an der Anse de Bertheaume zu einem beliebten Ausflugsziel der Brestois. Das **Fort de Bertheaume** ließ Vauban 1689 auf einem bei Ebbe zugänglichen Felsen erbauen. Mittlerweile führt ein Steg hinüber; vor allem aber ist das Fort zur Attraktion für alle geworden, die auf Nervenkitzel setzen: Man kommt auch per Zip-line hinüber und kann den Felsen in mehreren Parcours erklettern.

▶Abb. S. 66 | www.bertheaume-iroise-aventure.fr

Der Garten von Brest

★ Presqu'Île de Plougastel

Die zwischen dem Elorn und der Rivière de Daoulas gelegene Halbinsel Plougastel ragt weit in die Bucht von Brest. Die schnellste Verbindung ist die 1930 eingeweihte, 900 m lange Betonbrücke Albert-

Durch die Lüfte oder doch lieber über den Steg zum Fort de Bertheaume?

Louppe. Die windgeschützte hügelige Halbinsel wird intensiv landwirtschaftlich genutzt. Seit dem 18. Jh. werden vor allem aus Virginia eingeführte **Erdbeeren** kultiviert. Daneben gedeihen in zahlreichen Gewächshäusern Tomaten, Gurken, Frühgemüse und Blumen. Im Winter werden in der Bucht von Brest Jakobsmuscheln geerntet. Trotz der Nähe zur Hafenstadt ist die Halbinsel relativ unberührt. Dies erklärt vielleicht den Umstand, dass sich in den kleinen Dörfern und Einzelgehöften alte Bräuche erhalten haben.

Der Hauptort der Halbinsel, **Plougastel-Daoulas**, ist für zwei Dinge berühmt: Erdbeeren und den **größten Kalvarienberg der Bretagne**; er entstand 1602 –1604 am Ende einer Pestepidemie. Für den Sockel wählten die Steinmetze ockerfarbenen Sandstein aus Logonna, für das Kreuz grau-blauen Kersanton-Granit. Über 180 Figuren, einst farbig bemalt, stellen in 20 Szenen die Lebens- und Leidensgeschichte Jesu dar. Ähnlichkeiten mit dem Calvaire von Guimiliau, der als Vorbild diente, bestehen in der Kreuztragung, der Bestrafung der sündigen Katell Gollet und der Flucht nach Ägypten. Das **Musée de la Frai-**

se et du Patrimoine in der Rue Louis Nicolle erzählt anhand von Möbeln, Bildern und bretonischen Trachten die Lokalgeschichte.

Musée de la Fraise et du Patrimoine: Juli/Aug. Mo. – Fr. 10.30 bis 18.30, Sa., So. 14 – 18.30, Sept. – Juni Di. – Fr. 10 – 12, 14 – 17.30, Sa., So. 14 – 17.30 Uhr | Eintritt 6 € | www.museefraisepatrimoine.bzh

Arznei aus dem Klostergarten

Abbaye de Daoulas

Unbedingt sehenswert ist die Abbaye de Daoulas mit ihrem in Westfrankreich einzigartigen romanischen Kreuzgang. Bis zur Französischen Revolution war die vermutlich 1173 gegründete Abtei eine der bedeutendsten in ganz Frankreich. Der Überlieferung nach soll sie auf ein im 6. Jh. gegründetes Kloster zurückgehen, das bei einem Angriff der Wikinger zerstört wurde. Im Klostergarten – typisch für das Mittelalter – gedeihen rund 250 Heilpflanzen, Gewürze und Küchenkräuter, dazu gesellen sich Gewächse mit magischen Kräften und vom Aussterben bedrohte Arten.

Abbaye: Juni – Mitte Sept. tgl. 10.30 – 19, April, Mai und Mitte Sept. bis Anf. Dez. 13.30 – 18 Uhr

Malerische Renaissancearchitektur

★ Landerneau

Eindrucksvolle Gebäude aus Stein von Logonna und Kersanton prägen die Marktstadt am Elorn 20 km östlich von Brest. Blumen säumen den Hafenkai, Angler fischen nach Lachsen und Forellen. Die Stadt, Zentrum des bretonischen Gemüseanbaus, war einst Hauptstadt des Fürstentums Léon. Die Grenze verlief im Fluss, am rechten Ufer endete das Léon, am linken begann die Cornouaille. Bindeglied ist der **Pont Rohan**, den Jean II. von Rohan 1510 erbauen ließ, heute eine der letzten zwei Hausbrücken Frankreichs. Zeitweise diente die bewohnte Brücke auch als Gefängnis – aus dem die Insassen mit einem Sprung in den Fluss flüchteten. Ein Zeugnis der Vergangenheit ist auch die fünfstöckige **Maison de la Duchesse Anne** von 1664 an der Place de Général de Gaulle. In der Rue des Capucins kam 1926 der bekannteste Einwohner der Stadt zur Welt, der Supermarktkönig Edouard Leclerc. 1949 eröffnete er in Landerneau das erste Geschäft, heute gehören über 500 Hypermarchés zum Imperium.

Alles begann mit einer Legende

★ Le Folgoët

Das kleine Folgoët 16 km nördlich von Landernau ist **einer der wichtigsten Wallfahrtsorte der Bretagne**, sein Pardon Anfang September einer der größten. Den Ursprung verklärt eine Legende vom Wunder eines armen Waisenknaben namens Salaün. Da er nur »Ave Maria« zu sagen wusste, wurde der Einfältige zu Lebzeiten als Verrückter des Waldes verspottet. Nach seinem Tod aber wuchs auf seinem Grab eine weiße Lilie, auf deren Blütenblättern »Ave Maria« stand. Als man sein Grab öffnete, sah man, dass die Blume im Mund des Einfältigen wurzelte. Schnell verbreitete sich die Kunde von diesem Wunder, was viele Besucher anzog. Die ihm zu Ehren 1422 von Herzog Jean V. errichtete **Stiftskirche Notre-Dame-de-Folgoët** wurde erstmals aus Kersanton-Stein errichtet, der leichter zu verarbeiten ist als normaler Granit. Besonders schön sind der gotische Glockenturm und der Lettner im Flamboyant-Stil, der den Chor vom Langhaus trennt. Die Kirchenfenster erzählen die Legende des Waisenknaben Salaün.

Nordöstlich benachbart ist der hübsche Ort **Lesneven**. In einem Konvent (18. Jh.) in der Rue de la Marne 12 präsentiert das Musée du Léon Exponate von der Vorgeschichte bis heute.

Musée du Léon: Mo. – Sa. 9.30 – 12.30, 14 – 17.30, Juli/Aug. bis 18 Uhr und auch So 9.30 – 12.30 Uhr | Eintritt 3,50 €

★ Île d'Ouessant (830 Einw.)

Mit dem Schiff: von Brest in 2 Std., von Le Conquet und Camaret in 1 Std. | Reservierung 2 Tage vorher unter Tel. 02 98 80 80 80 www.pennarbed.fr

Mit dem Flugzeug: Finist'Air vom Flughafen Brest-Guipavas

Raues Eiland vor der Westküste

Westlichster Punkt

Das westlichste Eiland Frankreichs, ein 8 km langes und 4 km breites Plateau aus Granit und Schiefer, liegt ca. 20 km vor der Abers-Küste zwischen Atlantik und Ärmelkanal in einem äußerst schwierigen Seefahrtsgebiet. Das alte Matrosensprichwort, »Wer Ouessant sieht, sieht sein Blut«, spiegelt den Ruf der »Insel des Schreckens«: Unzählige Riffe, Untiefen und starke Meeresströmungen – der Fromrust im Nordwesten, der Fromveur im Südosten – führten in einer der am stärksten befahrenen Meeresstraßen der Welt immer wieder zu **Schiffsunglücken**. Die raue, gefährliche See behinderte zudem die traditionelle Arbeit der Männer: die Fischerei. So verließen sie oft für Monate die Insel und verdienten ihr Geld in der Handels- und Kriegsmarine. Die Frauen organisierten ihr Leben allein, legten Tausende, heute meist brachliegende Parzellen an und betrieben auf ihnen mühevoll Landwirtschaft. Kehrten die Männer zurück, suchten nicht sie, sondern die Frauen den Partner aus, und sie stellten den Heiratsantrag. Ob das heute auch noch so ist, lässt sich bei einer Tour mit der Einheimischen Ondine Morin in Erfahrung bringen (www.kalon-eusa.com). Heute leben die rund 830 Bewohner der Insel von der Schafzucht und vom Tourismus.

Ouessant, seit 1969 Teil des **Parc Naturel Régional d'Armorique**, gilt als eine der wildesten und ursprünglichsten Inseln Frankreichs. Die ganze Insel ist eine felsige Heidelandschaft mit Salzwiesen. Die Häuser verstecken sich hinter Felsen, die freilaufenden Schafe schützen sich hinter den »Goaskedu«, dreieckigen Steinkonstruktionen, vor dem Wind. Dennoch ist das Klima mild: Im Januar und Februar werden hier die höchsten Durchschnittstemperaturen Frankreichs gemessen, im Sommer blühen Fuchsien, Agaven und Aloen in den Gärten. Doch auch der »Miz Du«, der schwarze November, kann zu einem unvergesslichen Erlebnis werden, wenn tagelang Stürme mit bis zu 200 km/h über die Insel fegen.

Traurige Geschichte

Lampaul

Einziges Städtchen der Insel ist Lampaul (200 Einw.). Seine alten Häuser besitzen noch die traditionell grün oder blau gestrichenen Fensterläden. Die Kirche (19. Jh.) ist ein Geschenk Englands an die Bewohner, die nach dem Unglück der »Drammond Castle« 1896, als 397 der 400 Passagiere ertranken, die Toten bargen und auf der Île Molène bestatteten. Im Mausoleum des Friedhofs sind **Proëlla-Kreuze** zu sehen, Wachskreuze, an denen früher die Familie eines verschollenen Seefahrers die Totenwache hielt. In zwei über 100 Jahre alten Häusern erzählt das **Ecomusée Niou-Huella** von der Geschichte der Insel. Zu sehen sind außerdem Möbel aus Treibholz in traditionellem Blau-Weiß, Trachten und Gemälde.

Juli, Aug. tgl. 10.30 – 18.30, April – Juni und Sept. tgl. 11.30 – 17.30, sonst nur Di. – So. 11.30 – 17.30 Uhr | Eintritt 3,50 €

Wegweiser für die Seefahrt

★ Phare de Creac'h

Er gilt als leuchtstärkster Leuchtturm Europas: Bis zu 60 km weit reicht der Lichtkegel des 55 m hohen, schwarz-weiß gestreiften Phare du Creac'h, der seit 1863 gemeinsam mit seinem britischen Gegen-

Heide, Felsen, ein Segelboot. Wir sind auf der Île d'Ouessant.

BAEDEKER WISSEN

LEUCHTZEICHEN AM HORIZONT

Von 120 Leuchttürmen in Frankreich stehen 40 in der Bretagne. Leuchttürme g… es bereits in der Antike, und trotz Radar und Satellitennavigation sind sie heute nicht überflüssig als zusätzliche Sicherungssysteme, markante Denkmale der Sc… fahrtsgeschichte sowie beliebte Ausflugsziele – wegen ihrer Aussichtsplattform…

▶ Leuchtturm extrem

Bei der Île d'Ouessant, wo Atlantik und Ärmelkanal zusammenstoßen, verläuft eine der gefährlichsten Fahrrinnen. Der Phare du Stiff am höchsten Punkt der Insel wurde 1695 von Vauban erbaut und ist vermutlich der älteste Leuchtturm Frankreichs. Der Phare de Créac'h im Westen ist der lichtstärkste Europas mit einer Reichweite von 80 Seemeilen (148 km).

Der Phare de Kéréon (Südosten) und der Phare de la Jument (Südwesten) wurden unter extrem schwierigen Bedingungen ins Meer gebaut.

1 Île Vierge (1902) RL: 27 sm* Enfer*

2 Eckmühl (1897) RL: 23,5 sm Paradis

3 Roches-Douvres (1897) RL: 24 sm Enfer

4 Héaux-de-Bréhat (1839) RL: 15 sm Enfer

5 Le Créac… (1859) RL: 32 sm Purgatoir…

* Reichweite des Leuchtsignals in Seemeilen, 1 sm = 1852 m

Paradis: auf dem Festland **Purgatoire:** auf Inseln **Enfer:** in der See

e Chemin des Phares

nige der schönsten Leuchttürme erschließt der 6 km lange Wanderweg (rot gekennzeichnet) wischen Brest und Portsall.

.euchtfeuer

.. wurden lange mit Holz, Kohle, Torf und dann mit Öl betrieben. Augustin Fresnel (1788-1827) erfand lie aus Ringprismen zusammengesetzte Linse, die das Licht scharf gebündelt aussenden konnte. Die Leuchtfeuer senden farbige Signale in Rot, Weiß oder Grün in unterschiedlichen Intervallen aus. eder Seemann muss ihre Bedeutung kennen.

6 **Goulphar** (1836) 26 sm Purgatoire

7 **Île de Sein** (1839) 27,5 sm Purgatoire

8 **La Jument** (1911) 21 sm Enfer

9 **Kéréon** (1916) 17 sm Enfer

10 **Île de Batz** (1836) 23 sm Purgatoire

stück am Land's End den Eingang zum Ärmelkanal kennzeichnet. Im früheren Generatorenhaus gibt das **Musée des Phares et des Balises** einen Einblick in die Geschichte der Leuchttürme und Seezeichen.
Juli, Aug. tgl. 10.30 – 18, April – Juni und Sept. tgl. 11.30 – 17, sonst Di. – So. 11.30 – 17.30 Uhr | Eintritt 6 € | Führungen zur Bedeutung der Seefahrtszeichen nach Anmeldung Tel. 02 98 48 80 70
Führung 2 €

Wichtige Leuchttürme

Phare de la Jument, Phare du Kéréon, Phare du Stiff

Vor der Südküste steht der 1904–1940 auf einer Granitinsel erbaute, 42 m hohe Phare de la Jument; seit 1991 wird er automatisch betrieben. Von der Bucht Porz-Arlan 4 km östlich von Lampaul ist der Phare du Kéréon zu sehen. Seit 1907 schützt das Leuchtfeuer auf der Felseninsel die Passage de Fromveur, die wegen starker Strömung schwierig zu durchfahren ist. Frankreichs ältester Leuchtturm an der Nordostküste, der Phare du Stiff, wurde bereits 1699 in Betrieb genommen. 104 Stufen führen hinauf (▶ Baedeker Wissen, S. 72).

Klein, aber fein

Île Molène

Die 1 km² große Nachbarinsel Molène ist die einzige bewohnte Insel des gleichnamigen Archipels zwischen dem Festland und der Île d'Ouessant, zu dem noch Quéménes, Balanec, Trielen und Beniguet gehören. Die knapp 150 Bewohner leben vom Hummer- und Langustenfang, der Tang-Ernte sowie dem Tourismus.

CARHAIX-PLOUGUER

Département: Finistère | **Einwohner:** 7400

Wenn Sie Musik von Rock bis Techno und Open-Air-Festivals mögen, dann sind Sie Mitte Juli in Carhaix richtig – vier Tage lang feiert das Städtchen im äußersten Finistère das Vieilles Charrues Festival, eines der beliebtesten und größten Musikfestival Frankreichs. Ansonsten geht es eher beschaulich zu in dem idyllischen Städtchen am Nordrand der Montagnes Noirs.

Man spricht Bretonisch

Eine Dampflok der Bauart Mallet (Baujahr 1913) vor dem Bahnhof erinnert daran, dass Carhaix einst Mittelpunkt des bretonischen Schmalspureisenbahnnetzes war. Ein wichtiger Verkehrsknotenpunkt war hier sogar schon zur Römerzeit. Sieben Straßen liefen in »Vorgium« – so nannte die antike Supermacht den Ort – zusammen. Heute liegt die Doppelgemeinde im Schnittpunkt überregionaler Ver-

CARHAIX-PLOUGUER ERLEBEN

OFFICE DE TOURISME
8 Place d'Aiguillon
29270 Carhaix-Plouguer
Tel. 02 98 93 04 42
http://carhaixpohertourisme.bzh

Pfingstmontag: Carhaix feiert ausgiebig beim Gouel Ar Vugale mit Hunderten von Kindern in Tracht.
Mitte Juli: Musikfestival des Vieilles Charrues

KARAEZ ADRENALINE
Hochseilgarten mit verschiedenen Parcours, Kinder ab 4 Jahren
Carhaix-Plouguer
Tel. 06 50 19 15 98
www.karaezadrenaline.com

LE NOZ VAD €
Zentrales Haus mit hellen Zimmern, praktische Familien-Maisonette-Studios mit zwei Schlafräumen.
12 Boulevard de la République
Tel. 02 98 99 12 12
www.nozvad.bzh

LA ROTONDE €
Charmantes Restaurant mit ausgezeichneter regionaler Küche
1 Place des Droits de l'Homme
Tel. 02 8 93 30 41, So. geschl.
https://restaurantlarotonde.site-solocal.com

bindungsstraßen. In diesem Zipfel der Bretagne fühlt man sich der eigenen Kultur besonders verpflichtet, pflegt das bretonische Erbe intensiver als anderswo. 2001 wurde in Carhaix eine Kampagne zum Erhalt der bretonischen Sprache gestartet. Fast 200 Gemeinden beteiligen sich daran, führten in Schulen, Freizeiteinrichtungen und in amtlichen Mitteilungen Bretonisch als zweite Sprache ein.
Eine blutige Geschichte rankt sich um den **Mönch Trémeur**, dem die Stadtkirche von Carhaix gewidmet ist. Sein brutaler Vater, ein bretonischer Herrscher des 6. Jh.s, soll auch seiner fünften Ehefrau den Kopf abgeschlagen haben. Der Legende nach setzte der heilige Gildas der Unglücklichen den Kopf wieder auf und bestimmte ihren noch ungeborenen Sohn Trémeur zum Rächer. Nach vollbrachter Tat lebte Trémeur als Mönch und wurde letztlich heiliggesprochen.

Wohin in Carhaix-Plouguer?

Architektonische Besonderheiten

Die schönsten alten Häuser stehen in der **Rue Brizeux**: das Haus des Sénéchalls aus dem 16. Jh. (Nr. 6) mit Tourismusbüro und Hei- Maison du Sénéchal matmuseum sowie die Chapelle Ste-Anne (Nr. 27). Die Rue Brizeux mündet auf die Place des Droits-de-l'Homme mit der Kirche St-Tremeur. Im 14. Jh. von den Herzögen der Bretagne gestiftet, stammt der heutige Bau aus dem 19. Jh.; nur die turmbekrönte Vorhalle ist aus dem 16. Jh. erhalten. Innen sehenswert sind die Statuen – die Skulptur des hl. Trémeur entstand im 15. Jh. – sowie Retabel aus dem 17. Jh. – Am Bahnhof lädt die **Brasserie Coreff** zur Degustation ihrer Produkte.

Einblick in die Römerzeit

Le Manac'h

Seit 1995 legt Carhaix seine Vergangenheit frei. Vom römischen Ort **Vorgium**, Provinzhauptstadt der keltischen Osismier, sind südöstlich des Stadtzentrums Fundamente von Häusern zu sehen, im Osten der Stadt Teile des 27 km langen Aquädukts, der die Bewohner mit Wasser versorgte.

Rund um Carhaix-Plouguer

Rosenblüte im Winter

Rostrenen

Im Jahr 1295 begann in Rostrenen 20 km südöstlich von Carhaix mitten im kältesten Winter ein Rosenstrauch zu blühen. Die Bürger waren ziemlich verblüfft und bauten eine neue Kirche, die **Notre Dame du Roncier**. Der heutige Bau entstand im 17. Jh., das Material lieferte eine benachbarte Burgruine. Alljährlich am 15. August ist sie Ziel eines Pardons. Vom 263 m hohen **Miniou** im Südosten bietet sich ein schöner Blick auf die Stadt und die Montagnes Noires.

Einen freien Wunsch

★ St-Nicolas-du-Pélem

Solche keltischen Symbole sind selten in der Bretagne: Das Glockenrad von 1777 in der Kapelle **Notre-Dame-du-Ruellou,** 16 km nordöstlich von Rostrenen, ist wohl ein Nachbau eines uralten Kultsymbols für Belenus, den Sonnengott der Kelten. Als einziges der fünf noch erhaltenen Räder der Bretagne ist es farbig. Wer das Glöckchen zum Läuten bringt, so die Legende, dem wird ein Wunsch erfüllt. Von den fünf **Menhiren** in der näheren Umgebung ist der von Rossil mit 7 m der höchste.

Herrliche Felsen

Gorges du Corong

Rund 16 km nordöstlich von Carhaix beginnt der **Forêt de Duault** mit seinen uralten Eichen. Den Süden des Waldes durchquert das Flüsschen Follezou in der malerischen Corong-Schlucht mit dramatischen Granitfelsen. Am Parkplatz Quélénec 1 km östlich von Le Guellec an der D 20 beginnt ein knapp 7 km langer Rundweg zur Schlucht.

Für Hundefreunde

Callac

Das 21 km nordöstlich von Carhaix gelegene Callac ist bekannt für die Zucht der »Epagneuls Bretons«. Kennenlernen kann man die weiß-braun-schwarz gescheckten Familienhunde in der **Maison Epagneuls Bretons** (Pl. du 9 Avril 1944, www.mairie-callac.fr). Einen Abstecher lohnt die Kapelle **St. Barbe** (um 1600) wegen des eindrucksvollen Kreuzwegs mit lebensgroßen Granitstatuen aus dem 19. Jahrhundert.

Rückgrat der bretonischen Halbinsel

Montagnes Noires

Die »Schwarzen Berge« südwestlich von Carhaix sind ein 60 km langer, schmaler Höhenrücken aus hartem Sandstein und Quarzit, der sich vom Menez Hom bis Gourin erstreckt und zusammen mit den ▶ Monts d'Arrée das Rückgrat der bretonischen Halbinsel bildet. Das Massiv ist 330 Mio. Jahre alt und verdankt seinen Namen den dichten Wäldern vergangener Zeiten. Eine ca. 90 km lange Rundfahrt erschließt die Sehenswürdigkeiten der Region.

Die Kleinstadt **Cléden-Poher** südwestlich von Carhaix am Zusammenfluss von Aulne und Hyère besitzt einen umfriedeten Pfarrbezirk aus dem 16. Jh. mit kunstvollem Kalvarienberg, Beinhaus und der Kirche Notre-Dame de l'Assomption.

Der 1450 – 1457 erbaute **Calvaire de Kerbreudeur** an der D 82 ist neben dem von Tronoën der älteste Kalvarienberg der Bretagne. In **St-Hernin** 2 km südwestlich lohnt der umfriedete Pfarrbezirk einen Besuch. In der Kirche aus dem 16. Jh. schmücken Masken die Gesimse. Das Beinhaus entstand 1637, der Kalvarienberg im 16. Jh.; auf dem mittleren Kreuz kämpft der hl. Michael mit einem Drachen.

Im Jardin Botanique von **Spezet** gedeihen außer Heidekraut gut 30 Koniferenarten (www.coniferes-parc.com). Südöstlich des Ortes erhebt sich der 329 m hohe Felsen **Roc de Toullaëron**. Bei guter Sicht genießt man vom höchsten Gipfel der Montagnes Noires einen herrlichen Ausblick.

Als junger Mann mit 27 Jahren kam **Paul Sérusier** (1863 – 1927) zum ersten Mal nach **Châteauneuf-du-Faou** an der Aulne, in der er ab 1893 wohnte, malte und die Taufkapelle der Dorfkirche Notre-Dames-des-Portes mit farbenfrohen Fresken schmückte. Auch den großen Pardon am vorletzten Sonntag im August hielt der Gründer der Künstlergruppe »Nabis« 1894 in Öl fest.

In St. Goazec thront das **Château de Trévarez** aus rosafarbenen Kersanton-Stein auf einer Anhöhe – so alt, wie es auf den ersten Blick scheint, ist es nicht. Das Prachtgebäude im neogotischen Stil hat sich ein bretonischer Politiker um 1900 bauen lassen. Absolut sehenswert ist der große **Park**.

Château de Trévarez: März – Juni, Sept. – Anf. Nov. tgl. 13.30 – 18.30, Juli, Aug. 10 – 18.30, Mitte Nov. – 8. Jan. So. – Do. 14 – 19.30, Fr., Sa. 15 – 20.30 Uhr | Eintritt 8 €, 7–17 Jahre 1 € | www.cdp29.fr

★★ CARNAC

Département: Morbihan | **Einwohner:** 4200

Carnac ist das »Mekka« der Megalithkultur: Mit 3000 aufrecht stehenden Menhiren besitzt der kleine Ort den weltweit größten Komplex dieser rätselhaften Hinterlassenschaften prähistorischer Kultur. Im Sommer lockt das Seebad an der sonnenreichen bretonischen Südküste auch mit seinen feinsandigen Buchten.

Rätselhafte Steinreihen

Der Name Carnac hat keltischen Ursprung, er leitet sich von Karn ab, was Stein oder Fels bedeutet. Und Felsblöcke gibt es wahrlich in großer Zahl in Carnac. Systematisch angeordnet stehen sie in kilometerlangen Reihen. Wer hier nur an Obelix denkt, liegt falsch. Schon vom 5. bis zum 3. Jahrtausend vor unserer Zeitrechnung, lange bevor die Gallier das Land besiedelten, haben die damaligen Bewohner der Region die Menhire aufgestellt – drei Steingruppierungen (frz. »alignements«) finden sich bei Carnac – Le Menec, Kerlescan und Kermario. Jede besteht aus etlichen Einzelreihen mit jeweils Dutzenden aufrecht stehender Hinkelsteine. Mit welcher Absicht sie in die Landschaft gestellt wurden, dazu gibt es bis heute unterschiedliche Theorien. Die einen vermuten, dass sie kultischen Zwecken dienten, möglicherweise der Verehrung einer Sonnengottheit. Andere Forscher sprechen ihnen eine astronomische Funktion zu. Das Prähistorische Museum (►S. 77) stellt die verschiedenen Interpretationsansätze vor.

Wohin in Carnac?

Badeort mit Charme

Carnac-Plage

Zwischen der Pô- und der Beaumer-Bucht findet jeder seinen Strand. Sonnenanbeter und Familien freuen sich über die 2 km lange, feinsandige **Grande Plage**, Surfer treffen sich an der **Plage de Saint-Colomban**. Hier landeten am 27. Juni 1795 rund 4500 Chouans, bretonische Gegner der Revolution. In der Schlacht bei Auray erlitten sie eine vernichtende Niederlage.

Überschaubares Ortszentrum

Carnac-Bourg

Der Ortskern von Carnac-Bourg, 1 km landeinwärts, ist klein und kompakt: Kirche, Rathaus und Museum liegen dicht beieinander. Am Mittwoch- und Sonntagvormittag verwandelt sich der riesige Parkplatz zu Füßen des mittelalterlichen Stadtkerns in einen bunten **Markt**.

Für den Schutzpatron des Hornviehs

★ St-Cornély

Die Kirche aus dem 17. Jh. ist dem **hl. Cornelius** geweiht, der in der Bretagne an mehreren Orten als Schutzpatron des Hornviehs verehrt wird. Vermutlich ist damit Papst Cornelius gemeint, der im 3. Jh. gegen Götzenverehrung und Tieropfer vorging. Zwei Ochsen umrahmen seine Statue über dem Eingang. Aus dem Leben des Heiligen erzählen Fresken im Tonnengewölbe von 1730. Sehenswert sind auch die Glasfenster und Altäre aus dem 17./18. Jh. sowie die Reliquienstatue des 18. Jahrhunderts.

Umfangreichste Sammlung von Megalithfunden

★★ Musée de Préhistoire

Über 6000 Zeugnisse vom Paläolithikum vor 450 000 Jahren bis zur römischen Zivilisation des 1. Jh.s n. Chr. zeigt das Museum an der Place de la Chapelle etwas nördlich der Kirche. Es wurde 1881 von dem schottischen Hobbyarchäologen **James Miln** und dem französischen Historiker **Zacharie Le Rouzic** gegründet. Die Funde aus der Region – Feuersteine, Pfeilspitzen, Keile, Krüge, Münzen u. v. m. – werden chronologisch-thematisch präsentiert und erlauben faszinierende Einblicke in den Alltag der damaligen Zeiten. Eine Tonbildschau bringt die Funde von Carnac mit Megalithkulturen in anderen Regionen in Verbindung. Man kann einen deutschsprachigen Führer kostenlos ausleihen.

April – Juni, Sept. 10 – 12.30, 14 – 18, Juli/Aug. 10 – 18.30, Okt. 10 – 12.30, 14 – 17.30, Nov. und März 14 – 17.30 Uhr, außer in den Schulferien Di. geschl. | Eintritt 7 € | www.museedecarnac.com

Der größte Tumulus der Bretagne

★ Tumulus St-Michel

Das 125 m lange, 60 m breite und 12 m hohe Sammelgrab wurde um 4500 v. Chr. für ein Fürstengeschlecht errichtet. Unter der Anhäufung von Steinen und Erdreich, auf der seit 1884 die **Kapelle St. Michael** steht, wurden ein Dolmen, zwei Grabkammern, 15 Steinkisten voller Knochen und zahlreiche Hacken, Steingut und Schmuck entdeckt, die im Musée de Préhistoire zu sehen sind. Eine Innenbesichtigung ist wegen weiterer Ausgrabungen nicht möglich.

★★ Site Mégalithique

Ein Meer von Hinkelsteinen

Zugang

Die Steinreihen von Carnac, in der Jungsteinzeit zwischen 4500 und 2500 v. Chr. angelegt, bilden die früheste monumentale Steinarchitektur der Menschheit. Seit den 1960er-Jahren wanderten bis zu 800 000 Besucher jährlich durch die Anlage. Dadurch wurden der Pflanzenwuchs, der die Böden stabilisierte, zerstört und die Steine an der Basis freigelegt. In der Folge fielen erste Steine um. Um die Megalithstätten zu retten, wird der Besucherandrang reglementiert. Von

Oktober bis März hat man zu den besterhaltenen Bereichen freien Zutritt; von April bis September ist der Zugang nur im Rahmen von Führungen auf wechselnden Wegen möglich, Kermario ist ganz gesperrt. Infos und Tickets im Maison des Mégalithes (s. u.).

In Reih' und Glied

Alignements du Ménec

Der Besuch der Steinreihen sollte in Le Ménec beginnen. Hier informiert das **Maison des Mégalithes** über die Zeugnisse der Vorzeit. 1050 Menhire, zwischen 60 cm und 4 m hoch, stehen – umgeben von Heide und Ginsterbüschen – in elf Reihen auf einer 1165 m langen und 100 m breiten Fläche. Im Dorf Le Ménec bildet ein druidischer Steinkreis aus 71 erhaltenen Blöcken den westlichen Abschluss der Steinreihen. Ein weiterer, stark beschädigter Cromlech steht im Osten des Orts.

Maison des Mégalithes: tgl. April – Juni, Sept. 9.30 – 18, Juli, Aug. bis 19, Okt.– März 10 – 13, 14 – 17 Uhr | Eintritt 11 € | www.menhirs-carnac.fr

Über 1000 Steinriesen

Alignements de Kermario

Auf dem nicht mehr zugänglichen Feld wurden die schönsten Stücke gefunden: Das 1200 m lange und 100 m breite Steinfeld von Kerma-

Das Rätsel der Steinreihungen von Carnac ist bis heute nicht gelöst.

rio besteht aus 1029 recht großen Steinblöcken in zehn Reihen. Der größte, leider umgekippte Menhir misst 6,45 m, der kleinste 50 cm. Der Dolmen mit Ganggrab und Resten seines Hügels ist 1000 Jahre älter als die Steinreihen. Etwas weiter, im Unterholz, bilden kleinere Menhire das »Viereck von Manio«.

Klein, aber fein

Alignements de Kerlescan

Das dritte Steinfeld ist das kleinste und am besten erhaltene der drei Stätten. Im Anschluss an einen Cromlech aus 39 Blöcken stehen 540 Menhire in 13 Reihen auf einer Länge von 880 m. Östlich von Kerlescan setzen sich die Steinreihen in den Alignements von Petit Ménec fort, sieben Reihen mit 101 Menhiren. Von Kerlescan führt ein Weg nach Norden zu einem weiteren Cromlech aus 43 Menhiren, der rund 1000 Jahre älter ist als die Steinreihen. Im Osten fehlen viele Steine. Zu diesem Feld gehört auch der **Géant du Manio**, der »Riese von Manio«, mit 6,45 m der höchste der Region.

Grabhügel und Dolmen

Umgebung von Carnac

Der **Tumulus de Kercado**, einer der wenigen Grabhügel in der Bretagne, der noch im alten Kern erhalten ist, erhebt sich südlich von

MEGALITHKULTUREN

Zwischen 5000 und 1500 v. Chr. entstanden in der Bretagne Dolmen, Steinalleen und Steinkreise. Auch andernorts – in und außerhalb Europas – bildeten sich während der Jungsteinzeit und der Bronzezeit Megalithkulturen aus. Man nimmt heute an, dass sie sich unabhängig voneinander entwickelten.

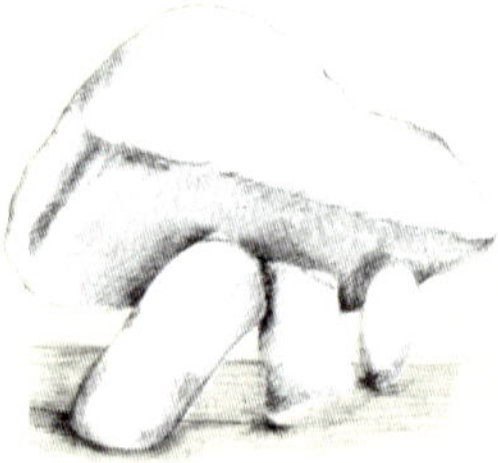

Brownshill-Dolmen, Irland
Größter Deckstein (100 t)
Breite: 4,7 m, Höhe: 6,1 m

Dolmen (Steintisch)
Große Steinblöcke, die oftmals als Grabstelle dienen.

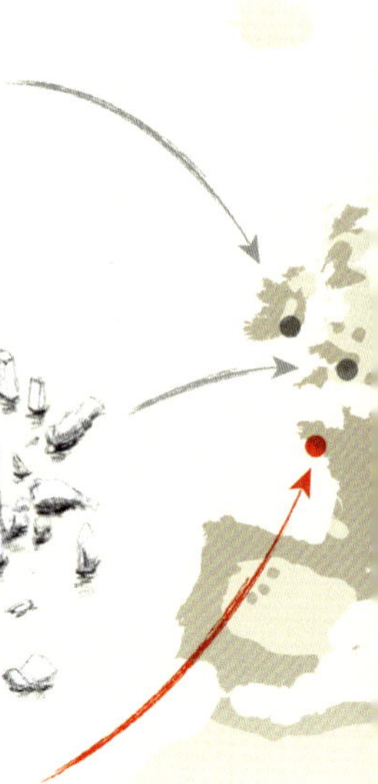

Stonehenge, England
115 m Ø

Steinkreise
Runde oder ovale Anordnung von Menhiren/Findlingen. Oft in Verbindung mit Grabstätten.

Alignements von Carnac
In der Bretagne gibt es 56 Steinreihen (»alignements«), Die beeindruckendste steht bei Carnac: 2800 Menhire auf einer Länge von 4 km.

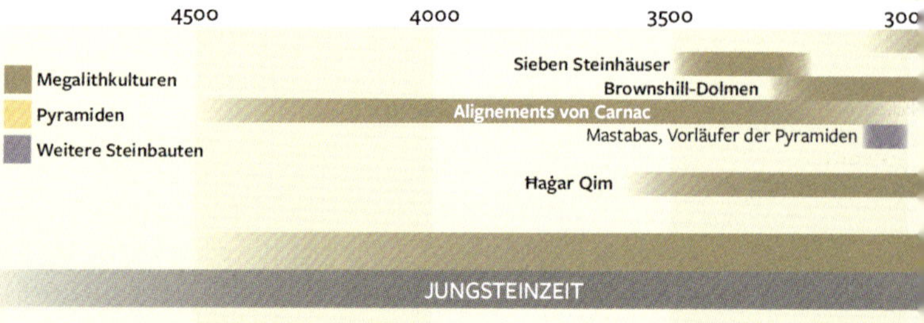

Klekkende Høj, Dänemark
Ganggrab mit Doppelkammer
Länge: ca. 7 m

Ganggrab
Der Gang führt zu einer meist länglichen Grabkammer.

Sieben Steinhäuser, Lüneburger Heide
Eine Gruppe von fünf Großsteingräbern

Tempelanlage von Ħaġar Qim »Steine des Gebets«, Malta
Auf Malta und Gozo sind rund 40 Tempelanlagen aus neolithischer Zeit erhalten. Ħaġar Qim ist eine der eindrucksvollsten.

Naveta d'es Tudons, Menorca
Grabanlage
Länge: 13 m, Breite: 6 m, Höhe: 3 m

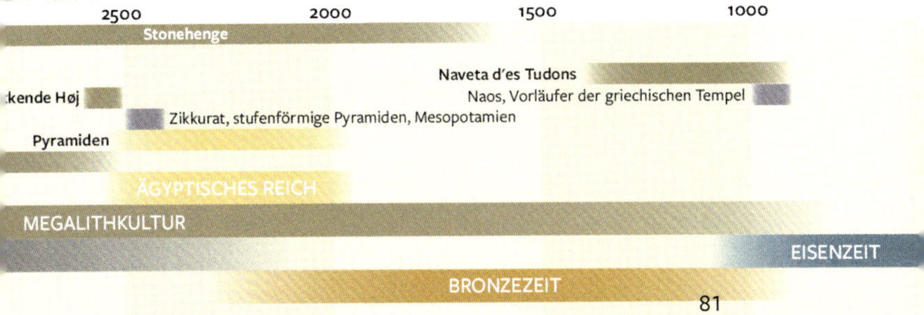

CARNAC ERLEBEN

OFFICE DE TOURISME
74 Avenue des Druides, B.P. 65
56342 Carnac Cedex
Tel. 02 97 52 13 52
www.ot-carnac.fr

CARNAVETTE
Zwischen 12. Juli und 30. August pendelt ein kostenloser Shuttlebus zwischen den Alignements du Ménec, der Place de la Chapelle in Carnac-Ville (Rathaus, Museum) und der Grande Plage (Port-En-Dro).
www.carnactourismus.de

❶ LE CORNÉLY €€/€
Unprätentiöses kleines Restaurant nahe dem Strand, mit zwei Terrassen. Man isst schlicht, aber gut, vor allem Fleisch und Fisch vom Holzkohlengrill.
40 Boulevard de Légenèse
Tel. 02 97 52 76 24
Mo./Di. geschl.

❶ TUMULUS €€€€/€€€
Feines, älteres Haus beim Tumulus St-Michel mit modernen Zimmern und Wellness-Spa. Panoramarestaurant mit Blick auf die Bucht von Quiberon.
31 Rue du Tumulus

❶ Le Cornély

❶ Tumulus ❷ Celtique

Tel. 02 97 52 08 21
www.hotel-tumulus.com

2 HÔTEL CELTIQUE €€€/€€
Charmantes Best-Western-Haus nahe dem Strand mit beheiztem Meerwasserpool, das bis 2021 renoviert worden ist. Im Restaurant »Maître Restaurateur« wird vorzüglich gekocht.
17 Avenue de Kermario
Tel. 02 97 52 14 15
www.hotel-celtique.com

Kermario auf einem Privatgrundstück, das jedoch öffentlich zugänglich ist. Auf dem 30 m langen und 3,5 m hohen Grabhügel thront ein kleiner Menhir. Ein 6 m langer Gang führt in die Grabkammer. Einige Tragsteine der auf 3500 v. Chr. datierten Anlage besitzen Gravierungen. Der **Tumulus du Moustoir**, früher Er-Mané genannt, ist 85 m lang, 35 m breit und 5 m hoch. Am westlichen Ende befindet sich ein Dolmen, am östlichen Ende zwei Grabstätten und ein kleiner Menhir. Der **Mané Keriod**, ein »Zwerghügel« am Rand der N 168, ist ein ungewöhnliches Gebilde: Hier wurden die drei Dolmen nicht wie üblich parallel, sondern in Hufeisenform aufgestellt. Nur zum Teil erhalten ist der **Dolmen de Crucuno** östlich der D 781 im Dorf Crucuno. Neun Tragsteine stützen einen über 40 t schweren Deckstein. Knapp 8 km nordwestlich vor Carnac zerschneidet die stark befahrene D 781 die **Alignements de Kerzerho**, das Menhirfeld von Kerzerho, mit 1100 bis zu 6 m hohen Menhiren in zehn Steinreihen.

Rund um Carnac

Treffpunkt der Segler

La-Trinité-sur-Mer

Bis 1860 »nur« der Hafen von Carnac, weht heute ein Hauch von Cannes durch das einstige Fischerdorf an der Mündung des Crac'h. In der **Marina** mit über 1200 Plätzen liegen Luxusjachten und Katamarane, am Kai flanieren Bootsgäste und Schaulustige. Zwischen Jachthafen und Fischereibecken steht die **Neue Fischhalle** (Nouvelle Halle aux Poissons) mit Läden, Hafenbehörde und Tourismusbüro. Wie die berühmten bretonischen Butterkekse hergestellt werden, erfährt man in der **Biskuitfabrik** »La Trinitaine« im nahen Kerluesse, im Laden kann man gleich welche erwerben.
www.latrinitaine.com

Flussmündung mit Überraschung

Etel

Einst für Thunfisch- und Sardinenfischerei bekannt, lässt Etel seine Vergangenheit Mitte August beim **Thunfischfest** wieder aufleben. In der Mündung der Rivière d'Etel liegt die kleine Insel **St-Cado**, genau das Richtige für Romantiker. Mit der Compagnie des Îles kann man eine eineinhalbstündige Rundfahrt durch den Ria d'Etel unternehmen. Hier liegt die Barre d'Etel, eine **Wandersandbank**, die sich je nach Windrichtung und Flut verändert, besonders bei stürmischem Wetter ein beeindruckendes Naturschauspiel.

Wandern am Wasser

Le Bono

Das ehemalige Fischerdorf liegt an einer Biegung des Flusses Sal. Vom Hafen, wo ein historisches Segelboot vor Anker liegt, führt die alte Hängebrücke in herrliche Naturlandschaft, die man auf mehreren küstennahen Wanderpfaden entdecken kann. Die Hafenanlagen wurden 1907 von keinem geringerem als Gustaf Eiffel erneuert.

★ CHÂTEAUBRIANT

Département: Loire-Atlantique | **Einwohner:** 12 000

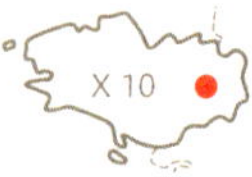

Die Burg, die der Stadt den Namen gibt, war Schauplatz erbitterter Kämpfe zwischen der Bretagne und dem Königreich Frankreich. Heute verbindet man den Ort vor allem mit dem Schriftsteller Chateaubriand, dessen Ahnherr der Stadtgründer Brient war, und mit hervorragendem Rindfleisch.

Hoch lebe die Rinderzucht!

Châteaubriant und sein Umland profitieren von der Landwirtschaft. Dutzende Landwirte haben sich der Rinderzucht verschrieben und bieten hervorragendes Rindfleisch im Direktverkauf und auf dem Wochenmarkt (Mittwochvormittag) an. Außerhalb der Stadt an der RD 178 findet zudem immer mittwochs ein **großer Viehmarkt** statt, der drittgrößte Frankreichs, bei dem über 2000 Rinder den Besitzer wechseln. Wen wundert's da, dass auch eine Fleischspezialität – ein blutig bis rosa gebratenes, 300 – 400 g schweres Stück Rinderfilet – den Namen »Chateaubriand« trägt? In den meisten lokalen Restaurants steht es selbstverständlich auf der Speisekarte.

Wohin in Châteaubriant?

Schaurige Vergangenheit

★ Château

Die Verteidigungsanlage besteht aus dem mittelalterlichen Vieux-Château im Westen und dem Château-Neuf im Osten. Zum »Alten Schloss« aus dem 11. – 15. Jh. gehören der pechnasenbewehrte Donjon, der durch Mauern mit den Ruinen des Grand Logis, der Kapelle und dem Châtelet (Torhaus) verbunden ist. Die Mauer ist teilweise begehbar und bietet einen schönen Ausblick. 1553 – 1539 er-

CHÂTEAUBRIANT ERLEBEN

OFFICE DE TOURISME
Place de Gaulle 29
44145 Châteaubriant
Tel. 02 40 28 20 90
www.tourisme-chateaubriant.fr

L'ÉCOLE BUISSONNIÈRE €
Sympathisches, unprätentiöses Restaurant in der Altstadt. Die Küche setzt auf lokale Bio-Produkte.
4 Rue Porte Neuve
Tel. 07 81 62 74 24
Mo. geschl, sonst mittags u. abends

AUBERGE BRETONNE €–€€
Zentral gelegenes, schön modernisiertes Haus aus dem 19. Jh. mit großzügigen Zimmern. Überraschend hochklassiges, dabei aber immer noch »preiswertes« Restaurant (nur mittags, Mo., Di. geschl.).
23 Place de la Motte
Tel. 02 40 81 03 05
www.aubergebretonne.com

LA MARMOIRE €
B & B in einem zauberhaften Bauernhaus aus dem 18. Jh., von einem britischen Paar liebevoll geführt.
Rue Joseph Belliot, Soudan
La Marmoire (8 km nordöstlich)
Tel. 02 40 55 23 79
www.lamarmoire.com

weiterte Jean de Laval die Festung nach dem Vorbild der Loire-Schlösser mit einem repräsentativen Renaissanceschloss aus Tuffstein. So flankieren zwei Pavillons den Wohntrakt (Logis Central) mit zwei übereinanderliegenden Fensterreihen und hohen Lukarnen. Der Innenhof war auf drei Seiten von einem Säulengang umgeben, von dem nur die südliche Galerie erhalten ist.
Die äußere Eleganz lässt nicht vermuten, welch düsteres Drama sich einst hier abgespielt hat: **Françoise de Foix**, die Herzogin von Châteaubriant, war von 1518 – 1525 die Geliebte von König Franz I. Nachdem sie von einer Rivalin vom Pariser Hof verdrängt worden war, nahm ihr Ehemann sie zwar wieder auf, sperrte sie aber mit ihrer Tochter in einem schwarz ausgeschlagenen Zimmer ein, das sie bis zum Lebensende nicht verlassen durfte. Das Kind starb früh, Françoise jedoch erst 1537, der Sage nach wurde sie von ihrem Ehemann ermordet.
Park: April – Sept. 9 – 19.30, sonst bis 18 Uhr | Eintritt frei
Schloss: April – Sept. Di. – So. 10.30 – 13, 14 – 18 Uhr, sonst 14 – 17.30 Uhr | Eintritt 3 €

Viel Mittelalterflair
Sockel aus Stein, darüber Fachwerk: Am Fuß der Festung stehen die ältesten Häuser der Stadt, so z. B. das öffentliche Backhaus Stadtzentrum

Four à Ban, das Hôtel de la Houssaye und die Maison de l'Ange. Die **Porte-Neuve**, ein Stadttor aus dem 16. Jh., zeugt noch von der im 19. Jh. zerstörten Stadtmauer. Die herrliche hölzerne **Markthalle** trennt die Grande Rue von der Rue de Couëré, beide zusammen bilden die Hauptachse der mittelalterlichen Stadt südlich der Chère. Gleichzeitig mit der Festung ließ der Herr von Brient im 11. Jh. auf einer Anhöhe die romanische Kirche **St-Jean-de-Béré** aus Sandstein und Schiefer errichten. Im 19. Jh. erhielt sie den nördlichen Kapellenanbau sowie den Vierungsturm. Neben dem verzierten Südportal sind innen der barocke Hochaltar von 1665 sowie zwei schöne Holzstatuen des hl. Julian und der Muttergottes aus dem 15. Jh. zu beachten.

Rund um Châteaubriant

Im »Land der Mitte«

Moisdon-la-Rivière

Das »Pays de la Mée« ist ein welliges Schieferplateau, umgeben von Wäldern, Teichen und künstlich angelegten Seen, die die einst zahlreichen Schmieden und Eisenhütten mit Wasser und Energie versorgten. Zu den ältesten Einrichtungen gehören La Hunaudière von 1630 und La Blisiere von 1678. In dem hübschen Ort Moisdon-la-Rivière 12 km südlich von Châteaubriant vermittelt die **Forge-Neuve**, die »Neue Schmiede« aus dem 17. Jh., einen guten Eindruck von der einstigen Bedeutung der Eisenindustrie in der Region.

Mai – Sept. tgl. 14 – 19, Sa., So. auch 10 – 12 Uhr | Eintritt frei

Historisches Erbe

Grand-Fougeray

Die **Kirche** von Grand-Fougeray westlich von Châteaubriant gehört zu den wenigen romanischen Bauten der Bretagne. Die **Tour du Guesclin** am Ortsrand ist das letzte Zeugnis einer der größten mittelalterlichen Burgen der Bretagne mit neun Türmen, die im 17. Jh. geschleift wurde.

CHÂTEAULIN

Département: Finistère | **Einwohner:** 5200

Die Geschichte von Châteaulin ist eng mit dem Lachs verbunden. Das zeigen der Fisch im Stadtwappen und der Spitzname für die Bürger: Pen Eog, »Lachskopf«. Seit dem 11. Jh. wurden in der Aulne, mit 145 km längster Fluss der Finistère, Lachse gefischt, in guten Jahren bis zu 4000 Exemplare.

CHÂTEAULIN ERLEBEN

OFFICE DE TOURISME
Place du Marche, Les Halles
29150 Châteaulin, Tel. 02 98 86 02 11 (April – Mitte Sept.)
www.chateaulin.fr/decouvrir-chateaulin

LA BLANCHE HERMINE €€/€
Schönes bretonisches Gasthaus gegenüber dem Kalvarienberg. Ebenso bodenständig ist die Küche, mit viel Cidre, der u. a. auch ins Sauerkraut kommt. Gute, hausgemachte Desserts, über 40 Biersorten im Ausschank.
Pleyben, 1 Place Ch. de Gaulle
Tel. 02 98 26 61 29
www.la-blanche-hermine.com
Juli/Aug. Mo. geschl., sonst Mi.

LE CHRISMAS €
Schlicht, preiswert und gut ist das zentral gelegene Hotel (Logis de France); traditionell die Küche. Von Sept. bis März gibt's am letzten Fr. des Monats den berühmten Kig ha Farz, den bretonischen Eintopf.
Châteaulin, 33 Grand'Rue
Tel. 02 98 86 01 24
https://le-chrismas.zenchef.com

Im 17. Jh. exportierte man den Speisefisch bis nach Paris. Mit dem Ausbau der Aulne zum **Canal de Nantes à Brest** – heute ein beliebtes Revier für Bootsurlauber und Angler – ging die Fangmenge stetig zurück. Erst seit 1996, als eine Fischtreppe neben der Schleuse eingerichtet wurde, wandern im Frühjahr wieder mehr Fische zu ihren Laichplätzen flussaufwärts, ein Schauspiel, das sich im Observatoire Aquatique beobachten lässt. Angelscheine werden in den Geschäften der Stadt verkauft.

Zentrum der Lachsfischerei

Wohin in und um Châteaulin?

Mit Blick auf die Aulne

Chapelle Notre-Dame

Auf einem Felsen über dem linken Ufer der Aulne wurde im 15. Jh. die Kapelle Notre-Dame erbaut. Der Kalvarienberg stammt auch aus dieser Zeit und fällt durch eine Besonderheit auf: Seine Rückseite zeigt die Wiederauferstehung Christi, ein für Kalvarienberge seltenes Motiv. Etwas oberhalb der Kapelle sind noch die Reste einer Burg zu erkennen, die **Budic**, Herzog der Cornouaille, im 10. Jh. erbauen ließ. Zum Tal hin schweift der Blick weit über die Stadt und den Fluss.

Ein ganz besonderer Kalvarienberg

★ Pleyben

Die 12 km östlich gelegene Kleinstadt Pleyben wäre weiter nicht erwähnenswert, gäbe es nicht den Pfarrbezirk mit Kirche mit einem der

Etwas Geheimnisvolles umweht den Calvaire von Pleyben.

monumentalsten **Kalvarienberge** (Calvaire) der Bretagne. Er ruht auf vier imposanten Pfeilern, die einen Triumphbogen bilden. Er wurde 1555 neben der heutigen Kirche errichtet und bis 1738 mehrfach umgesetzt und verändert. An die 200 Figuren schildern in 30 Szenen das Leben und Leiden Christi. Die Bildfolge beginnt mit der Verkündigung des Erzengels und setzt sich gegen den Uhrzeigersinn fort.
Die **Kirche** ist dem burgundischen Heiligen St-Germain-de-Auxerre geweiht, der im 5. Jh. die ► Cornouaille christianisierte. Das Gotteshaus, in der Gegenreformation in den Jahren 1564–1583 erbaut, verbindet in spannungsreicher Weise die unterschiedlichen Stile Gotik und Renaissance. Dies zeigt sich auch an den Kirchtürmen: links die kleinere gotische Spitze, rechts die höhere, mit einer Laternenkuppel bekrönte **Tour Ste-Catherine** aus dem 16. Jh., die als Vorbild für mehrere Türme in der Bretagne diente. Auch der im 17. Jh. gestaltete Innenraum mit der kunstvollen Holzdecke lohnt einen Blick.
Im **ältesten Beinhaus der Bretagne**, 1515 in feinem spätgotischen Flamboyantstil errichtet und 1733 zur Grabkapelle umgewandelt, erzählt ein kleines Museum die Geschichte des Pfarrhofs. In der Nähe der im Jahr 1719 erbauten Sakristei steht ein monolithisches »Croas an holen«; an diesem »Salzkreuz« verkauften die Salzhändler der Halbinsel **Guérande** (► S. 247) ihre Ware.

★★ CONCARNEAU

Département: Finistère | **Einwohner:** 19 200

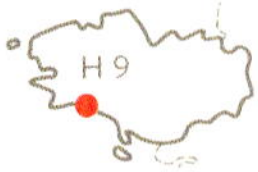

Und wieder die Engländer! Weil auch Concarneau im Mittelalter erobert und über Jahre besetzt worden war, baute man das Städtchen auf der Insel nach dem Abzug der Besatzer zu einer Hochsicherheits-Festung aus. Heute gehört die von mächtigen Mauern umgebene Altstadt, die auf einer winzigen Insel in der Bucht von La Forêt zu schwimmen scheint, zu den Top-Zielen der Bretagne. Und sollte Ihnen die Szenerie irgendwie bekannt vorkommen, könnte ein gewisser Monsieur Dupin dafür verantwortlich sein. Der Krimi-Kommissar ermittelt nämlich vor dieser attraktiven Kulisse.

Eine schwimmende Festung

Die Siedlungsgeschichte von Konk Kerne, so der bretonische Name von Concarneau, beginnt mit Mönchen der südlich von Brest gelegenen Abtei Saint-Guénolé de Landévennec. Die Ordensbrüder ließen sich vermutlich im 10. Jh. auf dem Inselchen nieder. Erste Befestigungsanlagen wurden im 13. Jh. gebaut. Doch allzu lange konnten sie den Eroberungsversuchen nicht trotzen. Im 14. Jh. gelang es den Engländern, Concarneau einzunehmen. Ganze 30 Jahre lang hielten sie die kleine Insel in der Bucht besetzt – 1373 nahm Bertrand Du Guesclin (▶ Interessante Menschen) die Felseninsel für den französischen König Karl V. ein, der Concarneau zu einer imposanten Festung ausbauen ließ. Ende des 15. Jh.s gelangte die winzige, befestigte Insel wieder in den Besitz eines bretonischen Herzogs. Um 1680 ließ Ludwig XIV. die Wehranlagen dann erneut optimieren – von Vauban, seinem genialen Architekten und Baumeister. Dieser ließ die Turmspitzen abtragen, um Kanonen aufzustellen, die Wehrmauern ergänzen, die Türme verstärken.

★★ Ville Close

Besondere Kulisse

Befestigte Stadt

Eine Brücke führt in die Ville Close, die festungsgleiche Altstadt, wo schmale Gassen, Granithäuser mit bunten Fensterläden, etliche Crêperien und Souvenirläden heute vor allem Touristen beglücken. Im Sommer ist der Ansturm groß. Der besondere Charme des Orts entfaltet sich dann nur frühmorgens oder am Abend – wenn die Reisebusse wieder abgefahren sind. Das macht aber nichts – tagsüber kann man sich an den schönen Sandstränden der Umgebung vergnügen. Im August sollte man das **»Festival der blauen Fischernetze«** nicht versäumen, eines der quirligsten und fröhlichsten Feste der Bretagne.

CONCARNEAU ERLEBEN

OFFICE DE TOURISME

Quai d'Aiguillon, Concarneau
Tel. 02 98 97 01 44, www.
deconcarneauapontaven.com

Die Vedettes de l'Odet (www.vedettesodet.com) fahren im Sommer von Bénodet den Odet hinauf nach Quimper und von Concarnau und Bénodet zu den Glénan-Inseln.

Vorletztes Augustwochende: **»Fest der blauen Fischernetze«** (filetsbleus.free.fr). Als 1905 die Fanggründe für Sardinen vor der Küste erschöpft waren, riefen Kunstmaler das Festival des Filets Bleus ins Leben, mit deren Erlös den Fischern geholfen wurde.
Die letzte Sardinenfabrik, Gonidec, kann in den französischen Oster- und Sommerferien besichtigt werden (www.gonidec.com).

Töpfer, Goldschmiede und Maler verkaufen im Juli/August mittwochs am Quai Péneroff ihre Werke.

L'AMIRAL €€€/€€

Auf der Speisekarte der schönen Brasserie im Stadtzentrum stehen Früchte des Meeres, Steaks französischer Rinder und saisonale vegetarische Gerichte. Das Brot und die köstlichen Eissorten sind hausgemacht.
1 Avenue Pierre Gueguin
Tel. 02 98 60 55 23, Mo. geschl.
www.restaurant-amiral.com

LA COQUILLE €€

Stilvoll-informelles Restaurant mit herrlicher Terrasse zur Ville Close und hinreißender traditioneller Küche
Quai du Moros, Tel. 02 98 97 08 52
Mo. geschl., So. und Mi. nur mittags, sonst 12 – 14, 19 – 21 Uhr
www.lacoquille-concarneau.fr

LE BELEM €€

Fangfrische Austern, Hummer und Langusten – wer richtig Hunger hat, bestellt die Meeresfrüchte-Platte.
15 Avenue du Dr Pierre Nicolas
Tel. 02 98 97 02 78
www.lebelemrestaurant.fr/de/

L'ANCRE €–€€

Gemütliches Lokal, nur einen kurzen Fußweg von der Ville Close entfernt. Spezialitäten sind Steaks, Thunfisch und Sardinen vom Holzkohlegril
22 Rue Dumont D'Urville, Tel. 02 98 50 56 58, Di., Mi. geschlossen
www.lancre-concarneau.com

LE KER MOOR €€–€€€

Charmantes Häuschen von 1910 direkt am Strand, private Atmosphäre. Alle Zimmer gehen zum Meer hinaus, zum Teil haben sie eine Terrasse.
37 Rue des Sables Blancs
Tel. 02 98 97 02 96
www.hotel-kermor.com

DES HALLES €

Nette Zimmer am Rathausplatz auf dem »Festland«, gegenüber der Ville Close. Sehr freundlicher Service. Eigene Garage und Gratis-Parkplätze am Rathaus.
2 Rue Charles Linement
Tel. 02 98 97 11 41
www.hoteldeshalles.com

Hauptstraße der Altstadt ist die von schmalen Granithäusern gesäumte, kopfsteingepflasterte **Rue Vauban**, eine Ladenmeile mit viel Nippes und wenig Authentischem. Doch gegen Abend, wenn nur noch die Restaurants und Crêperien geöffnet sind, kehrt eine angenehme Ruhe ein, lässt sich das beeindruckende Ambiente der Inselfestung genießen. Von der **Stadtmauer** mit ihren acht Türmen, die in manchen Abschnitten begangen werden kann, bieten sich schöne Ausblicke auf die Dächer, Hinterhöfe und Gassen der Altstadt, die 1913 – 1924 im byzantinischen Stil erbaute Stadtkirche Sacré-Cœur-de-Marie, den Fischereihafen im Norden und den Jachthafen im Süden.

Fischerei einst und heute

★ Musée de la Pêche

Wer fischt wo, was und wie? Die Geschichte der Fischerei präsentiert das Fischereimuseum im ehemaligen Militärarsenal mit Modellen, Schaukästen und Videos. Der 34 m lange Trawler **Hémérica** am Kai kann von den Laderäumen über das Ruderhaus bis zur Kajüte besichtigt werden.

3 Rue Vauban | Juli, Aug., tgl. 10 – 19, sonst Di. – So. 10 – 18 Uhr
Eintritt 5 € | www.musee-peche.fr

Leben unter Wasser

Marinarium

In der meeresbiologischen Forschungsstation an der Place de la Croix machen verschiedene Aquarien und Multimediademonstrationen mit der Artenvielfalt der Meere vertraut. Eindrucksvoll zeigt die Animation »Fischkindergarten«, wie schwierig es ist, im Ozean aufzuwachsen.

April – Juni u. Sept. tgl. 10 – 12, 14 – 18, Juli, Aug. 10 – 19, Okt. – März 14 – 18 Uhr | Eintritt 7 €

Rund um Concarneau

Schloss mit eigenwilliger Note

Château de Keriolet

Das nordöstlich der Stadt gelegene Schloss aus dem 15. Jh. erhielt im 19. Jh. durch die russische Fürstin Zenaide Narischkin-Jussupow seine neogotische Pracht. Sie vermachte es ihrem Sohn Felix Jussupow, einem der Mörder des berühmt-berüchtigten Rasputin.

Führungen ca. 10. Juni – 20. Sept. So. – Fr. 10 – 13, 14 – 18 Uhr
Eintritt 7.50 € | www.chateaudekeriolet.com

Aussichtsreiche Abstecher

★ Pointe du Cabellou

Von der D 783 östlich in Richtung ▶ Pont-Aven führen Stichstraßen zur Küste mit landschaftlich eindrucksvollen Landzungen. Von der Pointe du Cabellou bietet sich ein schöner Blick zurück auf die Ville Close. Von der **Pointe de la Jument** sind die Pointe du Cabellou, die Bucht von Beg-Meil und ganz am Horizont die Küste von Loctudy zu

OBEN: Bei der Fête des Filets Bleus ist ganz Concarneau auf den Beinen.
UNTEN: Eine gute Gelegenheit, mal wieder eine traditionelle Tracht anzulegen

sehen. Von der Pointe de Trévignon reicht der Blick bis zu den Glénan-Inseln. Hinter der Landzunge schließt sich der **Raguénès**-Strand an, den ein Erotikbestseller berühmt machte: »Salz auf unserer Haut« von Benoîte Groult.

Bretonische Besonderheiten

★ Fouesnant

Aus Fouesnant, 13 km westlich von Concarneau, kommen einige der besten – die Bretonen sagen: die besten – Apfelweine Frankreichs. Der **Cidre** sowie der Lambig (doppelt destillerter Cidre) und der Pommeau (Aperitif aus Cidre und Lambic) werden am dritten Julisonntag mit dem »Apfelbaumfest« gefeiert, der **Fête des Pommiers**. Aus der Region stammt auch eine der schönsten bretonischen Kopfbedeckungen für Frauen, die Coiffe Fouesnantaise, eine »Schmetterlingshaube« mit geschwungenen Flügeln aus weißer Spitze.
Ein Kleinod romanischer Baukunst ist die Kirche **St-Pierre** aus dem 12. Jh., deren Fassade und Apsis im 18. Jh. umgebaut wurden. Vor der Kirche stehen ein Kalvarienberg aus dem 17. Jh. und ein Kriegerdenkmal von René Quillivic. Alte Eichen säumen 2 km nördlich den Pfarrbezirk mit der 1685 erbauten **Chapelle Ste-Anne**. Am 26. Juli findet der Pardon der hl. Anna statt, bei dem Trachten getragen werden. In den Ortsteilen **La Foret Fouesnat**, **Beg Meil** und **Cap Cor** sowie auf der Landzunge von **Mousterlin** finden sich fantastische, kilometerlange breite und feinsandige Strände. Die fünf größten werden in der Saison von Rettungsschwimmern überwacht. FKK ist im westlichen Teil des Strandes von Mousterlin erlaubt.

Dorado für Wassersportler

★ Îles de Glénan

Von Concarneau und von Beg Meil fahren die **Vedettes de l'Odet** (www.vedettes-odet.com/de) zu den Glénan-Inseln. Der Archipel mit flachen Inseln, sauberen Stränden und glasklarem Wasser ist beliebt bei Wassersportlern, Taucher finden hier fantastische Reviere und begegnen ab und zu harmlosen, Planktion fressenden Riesenhaien. Drenec und Giautec sind Vogelschutzreservate; auf Saint-Nicolas und nur hier blüht von April bis Juni die Glénan-Narzisse.

Fast wie am Mittelmeer

Bénodet

»Mit seinem Klima, seinen Feigenbäumen und seinem klaren Himmel erinnert Bénodet an die Côte d'Azur«, schrieb Guillaume Apollinaire 1917 über das Seebad an der Mündung des Odet (21 km westlich von Concarneau), das heute mit Kuranlagen, Casino, Jachthafen und schönem Sandstrand zur Erholung der internationalen Gäste beiträgt. Mit Strandspielzeug von 1900, Seekisten und Schiffsmodellen erzählt das **Musée du Bord de Mer** von den Anfängen des Badetourismus. Nahe der Kirche St-Thomas-Becket (13./16. Jh.) am Hafen beginnt ein aussichtsreicher **Küstenweg**, der erst als Corniche de l'Estuaire, dann als Corniche de la Plage zur Landzunge Pointe de Bé-

nodet führt. Der Blick schweift zu den Glénan-Inseln, zur Halbinsel Tudy im Westen und zur Pointe de Mousterlin im Osten. Der schönste Aussichtspunkt ist die 610 m lange und 30 m hohe Cornouaille-Brücke, die elegant den Odet überspannt.
Eine winzige Schaluppe verbindet als Personenfähre Bénodet mit dem Badeort **Ste-Marine** am anderen Ufer des Odet. Hier lockt der 4 km lange Sandstrand **Plage du Téven**.
Musée du Bord de Mer: 29 Avenue de la Mer | Do.–Mo. 10 – 13, 14 – 18 Uhr | Eintritt frei

★★ CORNOUAILLE

Département: Finistère

Sturmumtoste Klippen, zerklüftete Kaps, Halbinseln mit quirligen Fischerhäfen, spektakuläre Leuchttürme, raue Naturlandschaften und charmante Städtchen wie ▸ Concarneau und ▸ Quimper prägen das Gesicht der Cornouaille. Der Landstrich reicht von der Landzunge Pointe du Raz im Nordwesten bis nach Quimperlé im Südosten und trägt den Namen eines mittelalterlichen Königreichs, das im Herzogtum Bretagne aufgegangen ist.

Kultur und Kulinarik

In diesem Teil Frankreichs feiert man viele Feste mit langer Tradition, aber auch ganz junge Festivals bereichern den Veranstaltungskalender. Die Cornouaille ist Heimat eines ausgezeichneten Cidre.
Wie Funde zeigten, war die Cornouaille schon um 40 000 v. Chr. bewohnt. Von der Megalithkultur sind nur wenige Menhire, Dolmen und Ganggräber erhalten. Aus dem 1. Jh. v. Chr. stammen Gefäße, in denen Garum zubereitet wurde, die Fischsauce, mit der die Römer ihre Speisen würzten. Ihren Namen erhielt die Cornouaille von ihrem britischen Gegenstück **Cornwall**. Von dort waren zwischen dem 5. und 7. Jh. christliche Kelten vor heidnischen angelsächsischen Eroberern über den Ärmelkanal auf die Halbinsel Armorika geflohen.
Etliche **Sagen** ranken sich um den Landstrich. So soll Gradlon, der erste Cornouaille-König, für seine Tochter Dahud seine Hauptstadt Ys oder Is in der Bucht von Douarnenez gebaut haben. Doch die sündhafte Tochter wurde die Geliebte des Teufels. Dieser öffnete eines Nachts die Schleusentore und die Stadt versank. Dahud schwimmt seither einen unendlichen unterirdischen Fluss hinauf. Auch Tristan und Isolde liebten und litten hier. Die Burg von König Marke, Ehemann von Isolde und Onkel von Tristan, könnte in Plomarc'h oder auf der Tristan-Insel gestanden haben.

Ein wenig Ehrfurcht kann nicht schaden angesichts der heranrollenden Wellen an der wilden Küste der Cournouaille.

Wohin im Westen der Cornouaille?

Wilde Küste

Cap Sizun

Das Cap Sizun ist ein Granitklotz, der zwischen der Bucht von ▶ Douarnenez im Nordosten und der Bucht von Audierne im Südwesten ins Meer ragt und in der spektakulären Pointe du Raz endet. Mit seiner rund 150 km langen Küste – vor allem Steilküste mit kleinen Buchten und bis zu 70 m hohen Kaps – gehört »Le Cap«, wie die Westspitze der Cornouaille auch genannt wird, zu den beliebtesten Reisezielen in der Bretagne. Im kleinen Hafen **Pors-Poulhan** markiert die Statue einer Bigoudenfrau (1961, von dem aus Plouhinec gebürtigen René Quillivic) die Grenze zum Bigoudenland.

Maritimes Leben

★ Audierne

Größte Stadt der Halbinsel Cap Sizun ist Audierne, das den kurzen, breiten Fluss Goyen als Hafen nutzt. Einst verarbeiteten mehr als ein Dutzend Konservenfabriken den Sardinenfang, heute kompensiert der Fremdenverkehr den Rückgang der Fischerei. Die Attraktion der Kleinstadt ist das Aquarium **Aquashow**, das 3D-Kino, große Bassins mit Meerestieren des Atlantiks sowie eine Vogelschau mit Kormoranen und anderen Seevögeln bietet. Blumen schmücken die engen

Gassen und Treppen der Altstadt mit der Kirche St-Rumond (17. Jh.), die einen barocken Turm besitzt. Das kleine Privatmuseum La Chaumière zeigt Einrichtungsgegenstände des 17. und 18. Jahrhunderts.
Aquashow: Juli, Aug. tgl. 10 – 19, April – Juni, Sept. bis 18 Uhr, sonst nur in den Schulferien | Eintritt 13 € | www.aquarium.fr

Architektonisches Meisterwerk

★ Pont-Croix

Das alte Städtchen am rechten Ufer des Goyen rühmt sich eines der schönsten Bauwerke der Bretagne: der Stiftskirche **Notre-Dame-de-Roscuden**. Markant ist Turm, der über der Vierung, der Stelle, an der Haupt- und Querschiff der Kirche zusammentreffen, 67 m aufragt. Solche Vierungstürme waren im Mittelalter vor allem in der normannischen, britischen und irischen Kirchenbaukunst verbreitet. Dieser hier diente als Vorbild für die Glockentürme der Kathedrale von Quimper. Die ältesten Teile der Kirche stammen aus dem 12. Jh., und das Innere weist noch romanische Bauformen auf. Mitte des 15. Jh.s mussten die Baumeister nachrüsten, mächtige Pfeiler in der Kirchenmitte unterstützen seither den massigen Turm. Von außen erscheint die Kirche im gotischen Stil, originell ist das um 1400 erschaffene Südportal, über dem drei Zinnen aufragen. Am 15. August feiert die Gemeinde einen Pardon.
Das Viertel um die Kirche herum hat seinen mittelalterlichen Charme bewahrt. Schön ist Abstieg auf der von alten Häusern gesäumten Grand Rue-Chère, der »großen, teueren Straße«, die von der Kirche zum Hafen führt. Hier beginnt ein Uferweg nach Audierne.

BAEDEKER MAGISCHE MOMENTE

AM ENDE DER WELT

Im äußersten Westen der Bretagne, wo sich der europäische Kontinent mit seinen felsigen Fingern in den Atlantik krallt, glaubten die Menschen früher, am Ende der Welt zu sein. Eine besondere Faszination hat das Cap Sizun auch heute noch. Während die Pointe du Raz, die Spitze des Kaps, oft überlaufen ist, kann man die benachbarte Pointe du Van eher mal für sich haben. Breiten Sie Ihre Decke im Heidekraut aus, genießen Sie die Mischung aus Fernweh, Ruhe und Glück!

Einen Abstecher wert ist die um 1540 erbaute Kirche **Notre-Dame-de-Confort** in Confort. Ihr 400 Jahre altes Glockenspiel La Roue à Carillon, ein Rad mit zwölf Glöckchen, soll der Legende nach stumme Kinder zum Sprechen gebracht haben. Der Kalvarienberg stammt aus der zweiten Hälfte des 16. Jh.s; die in der Revolution zerstörten Figuren wurden 1870 von einem bretonischen Künstler neu erschaffen.

Ein besonderer Heiliger

Primelin

Die schönste Kapelle des Cap Sizun, **St-Tugen**, steht in Primelin 3,5 km westlich von Audierne in einem Pfarrhof mit Brunnen, Triumphtor und Kalvarienberg. Sie ist dem hl. Tugen geweiht, der Gläubige von Tollwut und Zahnproblemen heilen sollte; während der Messe wurden die Tollwütigen in der Kapelle in Käfige gesperrt. Westturm und Hauptschiff entstanden 1535, Querschiff und Chor im 17. Jahrhundert. Sehenswert sind die südliche Vorhalle mit durchbrochenem Giebelfeld, die Malereien der Taufkapelle aus dem 17. Jh. sowie der mit Adam und Eva geschmückte Katafalk von 1642.

Bewegte Überfahrt

★ Île de Sein

Rund eine Stunde braucht die Fähre von Audierne zur Insel Sein. Ein altes Sprichwort sagt: »Qui voit Sein, voit sa fin« – »Wer die Insel Sein sieht, sieht sein Ende.« Die Furcht der Seemänner hatte ihren Grund: Die 9 km breite Meerenge zwischen der Pointe du Raz und der Insel Sein wurde mit ihren Riffen schon Hunderten von Schiffen zum Verhängnis. Für die Kelten war sie die Pforte zur Unterwelt, zu der sie ihre verstorbenen Druiden auf Barken schickten. Erst im 17. Jh. gelang es Jesuiten, die Insel zu christianisieren. Aus den eher berüchtigten Seinans wurden Helden, die nicht nur unzählige Schiffbrüchige aus Seenot retteten, sondern auch fast geschlossen dem Aufruf Charles de Gaulles am 18. Juni 1940 folgten und von England aus gegen die deutsche Besatzung kämpften. Heute leben die rund 250 Bewohner vom Fischfang, der Rettung aus Seenot und dem sommerlichen Fremdenverkehr. Die Gäste schätzen die Ruhe und Abgeschiedenheit des kargen, nur 1,5 km^2 großen Eilands.

Sein Hauptort ist **Le Bourg** im Osten. Zum Schutz vor den Stürmen baute man die weißen Häuser so nah beieinander, dass sie gerade noch ein Fass durch die schmalen Gassen rollen konnten. Im Norden der Insel ragt unweit der Kapelle St-Corentin der 49 m hohe Leuchtturm **Phare St-Corentin** von 1838 auf. Das kleine Kraftwerk im Turm versorgt die Insel mit Strom. Vierzehn Jahre zog sich die Bauzeit des wohl berühmtesten Leuchtturms Frankreichs hin: Der **Phare d'Ar'men** steht rund 5 Seemeilen westlich der Insel auf einem 120 m langen Riff, das selbst bei Ebbe nur 1,5 m aus dem Wasser ragt. Seitdem es 1881 in Betrieb genommen wurde, hat das Fahrwasser mit den teilweise unter Wasser liegenden Felsen viel von seiner Gefährlichkeit verloren. Seit 1989 strahlt das Leuchtfeuer vollautomatisch 55 km weit über die See.

Eine Welle des Protests

Plogoff

Stürmisch fegt der Wind über die weiß getünchten Häuser. Stürmisch war auch der Widerstand, als die Elektrizitätsgesellschaft EDF 1976 hier ein Atomkraftwerk bauen wollte. Nach teilweise sehr massiv geführten Auseinandersetzungen wurde 1981 der Baubeschluss zurückgenommen, seither ist der Ort das Symbol der französischen **Anti-Atom-Bewegung**, von der u. a. ein Film der bretonischen Regisseurin Nicole Le Garrec erzählt. Am Ortsausgang liegen der Parkplatz und das »Begrüßungszentrum« für die Pointe du Raz.

Fast am Ende der Welt

★★ Pointe du Raz

Pausenlos brandet der Atlantik gegen den 70 m hohen Felskamm aus hartem Granit. Der Wind hat den Fels kahlgefegt, nur Ginster, Heide und Gräser trotzen den Elementen. Bis zur Entdeckung Amerikas war das einer der Punkte, an denen die Welt aufhörte. Allein ist man hier jedoch nie: Das Kap gehört, obwohl nicht der westlichste Punkt Frankreichs (▶ Pointe de Corsen, S. 111), mit (vor Corona) über 1 Mio. Besucher jährlich zu den frequentiertesten Plätzen der Bretagne. Vom Parkplatz am Besucherzentrum 800 m landeinwärts pendelt ein gasbetriebener Bus zur Landspitze, zu Fuß erreicht man die Spitze in 15 Minuten. Auf dem Felsplateau stehen ein Leuchtturm und die Statue Notre-Dame-des-Naufragés von 1904. Ein steiler Pfad führt durch das Höllentor (Porte de l'Enfer) hinunter zur Hölle, dem **Enfer de Plogoff**. Die schwindelerregende Felsspalte beflügelte die Fantasie der Einheimischen. In diese Untiefe habe einst Dahud, Tochter des ersten Cornouaille-Königs, ihre verstoßenen Liebhaber werfen lassen, erzählten sich die Bretonen. Im Atlantik setzt sich die Pointe du Raz in einer Reihe von Felsen fort, Reste einer Landbrücke zur Île de Sein. Auf zwei Eilanden stehen die Leuchttürme La Vieille und La Plate, die den Schiffen den Weg durch die Untiefen der **Raz de Sein** (bretonisch raz = Meerenge) weisen. Den nördlichen Eingang zur Meerenge markiert der Phare de Tévennec.

Die Bucht der Ertrunkenen

Baie des Trépassés

Alljährlich am 2. November, so erzählt eine Legende, steigen die Seelen der Ertrunkenen aus dem Meer und gehen in der schmalen, feinsandigen Bucht zwischen den Landzungen Pointe du Raz und Pointe du Van an Land. Eine zweite Deutung ist prosaischer: Hier wurden aufgrund von Meeresströmungen die toten Seeleute angeschwemmt, die bei Schiffsunglücken ertrunken waren.

Rettung im Sturm

★ Pointe du Van

Mit nur 65 m hohen Klippen ist die nördlich gelegene Pointe du Van zwar nicht so spektakulär wie die Pointe du Raz, dafür aber auch nicht so von Besuchern heimgesucht – und landschaftlich noch abwechslungsreicher. Einsam erhebt sich die kleine **Chapelle St-They**

Ohne den Phare de la Vieille, »die Alte«, käme kein Schiff sicher durch die Meerenge von Sein vor der Pointe du Raz.

aus dem 17. Jh. über den von Gischt umbrandeten Felsen. Die Glocke der Kapelle läutete, um den Fischern den Weg zu weisen, und noch heute bitten Frauen um eine gesunde Rückkehr ihrer Männer vom Meer. Im Kirchhof steht ein Kalvarienberg.

Schutzgebiet für seltene Vögel

Réserve du Cap Sizun

Rund um die Landspitze Castel ar Roc'h erstreckt sich das **Naturschutzgebiet Michel-Hervé Julien**. An den bis zu 70 m aus dem Wasser ragenden Felswänden rasten Alken, Lummen und andere, teilweise seltene See- und Zugvögel. Besonders reizvoll ist ein Besuch während der Nistzeit im Frühjahr.

Wohin im Süden der Cornouaille?

Typisch bretonisch

Pays Bigouden

Das Pays Bigouden nimmt den Süden der Cornouaille ein. Der Landstrich zwischen der Bucht von Audierne im Norden und der Mündung des Odet im Süden ist auch als Halbinsel **Penmarc'h** (bretonisch penn marc'h = Pferdekopf) oder Cap Caval bekannt, da die Römer die Südwestspitze der Cornouaille einst Caput caballi (Pferdekopf) nannten. Die Bewohner des Bigoudenlandes, so heißt es, sind noch »bretonischer« als ihre Landsleute. Hier haben sich die

BAEDEKER ÜBERRASCHENDES

6X TYPISCH

Dafür fährt man in die Bretagne.

1. WILDER ATLANTIK

Dem wilden Spiel des Atlantiks zuschauen – dieser Faszination kann man sich kaum entziehen. Besonders eindrucksvoll rollen Wellen gegen die zerklüfteten Felsen der **Côte Sauvage** auf der Halbinsel Quiberon und auf der Belle-Île. (▶ **S. 58, 259**)

2. CIDRE

Wer das spritzige Apfelgetränk nicht probiert hat, ist nicht richtig in der Bretagne angekommen. Für den besten Cidre ist die **Cornouaille** im südlichen Finistère bekannt; die Cidre-Route führt zu etlichen Produzenten. (▶ **S. 103**)

3. HINKELSTEINE

Prähistorische Kulturen haben im Nordwestzipfel Frankreichs rätselhafte Steinanlagen hinterlassen. Zu den beeindruckendsten gehören die Steinfelder von **Carnac**. Auf eigene Faust kann man sie von Oktober bis März erkunden, sonst nur mit Führung. (▶ **S. 77**)

4. BUNTES FACHWERK

Die Fachwerkhäuser der Bretagne wirken mit ihren bunten Farben besonders fröhlich. Bummeln Sie durch die malerischen Gassen von Rennes oder Vannes! (▶ **S. 272, 310**)

5. AUSTERN SCHLEMMEN

Auf dem Austernmarkt von **Cancale** bekommt man frischeste Ware – und genießt sie gleich an Ort und Stelle mit einem Glas Weißwein, versteht sich. Dafür muss man nicht mal ins Restaurant. Auch die Marktleute halten die Flasche gut gekühlt parat. (▶ **S. 301**)

6. ZU FUSS

Sanft und flach oder rau und steil – die Küste der Bretagne kann man am besten beim Wandern erleben. Ideal dafür ist der **Fernwanderweg GR 34**, der atemberaubende Panoramablicke bietet. (▶ **S. 370**)

alten Sitten und Gebräuche am besten erhalten. Die bretonische Sprache wird gepflegt, und an Fest- und Feiertagen tragen traditionsbewusste Frauen alte Trachten mit den **Bigouden** auf dem Kopf, 32 cm langen, röhrenförmigen Hauben aus weißer Spitze Ein bedeutendes historisches Ereignis war 1675 die »Stempelpapier-Revolte«, der Bauernaufstand der »Bonnets Rouges«, der im Bigoudenland seinen Anfang nahm (▶ Geschichte).

Gelebte Tradition

★ Pont-l'Abbé

Die Kleinstadt ist die historische Hauptstadt des Bigoudenlandes. Sie verdankt ihren Namen der ersten Brücke über den Fluss und den angrenzenden See, die die Äbte aus Loctudy erbauten. Den »Abbistes« wird nachgesagt, die stolzesten Bigoudens zu sein: Zur Sonntagsmesse tragen die Kirchgängerinnen die traditionelle Haube. Und auch die alte Handwerkskunst – Spitzenklöppelei, Stickerei und die Herstellung bretonischer Möbel – wird gepflegt und bei der **Fête des Brodeuses** gefeiert, dem Fest der Stickerinnen am zweiten Juli-Wochenende. Der größte und schönste **Wochenmarkt** der Region wird in Pont-l'Abbé am Donnerstagvormittag auf der Place de la République und Place Gambetta abgehalten.

Am See erhebt sich das im 14. – 18. Jh. erbaute **Schloss der Barone du Pont**, heute Hôtel de Ville (Rathaus). Seine Fassade ziert der stolze Spruch der Bigouden: »Heb ken« – »Selbst ist der Mann.« Die reich bestickten Hauben und Trachten gehören zu den schönsten Stücken des Heimatmuseums **Musée Bigouden**. In vier Sälen im Donjon führt es die Lebensweise der Bauern, Handwerker und Seeleute vor Augen. Die Kirche **Notre-Dame-des-Carmes**, 1383 als Kapelle eines Karmeliterklosters gegründet, besitzt einen dicken, kurzen Turm und ist für ihre 7,7 m große Fensterrose bekannt– eine richtige »Spitzen-Arbeit« aus Stein –, die das Stadtwappen zeigt. Statuen der hl. Barbara und der hl. Apolline rahmen ein Retabel der hl. Anna aus dem 17. Jh. ein.

Musée Bigouden: bis 2023 wegen Restaurierung geschl.
https://musee.ville-pontlabbe.bzh/le-musee

Eine wahre Pracht

Botanischer Garten in Combrit

Zu den schönsten Botanischen Gärten der Bretagne gehört der **Parc Botanique de la Cornouaille** mit 25 000 Pflanzen von 3500 Arten aus aller Welt und einem interessanten Mineralienmuseum in Combrit, knapp 6 km östlich von Pont l'Abbé.

März – Mitte Nov. tgl. 10 – 12, 14 – 18 Uhr (Juli, Aug. Mo. – Sa. 10 – 19, So. 14 – 19), 20. Sept. -15. Okt. geschl. | Eintritt 8 € | www.parcbotanique.com

Alltagsleben früher

Musée Bigouden

Mauern aus Bruchstein, Dächer aus grauen Schieferplatten, Brunnen und Trog aus Granit: Das **Musée Bigouden**, 2 km südlich von Pont-

EIN SPRITZIG-FRUCHTIGES VERGNÜGEN

BAEDEKER WISSEN

Fragt man Bretonen nach ihrem Nationalgetränk, wird man wohl nur eine Antwort bekommen: Cidre, der sanft schäumende Apfelwein, darf auf keinem Tisch fehlen. Gut gekühlt ist er eine spritzige Erfrischung und ein perfekter Begleiter für süße Crêpes und herzhafte Galettes.

Der Frühherbst beschert der Bretagne gelegentlich stürmische, oft aber auch milde, von der Sonne vergoldete Tage. Dann bekommen die Äpfel eine letzte Lichtration, bevor Ende September die Ernte beginnt. Bis in den November hinein werden auf den Höfen der Apfelbauern die großen Holzcontainer gefüllt. Ein Großteil der regionalen Apfelernte ist für die Herstellung von Cidre bestimmt, gehört er doch zu den beliebtesten Getränken der Bretonen – und ihrer Gäste.

Der Apfel macht's

Ein guter Cidre bietet vielschichtige Aromen, die verwendeten Apfelsorten und die klimatischen Bedingungen in der Anbauregion verleihen jedem seinen Charakter. Über die Sorten, die er verwendet, wird jeder Cidre-Produzent gerne Auskunft erteilen. Die speziellen Mischungen aber, mit der er einen süßen **»Cidre doux«**, einen halbtrockenen **»demi sec«** oder einen trockenen **»Cidre Brut«** komponiert, sind gut gehütete Geheimnisse.
In der Bretagne – nach der Normandie Frankreichs zweitgrößte Cidre-Region – werden heute rund 50 Cidre-Apfelsorten angebaut, darunter auch typisch bretonische wie die zuckersüßen, duftenden Troajenn-hir oder die süßlich-herben Prat-yod. In der Nachkriegszeit hatte man sich auf wenige, besonders ertragreiche Sorten konzentriert und viele alte Apfelsorten vernachlässigt. In den 1980er-Jahren setzte eine Rückbesinnung ein, doch an die Vielfalt von einst reicht der heutige Anbau bei Weitem nicht heran. Von den meisten Speiseäpfeln unterscheiden sich die »Pommes à Cidres« durch einen wesentlich höheren Polyphenolgehalt. Polyphenole haben eine antioxidative Wirkung und gelten daher als gesund.

Geschützte Herkunft

m ein standardisiertes Qualitätsniveau der Produkte zu sichern, haben **die Cidre-Bauern der Cornouaille** in den 1990er-Jahren das Label AOP (Appellation d'Origine Protégée) eingeführt. Es garantiert eine bestimmte Anbauregion und handwerkliche Herstellungsstandards. Die Äpfel sind in der Regel handverlesen, dann gepresst. Zum Gären wird der Saft in Bottichen gelagert. Ist der gewünschte Alkoholgehalt erreicht, wird der Most gefiltert und auf Flaschen gezogen. Im Gegensatz zur industriellen Produktion wird dem Cidre bei der traditionellen Herstellung keine Kohlensäure zugesetzt. Die zarten Blasen rühren allein vom natürlichen Fermentationsprozess her, bei dem ein Alkoholgehalt von 2 – 8 % entsteht. Es dauert mehrere Monate, bis aus den im Herbst geernteten Äpfeln ein fein moussierender Apfelwein geworden ist.

Tipps für Genießer

Und den sollte man jung und frisch genießen. Ein Cidre, der länger als eineinhalb Jahre lagert, verliert sein schäumendes Temperament. Wer den Cidre frisch vergoren genießen möchte, erkundigt sich vor Ort nach einem **»Cidre fermier«**. Für den Export muss der Apfelwein pasteurisiert, der Gärprozess also gestoppt werden. Die Bretonen trinken Cidre fast immer aus dem »bol«, einer bauchigen Keramikschale. Die ideale Serviertemperatur liegt bei 8 – 10 °C. Wenn sich das Getränk dann am Tisch auf 10 – 12 °C erwärmt, entfaltet es sein maximales Aroma.

Nicht aus dem Glas trinkt man den Cidre, sondern aus dem »bol«.

War der Apfelwein früher ein Arme-Leute-Getränk, so hat er es inzwischen selbst in die **gehobene Gastronomie** geschafft – schließlich schmeckt Cidre auch zu Fleisch- und Fischgerichten ganz vortrefflich. Als »Kir breton«, mit schwarzem Johannisbeerlikör gemixt, bietet sich ein Apfel-Aperitif auch schon mal als durchaus stilvolle Alternative zum Champagner an. Destilliert wird Cidre zu Branntwein. Die Normandie hat ihren Calvados, die Bretagne den andernorts kaum bekannten **Lambig**. Traditionell wird er als Digestif getrunken, in jüngerer Zeit haben ihn Barkeeper aber auch als Basis für Cocktails und Longdrinks entdeckt.

Es gibt vier bretonische **Cidre-Regionen**: Die Cornouaille im Finistère steht für orangefarbenen, süßlich-herben oder herben Apfelwein. Ähnliche Aromen kommen aus dem Vallée de la Rance. Diese Cidres, deren Farbspektrum von Hellgolden bis Orange reicht, unterscheiden sich von denen aus dem Finistère durch einen säuerlicheren Unterton. Aus dem Becken von Rennes in Ille-et-Vilaine stammen sowohl süße als auch säuerliche, sehr erfrischende Apfelweine mit Goldfarbton. Das vierte Anbaugebiet, Royal Guillevic in Morbihan, liefert elegante, säuerliche Getränke, die leicht grünlich schimmern.

Auf den Geschmack gekommen? Dann folgen Sie doch bei einer Fahrt durch eine Anbauregion – z. B. auf der **Route du Cidre en Cornouaille** – den Schildern mit der Aufschrift »Cidrerie« oder »Cidre de la ferme«. Die führen zu Höfen, die oft Gratis-Verkostungen und natürlich Flaschen zum Kauf anbieten.

Route du Cidre: www.kerarmor.de/ausflugstipps/ ausflug-zu-den-cidrerien-der-cornouaille

Bis zu 30 cm hoch ist eine Bigouden-Haube. Getragen wird sie nur noch selten.

l'Abbé an der Straße nach Loctudy, zeigt den schweren bäuerlichen Alltag zu Anfang des 20. Jahrhunderts. Wohnhäuser, Schuppen und Ställe für Pferde, Schweine und Kühe sind original erhalten.

Musée Bigouden: derzeit geschlossen

Wohnkultur des Bürgertums

Manoir de Kérazan

2 km weiter in Richtung Loctudy steht dieses prachtvolle Herrenhaus aus dem 16./18. Jh., eines der ältesten des Pays Bigouden. 1928 vermachte es Joseph Astor dem Institut de France; der ehemalige Bürgermeister von Quimper war ein begeisterter Sammler: Zu sehen sind Werke bretonischer Maler des 19. Jh.s und seltene Fayencen aus seiner Heimatstadt. Einblick in das großbürgerliche Leben im frühen 20. Jh. geben die Wohnräume der Astors.

Mitte Juni – 20. Sept., Mitte Juli – 3. Woche im Aug. tgl. 11 – 21 Uhr
Eintritt 7 €

Romanisches Kleinod

Loctudy

Der kleine Badeort Loctudy an der Mündung der Rivière de Pont-l'Abbé besitzt mit **St-Thudy** eine der am besten erhaltenen romanischen Kirchen der Bretagne. Der schlichte Innenraum und der halbrunde Chor mit drei Apsiden stammen aus dem 12. Jh., Fassade und Glockenturm aus dem 18. Jh., Blickfang sind die Kapitelle und Basen der vier zylindrischen Säulen im Chor.

1x1 der Fischerei

Le Guilvinec

Weiß getünchte Häuser mit blauen und grünen Fensterläden säumen das schmale Hafenbecken, in dem neben den mächtigen Trawlern Netze zum Trocknen ausgelegt sind: »Le Guilvinec«, der Zusammenschluss der vier Fischerorte des Bigoudenlandes, bildet mit fast 350 Schiffen und einer jährlichen Fangmenge von rund 20 000 t die wichtigste Fischfangflotte Frankreichs. Wie das alles funktioniert, verrät an der Terrasse über dem Kai das Centre de Découverte et la Criée im **Haliotika – La Cité de la Pêche**, ein multimediales Erlebnismuseum über die Fischerei und die Vermarktung und Verarbeitung des Fangs vom Meer bis auf den Teller. Haben Sie Lust einmal Kapitän oder Matrose zu sein? Seit 2020 können Sie in der neuen Ausstellung auf dem Kutter »Bara Breizh« das Leben an Bord kennenlernen. Das Museum bietet auch Kochkurse mit saisonalen Zutaten und Touren auf einem Fischtrawler an. Morgens um 5.30 und nachmittags um 16.30 Uhr können Sie die Versteigerung vom Fang des Tages miterleben, für den Abnehmer aus dem ganzen Land bieten.

Haliotika, Centre de Découverte: Mo. – Fr. 10 – 19, Sa., So. 15 – 18.30 Uhr | Eintritt 6,50 € | Auf der Website aktuelle Termine für geführte Besuche einer Versteigerung, Führung mit Einkaufskunde zum Thema Fisch, Kochkursen (50 Euro p. P.) etc. | www.haliotika.com

Wildes Piratenwesen

Penmarc'h

Die Kleinstadt an der Spitze der gleichnamigen Halbinsel besteht aus vier Teilen: Penmarc'h Bourg, St-Pierre, St-Guénolé und St-Kérity. Im 15. Jh. war er ein wichtiger Hafen. Gehandelt wurde vor allem Wein; **Kérity** besaß bis ins 16. Jh. das Monopol für den Transport von Bordeaux- und Loireweinen, Fisch und Segeltuch. Für Rückschläge sorgten u. a. Piraten. Besonders berüchtigt war **Guy Eder**, genannt La Fontenelle, der Ende des 16. Jh.s plündernd und mordend durch das Bigoudenland zog. Auf seinen Raubzügen soll er 5000 Bauern getötet, ihre Häuser verbrannt und die Beute auf 300 Schiffen zu seinem Schlupfwinkel auf der Tristan-Insel gebracht haben. Schließlich wurde er von Soldaten Heinrichs IV. gefangengenommen und in Paris 1602 gerädert. Reliefs verschiedener Schiffstypen am Portal und Chorhaupt erinnern daran, dass die spätgotische Kirche **St-Nonna** 1508 von Reedern gestiftet wurde. Der viereckige Turm ist der Rest einer älteren Kirche des 15. Jahrhunderts.

★ Phare d'Eckmühl

Nicht zu übersehen

Umgeben von Riffen und gefährlichen Strömungen erhebt sich auf einem Felsplateau an der **Pointe de Penmarc'h** einer der schönsten Leuchttürme Frankreichs: der 65 m hohe Phare d'Eckmühl aus grauem Granit. Seinen ungewöhnlichen Namen erhielt er nach Louis Nicolas Davout: Der General Napoleons hatte 1809 nach der siegreichen Schlacht bei Eggmühl (südlich von Regensburg) gegen die Österreicher den Titel eines Fürsten von Eckmühl erhalten. Seine Tochter Adélaïde-Louise stiftete das Geld für den Bau eines Leuchtturms, der 1897 eingeweiht wurde. Steigen Sie die 307 Stufen hinauf! Belohnt werden Sie mit einer grandiosen Sicht. Hinter dem Leuchtturm erinnert das Rettungsboot »Papa Poydenot« von 1901 an die Anfänge der Seenotrettung. Im Sommer werden in der Ruine der Chapelle St-Pierre Ausstellungen gezeigt.

Phare d'Eckmühl: April – Juni, Sept. tgl. 10.30 – 18.30, Juli, Aug. bis 19.30, Okt.– Mitte Nov. 14 – 18 Uhr | www.penmarch.fr/tourisme | Eintritt 3 €

Notre-Dame-de-la-Joie

Beliebter Wallfahrtsort

Die »Kapelle unserer Lieben Frau von der Freude« aus dem 15. Jh. ist eine der wenigen Andachtsstätten, die direkt ans Meer gebaut wurden, weshalb die Westfassade fensterlos ist. Die Wallfahrt am 15. August zieht Teilnehmer und Schaulustige von nah und fern an.

★ St-Guénolé

Kraft des Atlantik

Frühmorgens kehren die Sardinenfischer mit ihren Booten in den Hafen zurück, abends legen die Hochseefischer zu zweiwöchigen Fangtouren ab: St-Guénolé, der größte Sardinenhafen und der fünftgrößte Fischereihafen Frankreichs, lebt bis heute vom Meer. Nördlich des Hafens haben die kraftvollen Wellen des Atlantiks bei den Rochers de St. Guénolé abenteuerliche Felsformationen geschaffen – sie heißen »Höllenloch«, »Fels der Opfer« oder »Weihwasserkessel des Teufels«. Bei Sturm stäubt die Gischt bis in die Straßen der Stadt.

Hinter den Dünen brandet der Atlantik ungehemmt an den rund 25 km langen Sand- und Kieselstrand: Für Badende ist die **Plage Pors-Carn**, der längste Strand der Bretagne, nicht ungefährlich, für Surfer aber ein Traum. Vor der **Pointe de la Torche** – die nördliche Begrenzung der Plage Pors-Carn und einzige Felsformation zwischen Penmarc'h und Audierne – tragen Funboarder aus aller Welt ihre Meisterschaft aus. Auf dem höchsten Punkt der Felsnase haben Archäologen ein Fürstengrab entdeckt, das um 3000 v. Chr. als Ganggrab mit Seitenkammern angelegt wurde.

★ Notre-Dame de Tronoën

Der älteste Kalvarienberg der Bretagne

Rund 500 m vom Meer entfernt ragt die Kapelle Notre-Dame de Tronoën, auch »Cathédrale des Dunes« genannt, einsam aus der kargen Dünenlandschaft. Das gotische Gotteshaus mit seinem spitzen,

CORNOUAILLE ERLEBEN

OFFICE DE TOURISME
8 Rue Élie Freron, 29000 Quimper
Tel. 02 98 53 04 05
www.quimper-tourisme.bzh

MANOIR DE KERHUEL €€€/€€
Ein rundum fantastisches Ambiente bietet das Herrenhaus etwa 6 km nordöstlich von Ploneour- Lanvern mit seinem Park. Stilvolle Zimmer, besonders romantisch ist das Gemach im Taubenturm. Mit gutem Restaurant, Bar, Terrasse und Pool.
Plonéour-Lanvern, Route de Quimper, Tel. 02 98 82 60 57
www.manoirdekerhuel.fr

BREIZ ARMOR €€
Schönes Haus am Strand, schlicht-moderne Zimmer mit Balkon oder Terrasse. Gutes Restaurant.
Pouldreuzic
Plage de Penhors
Tel. 02 98 51 52 53
www.breiz-armor.fr

LE DORIS €€
In der Nähe des Leuchtturms Phare d'Eckmühl kann man sich in diesem typisch bretonischen Lokal Meeresfrüchte und fangfrischen Fisch (aber auch Fleisch) schmecken lassen, im Sommer auch draußen.
55 Quai du Général de Gaulle
Penmarch, Tel. 02 98 58 60 92
Ostern – Mitte Nov.
tgl. mittags und abends
www.ledoris.com

AU ROI GRADLON €
Modernes Haus am Strand. Das Restaurant und fast alle Zimmer haben Meerblick.
3 Avenue Manu Brusq
Audierne, Tel. 02 98 70 04 51
www.auroigradlon.com

schlanken Kirchturm wurde um 1465 vermutlich an der Stelle eines Venus-Tempels erbaut; in der Nähe fand man kleine Tonfiguren der Göttin. Der Innenraum der Kirche ist schlicht, der Hochaltar aus einem einzigen Granitblock gearbeitet. Am dritten Septembersonntag ist die Kapelle Ziel eines populären Pardons.
Wirklich beeindruckend ist der **Calvaire** aus dem 15. Jh. vor der Dünenkathedrale, der älteste Kalvarienberg der Bretagne. Zwei übereinanderliegende Friese laufen um den mächtigen Sockel, von dem eine Kreuzigungsgruppe in den Himmel ragt. Die Steine erzählen in 19 Szenen, in grobkörnigen Granit gemeißelt, die Geschichte Jesu. Sie beginnt im unteren Fries der Ostseite mit der »Verkündigung« und setzt sich gegen den Uhrzeigersinn an der Nordseite mit der »Heimsuchung« fort. Hier findet man auch die berühmteste Darstellung: Maria liegt mit gelöstem Haar und entblößter Brust auf einem Lager aus Rohrgeflecht, Jesus hält stehend als Weltenherrscher die Weltkugel in der Hand. Teilweise sind die 100 einst bunten Figuren bis zur Unkenntlichkeit verwittert und mit Flechten überzogen.

OBEN: Die Wucht des Atlantiks zeigt sich auch bei St-Guiénolé.
UNTEN: Viel Schweiß kostet der Aufstieg zum Phare d'Eckmühl.

Berühmte Bretonen

Pouldreuzic

In dem kleinen Ort entwickelte **Jean Hénaff** 1907 seine berühmte Pastete (www.henaff.com), hier wurde der populäre bretonische Schriftsteller **Per-Jakez Hélias** (1907 – 1995) geboren; der Roman »Cheval d'orgueil« (»Das stolze Pferd«) ist seine schönste Hommage an den Heimatort.

Sammler aus Leidenschaft

Penhors

Penhors liegt in der Mitte der Bucht von Audierne. Das **Musée de l'Amiral** zeigt den Nachlass von Monsieur de Pencalet, der Schätze der Weltmeere sammelte: 12000 Muschelarten, 200 Seevögelarten, Korallen und Fossilien. Außerdem werden hier bretonische Souvenirs angeboten. Die Chapelle Notre-Dame ist am ersten Septembersonntag Ziel eines viel besuchten Pardons.

Am Strand von **Plozévet** erinnert der »Menhir der Menschenrechte« (»Droits de l'Homme«) an den Untergang des gleichnamigen Kriegsschiffs vor der Küste; 600 Menschen starben 1797 bei dem Unglück.

Musée de l'Amiral: Juli/Aug. tgl. 10 – 19.30, Anf. Feb. – Juni, Sept. bis Dez. Di. – Fr. 10 – 12, 14 – 19, Sa., So. 14 – 18 Uhr | Eintritt 6,80 €
www.museedelamiral.com

★ CÔTE DES ABERS

Département: Finistère

Eindrucksvolle Dünen, wild aufgetürmte Felsenblöcke, Meeresarme, die sich in die Landschaft schneiden (»Abers«) und majestätische Leuchttürme, darunter der höchste Europas, machen den Reiz der »Legendenküste« im äußersten Nordwesten der Bretagne aus. Egal ob Wassersportler oder Wanderer: Alle verlieben sich rasch in diesen Landstrich.

»Abers« sind ehemalige Flussläufe, die das Meer überflutet hat und sich heute als gezeitenabhängige Fjorde flach ins Land hineinwinden. Aber Wrac'h, Aber Benoit und Aber Ildut sind die größten der überfluteten Täler entlang der Côte des Abers. Niedrige, dennoch wilde Felsklippen erstrecken sich von der Pointe St-Mathieu im Westen bis zur Pointe de Pontusval im Osten. Die kleinen Strände, hier »grèves« genannt, sind selbst im Sommer nicht überlaufen. Bei Ebbe zieht sich das Meer bis zum Horizont zurück und gibt die Schätze frei, die seit Jahrhunderten hier geerntet werden: Muscheln und Tang – die

Austern, Muscheln und Algen

Abers-Küste gilt als algenreichster Küstenabschnitt Europas. Den Rohstoff aus dem Meer schätzt man in bretonischen Küchen, aber auch in der Kosmetikindustrie. Das mühsame Handwerk der Algenschnitter hielt Paul Gauguin 1889 in seinem Gemälde »Die Tangsammler« fest.
Ein Fernwanderweg verbindet malerische Häfen und beschauliche Badeorte. Stärken kann man sich mit köstlichen Austern – Gelegenheiten gibt es zur Genüge.

Wohin an der Abers-Küste?

Es begann mit einer Abtei

★ Pointe de St-Mathieu

Auf der 30 m hohen Landspitze 20 km westlich von ▶ Brest soll bereits im 6. Jh. der hl. Tanguy ein Kloster gegründet haben, um die Reliquien des hl. Matthäus aufzunehmen. Die daraus entstandene Benediktinerabtei wurde während der Französischen Revolution zerstört. Die mächtigen Ruinen der ehemaligen Abteikirche Notre-Dame-des-Grâces stammen aus dem 13. – 16. Jh.; ältester Teil ist die Westfassade des 12. Jh.s mit einem Rundbogenportal.

Ein wichtiger Wegweiser

★ Phare St-Mathieu

Wo unter Ludwig XIV. ein Feuerturm stand, wurde 1835 aus Steinen der verfallenen Abtei der 54 m hohe Leuchtturm St-Mathieu errichtet. 60 km weit reicht sein Lichtstrahl, der mit elf weiteren Leuchttürmen den Schiffen entlang der gefährlichen Côte des Abers eine sichere Passage gewährleistet. 162 Stufen führen hinauf, oben wartet ein atemberaubendes **Panorama**, das von der Île Ouessant bis zur Halbinsel Crozon reicht. Eine Skulptur des bretonischen Künstlers René Quillivic an der Klippenkante erinnert an die Gefallenen des Ersten Weltkriegs.

Ein Strand nach dem anderen

Le Conquet

Seine Beliebtheit als Seebad verdankt Conquet seinen **neun Stränden**, von kleinen Badebuchten wie der Grève Bleue bis zur 2,5 km langen Plage des Blancs Sablons. 1558 brannten die Engländer den kleinen Fischerhafen am Aber Conq komplett nieder. Ausgerechnet die Maison des Anglais, das Haus der Engländer, aus dem 15. Jh. in der Rue Aristide Briand erinnert an das »alte« Conquet. Erst 1856 wurde am Marktplatz die Kirche **Notre-Dame** wieder errichtet. Vom Vorgängerbau sind am Eingangsportal Skulpturen aus dem 15. Jh., ein Chorfenster mit Passionszenen aus dem 16. Jh. und das Grabmal von Michel Le Nobletz erhalten, der im 16. Jh. in der Region missionierte. Maritime Atmosphäre verbreitet der **Hafen**, in dem Fischerboote Muscheln und andere Meeresfrüchte anlanden und Fähren zu den Inseln Molène und Ouessant ablegen (▶Brest).

Am Ende der Welt

Pointe de Corsen

Hier ist wirklich »finis terrae«, das Ende der Welt: Die 40 m hohe Steilküste der Corsen-Landspitze markiert den westlichsten Punkt des französischen Festlands. Weiter geht es nur durch die gefährlichen Passagen Chenal du Four und Chenal de la Helle. Die Durchfahrt zwischen Ouessant und dem Festland wurde früher häufig von Großschiffen als Abkürzung benutzt. Seit dem Unglück der »Amoco Cadiz 1978 dürfen hier nur noch kleine Schiffe fahren. Die Passage sichert der 37 m hohe **Phare Trézien**, dessen Licht gut 40 km weit strahlt.

Juli und Aug. tgl. 10.30 – 12.30, 14 – 18.30, Sept. Di. 14 – 18 Uhr
Eintritt 4 €

WENN DER MOND AUFGEHT

Die Pointe de St-Mathieu, wo auf schroffen Felsen ein Leuchtturm über die Küstenzipfel und die Ruine eines Klosters wacht, ist zu jeder Tageszeit und auch bei Wind und Wetter ein atemberaubendes Ziel. Schauen Sie sich die Szenerie doch mal im Abendlicht an. Auf dem Weg um die Abtei könnte man meinen, im Rauschen der Wellen den Widerhall der Mönchsgesänge aus längst vergangenen Zeiten zu hören. Noch besser: Warten Sie, bis der Mond aufgeht. Im fahlen Licht des Erdtrabanten entfaltet der Ort seinen ganzen Zauber.

★ Menhir de Kerloas

Geköpfter Menhir

Auf einer Anhöhe an der D 5 rund 10 km landeinwärts (westlich von St-Renan) ragt der größte der noch stehenden Menhire der Bretagne 9,5 m hoch auf, der Menhir von Kerloas oder Kervéatoux. Die Spitze des Kolosses wurde vermutlich durch einen Blitz abgeschlagen.

Saint-Renan

Marktzentrum im Hinterland

Die Kleinstadt am Ildut 14 km nordwestlich von ▶Brest geht auf den aus Irland stammenden hl. Ronan zurück, der hier im 6. Jh. zurückgezogen lebte und später nach Locronan (▶Douarnenez) übersiedelte. Bis weit ins 17. Jh. war St-Renan Hauptstadt des Bas-Léon. Vom einstigen Wohlstand zeugen malerische **Granit- und Fachwerkhäuser** aus dem 16. und 17. Jh. rund um die Place de la Mairie und in der Rue de l'Eglise. An der Kirche aus dem 18./19. Jh. wird am Samstag der wichtigste **Wochenmarkt** der Region abgehalten. Wie er im Mittelalter ausgesehen hat, lässt Mitte Juli in ungeraden Jahren das bunte Volksfest »Grande Foire Médièvale« erahnen.

Lanildut

Umschlagplatz für Algen

Die Linie vom »Krötenfelsen« **Rocher du Crapaud**, der über der Hafeneinfahrt von Lanildut aufragt, zur 20 km entfernten Île Ouessant gilt als Grenze zwischen dem Ärmelkanal und dem Atlantik. Sehr geschätzt war der rosarote Granit, der bei dem Weiler am Nordufer des Aber Ildut gebrochen wurde. Der Hafen ist Frankreichs wichtigster Umschlagplatz für Algen.

Die Kirche von **Brélès** am Ostende des Abers präsentiert sich erfrischend volkstümlich. Der hl. Ildut ist mit der bretonischen Kniebundhose »Bragou braz« bekleidet, die zur Tracht der Bauern gehört, und hält eine Weizengarbe in der Hand. Traditionelle Tracht tragen auch die hölzernen Engel, die mit den bretonischen Instrumenten Zimbel, Tambourin, Dudelsack und Tuba musizieren.

Porspoder

Schöner Küstenabschnitt

Tang bedeckt das Felsplatau von Porspoder, auf dem eine Kirche aus dem 16. Jh. und die St-Laurent-Kapelle stehen. Ihre Schnitzereien erzählen vom hl. Budoc, der gemäß der Legende im 6. Jh. in Porspoder an Land ging und Bischof in ▶Dol-de-Bretagne wurde. Wenige Kilometer nördlich von Porspoder beginnt bei Penfoul der reizvollste Abschnitt der Abers-Küste, die **Corniche** (D 127).

Pointe de Landunvez

Leuchtturm in der Hölle

Der **Phare du Four** gehörte zur Kategorie der »Hölle«, so nämlich nannten die Leuchtturmwärter ihre Dienststellen im Meer, im Gegensatz zu den »Paradiesen«, den Leuchtfeuern auf dem Festland. Der

CÔTE DES ABERS ERLEBEN

OFFICE DE TOURISME
1 Place de la Gare
29870 Lannilis
Tel. 02 98 04 05 43
www.abers-tourisme.com

HOSTELLERIE DE LA POINTE-ST-MATHIEU €€€/€€
An einem einzigartigen Platz steht dieses schön modernisierte und erweiterte Haus aus dem 14. Jh. mit feinem Restaurant, Bar und Pool. Nebenan der preiswertere, ebenfalls sehr angenehme Ableger »Vent d'Iroise«.
7 Place Saint-Tanguy
Plougonvelin
Tel. 02 98 89 00 19
www.pointe-saint-mathieu.com

RELAIS DU VIEUX PORT €
Urgemütliches Lokal am Hafen. Die Küche bietet tolle Meeresfrüchte sowie Crêpes. Wer länger bleiben möchte: Die Gästezimmer sind gut ausgestattet, das Ambiente angenehm und die Preise günstig.
1 Quai du Drellac'h
Le Conquet
Tel. 02 98 89 15 91
www.lerelaisduvieuxport.com

31 m hohe Leuchtturm vor der Landunvez-Landzunge weist Schiffen seit 1874 den Weg durch die Fahrrinne von Le Four, die mit gefährlichen Riffen und Granitblöcken gespickt ist.

Romantische Ruine

★ Château de Trémazan

Trutzig ragt der 30 m hohe Bergfried aus dem wuchernden Grün: Die Burg aus dem 12. – 14. Jh. ist auch als Ruine eindrucksvoll. Errichtet wurde die Anlage einst für die Familie du Chastel, die mehrere bretonische Herzöge und französische Könige hervorgebracht hat. In den Revolutionsjahren wurde das Anwesen verlassen und verfiel.

Folgenreiches Unglück

Portsall

Am 16. März 1978 zerbrach der unter liberianischer Flagge fahrende Supertanker **»Amoco Cadiz«** an den Riffen vor Portsall. 227 000 t Rohöl verschmutzten Meer und Küste. Die »schwarze Flut« zerstörte die Existenz vieler Menschen. Fischerei, Austernzucht und Fremdenverkehr brachen zusammen. Über zehn Jahre lang zog sich der Prozess um Schadenersatz hin. Seit dem Unglück müssen Schiffe ab 70 m Länge bei der Passage 13 km Abstand von der Küste halten. Das **Museum L'Ancre An Eor** auf der Mole dokumentiert das tragische Tankerunglück und seine Folgen. Das Museum hat seinen Namen vom Anker der »Amoco Cadiz«, der gegenüber aufgestellt ist.

Museum L'Ancre An Eor: April – Aug. Mo. – Fr. 10.30 – 12.30, 14 bis 17.30, Sa., So. 14 – 18 Uhr, sonst nur während der frz. Schulferien

Höher ist keiner in Europa. Mit über 82 m ist der Leuchtturm auf der Île Vierge fast drei Mal so hoch wie sein dahinter stehender Vorgänger.

Ruhiges Wasser

Aber Benoît

Knapp 8 km schlängelt sich der Meeresarm zwischen hügeligen Wiesen und Wäldern bis zum Weiler Tréglonou ins Land. Seefahrer schätzen den schiffbaren Fjord als geschützten Naturhafen, Feinschmecker wegen der köstlichen Austern.

Einladung zum Baden

★ Presqu'Île Ste-Marguerite

Weißer Sand, meterhohe Dünen und türkisblaues Wasser machen die flache Halbinsel zwischen dem Aber Wrac'h und dem Aber Benoît zum Badeparadies. Oberhalb des Strands lässt sich die Halbinsel auf einem Wanderweg mit Ausblicken auf beide Meeresarme umrunden. Die zahlreichen Klippen und kleinen Inseln wie die **Île Guenioc** sind bei Niedrigwasser zugänglich. An der Ostseite der Halbinsel erhebt sich in der Baie des Anges die Ruine eines Klosters, das Anne de Bretagne, die hochverehrte, letzte bretonische Herzogin, 1507 stiftete.

Wassersport angesagt

★ Aber-Wrac'h

Felsen und Dünen säumen die 2 km breite »Hexenmündung« (bretonisch wrac'h = Hexe), die sich noch 10 km flach und friedlich ins Binnenland fortsetzt. Der gleichnamige Badeort mit Jachthafen ist Sitz eines **Segelzentrums** und einer Segelschule. Wenn Sie Lust auf einen Segeltörn oder eine Kayak-Tour haben, sind sie hier richtig

Der **Leuchtturm** auf der 1,5 km vor der Küste an der Einfahrt zum

Aber-Wrac'h gelegenen **Île Vierge** ist der höchste Europas (82,5 m). 397 Stufen führen hinauf zur Plattform in Höhe des Leuchtfeuers, das ca. 50 km weit strahlt. Zwei Windräder liefern die Energie für den 1897 – 1902 in Granit erbauten Turm, der den 31 m hohen Vorgänger von 1845 ablöste. Zur Île Vierge setzen Ausflugsschiffe vom Port de l'Aber Wrac'h über.

Segelzentrum: Tel. 02 98 04 90 64 | www.cvl-aberwrach.fr
Leuchtturm: Anf. April - Juni u. Sept. mehrmals in der Woche, Juli/Aug. tgl. | Reservierung empfohlen | Tel. 02 98 04 74 94
Eintritt: 4 € | www.vedettes-des-abers.com

Besonderes Handwerk

Plouguerneau

Rund 45 km Küste mit 23 Stränden und drei Häfen gehören zur größten Gemeinde im Finistère. Der Dolmen in Lilia, die Menhire von Goarivan und Menzac'h und die Grabsäule von Grouanec belegen eine durchgängige Besiedlung seit der Vorzeit. Die Römer bauten eine Straße nach ▶ Carhaix und die erste Brücke über den Aber Wrac'h; ihre Spuren sind in St-Cava, Kerazan und Kastell Ac'h erhalten. Der 1701 erbaute Glockenturm der Pfarrkirche **St-Pierre-et-St-Paul** besaß früher ein Leuchtfeuer, das die Einfahrt in den Aber Wrac'h markierte. Zum Fest des hl. Michael, an dem die Rückkehr der Hochseefischer gefeiert wird, werden die Tragefiguren aus dem 17. Jh. ausgeführt. Interessant ist das zum **Ecomusée de Plouguerneau** gehörende Museum für Meeresalgen und Seetang. Es erzählt die Ge-

BAEDEKER MAGISCHE MOMENTE

LOGENPLATZ MIT MEERESFRÜCHTEN

Muscheln und Meeresfrüchte direkt vom Fischer, dazu ein Glas gut gekühlter Muscadet: Der bretonische Sommer kann Feinschmeckern nichts Schöneres bieten? Doch! Einen Logenplatz am Wasser. Machen Sie es sich auf der Terrasse von Prat Ar Coum bequem und lassen Sie die eine oder andere St-Jacques auf der Zunge zergehen. Dabei haben Sie den Abendhimmel im Blick und sein Spiegelbild im Meer (Prat Ar Coum, Lannilis südlich von Plouguerneau, Tel. 02 98 04 00 12, Juli u. Aug. Mo. – Sa. mittags u. abends, www.prat-ar-coum.fr).

schichte der Tangsammler und lädt dazu ein, in Kochkursen die Algen kulinarisch zu entdecken.

Ecomusée de Plouguerneau: Rue Kenan Uhella | 8. April – 8. Mai und Mitte Juni – 3. Woche im Sept. Di. – So. 14 – 18, 9. Mai – Mitte Juni Sa., So. 14 – 18, 19. Juni – 23. Sept. Di. – So. 14 – 18 Uhr | Eintritt 6 €

Romantische Strände

Brignogan-Plage

Den östlichen Abschluss der Abers-Küste bildet das kleine Seebad Brignogan-Plage mit seinen Ferienhäusern und Fischerkaten. Mächtige Granitfelsen trennen ausgedehnte Sandstrände von verträumten Badebuchten. Die Chapelle Pol markiert die **Pointe du Pontusval**. Ein Granitkreuz, ein Kalvarienberg und ein Zöllnerhäuschen stehen neben der Kapelle, die einem walisischen Heiligen geweiht ist, der hier um 530 missionierte. Der vom Sand verschluckte Weiler **Menz-Ham** wurde teilweise wieder freigelegt und restauriert. Der 8 m hohe Menhir Men-Marz (»Wunderstein«) am Küstenweg zur Landspitze wurde mithilfe eines Granitkreuzes »christianisiert«.

★★ CÔTE D'EMERAUDE

Département: Côtes d'Armor

Von der Pointe de Grouin im Osten über St-Malo bis zum windumtosten Cap Fréhel erstreckt sich auf 120 km eine der schönsten und abwechslungsreichsten Küsten Frankreichs – die Smaragdküste. An ihrem östlichen Ende säumen flache Dünen- und Heidelandschaften den Meeresrand, im Westen ragen mächtige Steilklippen auf.

Grünes Meer und gelbe Badebuchten

Zwischendrin liegen Buchten und traumhafte Sandstrände, mondäne Seebäder wie ▸ Dinard mit seinen Jugendstilvillen und beschauliche Badeorte wie Saint-Briac und Saint-Lunaire, die vor gar nicht allzu langer Zeit noch verschlafene Fischerdörfer waren. Wenn das Sonnenlicht das anbrandende Meer in allen erdenklichen Grüntönen funkeln lässt, zeigt die Smaragdküste, dass sie ihren Namen wirklich verdient.

Im 5. und 6. Jh. landeten hier fromme Männer aus England und Irland, die sich vor den Sachsen in Sicherheit und den heidnischen Galliern das Christentum bringen wollten. Die Erinnerung an sie lebt in den vielen Ortsnamen weiter, die mit »Saint« (Heiliger) beginnen.

CÔTE D'EMERAUDE ERLEBEN

CÔTES D'ARMOR TOURISME
2 Boulevard Féart
35800 Dinard
Tel. 08 21 23 55 00
www.dinardemeraudetourisme.com

Der **Chemin des Peintres** (Malerweg) erinnert daran, dass die Smaragdküste Anfang des 20. Jh.s viele Künstler angezogen hat. Besonders attraktiv ist das Teilstück von Dinard nach St-Briac (GR 34).

LA TABLE DE JEANNE €€
Haben Sie Lust, in Austern, Muscheln oder anderen Meeresspezialitäten zu schwelgen? Dann ist das hübsche Lokal am Hafen genau der richtige Platz. Behagliche Gästezimmer mit Meerblick gibt es auch.
60 Rue du Port, Erquy
Tel. 02 96 72 32 60
www.la-table-de-jeanne.fr

RESTAURANT DE LA GARE €€
Man pflegt die bretonische Tradition – mit Gerichten vom Land und aus dem Meer. Allemal den Preis wert; unter der Woche gibt es ein sehr günstiges Mittagmenü. Gediegenes, freundliches Ambiente.
4 Rue des Ormelets, Ploubalay
Tel. 02 96 27 25 16, www.restaurant-la-gare-ploubalay.com

LA VOILE D'OR HÔTEL & SPA €€€
Tolle Lage an der Bucht mit Privatstrand. Entspannung versprechen Sauna,Whirlpool und Hot-Stone-Massagen.
25 Allée des Acacias
Plurien-Sables d'Or
Tel. 02 96 41 42 49
www.voiledor.fr

LE MANOIR SAINT-MICHEL €€
Atmosphärereiches Herrenhaus aus dem 17. Jh. mit meist kleinen Zimmern und Cottages mit Küchenzeile, Frühstück auf der Gartenterrasse mit Meeresblick. In Richtung Cap Fréhel 300 m vom Strand gelegen.
38 Rue de la Carquois
Frehel-Sables d'Or
Tel. 02 96 41 48 87
April bis Anfang Nov.
www.manoirstmichel.com

Wohin an der Smaragdküste?

Ruhig und beschaulich

St-Lunaire

Der Badeort 5 km westlich von ▶ Dinard wartet mit mehreren kleinen **Stränden** auf, an denen es selbst im Hochsommer verhältnismäßig ruhig zugeht. Benannt ist der Ort nach einem Eremiten, der sich im 6. Jh. an dieser Stelle eine Kapelle im Wald errichtete. Sie wich im 11. Jh. der heutigen Kirche, in der ein Sarkophag die sterblichen Reste des Heiligen bewahrt.

Feinsandige Strände

★ Pointe du Décollé

Durchatmen und den Blick schweifen lassen! Einen Kilometer nördlich des Ortes lockt die Pointe du Décollé mit einem grandiosen **Panoramablick**, von St.-Malo bis zum Cap Fréhel sowie einem gleichnamigen, guten Restaurant (reservieren, Tel. 02 99 46 01 70). Die schmale Verbindung von Kap und Festland wird »Saut de Chat« (Katzensprung) genannt. Unter der natürlichen Brücke liegt die Grotte der Sirenen. Östlich und westlich der Landspitze erstrecken sich mehrere feinsandige **Badestrände**: die zentrale Grand Plage, die mit 900 m längere Plage de Longchamp sowie die geschützte Badebucht Fosse aux Vaults, die sich in der Fourberie fortsetzt.

Motive für Maler

St-Briac-sur-Mer

Emile Bernard, Mitbegründer der Malerschule von ▶ Pont-Aven, verbrachte viele Sommer in dem kleinen Badeort an der Mündung des Frémur und genoss das Badeleben an einem der neun Strände. Abendliche Spaziergänge führten ihn zum »Balcon d'Emeraude« mit Blick über den Fischer- und Jachthafen bis zur vorgelagerten Insel Ébihens und zum »Croix des Marins«. Als Sockel für dieses »Kreuz der Seefahrer« dient ein umgestürzter Menhir. Jeden Sommer (Juli bis Anf. Sept.) feiert der Ort ein **Festival** für zeitgenössische Kunst.

Surfen und Segeln

Lancieux

Lancieux mit seinen fünf Sandstränden ist besonders bei Surfern beliebt. Der Strand Saint-Sieu mit Segelboot- und Surfbrettverleih (www.cn-lancieux.org) ist nach dem Mönch Sieu benannt, der hier im 6. Jh. ein Kloster gegründet haben soll. Am Ortsausgang steht die restaurierte **Mühle** von Buglais (16. Jh.), das älteste erhaltene Gebäude des Ortes und ein beliebtes Fotomotiv.

Mühle: Juli und August 10 – 12 und 14 – 18 Uhr

Zeitzeugen aus Stein

Trégon

Rund um das Dorf Trégon westlich von Ploubalay sind mehrere **Megalith-Denkmäler** erhalten, so der Menhir von Ville-Goudier, der Dolmen von Ville-Tanguy und die 16 m lange Allée Couverte von Vieilles Hautières.

Ein Strand für jeden Wochentag

★ St-Cast-le-Guildo

Das Küstenstädtchen gehört mit seinen **sieben Sandstränden** zu den beliebtesten Badeorten der Bretagne. Er setzt sich aus vier Teilen zusammen. Ältester ist Le Bourg mit Rathaus, Post und Kirche. Der Fischereihafen, spezialisiert auf Muscheln, und die Marina liegen im verwinkelten Ortsteil L'Isle. Mit der Entwicklung des Fremdenverkehrs entstanden Anfang des 20. Jh.s die Viertel Les Mielles und La Garde. 1972 kam der Zusammenschluss mit dem Hafenort **Le Guildo**. Der malerische Hafen ist auf den Holzhandel spezialisiert. Nur noch

Ruinen zeugen vom Schloss Guildo, in dem im 15. Jh. Gilles de Bretagne wohnte, ein lebenslustiger Bruder des regierenden Herzogs.
St-Cast geht vermutlich auf den irischen Mönch Cado zurück, der sich hier im 6. Jh. niederließ. 1758, im Siebenjährigen Krieg, fand am Strand eine Schlacht statt, bei der sich laut Überlieferung auch Bretonen und Waliser gegenüberstanden, die nach derselben Musik aufeinander losgingen. Doch sie erkannten ihren gemeinsamen keltischen Ursprung, und die Franzosen ließen die Waliser sich auf ihre Schiffe zurückziehen. Napoleon III. ließ 1858 zur Erinnerung an den französischen Sieg eine Säule errichten (Rue de la Colonne). Mitten im Ort präsentiert die **Grand Plage** eine perfekte Badebucht: 2 km feinster Sand zwischen den beiden Landzungen Pointe de La Garde im Süden und Pointe de St-Cast im Norden.

Tolle Filmkulisse

★ Fort La Latte

An drei Seiten von Wasser umgeben thront die mittelalterliche Festung auf einer schmalen Landspitze am Eingang der Baie de la Fresnaye. Der heutige Bau geht auf eine im 13. Jh. von den Herren Goyon-Matignon erbaute Anlage zurück, die unter König Ludwig XIV. zur Festung ausgebaut wurde. In die hohen Mauern kamen Kanonenbatterien, in den Bergfried zogen Wachen ein, die die Schiffe aus ▶ St-Malo vor Angriffen der Holländer und Engländer schützen sollten. Der weite Blick von der **Tour de l'Echauguette** ist auch heute beeindruckend. Seit 1931 ist das Fort Privatbesitz und eine beliebte Kulisse für Kinofilme. Schon **Tony Curtis und Kirk Douglas** versuchten sich hier als »Wikinger«

April – Juni, Sept. tgl. 10.30 – 18, Juli, Aug. tgl. 10.30 – 19, Okt. 11 – 17, Märzwochenende 13 – 17 Uhr | Eintritt 7,20 € | www.lefortlalatte.com

Was für eine Aussicht!

★★ Cap Fréhel

Unaufhörlich brandet das Meer an die bis 70 m hohen Klippen aus rotem Sandstein und schwarzem Schiefer, das Meer leuchtet aquamarin- bis nachtblau. Kormorane, Austernfischer, Sturmvögel und Seetaucher nisten in den Felswänden der Grande und Petite Fauconnière, Ginster und Heide bedecken das Land – das Cap Fréhel gehört zu den landschaftlichen Höhepunkten der Bretagne. Vom **Leuchtturm**, zwischen 1946 und 1950 mit einem 100 km weit strahlenden Leuchtfeuer erbaut, reicht der Blick bei klarem Wetter bis zur Insel Bréhat im Westen, Jersey im Norden und den Chausey-Inseln im Nordosten. Im »Relais du Cap Fréhel« hinter dem Kap logiert man sehr hübsch zu angenehmen Preisen.

Relais du Cap Fréhel: https://le-relais-du-cap-frehel.business.site

Tipp für Wanderer

★ Sentier des Douaniers

Ein alter **Zöllnerpfad** schlängelt sich entlang der Klippen zum Fort La Latte und nach Pléhérel, wo es eine traumhaft schöne Bade-

bucht (mit Parkplätzen) und eine Kapelle aus rosafarbenem Sandstein gibt. Neben ihr liegt der letzte erhaltene keltische Friedhof in diesem Teil der Bretagne. Vergessen Sie das Fernglas nicht! Kormorane, Austernfischer und Delphine – hier kommt einiges vor die Linse.

Badeort anstatt Düne

Sables-d'Or-les-Pins

Zwischen 1921 und 1924 wurde die große Düne hinter dem 2 km langen Sandstrand bis zur Bouche d'Erquy abgetragen. 1925 eröffnete auf dem Gelände, eingerahmt von Pinienwäldern, ein neuer Badeort: Sables-d'Or-Les Pins, ausgestattet mit romantischer Promenade zum Flanieren, Casino, Golf, Tennis, Reitschule und allem, was die Haute-Volée aus Paris, Belgien und England anlockte.

Jakobsmuscheln überall

Erquy

In der Sommersaison ist Erquy mit seinen Stränden ein beliebter Badeort. Herrliche Wanderwege führen durch die Heidelandschaft des Cap Erquy und das Hinterland der Küste.
Feinschmecker schätzen den Ort auch wegen der Jakobsmuscheln. Im Gegensatz zu Austern und Miesmuscheln wird die Coquille St-Jacques nicht gezüchtet, sie wächst in Tiefen zwischen 10 und 100 m auf sandigem bis schlammigem Boden. Erst nach zehn Jahren hat sie 10 cm Durchmesser erreicht. Nur vom 1. November bis zum 31. März dürfen Fischer an höchstens drei Tagen pro Woche die Muscheln mit Schleppnetzen einsammeln. Ihre essbaren Bestandteile sind der runde, weiße Schließmuskel und der Corail, der orangerote, hörnchenförmige Rogen. Ihren Namen erhielt die Muschel, die frisch und tiefgefroren angeboten wird, im Mittelalter: Die Pilger der Jakobswege nutzten ihre gewölbte Schale als Teller.
Oberhalb des Hafens mit seiner **Fischerflotte**, die über 80 Boote umfasst, liegen die »Lacs bleus«, ehemalige Sandsteinbrüche, die sich im Lauf der Zeit mit Regenwasser füllten. Im 1794 erbauten Brennofen Four à Boulet wurden Kanonenkugeln erhitzt, um die hölzernen Schiffe in Brand zu setzen. Im Hafen vor Erquy starten Ausflugsboote zur Blumeninsel Bréhat (www.vedettesdebrehat.com), die Zeiten nennt die Touristeninfo (Tel. 257 25 22 22).
Das **Schloss Bien-Assis** von Erquy aus dem 16. – 18. Jh. hat Märchenbuchqualitäten. Madame Kerjégu, die Schlossherrin persönlich, führt über das von einer Ringmauer umgebene Anwesen, zeigt den Großen Salon, Speisesaal, Kapelle. Und dann lädt noch der schöne Barockgarten zum Lustwandeln ein.

Schloss: Anf. Juli – Anf. Sept. So.-Fr. 14–18 | Besichtigung mit Führung 11 und 12 Uhr | Eintritt 8 € | ohne Führung 6 €
www.chateau-bienassis.com

Abendliches Farbenspiel der Natur am Cap Fréhel

Welcher Strand ist der schönste?

Pléneuf-Val-André

Der kleine Badeort bildet den Abschluss der Smaragdküste. Der Ortsteil Pléneuf liegt im Hinterland, Le Val-André an der Küste. Besuchermagnete sind die **Strände** – die vielleicht schönsten an der bretonischen Nordküste. Entsprechend groß ist das Angebot an Hotels und Restaurants. Herrliche **Spazierwege** locken, darunter die 2 km lange Promenade de la Digue am Strand Val-André. Statten Sie auch dem Hafen von Dahouët, der gut geschützt in einer Bucht liegt, einen Besuch ab. Von hier brachen Kabeljaufischer schon vor über 500 Jahren in die Gewässer vor Neufundland und Island auf. Heute sind – neben Yachten und Booten der Sportfischer – noch vereinzelt Boote von professionellen Muschelfischern vertäut.

★★ CÔTE DE GRANIT ROSE

Département: Côte d'Armor

An der bretonischen Nordküste, zwischen Paimpol und Trébeurden, erstreckt sich die Rosa-Granit-Küste – eine der eindrücklichsten Landschaften der Bretagne. Felsenkolosse, die Wind und Wetter in Jahrmillionen glattgeschliffen haben, türmen sich zu atemberaubenden Formationen auf, die das Licht der tiefstehenden Sonne in einem unwirklichen Rosa leuchten lässt.

Stein-skulpturen im Meer

Das Naturgesetz der Schwerkraft scheint für die von der Natur aufgeschichteten Felsbrocken mit ihren gewaltigen Überhängen nicht zu gelten. Die Fantasie haben sie schon immer beflügelt. »Teufelsburg«, »Liebeslaube« und »Napoleons Hut« – so werden hier einige der bizarren Felsenformationen genannt. Bei Ebbe kann man die winzigen Inseln erreichen, die der Küste vorgelagert sind, bei Flut sind sie teilweise unter dem Meeresspiegel verschwunden. Hauptort ist Perros-Guirec, ein Wassersportdorado mit dem Flair der Belle Époque. In der Hauptsaison spürt man davon allerdings nicht allzu viel.

Wohin an der Rosa-Granit-Küste?

Strandparade

Trébeurden

Der kleine Badeort Trébeurden mit sechs feinsandigen Stränden schmiegt sich 9 km nordwestlich von ► Lannion malerisch an einen

CÔTE DE GRANIT ROSE ERLEBEN

CÔTES D'ARMOR TOURISME
2 Boulevard Féart
35800 Dinard
Tel. 0821 235 500, www.dinard emeraudetourisme.com

TI AL LANNEC HOTEL & SPA €€€
Im Stil eines englischen Herrenhauses, mit 36 Zimmern und 7 Suiten, individuell und stilvoll ausgestattet, wahlweise Meer- oder Gartenblick. Das Relais du Silence-Siegel garantiert besondere Ruhe.
14 Allée de Mezo Guen
Trébeurden
Tel. 02 96 15 01 01
www.tiallannec.com

L'AGAPA HOTEL & SPA €€€
Edles Haus auf den Klippen über dem Meer. In den Gästezimmern im Bauhausstil dominieren die bretonischen Landesfarben Schwarz und Weiß. Im eleganten Restaurant Le Bélouga speisen Sie mit Meerblick. Ein Muss: die Panoramaterrasse des Spa Nuxe.
12 Rue des Bons-Enfants
Perros-Guirec
Tel. 02 96 49 01 10
www.lagapa.com

LE COLOMBIER BRETAGNE €€
Mme. und M. Vanbelle haben einen alten Bauernhof 3 km östlich von Perros-Guirec in eine idyllische Unterkunft verwandelt. Grandios ist das Frühstück. Do., Fr., So. und Mo. lädt der Patron abends zur Table d'hôte.
8 Coat Gourhant, Louannec
Tel. 06 23 58 58 34
www.lecolombierbretagne.fr

Granithang. Ein schöner Spaziergang führt zur Landzunge **Pointe de Castel**. Von der Felsspitze blickt man zu den vorgelagerten Inseln: Milliau (bei Ebbe zu Fuß zu erreichen), Molène, Losquet, Fougère, Aganton und Île Grande.

Reservat für Vögel

Eine Brücke bei Penvern verbindet die flache Île Grande mit dem Festland. Auf dem höchsten Punkt der Insel (35 m) wurde im Neolithikum ein **Ganggrab** angelegt, das »Ti ar hornandoned« (Haus der Kobolde). Bis heute wird auf der Insel der **Granit bleu** gebrochen, der wegen seiner Färbung sehr gefragt ist. 1984 wurde hier eine Vogelschutzstation (Station Ornithologique) eingerichtet. Île Grande

Führungen: Juni, Sept. tgl. 14 – 18, Juli/Aug. (außer Sa./So.Vormittag) 10.30 – 13, 14.30 – 19 Uhr | Eintritt 4 €

»Christlicher« Menhir

Für die Missionare waren Menhire »Teufelszeug«. Um ihren Zauber zu entkräften, wurden sie »christianisiert«: Ein Steinmetz versah den Menhir mit einem Kreuz. Der unbekannte Meister, der den Menhir de St-Uzec (nördlich der D 21 in Richtung ▶ Lannion) bearbeitete, kam Menhir de St-Uzec seiner Aufgabe sehr gewissenhaft nach. 1674 meißelte er auch in den oberen Teil des 8 m hohen Steins, der zwischen 4500 und 2000 v. Chr. aufgestellt wurde, christliche Symbole ein. Auf seiner Rückseite sind tiefe, regelmäßige Rillen in den Stein gegraben.

Von den Galliern bis zur Hightech-Welt

Pleumeur-Bodou

Schon von Weitem weisen die riesige Kugel des Radoms und Antennenschüsseln den Weg (dazu die Beschilderung »Parc du Radôme«): Pleumeur-Bodou ist Sitz des **Centre National d'Etudes Télécommunications**. Die Anlage besteht aus sieben Antennen. Die Radom-Kugel schützt eine Hornantenne, mit der 1962 die erste Fernsehsendung aus den USA empfangen wurde.
Von Graham Bell zur virtuellen Welt: Neben der Radarkuppel lädt ein Hightech-Museum namens **Cité des Télécoms** ein, 200 Jahre Fernmeldegeschichte multimedial zu erleben. Nebenan steht das moderne **Planetarium**, das auf einer Reise durch das All u. a. die Geburt von Sternen und Galaxien anschaulich macht. Von der Hightech-Welt sind es nur wenige Meter zum »gallischen Dorf« **Village Gaulois**, eine Art Abenteuerspielplatz, in dem man mit der Familie und mit anderen Besuchern mehr oder weniger sportliche, teils ulkige Spiele betreibt und in entspannter Atmosphäre viel Spaß hat.

Cité des Télécoms: Parc du Radôme | April – Juni, Sept. Mo. – Fr. 10 bis 18, Sa., So. 14 – 18, Juli, Aug. tgl. 10 – 19 Uhr | sonst in den Schulferien geöffnet| Eintritt 8 € | www.cite-telecoms.com
Planetarium: während der frz. Schulferien tgl. geöffnet, sonst je nach Veranstaltung, Programm auf der Website| Jan. geschl. Eintritt 7,50 € | www.planetarium-bretagne.fr
Village Gaulois: April – Juni, Sept. So.– Fr. 12 – 18, Juli, Aug. tgl. 10.30 – 19 Uhr | Eintritt 6 € | www.levillagegaulois.org

Bizarre Felskolosse

★ Trégastel

Der 1880 gegründete Badeort ist für seine Felsformationen berühmt. Der eigentliche Ferienort, von den 2000 Einwohnern als Sainte-Anne bezeichnet, liegt um den kleinen Hafen Coz-Pors, der ältere Ortsteil Le Bourg landeinwärts auf einem Hügel. Zur Freude seiner Gäste hat Trégastel ein Dutzend **Sandstrände**. Die Küste säumt das »Chaos«, ein Gewirr bizarr geformter Felskolosse mit Namen wie »Tortues« (Schildkröten) oder »Sorciere« (Hexe). Die Ortskirche in Trégastel-Bourg samt Beinhaus datiert aus dem 12./13. Jh.; das romanische Weihwasserbecken zeigt groteske Figuren. Auf seinem Friedhof ist der bretonische Schriftsteller Charles Le Goffic (1863 – 1932) bestattet. Der Kalvarienberg wurde 1872 auf einer Anhöhe errichtet.
Der ehemalige Zöllnerpfad **Sentier des Douaniers** schlängelt sich von der Plage Coz-Porz nach Süden um einen Felsvorsprung, von dem aus die Inselgruppe Triagoz und die Île aux Lapins zu sehen sind. Vorbei am Fuß des Rocher Tire-Bouchon (Korkenzieherfelsen) geht

An der Rosa-Granit-Küste begegnet man den verwegensten Steinkolossen.

es zum Strand von Grève-Blanche, den der »König-Gradlon-Felsen« überragt. Riesige Felsblöcke mit Namen wie »Grand Gouffre« (Großer Abgrund), in die das Meer Höhlen gewaschen hat, feinste Sandstrände und ein Panorama, das von den Sept Îles bis zur Ste-Anne-Bucht reicht: Die **Île Renote**, heute über einen Damm mit dem Festland verbunden, ist ein beliebtes Ziel für Spaziergänger und Badegäste. Der weitläufige Thermalkomplex **Forum de la Mer** an der Plage Coz-Porz bietet das ganze Jahr über Wellness im Wasser, mit 30 °C warmem Meerwasserschwimmbecken, Hammam, Sauna und Spa.

Gezeitenmühlen nutzen den enormen Tidenhub an der bretonischen Küste. Wie, das lässt sich in der **Moulin à Marée** von 1764 im Deich zwischen Trégastel und Perros-Guirec studieren (zugänglich von Mitte Juni bis Mitte September).

In Felsgrotten aus rosafarbenem Granit präsentiert das **Aquarium Marin** am Boulevard du Coz Pors in 26 Bassins die bretonische Unterwasserwelt: Seesterne, Anemonen, Krebse und vielerlei Fische. Überaus detailgetreu zeigt ein 30 m² großes Modell einen Ausschnitt der Granitküste und die Auswirkungen der Gezeiten auf die Natur.

Aquarium: tgl. 10 – 19 Uhr | Führungen, Entdeckungstouren, Workshops, Ausstellungen u.v.m., Programm auf der Website
Eintritt Erw. ab 8,50 € | www.aquarium-tregastel.com

Allée Couverte de Kerguntuil

Steinerne Besonderheit

14 Tragsteine und drei Deckplatten bilden das 8,5 m lange **Ganggrab** von Kerguntuil, das ungewöhnlich üppig mit Ritzzeichnungen geschmückt ist. Der Dolmen ruht auf drei Tragsteinen.

★ Vallée des Traouïéro

Mystische Wanderung

Bizarr geformte Granitfelsen, eingebettet in eine urwüchsige Landschaft mit seltenen Farnen, Moosen und Pflanzen: Das Traouïéro-Tal lässt sich bei einer Wanderung durch das Felsenmeer zwischen Trégastel und Ploumanac'h erleben. Ausgangspunkte sind der Chemin de Randreuz und die Route des Traouïéro.

★ Ploumanac'h

Boomender Ferienort

Der kleine Hafenort, der heute zur Gemeinde Perros-Guirec gehört, hat sich zu einem der meistbesuchten Ferienorte der Rosa-Granit-Küste gemausert. Hier sind die ausgefallensten und verwegensten **Steinkolosse** zu finden, die Namen wie »Hase«, »Teufelsschloss« oder »Schildkröte« tragen.

Am Strand von St-Guirec soll im 6. Jh. der hl. Guirec gelandet sein, der laut Legende die Überfahrt aus Wales in einem Granittrog gewagt hatte. Die im 13. Jh. erbaute Kapelle **Oratoire St-Guirec**, die bei Flut vom Wasser umspült wird, markiert die Stelle. Im Oratorium befand sich eine bemalte Holzfigur des Heiligen, die durch eine Steinstatue ersetzt werden musste. Heiratswillige Mädchen hatten sie buchstäblich zerstochen: Nach altem Brauch sollte das Mädchen, dessen Nadel in der Figur stecken blieb, noch im selben Jahr heiraten.

Der Bucht gegenüber thront auf einer Klippeninsel das **Château Costaérès**. Es entstand 1892 im Auftrag des polnischen Ingenieurs Bruno Abdank-Abakanowicz, der die Insel für 25 Centimes/m² erworben hatte. Das Schloss wurde bald Treffpunkt illustrer Gäste. Henryk Sienkiewicz soll hier seinen Roman »Quo vadis?« geschrieben haben, für den er 1905 den Nobelpreis erhielt.

Der Ursprung der rosafarbenen Riesen, der Abbau des Granits und die Lebenswelt der Küstenlandschaft wird in der **Maison du Littoral** beim Leuchtturm Pors Kamor erläutert.

Maison du Littoral: Chemin du Phare | Juli, Aug. tgl. 10 – 13, 14 – 18, Juni, Sept. Mi. – So. 14.30 – 17.30 Uhr

★ Sentier des Douaniers

»Weg zwischen Meer und Wolken«

Der 4,4 km lange, wildromantische Zöllnerpfad verbindet Ploumanac'h mit Perros-Guirec, ein Teil des Küstenweges GR 34. Die Tour beginnt am Hafen von Ploumanac'h, umrundet die Halbinsel und führt an **Min Ru** vorbei, der Villa des Ozeanografen Paul Regnard. Die exotischen Bäume aus Afrika, Chile, Japan und Neuseeland im Park gedeihen im milden Klima der Nordbretagne prächtig, der warme Golfstrom sorgt auch im Winter für frühlingshafte Temperaturen. Die Granitvilla »Ker

Awel« baute sich einst Gustave Eiffel. Hinter dem **Leuchtturm** durchquert der markierte Küstenweg eine Heidelandschaft. Er endet am Strand von Trestraou mit dem Kalvarienberg **Kroaz-ar-Maen** aus dem 17. Jahrhundert. An vielen Stellen bieten sich großartige Ausblicke auf das Meer.

Wo heute Wanderer anzutreffen sind, patrouillierten im 19. Jh. Zöllner, um Piraten und Schmuggler abzuwehren. Schutzzölle sowie Napoleons Kontinentalsperre machten die illegalen Geschäfte ebenso lukrativ wie gefährlich. Grenzwächter und Schmuggler lieferten sich entlang der Küste häufig erbitterte Kämpfe. Einzige Zeugen dieser Zeit sind ein Pulverturm und eine kaum noch erkennbare, rechteckige Vertiefung im Boden, in der die aufs Meer gerichteten Kanonen standen. Wachpfade wie dieser säumten fast die gesamte bretonische Küste.

Auf halber Strecke zwischen Ploumanac'h und Perros-Guirec, an der höchsten Stelle der überaus reizvollen Küstenstraße **Corniche Bretonne**, steht die Kapelle **Notre-Dame-de-la-Clarté** aus dem 15./16. Jahrhundert. Beachtung verdienen der Weihwasserbehälter aus Granit aus dem 15. Jh. und ein Kreuzweg aus dem Jahr 1931, der dem symbolistischen Maler Maurice Denis (1870 – 1943) zuge-

Von den Sieben Inseln darf nur die Île aux Moines betreten werden (► S. 128).

schrieben wird. Alljährlich am 15. August wird der große **Pardon** de Notre-Dame-de-la-Clarté festlich begangen.

Abwechslungsreiches Programm

Perros-Guirec

Bereits 1885 entstand in Perros-Guirec das erste Hotel am Strand, 1924 wurde das Casino eingeweiht. Heute gehört der Ort zu den meistbesuchten Seebädern der Nordbretagne. Zu seiner Beliebtheit tragen mehrere schöne Sandstrände, ein Zentrum für Thalassotherapie und der gezeitenunabhängige Jachthafen Bassin à flot bei. Höhepunkte des Sommers sind Segel- und Surfregatten, Festivals für klassische Musik und Bootsausflüge zu den Sept-Îles. Jeden Freitag ist Markt. Aus dem Küstengestein, dem rosa Granit, wurde im 12. Jh. die **Pfarrkirche St-Jaques** gebaut, das romanische Schiff aus dieser Zeit wurde im 14. Jh. im Stil der Gotik vergrößert. Sehenswert ist der Giebel der Südportals mit seinem Skulpturenschmuck. Dem symbolistischen Maler **Maurice Denis** (1870 – 1943) gehörte das Haus Silentio in der nach ihm benannten Straße. Im Rathaus hängen Werke des Künstlers.
Was man aus dem heimischen rosafarbenen Granit alles machen kann, zeigen die von unterschiedlichen Künstlern gestalteten Monumentalskulpturen entlang des **Circuit des Sculptures** – der Pfad beginnt am Hafen. Herausragenden Persönlichkeiten der bretonischen Geschichte – aus Wachs modelliert – begegnet man im **Musée de l'Histoire et des Traditions**.

Musée de l'Histoire et des Traditions: Juni – Aug. tgl. 9.30 – 18.30, April, Mai, Sept. tgl. 10 – 12.15, 14 – 18 Uhr | Eintritt frei

Zufluchtsort für Tiere

Sept Îles

Robben ziehen hier ihren Nachwuchs auf, Tausende Seevögel nisten ungestört. Die sieben der Granitküste vorgelagerten Inselchen sind das älteste Naturschutzgebiet der Bretagne und Frankreichs größtes Vogelschutzgebiet. Einzig die **Île aux Moines** darf betreten werden. Auf der größten Insel, 1451 von Franziskanermönchen besiedelt, entstand im 18. Jh. ein Fort nach Plänen des Vauban-Schülers Garengeau. Boote zu den Sept-Îles legen von Perros-Guirec-Trestraou ab, im Juli/Aug. auch von Ploumanac'h und Trégastel.

www.armor-navigation.com

Erholsamer Stopp

Port-Blanc

Der ruhige kleine Hafen- und Badeort kann sich illustrer Gäste rühmen: Die bretonischen Dichter Anatole Le Braz und Théodore Botrel, der Pilot Charles Lindbergh und der Arzt und Nobelpreisträger Alexis Carrel logierten hier. Heute kommen Wanderer auf dem GR 34 hier vorbei und genießen die stimmungsvolle Landschaft. Neben der Kapelle **Notre-Dame** aus dem 16. Jh., deren Dach fast bis zum Boden reicht, steht ein Kalvarienberg von 1663.

Das Häuschen zwischen zwei Felsen auf der Pointe du Château ist eines der beliebtesten Fotomotive der Bretagne.

Wundersame Heilkräfte

Zur Chapelle **St-Gonéry**, leicht an ihrem windschiefen Glockenturm zu erkennen, pilgerten Gläubige, die Linderung ihrer Leiden suchten. Der hl. Gonéry, im 6. Jh. aus Irland gekommen, sollte Heilkräfte besitzen, das Quellwasser angeblich fiebrige Erkrankungen heilen. Das Holzgewölbe der romanischen Kapelle stellt in farbenfroh-fantasievollen Malereien des 15. Jh.s Szenen der Schöpfungsgeschichte und des Neuen Testaments dar. Plougrescant

Berühmtestes Fotomotiv der Bretagne

Nördlichster Punkt der Halbinsel ist die Pointe du Château, 3 km nördlich von Plougrescant. Der Weg vom Parkplatz zur **Gouffre**, einer tiefen Spalte, die die Brandung in den Fels gegraben hat, führt am wohl berühmtesten Fotomotiv der Bretagne vorbei: einem **Steinhäuschen**, eingekeilt zwischen zwei großen Felsen. ★★ Pointe du Château

★ CÔTE DU GOËLO

Département: Côte d'Armor

Zwischen dem mittelalterlich geprägten Hafenstädtchen Paimpol und dem neueren Hafen von Saint-Quay Portrieux bis in die Bucht von Saint-Brieuc erstreckt sich die Côte du Goëlo. Mal umschmeichelt das Meer die Küste, mal gibt es sich ungestüm und bedrängt die Geliebte mit brausenden Wogen. Charakteristisch sind die bis zu 70 m hohen Klippen, die sandigen Buchten und anmutigen Flusstäler, die sich bis weit ins Landesinnere erstrecken.

Herber Charme

Dank dem Golfstrom herrschen hier ähnliche Klima- und Temperaturverhältnisse wie im Süden der Bretagne. Einst gehörte die Küste zur Grafschaft Goëlo, deren Grenzen im Landesinneren die Flüsse Trieux, Leff und Ic bildeten. Der Leff stellt zugleich eine natürliche Grenze zwischen Armor und Argoat dar, zwischen Küste und Binnenland, das hier für die Bretagne beachtliche Höhen erreicht (bis 318 m). Bis 1935 lebten die Küstenbewohner vor allem von der Hochseefischerei vor Neufundland und Island; **Pierre Loti** setzte dem 1886 in seinem berühmten Roman »Die Islandfischer« ein Denkmal. Heute werden die Netze nahe der Küste ausgeworfen und Muscheln gezüchtet.

Wohin an der Côte du Goëlo?

Die Aussicht bringt's

Pordic

Strände und Steilfelsen umgeben das Hafenstädtchen Pordic 10 km nördlich von ▶ Saint-Brieuc, dessen Kirchturm schon von Weitem grüßt. Das Panorama an der **Pointe de Pordic** lohnt einen Abstecher.

Im Sommer geht es rund

★ Binic

Binic ist sehr beliebt: Im Sommer verdreifacht sich die Einwohnerzahl des Seebads auf über 10 000. Meisterschaften im Beachvolleyball, Segelturniere und ein Triathlon unterhalten sportbegeisterte Gäste. Andere erfreuen sich des langen Badestrands La Banche mit Meerwasserschwimmbad und Strandclub, den von Felsen gesäumten Avant Port oder den wildromantischen Plage du Corps de Garde am Zöllnerpfad.
An die 300 Jahre bewegter Vergangenheit als größter französischer Hafen der Hochseefischer (bis 1913) erinnern einige Reederhäuser am Quai Jean-Bart sowie das **Musée d'Arts et des Traditions Populaires** am Square Fichet des Grèves, das einen Einblick in die Fischerei sowie den Alltag und das Brauchtum der Bevölkerung vermit-

CÔTE DU GOËLO ERLEBEN

CÔTES D'ARMOR TOURISME
2 Boulevard Féart, 35800 Dinard
Tel. 0821 235 500, www.dinard
emeraudetourisme.com

OFFICE DE TOURISME PAIMPOL
▶S: 234

LES COCHONS FLINGUEURS €€/€
Ein Restaurant wie aus dem Bilderbuch, mit unverputzten Mauern und karierten Tischtüchern, die Speisekarte ist klein, aber fein, Crêpes und Galettes gibt es in allen Variationen.
Place de la Plage, Saint Quay Portrieux, Tel. 02 57 54 61 24
Juli, Aug. tgl. 10–02 Uhr
sonst s. Website, www.
lescochonsflingueurs.fr

KER MOOR PRÉFÉRENCE €€€
»Maurische« Villa aus der Zeit um 1900 mit modernem Erweiterungsbau, in dem die großzügigen, gut ausgestatteten Zimmer untergebracht sind. Spektakulärer Ausblick.
13 Rue de Président le Sénécal
St-Quay-Portrieux
Tel. 02 96 70 52 22
www.ker-moor.com

LE BENHUYC €€
Charmantes, nachhaltiges 3-Sterne-Haus in der ersten Reihe am Hafen. Schöne, helle Gästezimmer in den Farben der Natur, auch Familienappartments für 4 – 6 Personen.
1 Quai Jean-Bart, Binic
Tel. 02 96 78 79 79
www.le-new-benhuyc.com

AU CHAR À BANCS €€/€
Rund 15 km südwestlich von Binic. Die drei Schwestern Lamour bekochen Sie auf ihrer bezaubernden Ferme Auberge mit den köstlich einfachen Dingen des Landes wie der Potée (Eintopf mit Fleisch und Gemüse), Galettes und Burgre. Wunderschön wohnt man in der 500 m entfernten, liebevoll gestalteten Maison des Lamour (Tel. 06 88 33 51 36, www.lamaisondeslamour.com).
Moulin de la Ville Geffroy, Plélo
Tel. 02 96 74 13 63
www.aucharabancs.com

telt. Die Kirche des Orts hat ein von Yves Corley gefertigtes Chorgestühl aus dem 18. Jahrhundert.

Musée d'Art et des Traditions Populaires: Mai – Sept. tgl. 14.30 – 18 Uhr | Eintritt 5 €

Fast am Meer

Etables-sur-Mer wurde um 1900 von einem Versailler Industriellen e als Ferienort gegründet. Der Klippenweg verbindet die geschützten Strände Godelins und Moulin. Wahrzeichen ist die Pfarrkirche Notre-Dame aus dem 15. – 18. Jh. mit einem runden, überkuppelten Chor. In der Rue Louais steht ein Kalvarienberg aus dem 15. Jahrhundert. Etables-sur-Mer

MEMENTO MORI

Die kleine Kirche von Kermaria birgt berührende Kunst: Der Tod, dargestellt als Gerippe, führt Menschen aller Stände, Männer und Frauen, Alte und Junge, zu einem makabren Tanz. Nehmen Sie sich Zeit, setzen Sie sich auf eine Kirchenbank, legen Sie den Kopf zurück. Man kann nur staunen. Eindrucksvoller als der unbekannte Künstler im 15. Jh. kann man die Botschaft kaum vermitteln: Am Ende sind wir alle gleich.

★ St-Quay-Portrieux

Ein Hauch von Luxus

Gleich zwei Häfen zählt der Badeort: Von Portrieux, dem alten Hafen, fuhren einst die Schoner der Neufundlandfischer zu den reichen Fanggründe auf der anderen Seite des Atlantiks. Den Hafen Saint Quay Port d' Armor – durch eine Landzunge getrennt – können Fischerboote und Yachten unabhängig von den Gezeiten ansteuern. Hier legen die Ausflugsschiffe zur **Île de Bréhat** ab. Während sich der Ortsteil Portrieux noch ein wenig vom Flair einer alten bretonischen Hafenstadt bewahrt hat, präsentiert sich Saint-Quay mit seinen schönen Stränden als mondäner Badeort mit Villen, Meerwasserpool und Casino. Besonders attraktiv ist die **Plage de la Comtesse**. Der feine Sand enthält schwarze Ilmenitkristalle, die seine Farbe, je nach Stand der Sonne, changieren lassen. Die gegenüberliegende Île de la Comtesse lässt sich bei Ebbe zu Fuß erreichen. Auf dem Festland kann man dem Fernwanderweg **GR 34** folgen, an der Landspitze Pointe du Sémaphore wird man mit einem herrlichen Blick belohnt. Kulinarisch trumpft man hier mit fangfrischen **Jakobsmuscheln** auf. Von November bis April, während der Fangzeit, kommt die Delikatesse quasi direkt vom Boot in die Küchen der Feinschmeckerlokale. Ein Highlight im Eventkalender ist das **Muschelfest** im April, das abwechselnd in Saint-Quay-Portrieux (dort wieder 2022) und anderen Orten in der Bucht von Saint-Brieuc gefeiert wird. Wie man eine andere Delikatesse zubereitet, lernt man in der **Crêperie du Port** am Quai de la République

Ausflugsschiffe: www.vedettesdebrehat.com
Crêperie: www.creperieduportrieux.com

Makabre Fresken

Kermaria

Die **Chapelle de Kermaria-an-Isquit**, in Kermaria unmittelbar an der D 21 gelegen, ist berühmt für ihre Fresken aus dem 15. Jh., die auch den Komponisten Camille St-Saëns inspiriert haben sollen: Ein **Danse macabre** (Totentanz), in hellen und dunklen, stark verblassten Farbtönen gehalten, schmückt die Wände oberhalb der Arkaden im Hauptschiff. Sehenswert sind auch fünf Alabasterreliefs, die im rechten Seitenschiff Szenen aus dem Marienleben darstellen, sowie die hölzernen Apostel- und Heiligenstatuen im Querschiff. Am 3. Septembersonntag wird hier ein großer Pardon gefeiert.

Rätselhaftes Bauwerk

★ Temple de Lanleff

Gallo-römische Ruine? Taufkirche aus merowingischer Zeit? Templerkapelle? Die kreisförmige Ruine 8 km westlich von Kermaria im Weiler Lanleff gibt bis heute Rätsel auf. Vermutlich handelt es sich um einen Nachbau der Grabeskirche in Jerusalem, der um 1100 aus Granit errichtet wurde. Ein zur Hälfte zerstörter Umgang führt um zwölf Rundbogenarkaden. Achten Sie auf die Kapitelle mit ihren noch recht grob gemeißelten Figuren.

★★ DINAN

Département: Côre d'Armor | **Einwohner:** 14 300

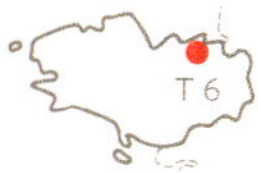

Wie ein Schwalbennest, das oberhalb des engen Rance-Tals auf einem Felsplateau über dem Abgrund thront – so beschrieb Victor Hugo Dinan als eines der schönsten Mittelalterstädtchen der Bretagne. Eine imposante, fast 3 km lange Stadtmauer, spitzgiebelige Fachwerkhäuser, gepflasterte Straßen und das Schloss aus dem 14. Jh. prägen die Szenerie. Hinter etlichen Mittelalter-Fassaden werden heute Handwerkstraditionen gepflegt – hier sind Holzvergolder, Glasbläser, Hutmacherinnen, Korbflechter und andere Kunsthandwerker am Werk.

Mittelalterfeeling

Unterhalb der Altstadt liegt der Flusshafen an der Rance, die nur 25 km entfernt, bei St.-Malo, in den Atlantik mündet. Die verkehrsgünstige Lage, der geschützte Flusshafen und die kurze See-Entfernung nach England hatten im Mittelalter zahlreiche Händler und Handwerker dazu bewogen, sich in Dinan niederzulassen. Ende des 14. Jh.s lebten hier bereits 5000 Menschen von Handwerk und Handel. Tuchherstellung für den Export spielte die wichtigste Rolle. Im 18. Jh. erlebte der Handel mit Stoffen seine Blütezeit. 1863 schloss die letzte Tuchfabrik, und damit wurde es ruhig am Hafen von Dinan. Längst aber haben ihm Freizeit- und Ausflugsboote wieder Leben eingehaucht. Beliebte Ausflugsziele sind Saint-Malo und Dinard und die grünen Ufern der Rance. Heute lebt die Stadt vor allem vom Fremdenverkehr.

Wohin in Dinan?

Start zum Altstadtrundgang

Place du Champ

Am besten parkt man auf der Place du Champ/Place du Guesclin mit dem pathetischen Denkmal von 1902 für **Bertrand du Guesclin**. Die Rue Ste-Claire führt zum hübschen Hôtel de Kératry von 1559 in der Rue de l'Horloge Nr. 6; heute beherbergt es als **Maison de la Harpe** das Harfenmuseum Ti an Delenn, in dem auch Kurse und Harfenkonzerte gegeben werden. Schräg gegenüber steht die im 17. Jh. erbaute **Maison du Gisant** mit einer kopflosen Liegefigur aus dem 14. Jahrhundert. Ursprünglich befand sich dort die Werkstatt eines Bildhauers, der die Liegefiguren wohl auf Vorrat fertigte. Starb eine wichtige Persönlichkeit, wurden einfach Kopf und Wappen des Verstorbenen ergänzt. Daneben erhebt sich der 46 m hohe Uhrturm, die **Tour de l'Horloge**, das Wahrzeichen der Stadt. Eine 1508 von Anne de Bretagne gestiftete Glocke wurde 1906 eingeschmolzen und durch eine neue ersetzt. Vom Turm bietet sich ein herrlicher Blick auf die ummauerte Altstadt.

Maison de la Harpe: Juli, Aug. Mo. – Fr. 10.30 – 12, 14 – 18 Uhr
Eintritt 2 € | www.harpe-celtique.fr/maisondelaharpe
Tour de l'Horloge: März – Mai tgl. 14 – 18, Juni – Sept. 10 – 18.30 Uhr
Eintritt 4 €

Meisterhafte Steinmetzarbeiten

Place St-Sauveur

Wenige Schritte sind es zum ehemaligen Fleischermarkt, den Häuser des 15. – 19. Jh.s umgeben. Die **Basilika St-Saveur**, die dem Platz den Namen gibt, geht auf das 12. Jh. zurück. Rivallon le Roux, Spross der Fürstenfamilie von Dinan, nahm – wie es sich für die Herren seiner Kreise damals gehörte – an einem Kreuzzug teil und geriet auf der Reise in sarazenische Gefangenschaft. In seinen Stoßgebeten versprach er, eine Kirche zu stiften, sollte er jemals in die Heimat zurückgelangen. Tatsächlich wurde Le Roux befreit und erfüllte nach seiner

Bretagne einmal etwas anders in Dinan: kein Meer, dafür steile Gassen

Rückkehr um 1120 sein Versprechen. Von der ursprünglichen romanischen Basilika sind noch Mauerreste an der Südseite der Kirche erhalten. Der untere Teil der Fassade mit dem romanischen Portal stammt noch aus dieser Zeit – reicher, byzantinisch beeinflusster Skulpturenschmuck macht ihn zu einem Meisterstück romanischer Steinmetzkunst. Im 15. und 16. Jh. wurde St-Sauveur im Stil der Hochgotik erneuert und erweitert. Im Inneren mit einem barocken Hochaltar sind am Westeingang zwei romanische Kapitelle erhalten; weitere Kapitelle aus dem 12. Jh. stehen als Weihwasserbecken in der nördlichen Chorkapelle. In der Rosenkranzkapelle erinnert ein Grabstein daran, dass hier das **Herz des Nationalhelden Du Guesclin** aufbewahrt wird; sein Körper wurde in St-Denis bei Paris beigesetzt.

Blick über die Rance

Jardin Anglais

Östlich von St-Sauveur wurde anstelle des Friedhofs ein kleiner Park angelegt. Von der **Tour Ste-Catherine** sieht man über das Rance-Tal, auf einen 40 m hohen und 250 m langen Viadukt, der Dinan mit dem Vorort Lanvallay verbindet, und den Hafen von Dinan.

Idyllische Fachwerkhäuser

★★ Place des Merciers

Auf dem Rückweg zur Ortsmitte lohnt der Renaissancebau des **Hôtel Beaumanoir** aus dem 16. Jh. einen Blick. Dann gelangt man zur Place des Merciers, dem »Platz der Kurzwarenhändler«, der von spitzgiebeligen Fachwerkhäusern aus dem 15./16. Jh. mit Lauben, schmucken Erkern und vorkragenden Obergeschossen gesäumt wird; ei-

DINAN ERLEBEN

OFFICE DE TOURISME

9 Rue du Château
22105 Dinan
Tel. 825 95 01 22
www.dinan-tourisme.com

Gute Bus- und Bahnverbindung nach ▶ Rennes, ▶ St-Malo und ▶ St-Brieuc

COMPAGNIE CORSAIRE

Im Sommer fahren Schiffe auf der Rance nach ▶ Dinard und ▶ St-Malo.
Tel. 08 25 13 81 00 – reservieren!
www.compagniecorsaire.com

Anf. Juli erinnert das Festival des Terre-Neuvas an die bretonischen Hochseefischer. Mitte Juli dreht sich beim Festival de Harpe Celtique alles um traditionelle Tänze und Musik. In geraden Jahren wird bei der Fête des Remparts Ende Juli das Mittelalter

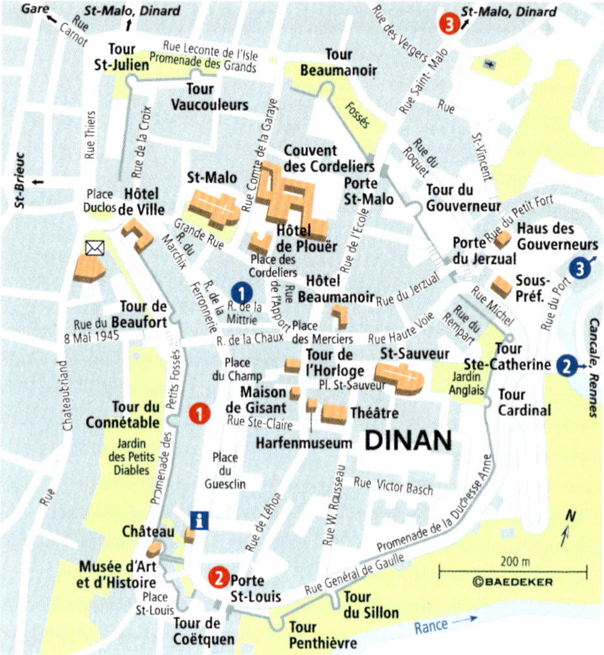

1 Colibri
2 Bistrot du Viaduc
3 Auberge des Terre-Neuvas

1 Le d'Avaugour
2 Hôtel du Château Dinan
3 De la Porte St-Malo

lebendig (www.fete-remparts-dinan.com/rdv-2023). Auf der Fête de la Pomme Anf. Nov. wird im nahen Quévert der beste Cidre prämiert.

In den Altstadtgassen, besonders in der Rue du Jerzual, arbeiten Glasbläser, Seidenmaler, Holzschnitzer und Töpfer. Auf der Place du Champ und Place du Guesclin ist am Donnerstagvormittag Markt.

1 COLIBRI €€€
Kleines Juwel, nicht nur für besondere Anlässe. In dem bezaubernden Bistro wird kreativ mit lokalen Zutaten und Aromen aus aller Welt gekocht.
Tel. 02 96 83 97 89, So., Mo. geschl., https://colibri-dinan.com

3 BISTROT DU VIADUC €€€/€€
Bei herrlichem Blick auf die Altstadt und den Fluss erfreut man sich in gemütlich-familiärem Ambiente einer traditionellen französischen Küche.
22 Rue du Lion d'Or, im Vorort Lanvallay, Tel. 02 96 85 95 00, Mo. geschl., www.bistrot-du-viaduc.fr

3 AUBERGE DES TERRE-NEUVAS €€
An der Rance kommt in rustikal-stylischem Rahmen Gutes aus dem Meer und vom Land auf den Tisch. Drinnen sitzen Sie unter uralten Holzbalken, draußen wird im Sommer auf der schönen Terrasse am Fluss gedeckt.
25 Rue du Quai, Tel. 02 96 39 86 45 Di. geschl., https://auberge-des-terre-neuvas.business.site

1 LE D'AVAUGOUR €€
Altehrwürdiges Steinhaus über der Stadtmauer mit charmanten Zimmern und schönem Garten. Frühstück wird auf der Terrasse serviert.
1 Place du Champ
Tel. 02 96 39 07 49
www.avaugourhotel.com

2 HOTEL DU CHÂTEAU DINAN €€
Hübsches Boutiquehotel gegenüber dem Schloss von Dinan und dem St.-Louis-Tor. Parkplatz vorab buchen, Ladestationen für zwei Elektroautos.
6 Rue du Château
Tel. 02 96 85 16 20
www.hotelduchateau-dinan.com

3 DE LA PORTE ST-MALO €€/€
Romantisches Haus aus unverputztem Stein – das »Bretagne«-Zimmer hat ein Kingsize-Bett und Gartenblick. Gutes Frühstück.
35 Rue St-Malo, Tel. 02 96 39 19 76, www.hotelportemalo.com

---

nes von ihnen beherbergt das Feinschmeckerlokal Chez La Mère Pourcel In der Rue de la Mittrie 14 steht das Geburtshaus des bretonischen Liedermachers **Théodore Botrel** (1868 – 1925).

Fast 400 Jahre Bauzeit
Die 1490 begonnene Kirche wurde erst 1865 vollendet. Bemerkenswert sind neben dem Doppelportal im Renaissance- und einer Apsis im Flamboyantstil die 1889 erbaute englische Orgel mit farbigen Pfeifen, ein Weihwasserbecken aus dem 15. Jh. und die Glasmalereien von 1925 mit Szenen aus der Stadtgeschichte, darunter der Besuch von Anne de Bretagne im Jahr 1505. St-Malo

★★ Les Remparts

Promenieren auf der Stadtmauer
Am Ende der Rue de L'Ecole erhebt sich die **Porte St-Malo**, wo man auf ein Stück der Stadtmauer trifft. Auf der Mauer erreicht man – die **Tour de Gouverneur** passierend – das eindrucksvollste Stadttor: die im 14. Jh. erbaute **Porte du Jerzual**, das Ausfalltor zum Hafen.
Die Stadtmauer gehört zu den ältesten in der Bretagne. Sie stammt teilweise aus dem 13. Jh. und wurde bis zum 16. Jh. verstärkt. Drei Spaziergänge bieten sich an: die Promenade des Grands-Fossés, die Promenade des Petits-Fossés und die **Promenade de la Duchesse Anne** mit dem reizvollsten Panorama. Von der Porte du Jerzual führt die hübsche **Rue du Petit Fort** hinunter zum Fluss mit Restaurants, Cafés, gotischer Brücke und nettem Jachthafen. Haus Nr. 24, das **Maison du Gouverneur**, stammt aus dem 15. Jh., Haus Nr. 49/51 gehörte Gerbern; im offenen Dachstuhl wurden einst die Häute getrocknet. Heute arbeitet hier eine Weberei.
Bergauf führt von der Porte du Jerzual die kopfsteingepflasterte steile **Rue du Jerzual** zur Place des Merciers. Das idyllische Gässchen säumen blumengeschmückte Fachwerkhäuser des 15. und 16. Jh.s, in denen sich Glasbläser, Weber, Töpfer und Souvenirshops eingerichtet haben. Das traditionsreiche Lokal **Chez la Mère Pourcel** in einem Fachwerkhaus des 15. Jh.s an der Place des Mercieres 3 bietet mittags Klassiker der frz. Küche, dazu Weine aus berühmten Anbaugebieten des Landes (Tel. 02 96 39 03 80, www.chezla merepourcel.com).

Burg

Einblick in die Stadtgeschichte
Das wehrhafte Château am südlichen Stadtrand entstand im 14. und 15. Jh. im Auftrag der bretonischen Herzöge. Bis zu 4 m dicke Mauern hat die **Tour de Coëtquen**, das ehemalige Gefängnis. Im 34 m hohen Donjon de la Duchesse Anne schildert das **Musée du Château** die Geschichte der Stadt.
Okt. – Dez. tgl. 13.30 – 18.30 Uhr | Eintritt 7,50 € | www.chateaudedinan.fr | Mitte Juli bis Ende Aug. Di., Fr. »Nachtführungen« um 21 Uhr, 10 €, Vorverkauf empfehlenswert, www.dinan-capfrehel.com oder an der Abendkasse

Rund um Dinan

★ Vallée de la Rance

Stimmungsvolle Schiffspartie
Rund 25 km lang ist das romantische Tal der Rance zwischen Dinan und ► St-Malo. Am Hafen von Dinan erzählt die **Maison de la Rance** vom Fluss und dem Tal. Die ca. zweieinhalb Stunden dauernde Schiffsfahrt zur Mündung führt durch eine stimmungsvolle Landschaft, noble Herrensitze und Fischerdörfer säumen die Ufer. Kurz von dem Rance-Kraftwerk liegt am linken Ufer das herrschaftliche Reederhaus **Domaine du Montmarin** (1760) mit einem sehenswer-

ten Park, zu dem eine barocke Gartenanlage und ein Landschaftsgarten im englischen Stil gehören.

Maison de la Rance: Juli, Aug. tgl. 10 – 13, 14 – 19, sonst nur 14 – 18 Uhr, Mo., Di. geschl. | Eintritt 2,50 €

Domaine du Montmarin: April – Ende Okt., Juni bis Mitte Sept. 14 – 19, sonst bis 18 Uhr | Eintritt 7.50 €

Funde aus der Römerzeit

Corseul

Corseul 10 km nordwestlich von Dinan war die Hauptstadt der Coriosoliten. Von der gallo-römischen Stadt sind beeindruckende Reste erhalten. Im **Musée Archéologique** im Centre d'Interprétation (Rue César Moulon) sind Funde ausgestellt. In der Ortskirche steht die Stele der Silicia, ein Grabdenkmal für eine Römerin; das Taufbecken (12. Jh.) wird von vier Atlanten getragen.

Musée Archéologique: Juli, Aug. tgl. 11 – 13.30, 14 – 18.30, sonst Di. – Sa., in den Schulferien auch So.14 – 18 Uhr, Mitte Dez. – Mitte Jan. geschl. | Eintritt 8 €

★ DINARD

Département: Ille-et-Vilaine | **Einwohner:** 10 200

Neben St-Malo ist Dinard das bekannteste und eleganteste Seebad an der bretonischen Küste. Seine verspielten Jugendstilvillen sind ebenso typisch wie die blau-weiß-gestreiften Badezelte am Strand. Die Pracht der Belle Époque hat ein wenig Patina angesetzt, versprüht aber auch heute noch etwas vom Flair jener Epoche. Und selbst im Winter, wenn der Ort im Dornröschenschlaf liegt, hat die schöne Kulisse ihren Reiz.

Belle Époque mit Patina

Dinard bezeichnet sich gern selbst als **»Nizza des Nordens«** – auch hier trifft sich ein gut betuchtes Publikum. Man kommt zum Golfen, Schlemmen, Relaxen und zum Baden hierher, sieht sich in den Kunstgalerien um – mehr als 20 gibt es in Dinard – und genießt das anspruchsvolle Kulturangebot. Ende September bzw. Anfang Oktober begeistert das Festival du Film Britannique die Cinéasten.

Bis 1850 war Dinard ein Fischerdorf, das zum Nachbarort St-Enogat gehörte. Dann entdeckten wohlhabende englische und amerikanische Sommergäste seine Vorzüge: die günstige Lage, das milde Klima und die geschützten Strände. Sie investierten, Dinard expandierte und genoss schon bald einen ähnlichen Ruf wie das englische Seebad Brighton. 1879 wurde der erste Tennisclub, 1888 der zweite Golfplatz auf französischem Boden (nach Pau) gegründet. Schließlich reisten auch die Pariser Großbürger an, allen voran der Verleger Victor Hugos. Zwischen 1885 und 1914 entstanden luxuriöse Villen mit parkähnlichen Gärten, vornehme Grandhotels, ein Spielcasino und elegante Strand- und Uferpromenaden im Stil der Belle Époque. Zu den illustren Gästen gehörten Kaiser Wilhelm II., Edward VII., Oscar Wilde, Agatha Christie, Pablo Picasso und Claude Débussy, der hier 1887 seine symphonische Dichtung »La Mer« komponierte. Der Börsenkrach 1929 beendete abrupt das »goldene Zeitalter« Dinards. Technikgeschichte wurde südlich von Dinard geschrieben, wo 1966 das erste Gezeitenkraftwerk der Welt den Betrieb aufnahm (▶ Baedeker Wissen, S.142)

Wohin in Dinard?

★ Grande Plage, Plage de l'Ecluse

Alles in Blau-Weiß

Die blau-weiß gestreiften Strandzelte wurden zum Wahrzeichen des Seebads, noch heute schützen sie an der Grande Plage vor Wind und Sonne. Der beliebte Hauptstrand im Stadtzentrum, die Plage de l'Ecluse, erstreckt sich in einer geschützten Bucht zwischen den Landzungen Pointe du Moulinet im Osten und Pointe de la Malouine im Westen. Große Hotels, der Kongresspalast, das Casino und das beheizte Meerwasserschwimmbad säumen die **Uferpromenade**.

Pointe de la Malouine

Alte Pracht

Die **Villenkolonie** auf dem Hochplateau zeigt Pracht und Prunk der Belle Époque, die rustikale Bauweise aus heimischen Materialien vereint sich mit fantasievoll feingliedrigen Formen. Vom **Chemin de Ronde** eröffnen sich weite Blicke bis hinüber nach ▶St-Malo, zum Gezeitenkraftwerk und zu den beiden vorgelagerten Inseln Harbour und Cézembre.

★ Pointe du Moulinet

Wunderbarer Ausblick

Genauso herrlich sind die Ausblicke vom Chemin Ronde du Moulinet: vom Cap Fréhel über ▶St-Malo bis zum Mündungstrichter der Rance. Der **Rundweg** um die Halbinsel endet an der Place J. Boutin und lässt sich bestens mit einem Spaziergang auf der Promenade du Clair-de-Lune verbinden.

★ Promenade du Clair-de-Lune

Romantischer Bummel

Die »Mondschein-Promenade« ist Dinards romantischste Flaniermeile. Parallel zur Küste führt sie vorbei an Villen und noblen Hotels mit herrlichen Gärten bis zur **Plage du Prieuré**. Im Sommer werden Palmen und Blumenrabatten nach Sonnenuntergang illuminiert, klas-

Der Blick geht über die Mündung der Rance mit dem Damm des Gezeitenkraftwerks in der Mitte von Dinard (links) bis St-Malo (rechts).

sische Musik ertönt aus Lautsprechern. Wer noch weiter wandern möchte, folge jenseits des Port Nican dem **Chemin de Ronde**, der mit 2 km Länge an der Plage aux Moines vorbei zum Aussichtspunkt **Rond Point des Buttes** auf der Vicomté-Landzunge führt.

Villen für noble Damen

Boulevard Féart

Der Boulevard Féart durchzieht als Hauptachse die moderne Innenstadt in Nord-Süd-Richtung. Das Rathaus (Nr. 47) residiert in der **Villa Monplaisir**, die sich Madame Hugues-Halett, auch bekannt als »Königin von Dinard«, hatte bauen lassen. Bei ihren legendären Empfängen traf sich alles, was in der damaligen Gesellschaft Rang und Namen hatte.
In einer Seitenstraße, der Rue Français-Libres Nr. 12, steht die mit vier Ecktürmen versehene Villa, die 1868 für **Kaiserin Eugénie** erbaut wurde; die Ehefrau Napoleons III. hat sie jedoch nie betreten.

MIT DER KRAFT DER GEZEITEN

Das erste Gezeitenkraftwerk der Welt, das 1961 – 1966 knapp 6 km südlich von Dinard in den Mündungstrichter der Rance gebaut wurde, nutzt den extremen Tidenhub von 12–18 m. Zwischen Ebbe und Flut strömen bis zu 720 Mio. m³ Wasser durch sechs regulierbare Schleusentore. Sie treiben dabei 24 Turbinen an, die im Jahr ca. 600 Mio. kWh erzeugen, genug Strom für eine Stadt wie Rennes.

7. Feb.–8. März, Mitte April – Juni, Sept. tgl. 9.00–12.30, 14.00–17.30, Juli/Aug. tgl. 9.30–12.30, 13.30 – 18.00, sonst Di.–Sa. 9.30–12.30, 14.00–17.30 Uhr, Eintritt frei, Tel. 02 99 16 37 14 Reservierung erforderlich
www.saint-malo-tourisme.com

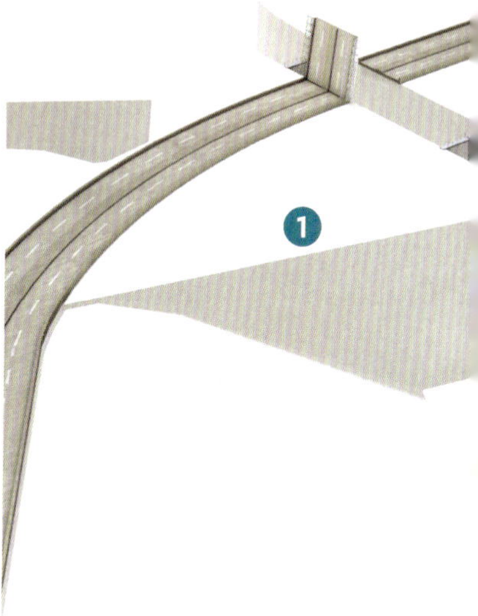

❶ Staudamm
Das Kraftwerk steckt im 750 m langen Staudamm zwischen der Pointe de la Briantais auf dem linken und der Pointe de la Brebis auf dem rechten Ranceufer. Sechs 15 m × 10 m große Schleusentore stauen die Rance zu einem 22 km² großen See mit einem Nutzinhalt von 184 Mio. m³ auf. Auf der Westseite regeln eine Hebebrücke und eine 65 m lange Schleuse den Schiffsverkehr zwischen Rance und Atlantik. Über die Staumauer führt die Straße zwischen Dinard und St-Malo.

❷ Espace Découverte
Eine Multimediaschau informiert über die Gesetze der Gezeiten, die Energiegewinnung, die technische Ausstattung sowie die Flora und Fauna im Rance-Delta. Fenster ermöglichen den Einblick in den Maschinenraum.

❸ Turbinen
Die 24 Rohrturbinen liefern je 10 MW nominale Leistung. Ihre Achse liegt 5,75 m unter dem Wasserspiegel des Staubeckens. Die Turbinen der Bauart Kaplan, die in beiden Fließrichtungen arbeiten, weisen einen Durchmesser von 5,35 m auf und drehen sich in der Minute bis zu 94-mal.

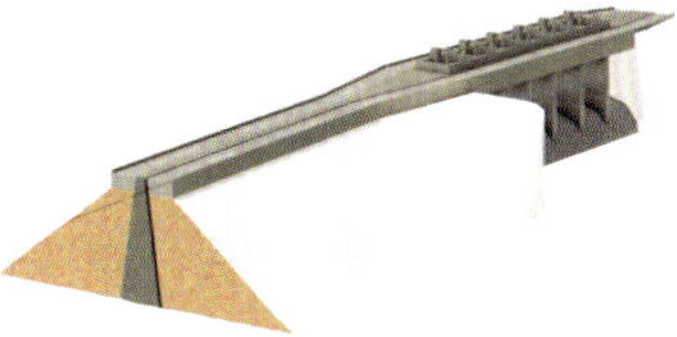

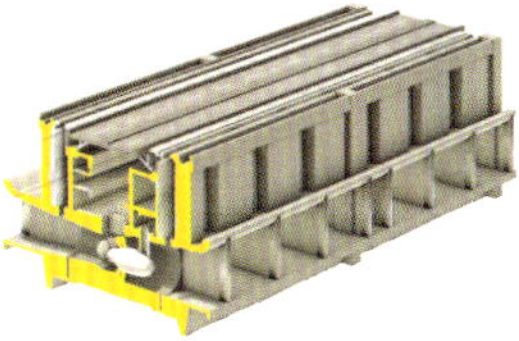

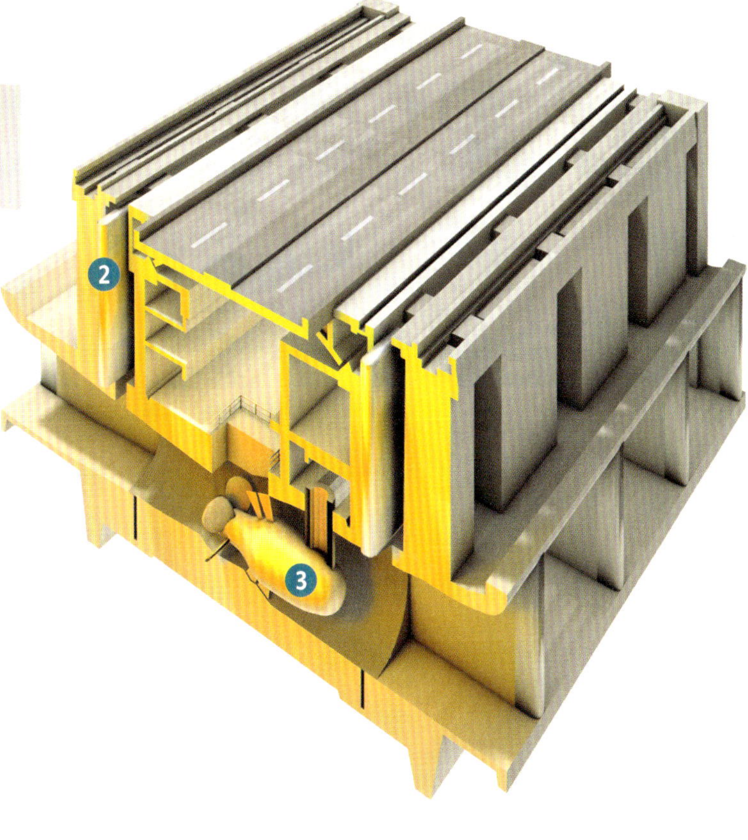
2
3

DINARD ERLEBEN

OFFICE DE TOURISME
2 Boulevard Féart, 35800 Dinard
Tel. 0821 23 55 00
www.dinardemeraude tourisme.com

Ab Promenades du Claire-de-Lune verkehren Ausflugsschiffe nach Dinan und St-Malo, zum Cap Fréhel und zu den Kanalinseln. Die »Chateaubriand« legt an der Gare Maritime beim Gezeitenkraftwerk zu verschiedenen Fahrten auf der Rance ab, darunter eine dreistündige Dinner Cruise mit einem Drei-Gänge-Menü.
»Chateaubriand«
Tel. 02 99 46 44 40
www.chateaubriand.com

Einer der schönsten Märkte der Bretagne findet Di., Do. und Sa. vormittags auf der Esplanade des Halles statt. Markthalle tgl. 7.30–13.30 Uhr.

DIDIER MÉRIL €€€/€€
Nicht nur ein herrlich über dem Meer gelegenes bretonisches Haus mit tollem Blick auf den Strand, ebenso wunderbar ist das Restaurant mit seiner raffinierten Gourmetküche. Einen ersten Eindruck davon kann man beim günstigen Mittagsmenü bekommen. Und danach vielleicht doch eines der komfortablen modernen Zimmer beziehen?
1 Place Gén. de Gaulle
Tel. 02 99 46 95 74
www.restaurant-didier-meril.com

LE BALAFON €€
Ein richtig schönes Bistrot, in dem auch viele Einheimische gern einkehren. Die kleine Speisekarte wird inspiriert von Saison und Marktangebot.
31 Rue de la Vallée
Tel. 02 99 46 14 81
So., Mo. geschlossen, www.lebalafon-restaurant-dinard.fr

REINE HORTENSE €€€€/€€€
Einzigartig gelegene, bezaubernde Belle-Epoque-Villa am Meer. Der Privatstrand ist nicht das einzige Schmankerl: Es gibt tolle Zimmer mit nostalgischen Bädern und eine Suite zum Träumen.
19 Rue Malouine
Tel. 02 99 46 54 31
www.villa-reine-hortense.com

PRINTANIA €€€
Komplex aus mehreren älteren Häusern direkt am Wasser. Viele Zimmer haben einen tollen Blick über den Hafen, manche auch einen Balkon. Reservieren Sie einen Tisch auf der Terrasse im Panoramarestaurant und bestellen Sie Cancale-Austern und bretonischen Hummer.
5 Avenue George V
Tel. 02 99 46 13 07
www.printaniahotel.com

LES ALIZÉS €€/€
Hübsche Stadtvilla von 1907 mit modern eingerichteten Zimmern, auch für Familien. 10 Gehminuten vom Strand und Zentrum.
11 Place Newquay
Tel. 02 99 16 87 27
www.hotelalizes.com

Rund um Dinard

Ein Lebenswerk

La Richardais

Der Bildhauer **Pierre Manoli** (1927–2001) gehört zu den großen Namen der Moderne, seine Plastiken schmücken die Pariser Gare Montparnasse ebenso wie die Kathedrale von ▶ Quimper. Das **Atelier Manoli** in La Richardais (Rue du Suet 9) zeigt in den Räumen, in denen der Künstler 25 Jahre lang lebte und arbeitete, und im dazugehörenden Skulpturengarten rund 400 Werke.

März – Juni, Sept. – Nov. Mi. – Mo, 14 – 18, Juli, Aug. tgl. 11 – 19 Uhr
Eintritt 5 € | www.manoli.org

Mit Linksverkehr

Golf de Dinard

Der berühmte »Links-Platz« in St-Briac mit 18 Löchern wurde vor über 100 Jahren von dem Schotten Tom Dunn angelegt. Der aussichtsreiche Parcours zwischen Dünen und Ginster ist einer der ältesten Golfanlagen Frankreichs, der meist wehende Wind erfordert etwas Übung.

★★ DOL-DE-BRETAGNE

Département: Ille-et-Vilaine | **Einwohner:** 5700

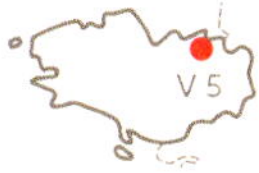

Das zwischen dem Mont St-Michel und St-Malo gelegene Städtchen mit der berühmten Kathedrale war lange Zeit das geistliche Zentrum der Bretagne – schon seit den Tagen des legendären Königs Nominoë im 9. Jahrhunert. Und noch heute kommt man hier der bretonischen Seele ein Stück näher, besonders wenn Pilger von Nah und Fern den Tro-Breizh, die große Wallfahrt zu den Gräbern der bretonischen Gründerheiligen, im Sommer begehen. Alle sieben Jahre ist Dol das Ziel. Dann ist der ganze Ort auf den Beinen und begleitet die Dudelsackspieler und die Tänzerinnen in schwarzer Tracht durch die Straßen.

Bretonische Seele

Eine Siedlung auf dem Gebiet des heutigen Ortes hat es schon in vorkeltischer Zeit gegeben. Als eigentlicher Gründer der Stadt aber gilt der im 6. Jh. von der britischen Insel eingewanderte und später heiliggesprochene Mönch Samson . Ihm ist die Kathedrale, ein Meisterstück gotischer Baukunst, geweiht. Im Jahr 848 ließ sich Nominoë, der Begründer der bretonischen Herzogsdynastie, in Dol zum ersten König der Bretagne weihen. Der Ort wurde Bischofssitz, eines der sieben bretonischen Bistümer, bis es 1801 von Papst Pius VII. aufgelöst und dem Bistum Rennes zugeschlagen wurde.

Wohin in Dol-de-Bretagne?

★
Altstadt

Mittelalterliches Zentrum
Die schönsten alten Fachwerk- und Steinhäuser – die ältesten stammen aus dem 12. Jh. – säumen die Rue Le-Jamptel, die Grande Rue des Stuarts und die Rue Ceinte.

★★
Cathédrale St-Samson

Unvollendete Schönheit
Die größte und für viele die schönste Kathedrale der Bretagne blieb unvollendet: Auf den Fundamenten des romanischen Vorgängerbaus, der 1203 vom englischen König Johann Ohneland zerstört wurde, entstand im 13. – 15. Jh. der heutige Bau. Zwei Türme flankieren die Westfassade. Bis zum 17. Jh. wurde am Südturm gebaut, erst dann erhielt er seine Obergeschosse mit der Laterne. Der 1520 begonnene Nordturm wurde nicht vollendet. An der Südfassade springt die gotische Vorhalle aus dem 13./14. Jh. weit hervor und lockert die lange Wand auf.
So wehrhaft wie das Äußere, so überwältigend ist das Innere. Auf fast 100 m Länge überspannen gotische Gewölbe das 21 m hohe Kirchenschiff, das scheinbar schwerelos zum Himmel strebt. Die Medaillons im Chorfenster aus dem 13. Jh. zeigen Heilige und Bibelszenen, Menschen- und Tierköpfe schmücken das Chorgestühl aus dem 14. Jahrhundert. Das Grabmal des Bischofs **Thomas James** (??–1504) im

Auch Unvollendetes kann Schönheit ausstrahlen, wie St-Samson beweist.

nördlichen Querschiff, geschaffen von den aus Florenz stammenden Bildhauern Antoine und Jean Juste (Giusti), ist das älteste Renaissancegrabmal der Bretagne.

Einstieg in die Kunst des Bauens

★ Cathédraloscope Médiévalys

Direkt an der Kathedrale lädt das Cathédraloscope Médiévalys ein, Interessantes über die Zeit zu erfahren, in der man in Europa die himmelstürmenden Gotteshäuser baute. Die Ausstellung widmet sich der Architektur der Kathedralen, den am Bau beteiligten Zünften und dem Symbolgehalt der Bauwerke und Bilder. Besonders eindrucksvoll sind die Licht- und Toneffekte im Saal der Kirchenfenster. Größtes »Ausstellungsstück« ist die Kathedrale selbst: Durch das Panoramafenster überblickt man Saint-Samson.

April – Juni tgl. 10 – 13, 14 – 18, Juli, Aug. 10 – 18.30 Uhr | Eintritt 6,80 €

Rund um Dol-de-Bretagne

Riese aus Stein

★ Menhir du Champ-Dolent

Gut 9 m hoch ragt der Menhir 2 km südlich bei Carfantin in den Himmel – aus dem er einst kam: Während einer blutigen Schlacht zwischen zwei Brüdern, so die Legende, sauste er als himmlische Speerspitze herab, um die beiden Rivalen zu trennen. Tatsächlich stammt der Menhir aus dem nahen Steinbruch von Bonnemain.

Kleiner Berg mit viel Geschichte

Mont Dol

Geschichten umranken auch den Mont Dol, die 65 m hohe Granitkuppe 3 km nördlich von Dol. Wie Abdrücke der Teufelskrallen in einem Stein hinter der Kapelle **Notre-Dame de l'Espérance** bezeugen, habe hier der Erzengel Michael gegen den Teufel gekämpft und gewonnen. Der Berg, schon in der Altsteinzeit besiedelt, diente bei den Kelten als Kultstätte. In gallo-römischer Zeit wurde hier die Jagdgöttin Diana verehrt. Die **Windmühle** aus dem 19. Jh. ist voll funktionstüchtig.

Im Mittelalter ragte der Mont Dol wie der ▶Mont St-Michel noch als Insel aus dem Meer heraus. Als sich der Wasserspiegel absenkte, blieb ein Sumpfgebiet (Marais de Dol) zurück, das seit dem 12. Jh. trockengelegt und landwirtschaftlich genutzt wurde. Weiteres Neuland schufen die Gefangenen der Revolutionstruppen durch den Deichbau. Heute gedeihen auf den fruchtbaren Poldern Getreide und Gemüse.

Windmühle: April – Sept. tgl. 10 – 12, 14 – 18 Uhr | Eintritt frei

Auf den Spuren der Chateaubriands

★ Combourg

»In den Wäldern von Combourg bin ich zu dem geworden, der ich bin«, erinnerte sich **François René de Chateaubriand** (▶ Interessante Menschen) an seine Jugend, die der romantische Dichter und Staatsmann in der Kleinstadt 17 km südlich von Dol verbrachte. Sein Vater Auguste de Chateaubriand, ein reicher Reeder, hatte 1761 das Schloss als Sitz der Familie erworben, in deren Besitz es bis heute ist. Vier massive Rundtürme mit Kegeldach flankieren das gewaltige **Château de Combourg**. Die Exponate im Gedenkzimmer stammen aus der Pariser Wohnung des Schriftstellers. Neben Möbeln und Kunstwerken aus dem 16. – 19. Jh. sind die Kapelle, in der die fromme Mutter Chateaubriands täglich mehrere Stunden verbrachte, der große Salon, das Speisezimmer und das Kinderzimmer im Tour du Chat zu sehen. Vom zinnenbewehrten Wehrgang bieten sich Ausblicke auf den Ort, den See und den 25 ha großen Schlosspark. Chateaubriands Geisteshaltung lebt im **Prix Combourg** weiter: Der Literaturpreis ehrt Autoren, die das Erbe des Dichters fortführen. Der Franzose Philippe de Villiers und Michel de Grèce, dichtender Adelsherr der Schleswig-Holstein-Sonderborg-Glücksburg-Dynastie gehören zu den Preisträgern der letzten Jahre.

April – Okt. Führungen 10.45, 11.30, 14–17.30 Uhr alle 30 Min.
Eintritt 9,70 € | Landschaftspark frei
www.chateau-combourg.com

Tiere aus aller Welt

★ Château de la Bourbansais

Dieses Schloss 12 km westlich von Combourg, das im 16. Jh. für ein Mitglied des bretonischen Parlaments erbaut wurde, ist für seinen 100 ha großen Park berühmt: Unter uralten Bäumen leben im **Parc Zoologique de la Bourbansais** Giraffen, Tiger, Dromedare, Kängurus und andere Tiere aller Kontinente. Die Meute von rund 60 Jagdhunden wird von einem Piqueur vorgestellt, die Greifvogelschau demonstriert, wie der Mensch seit Jahrhunderten mit diesen faszinierenden Tieren jagt.

Zoo und Gärten: April – Sept. tgl. 10 – 19, Okt. – März 13.30 – 17.30 Uhr | Eintritt Zoo und Schloss 22,50 € | Schlossführungen mehrmals tgl. | Greifvogelschau und Präsentation der Jagdhunde, Zeiten s. Website | www.labourbansais.com

Fast vergessene Berufe

Tinténiac

Schlosser, Schmied, Böttcher: In einem Getreidespeicher am Canal d'Ille-et-Rance 10 km südwestlich von Combourg präsentiert das **Musée de l'Outil et des Métiers Anciens** altes Handwerk.

Juli – Aug. Di. – So. 10.30 – 12.30, 14.30 – 18 Uhr | Eintritt 3 €

Meisterliche Glaskunst

★ Les Iffs

Um 1450 entstand 6 km südwestlich von Tinteniac eine der schönsten Landkirchen des Départements: die **Eglise St-Ouen**. Die Attraktion des Gotteshauses im spätgotischen Flamboyantstil sind die Renaissancefenster des Meisters Michel Bayonne aus Rennes (um

DOL-DE-BRETAGNE ERLEBEN

OFFICE DE TOURISME
5 Place de la Cathédrale
35120 Dol-de-Bretagne
Tel. 299 56 66 99
www.bretagne35.com
www.ccdol-baiemsm.bzh

An Sommersonntagen gibt es nachmittags traditionellen Tanz und Musik in der Stadtmitte, Di. und Do. abends Konzerte in der Kathedrale.

Lebens- und Einkaufsader der Stadt ist die Grande Rue des Stuarts. Samstag Vormittag findet hier der Bauernmarkt statt.

CHÂTEAU MONT-DOL €€
Schönes Chambres d'hôtes in einem romantischen alten Bauernhof rund 3 km nördlich. Gut essen können Sie im »Jardin des Simples« nebenan.
1 Rue de la Mairie
Mont-Dol
Tel. 02 99 80 74 24
www.chateaumontdol.com

HÔTEL DE BRETAGNE €€
Zentrales, traditionsreiches und familiäres 3-Sterne-Haus mit geschmackvollen Zimmern. Das schöne Restaurant bietet gute Hausmannskost.
17 Place Châteaubriand
Tel. 02 99 48 02 03
www.hotel-de-bretagne35.fr

1550). Sie haben nichts von ihrer Leuchtkraft verloren und beeindrucken mit der natürlichen Haltung und der expressiven Mimik der dargestellten Figuren.

Alles im Blick

★ Château de Montmuran

Das mittelalterliche Schloss nordöstlich von Les Iffs war Stammsitz der mächtigen Familie Laval. Von der Burg des 12. Jh.s sind nur zwei konische Türme mit Kegeldächern erhalten. Das befestigte Torhaus mit Zugbrücke entstand 1380 – 1412, der Wohntrakt (mit Chambres d'hôtes) ersetzte im 18. Jh. das mittelalterliche Logis Central. In der Schlosskapelle wurde **Bertrand du Guesclin** am 10. April 1354 zum Ritter geschlagen; hier heiratete der spätere Connétable de France auch 1373 in zweiter Ehe seine deutlich jüngere Frau Jeanne de Laval. Die Ersteigung der Türme belohnt ein Blick bis nach ► Dinan.
Juli, Aug. So. – Fr. 14 – 19 Uhr | Eintritt 5 €
www.chateau-montmuran.com

Es lebe das Buch!

★ Bécherel

14 Buchläden für 750 Einwohner: Bécherel (6 km westlich von Les Iffs) trägt zu Recht den Beinamen **Cité du livre**, Stadt des Buchs. Am 1. So. im Monat präsentiert der Büchermarkt Antiquarisches und No-

vitäten, zu Ostern wird die »Fête du Livre« begangen. Aber auch sonst hat das Städtchen Sehenswertes zu bieten, so das Logis de la Filanderie und das Waschhaus Lavoir de la Couaille.
1898 entwarf Edouard André den **Park von Caradeuc**, der das klassizistische Schloss des Staatsanwalts Caradeuc de la Chalotais westlich von Bécherel umgibt. Statuen schmücken die Rabatten im französischen Stil, die langen Alleen und die Terrasse mit Blick auf das Rance-Tal. Das Schloss kann nicht besichtigt werden.
Juli, Aug. tgl. 12 – 18 Uhr | Eintritt 7 € | L'Orée du Parc Mi. – So. 12.15 – 18, 2.30 Uhr, Tel. 1 69 45 47 78 Uhr www.caradeuc.com

★ DOUARNENEZ

Département: Finistère | **Einwohner:** 14 000

Haben Sie ein Faible für die Fischerei? Dann ist Douarnenez das richtige Ziel. Der hübsche Ort besitzt gleich vier Häfen. Einer davon ist der große Museumshafen Port Rhu, in dem betagte Boote und Segelschiffe aus aller Welt vor Anker liegen und von Besuchern geentert werden können. Äußerst geschäftig geht es am neuen Fischereihafen zu, wo Trawler ihre Ladung löschen, die morgens früh ab sechs Uhr versteigert wird.

Sardinen über alles

Als »Sardinenhochburg« hat es Douarnenez im 19. Jh. zu Reichtum gebracht. Um 1880 stammten 90 Prozent aller Büchsensardinen, die weltweit konsumiert wurden, aus den Fabriken von Douarnenez. Damals gab es hier 32 Fischfabriken. Heute kommt der Sardinenfang noch bei Cobreco, Paulet und Chanterelle in die Konserve. Chanterelle, ein 1853 gegründetes Familienunternehmen, ist eine der ältesten Konservenfabriken der Welt. Für die Marke »Connétable« verarbeiten 350 Mitarbeiter jährlich rund 10 000 t Sardinen. In hübsch gestalteten Dosen kann man sich die eingelegten Fischlein als kulinarische Souvenirs mitnehmen. Übrigens haben schon die Römer hier, an der Mündung des Rhu, Sardinen verarbeitet – zu »Garum«, einer im ganzen Reich hochgeschätzten Würzpaste, und zu Öl als Weichmacher für Leder.

Wohin in Douarnenez?

★ Port Rosmeur

Alt, aber nicht out
Die Rue A. France führt vorbei an den Markthallen und an der im 16. Jh. erbauten Kapelle Ste-Hélène mit zwei Fenstern aus dem

Wer behauptet, dass es nur um Sardinen ginge in Douarnenez? Der charmante Hafen lädt am Abend zum Bummeln ein.

16. Jh. und einer schönen Kanzel hinab zum malerischen alten Fischereihafen Port Rosmeur, der vor allem Freizeitfischern als Anlegestelle dient. Von seiner Mole sieht man auf die terrassenförmig ansteigende Stadt und auf die im Osten gelegenen Strände Plomarc'h und Plage du Ris. Nördlich folgt der durch eine 600 m lange Mole geschützte »Neue Hafen« mit Blick auf die Bucht von Douarnenez.

Einst Hafen, heute Freilichtmuseum

★ Port-Musée

Der ehemalige Küstenschifffahrtshafen Port Rhu beheimatet heute eines der schönsten Museen zur Geschichte des Schiffsbaus: 1993 wurde der Mündungstrichter des Rhu mit einem Deich verschlossen und zum **Museumshafen** umgewandelt. In einer stillgelegten Konservenfabrik entstand das **Bootsmuseum**. Gemeinsam präsentieren beide Einrichtungen mit mehr als 250 Booten die maritimen Traditionen der Welt. Am steinernen Kai, durch hölzerne, nach Techniken des 19. Jh.s gefertigte Anlegestellen ergänzt, sind rund 20 Boote vertäut. Besucher sind an Bord der 100-jährigen norwegischen Galeasse »Anna Rosa«, auf dem mauretanischen Langustenfangschiff »Notre-

DOUARNENEZ ERLEBEN

OFFICE DE TOURISME
1 Rue du Dr. Mével
29172 Douarnenez
Tel. 02 98 92 13 35
www.douarnenez-tourisme.com

Zur einwöchigen **Fêtes Maritimes** um den 20. Juli in geraden Jahren kommen Hunderte alter Segelschiffe nach Douarnenez, dazu gibt es ein buntes Kultur- und Unterhaltungsprogramm.

LE CLOS DE VALLOMBREUSE €€€/€€
Schicke Gründerzeitvilla am Meer mit viel Atmosphäre und allem neuzeitlichen Komfort. Auch eine Top-Adresse für Feinschmecker – herrlich die Terrasse.
7 Rue d'Estienne d'Orves
Tel. 02 98 92 63 64
www.closvallombreuse.com

MANOIR DE MOËLLIEN €€
Ländliches Herrenhaus aus dem 17. Jh. mit großzügigen Gästezimmern, meist mit Terrasse. Den Speisesaal zieren Antiquitäten, auf der kleinen Karte stehen feine lokale Spezialitäten. Ab und zu werden Soirées Musicales veranstaltet.
Plonevez-Porzay (12 km nordöstlich von Douarnenez)
Tel. 02 98 92 50 40
Mitte Nov. – Mitte März geschl.
www.manoirmoellien.fr

DE FRANCE €€/€
Charmantes Haus von 1878 im Zentrum mit geschmackvoll modernen Zimmer. Dem entspricht die ebenso bodenständige wie einfallsreiche Küche im Restaurant »L'Insolite«.
4 Rue Jean Jaurès
Tel. 02 98 92 00 02
http://lafrance-dz.com

Dame de Rocamadour« und auf der Themse-Barke »Northdown« willkommen. Am Kai kann man Seilmachern zuschauen und sich in die Geheimnisse der Algenernte und der Austernzucht einweihen lassen. Im Sommer werden hier auch Sardinen gegrillt und Makrelen geräuchert. Wer möchte, kann an Bord einer Sardinenschaluppe oder eines anderes Bootes einen Tag auf See verbringen.

Juli, Aug. tgl. 10 – 18, April – Juni, Sept. – Anf. Nov. Di. – So. 10 – 12.30, 14 bis 18 Uhr | Eintritt Juli, Aug. 7,50 €, sonst 5,50 € | www.port-musee.org

Küstenwanderung

Tréboul Die 200 m lange Brücke Grand Pont führt von der Stadt der Sardinenfischer zum Seebad Tréboul mit Thalassozentrum und Jachthafen. An der Marina beginnt der Küstenwanderweg der »Weißen Felsen« (Tréboul Roches Blanches), der zu den Sandstränden St-Jean und Sables Blancs im Westen von Tréboul und dann 70 km weiter an der Pointe du Raz vorbei bis zur Bucht von Audierne führt.

Insel der Legenden

Île Tristan

Auf der Insel vergrub der berüchtigte Seeräuber **La Fontenelle** im 16. Jh. einen Schatz. Auch die unglückliche Liebesgeschichte von **Tristan und Isolde** soll sich hier abgespielt haben: Die kleine Insel rund 300 m vor der Küste ist reich an Historie und Histörchen (Besuch im Rahmen von Führungen des Tourismusbüros, auch zu Fuß). Heute zählt die Insel gerade mal drei Bewohner: den Inselwärter und zwei Schafe.

Ein stattlicher Turm

Ploaré

Im südlichen Stadtteil Ploaré steht die 1548 erbaute Kirche St-Herlé, die sowohl spätgotische Stilmerkmale als auch der Renaissance zeigt. Ihr 65 m hoher Turm ist dem der Kathedrale von ▶ Quimper nachempfunden. Innen sind ein Schnitzaltar und Holzskulpturen aus dem 17. Jh. sehenswert.

LE FAOUËT

Département: Morbihan | **Einwohner:** 2800

Das Industriezeitalter hatte einen großen Bogen um das einst so lebhafte Handelsstädtchen im Ellé-Tal gemacht, dafür war es hundert Jahre lang, von 1845 bis 1945, ein bedeutender Künstlertreffpunkt. Germain David-Nillet, Arthur Midy und Marius Borgeaud bannten das bunte Treiben in der alten Markthalle, den Pardon von St-Fiacre und die anderen Kapellen der Umgebung auf die Leinwand.

Quelle der Inspiration

Zu einiger Berühmtheit hat es **Marion de Faouët** (1717 – 1755) gebracht, ein Kind der Stadt und eine Art weiblicher Robin Hood. Als Anführerin einer Räuberbande teilte sie ihre Beute mit den Armen. Schließlich wurde sie gefasst und in Quimper gehängt.

Wohin in Le Faouët und Umgebung?

Eine majestätische Markthalle

Les Halles

Eines der Lieblingsmotive der Maler, die rund 500 Jahre alte, aus Tannen- und Eichenholz erbaute Markthalle, wurde sorgfältig restauriert und lockt jetzt jeden ersten und dritten Mittwoch im Monat mit frischer Ware. Auf Granitsockeln ruhende Balken tragen das tief heruntergezogene, schiefergedeckte Dach, auf dem ein Uhrturm die Zeit anzeigt.

LE FAOUËT ERLEBEN

OFFICE DE TOURISME DU PAYS DU ROI MORVAN
3 Rue des Cendres
56320 Le Faouët
Tel. 02 97 23 23 23
www.tourismepaysroimorvan.com
www.lefaouet.fr

CHEZ LOUISETTE €
Schön modernisiertes B&B im Zentrum. Tolle Pizzen hat das nahe »Le thon qui rit«, 23 Rue du Soleil.
24 Rue des Cendres
Tel. 02 97 23 22 61
www.cartesfrance.fr/hotel/le-faouet-56320-chez-louisette.html

Impressionen auf Leinwand

Musée du Faouët

»Wenn sich das Regencape des Radlers bläht« und weitere Werke von Sydney Curnow Vesper, Oscar Chavaux, Arthur Midy und anderen Malern, die in Le Faouët gelebt und gearbeitet haben, präsentiert das Musée du Faouët.

1 Rue de Quimper | Juli, Aug. tgl. 10 – 18.30, April – Juni, Sept., Okt. Di. – Sa. 10 – 12, 14 – 18, So. 14 – 18 Uhr | Eintritt 5 €
www.museedufaouet.fr

Meisterhafte Schnitzkunst

★ St-Fiacre

Die imposante Kapelle 3 km südlich, die dem Schutzheiligen der Gärtner geweiht ist, wurde von der Familie Boutteville um 1480 erbaut – böse Zungen behaupten, weniger aus Frömmigkeit denn aus Konkurrenz zur Familie Rohan, die in Kernascléden zur selben Zeit ihre Kapelle errichtete. Ungewöhnlich ist schon die Fassade der Kapelle: Der Glockenturm und zwei kleinere Seitentürmchen wurden integriert. Der mehrfarbige hölzerne **Lettner**, die hölzerne Barriere zwischen Chor und Langhaus, ist ein Meisterwerk der bretonischen Bildhauerei. Vorder- und Rückseite schmücken symbolische und biblische Szenen (▶ Abb. S. 347).

Gotisches Kleinod

★ Kernascléden

Die Handwerker von Le Fiacre arbeiteten gleichzeitig an der Kirche in Kernascléden, ein Wunder, das die Überlieferung so erläutert: Engel haben die Arbeiter samt Werkzeug die ganze Zeit hin und her befördert. Die Kapelle **Notre-Dame**, ein Muster der bretonischen Flamboyant-Gotik, ist eine Stiftung der Familie Rohan. Hauptsehenswürdigkeit sind die **Fresken** aus dem 15. Jh. im steinernen Gewölbe mit Szenen aus dem Leben Christi und Marias; in der Seitenkapelle sind noch Fragmente eines Totentanzes und die Darstellung der Höllenqualen zu erkennen.

Ein Dankeschön

Ste-Barbe

Etwa 100 m über der Schlucht der Ellé thront die Kapelle Ste-Barbe, zu der eine prunkvolle Renaissancetreppe aus dem 17. Jh. hinaufführt. Der Legende zufolge ist die Kapelle eine Stiftung von Jehan de Toulbodou, der auf der Jagd von einem Unwetter überrascht wurde und in seiner Todesangst die hl. Barbara um Hilfe anflehte. Aus Dank für ihren Schutz ließ er 1489 – 1512 die einschiffige Kapelle im spätgotischen Stil auf der Felsterrasse erbauen.

Fast wie im Mittelalter

Ploërdut

Rund 20 km nordwestlich von Le Faouët lohnt das romanische Kirchlein von Ploërdut mit dekorativen Kapitellen einen Besuch. Höhepunkt im Jahresreigen ist die **Fête Médiévale** Ende Mai mit historischen Umzügen und Vorführungen mittelalterlichen Handwerks wie Spinnen, Weben und Töpfern.

★ FORÊT DE PAIMPONT

Départements: Morbihan, Ille-et-Vilaine

König Artus, Ritter Lancelot, Zauberer Merlin, die Fee Viviane und die Sirene Morgane – im Fôret de Paimpont sind die alten Sagen der Tafelrunde lebendig. Auf gut ausgeschilderten Wanderwegen kann man das Gebiet mit den legendenumrankten Orten erkunden.

Der 7000 ha große Mischwald 40 km südwestlich von ▶ Rennes ist der Rest des Zauberwalds von Brocéliande, der einst weite Teile des Binnenlands bedeckte. Mystisch präsentiert sich das größte Waldgebiet der Bretagne bis heute: Moose und Flechten überziehen verwitterte Felsen, Farne wachsen zwischen uralten Eichen, überall gluckert, gurgelt und rauscht es. Und unvermittelt tauchen Dolmen und Menhire auf – der Urwald ist nach ▶ Carnac das zweite große Megalithengebiet der Bretagne. Wer hier wandern möchte, folge der gelbroten Markierung des rund 70 km langen Fernwanderwegs **»Tour de Brocéliande«**. Kürzere Rundwege sowie Routen für Radfahrer und Reiter sind ebenfalls ausgeschildert (www.morbihan.com).

Im Reich der Tafel-Runde

Wohin im Forêt de Paimpont?

Im Herzen des Zauberwaldes

Paimpont

An einem See im Zentrum der Region gründete der bretonische König Judicaël im 7. Jh. ein Kloster, das bis zur Französischen Revoluti-

EINE UNENDLICHE GESCHICHTE

Serien sind keine Erfindung unseres Medienzeitalters. Die wohl erfolgreichste »Fortsetzungsgeschichte« der Menschheit ist die Artussage, die Geschichte um König Artus, seine Tafelrunde und den Zauberer Merlin.

Artus, Sohn von König Uther Pendragon und Igraine, bestieg mit Hilfe des Zauberers Merlin den **Thron von Britannien**. Mit dem Zauberschwert Excalibur schlug er die eingefallenen Sachsen und brachte seinem Land zwölf Jahre Frieden. Er heiratete die schöne **Guinevra** und versammelte zwölf der edelsten Ritter um die große runde Tafel. Dann machte er sich daran, den europäischen Kontinent zu erobern. Seine Heerscharen fielen in Norwegen und Dänemark ein, und nach neun Jahren hatte er ganz Gallien unterworfen.
Auf dem Marsch zur Einnahme Roms wurde ihm gemeldet, dass sein Neffe **Mordred**, dem er Britannien anvertraut hatte, sich des Throns und seiner Frau Guinevra bemächtigt habe. Sofort kehrte er in die Heimat zurück und tötete in einer großen Schlacht den verräterischen Neffen. Er wurde dabei schwer verwundet und anschließend zur **Insel Avalon** gebracht, wo seine Halbschwester Morgane ihn gesund pflegen sollte. Auf dieser Insel der Seligen darf er nun so lange verweilen, bis eines Tag die Zeit gekommen ist, zurückzukehren und Britannien seine alte Macht wiederzugeben. So liest es sich jedenfalls in der um 1135 niedergeschriebenen **»Historia Regum Britanniae«** von Geoffrey of Monmouth. Doch hat dieser König tatsächlich existiert?

Wer war Artus?

Die erste Erwähnung von König Artus findet sich um 826 in der **»Historia Brittonum«** des keltischen Geschichtsschreibers Nennius, wo Artus als »Dux bellorum« (Heerführer) siegreich gegen die Sachsen kämpft. Die »Annales Cambriae«, die »Jahrbücher von Wales«, aus dem 10. Jh. berichten von Artus' Tod in der Schlacht von Camlan um 539. Die neuere Artusforschung hält den britischen König **Riothamus**, der von 454 – 470 regierte und die Sachsen aus Britannien zurückdrängte und sie auch in Gallien besiegte, für das Artus-Vorbild.
Die Verklärung der historischen Figur begann im Hochmittelalter. Artus wurde zum **idealen König**, sein Hof zum Vorbild der ritterlich-höfischen Kultur. Eigene Erzählungen und keltisch-heidnische Sagen von Riesen, Zwergen, Feen, Drachen und Zauberern wurden in den Artuszyklus eingebaut, mit biblischen Stoffen und geschichtlichen Ereignissen verschmolzen. Die Erzählungen von den **Rittern der Tafelrunde**, die im Wald von Brocéliande Abenteuer bestehen, wandelten sich zu großen Epen, bei der die Rolle Artus' als verbindende Figur immer mehr in den Hintergrund trat.

Artus in allen Medien

Quelle für deutsche Dichter war der Versroman von **Chrétien de Troyes** (um 1130 – 1190). Er inspirierte Hartmann von Aue um 1200 zu »Erec« und »Iwein«, Wolfram von Eschenbach um 1210 zu »Parzival« und Gottfried von Straßburg zu »Tristan und Isolt«.

Auch in der Neuzeit blieb die Artussage ein beliebtes Sujet. Artus eroberte die Oper (»Tristan und Isolde« von Richard Wagner), die Bühne (»Les Chevaliers de la Table Ronde« von Jean Cocteau, 1937), den Comic (»Prinz Eisenherz«, ab 1937), das Musical (»Camelot« von J. Lerner und F. Loewe), den Film (»Die Ritter der Kokosnuss« von Monty Python) und natürlich den Fantasyroman, etwa in Bestsellern wie »Die Nebel von Avalon« von Marion Zimmer Bradley. Weietere Beispiele für die Unverwüstlichkeit des Rittermythos sind das 1994 uraufgeführte Dramenspektakel »Merlin oder das verwüstete Land« von Tankred Dorst, das 2004 erschienene Artur-Epos »Lancelots Rache« von J. R. King und der 1995 inszenierte Hollywoodstreifen »Der Erste Ritter« mit Richard Gere als Lanzelot und, wie könnte es anders sein, Sean Connery als Artus. 2017 versuchte sich Guy Ritchie mit »King Arthur: Legend of the Sword« am Heldenstoff. Eine Fernsehserie gab es tatsächlich auch: »Camelot« wurde 2011 allerdings nach einer Staffel schon wieder abgesetzt.

In den Bildern der Artussage von Abbé Gillard in der Kirche St-Graal verbinden sich keltische Überlieferung und christlicher Glaube.

on bestand. Die aus dem 17. Jh. stammenden Abteigebäude wurden aus einheimischem Schiefer errichtet und dienen heute als Verwaltungssitz; in der restaurierten Abteikirche sind Fresken aus dem 13. Jh. erhalten.

Ein grausames Ende

Tombeau de Merlin

Zwar vermuten die Engländer Merlins Grab in Cornwall und die Schotten im Fluss Tweed, »in Wahrheit« erfüllte sich sein Schicksal

BAEDEKER MAGISCHE MOMENTE

DER SPIEGEL DER FEEN

Im Wald von Paimpont bewegt man sich auf sagenhaftem Terrain – König Artus und die Seinen lassen grüßen. Nahe des Dorfs Tréhorenteuc geht es ins »Tal ohne Wiederkehr«. Klingt gruselig, aber keine Bange: Diese Gefahr drohte nur den untreuen Männern, die die Fee Morgane hier gefangen hielt – in 13 Jahren immerhin 353. Ein Teich markiert den Eingang ins sagenumwobene und von Stechginster bewachsene Tal. Spiegeln Sie sich in der Wasseroberfläche des Miroir aux Fées, ganz so wie die zauberhaften Feen der Legende. Hat sich da was bewegt? (Wanderkarten für das Val sans Retour gibt es beim Office de Tourisme in Paimpont.)

aber beim Weiler Le Buisson im Norden des Zauberwalds: Hier verliebte sich der **Zauberer Merlin**, der Berater von König Artus, in die junge Fee Viviane; hier weihte er sie in seine Geheimnisse ein – und zeigte ihr, wie man einen Mann für immer einschließen kann. Dazu legte sich der Zauberer bei vollem Bewusstsein in das Grab. Doch die Dame vom See ließ die schwere Grabplatte zufallen, die die Gruft auf immer verschloss.

Wer war König Artus?

Château Comper

Die Fee Viviane soll auf dem düsteren Schloss 6 km nördlich von Paimpont zur Welt gekommen sein. Auch der große See ist mit der Artussage verbunden: Zum Beweis seiner Liebe errichtete Merlin seiner Märchenfee auf dem Grund des Sees einen Kristallpalast, in dem sie Lancelot aufzog. Im Schloss präsentiert das »Centre de l'Imaginaire Arthurien« Ausstellungsstücke zur Artussage; es veranstaltet auch Führungen durch den Forêt de Brocéliande.

Anf. April – Anf. Nov., Sa., So. 11–18 Uhr, in den frz. Schulferien tgl. 11 – 18 Uhr | Eintritt 7 € | www.centre-arthurien-broceliande.com

Wundersame Kräfte

Fontaine de Barenton

Schon Chrétien de Troyes erwähnte 1176 die Besonderheiten der Waldquelle von Barenton 8 km nordwestlich von Paimpont in seinem Roman »Yvain ou le Chevalier au Lion«. Einige Tropfen auf den Findling **Perron de Merlin** konnten genügen, um gewaltige Stürme losbrechen zu lassen – so geschehen bei einem Besuch Chateaubriands:

»
Und steigen plötzlich viele Luftbläschen an die Wasseroberfläche, sollen geheime Wünsche in Erfüllung gehen …
«

Versteinerte Männer

Jardin aux Moines

Der Garten der Mönche, 6 km südwestlich im Wald bei Tréhorenteuc, ist ein 27 m langes und 5 m breites **Megalithgrab** (um 3600 v. Chr.). Der Legende nach wurden hier ein besonders wüster Ritter und seine Kumpane zur Strafe in 78 Steine verwandelt.

Kult und Religion

★ Tréhorenteuc

Artussage und Neues Testament, keltische Überlieferung und christlicher Glaube verbinden sich in den Bildern, mit denen der kunstsinnige Abbé Henri Gillard die winzige **Eglise St-Graal** aus dem 17. Jh. zwischen 1942 und 1963 schmücken ließ (▶Abb. S. 55). Auch zwei deutsche Kriegsgefangene, der Schreiner Peter Wisdorf und der Maler Karl Rezabek, waren beteiligt. Die Kirchenfenster erzählen vom Heiligen Gral und von der Tafelrunde; Mosaike zeigen das Tal ohne

FORÊT DE PAIMPONT ERLEBEN

OFFICE DE TOURISME DE PAIMPONT-BROCÉLIANDE
9 Place du Roi Judicaël
35380 Paimpont
Tel. 02 99 07 84 23
www.tourisme-broceliande.bzh
www.paimpont.fr
www.morbihan.com

LE RELAIS DE BROCÉLIANDE €€
Charmantes Landhotel nahe dem See, große, komfortable Zimmer. Fürs leibliche Wohl sorgen das gute Restaurant mit Terrasse und das Bistrot.
5 Rue des Forges, Paimpont
Tel. 02 99 07 84 94
http://le-relais-de-broceliande.fr

Wiederkehr, die Quelle von Barenton mit Merlins Stein und einen weißen Hirsch, in der christlichen Symbolik der Leib Christi, in der keltischen Mythologie dagegen der Bote der »Anderswelt«. Pikant ist die neunte Station des Kreuzwegs: Christus stürzt vor der leicht bekleideten Fee Morgana – dieses Motiv führte zur Versetzung des Abbé.

Von Tréhorenteuc führt ein Wanderweg in das tief eingeschnittene **»Tal ohne Wiederkehr«** mit dem Spiegelsee der Fee Morgane. Der vergoldete Baumstamm des Bildhauers François Davin, der **»Arbre d'Or«**, eriinert an den Waldbrand von 1990; achtlose Camper hatten in der felsigen Schlucht ein Inferno ausgelöst, das den dichten Baumbestand schwer schädigte. Die **Hotié de Viviane**, »Vivianes Gästekammer«, ist ein kleiner **Dolmen** ohne Tragstein, den mehr als 60 Generationen zwischen ca. 3355 und 2000 v. Chr. als Grabstätte nutzten.

Auch hier war Artus

Tombeau des Géants

Das bronzezeitliche »Grab der Giganten« bei **Campénéac** besteht aus einem liegenden Menhir, drei kleineren, in Reihe stehenden Menhiren sowie den Resten eines Cairns. Laut Artussage sollen hier einmal Ritter gegen Riesen gekämpft haben.

Menhirs de Monteneuf

Nichts mit Artus zu tun haben die Menhirs de Monteneuf 16 km südöstlich von Campénéac: Über 400 Menhire, von denen 42 noch stehen. Ganz interessant wird es in der **»Menhir-Fabrik«**, wo erklärt wird, wie diese Steine her- und aufgestellt wurden, und in der Steinzeithütte, wo das Leben vor Tausenden veranschaulicht ist.
An der D 776 nordöstlich von Monteneuf | Eintritt 6 €
www.menhirs-monteneuf.com

★★ FOUGÈRES

Département: Ille-et-Vilaine | **Einwohner:** 20 400

Die Kleinstadt hoch über dem Tal des Nançon lässt wohl kaum ein Besucher der Bretagne aus. Grund dafür ist ihre trutzige Festung, die – eher ungewöhnlich – nicht hoch über dem Ort thront, sondern zu Füßen der Siedlung auf einer felsigen Insel im Fluss liegt. Bekannt ist die Stadt aber auch für ihre Schuhproduktion – so fehlt auch das obligatorische Outlet nicht.

»
Ich habe sie im Sonnenlicht gesehen,
ich habe sie in der Abenddämmerung gesehen,
ich habe sie auch im Mondschein gesehen,
und ich werde ihres Anblicks nicht müde, es ist wunderbar
«,

schrieb Victor Hugo 1836 seiner Frau begeistert aus Fougères. Er machte, ebenso wie Honoré de Balzac, die Festungsstadt zum Schauplatz von Romanen. Schon im Mittelalter besaß die Stadt große strategische Bedeutung: Sie gehörte wie La Guerche-de-Bretagne, Châteaugiron, ▸ Vitré und Combourg zum Festungsgürtel, mit dem die Herzöge der Bretagne ihr Reich gegen Frankreich sicherten. In den folgenden Jahrhunderten wechselte Fougères mehrfach den Besitzer. Mal war die Burg zu einer der größten Festungen Europas ausgebaut, Grenzfeste gegen die Bretagne, mal gegen Frankreich. Wirtschaftlich florierte die Stadt seit dem 13. Jh. durch die Weberei, speziell von Segeltuch. Nach Beginn der Dampfschifffahrt verlegte sich die Stadt auf die Herstellung von Schuhen, vor allem Damenschuhe. Bis heute werden jährlich noch rund 1 Mio. Paare aus Fougères verkauft.

Mittelalterliche Festungsstadt

Wohin in Fougères?

Paradebeispiel mittelalterlicher Militärarchitektur

★★ Château de Fougères

13 Wehrtürme, durch eine 5 m dicke, 30 m hohe und 320 m lange Ringmauer miteinander verbunden, ergeben ein imposantes Bollwerk. Die erste Burganlage des 11. Jh.s, bei der Belagerung durch Heinrich II. 1166 vollständig zerstört, wurde von Raoul II., Vasall des bretonischen Herzogs Conan le Petit, wieder aufgebaut; bis zur Erfindung des Schießpulvers war sie uneinnehmbar. Ein Graben konnte geflutet werden, in Friedenszeiten trieb das Wasser vier große Mühlräder an. Zugang zum gewähren eine Brücke und die mächtigen Steintürme La Haye St-Hilaire und Tour de Coëtlogon, beide aus dem

12. Jahrhundert. Das 1820 zerstörte Wohngebäude blieb Ruine; der Coigny-Turm erhielt im 17. Jh. im zweiten und dritten Stock eine kleine Kapelle. Die letzte Rückzugsmöglichkeit bot der Réduit im Nordwesten. Der dritte Mauerring am höchsten Punkt der Burg besteht aus der Ruine des 1166 geschleiften Donjons und den Türmen Gobelin – normannisch für »Kobold« – und Melusine, der mit 30 m Höhe alle anderen Türme überragt; die Türme Raoul und Surienne stammen aus dem 15. Jahrhundert. Der Wehrgang, gleichzeitig Fluchtweg zur Oberstadt, lässt sich heute nur zwischen den Türmen Raoul und Gobelin sowie Guibé und Coigny begehen. Der Spaziergang verbindet Einblicke in die Burganlage mit Ausblicken auf die Stadt.
Mai Di. – So. 10 – 19, Juni – Sept. tgl. 10 – 19, Okt. – April Di. – So. 10 bis 12.30, 14 – 17.30 Uhr | Eintritt 9 € | https://chateau-fougeres.com

Sehenswerte Gotteshäuser

St-Sulpice, St-Léonard

Die Kirche St-Sulpice aus dem 11. Jh. mit schiefergedecktem Vierungsturm erhielt im 15./16. Jh. beim Wiederaufbau ein Kirchenschiff im Flamboyant-Stil. Die Statue Notre-Dame-des-Marais, eine stillende Madonna aus dem 12. Jh., soll wundertätig sein. Fachwerkbauten des 17. Jh.s säumen die **Place du Marchix**. Die restaurierte **Maison de Savigny** präsentiert Töpferarbeiten und Malereien.
Nach zahlreichen Umbauten zwischen dem 12. und dem 17. Jh. wurde die Kirche **St-Léonard** im 19. Jh. nochmals vergrößert. Die Nordfassade zieren Säulen und bizarre Wasserspeier. Die 6 m große Rosette des Hauptportals ist eine Kopie der Rosette der Sainte-Chapelle in Paris. In der **Heilig-Kreuz-Kapelle** sind die ältesten Buntglasfenster der Bretagne erhalten. Die beiden Fensterfragmente aus dem 12. Jh. mit Szenen zum Leben des hl. Benedikt stammen aus der Abtei St-Denis bei Paris. Vom Kirchturm öffnet sich ein weiter Rundblick.

Herrliche Aussicht

★ Jardin Public

Den besten Blick auf die Burg bietet die **Place aux Arbes** im Jardin Public hoch über dem Nançon zwischen Rathaus und St-Léonard. Unter dem grünen Blätterdach des Nançon-Tals wurde im Jahr 2000 die Glasskulptur **Œuvre à la Vie** von Louis-Marie Catta eingeweiht, als Symbol des Friedens und der Begegnung der Kulturen.

Kunst im Kloster

Couvent des Urbanistes

Das Kloster Couvent des Urbanistes (um 1680) spiegelt die Bauweise zahlreicher Schlösser der Region wider. Seit der Restaurierung residieren unter dem Schieferdach mit seinen Dachgauben die städtische Musikschule, die Künstlervereinigung Arcade und die **Galerie Albert Bourgeois** mit Ausstellungen zeitgenössischer Kunst. Sehr hübsch sind die Murs Trompe-l'oeil, detailgenaue illusionistische Wandbilder in der Rue du Tribunal, Rue des Prés, Rue de Verdun und an der Place de la République.

FOUGÈRES ERLEBEN

OFFICE DE TOURISME
2 Rue Nationale, Fougères
Tel. 02 99 94 12 20
www.ot-fougeres.fr
www.destination-fougeres.bzh

MARCHES DE BRETAGNE
Die »Straße der bretonischen Grenzfestungen« verbindet die Burgen an der Grenze zum Königreich Frankreich, u. a. Fougères, Vitré, Châteaubriant, Ancenis, Nantes und Clisson.
www.marchesdebretagne.com

GALON AR BREIZH €€€/€€
Alt eingesessenes Restaurant beim Schloss, das auf Verwendung von regionalen Produkten setzt.
10 Place Gambetta, Tel. 02 99 99 14 17, Mi. - So. 12-22, So. 12-14
www.restaurant-fougeres.com

CRÊPERIE TIVABRO €€
Schöne Crêperie in einem uralten Fachwerkhaus. Probieren Sie Crepe mit Birne, Schokolade, gerösteten Mandeln und Vanilleeis oder Galette mit geräucherter Entenbrust und dazu ein regionales Bier oder süffigen Cidre. Besser reservieren!
13 Place du Marchix
Tel. 02 99 17 20 90

LE SAINT LEONARD €
Mal etwas anderes: Üppige Küche des französischen Südwestens mit allerlei Fleisch vom Grill oder aus dem Schmortopf
20 Rue Nationale
Tel. 02 99 94 36 23
Mo. - Do. ab 19.45 Uhr

LES VOYAGEURS €€
Charmantes Best-Western aus dem 19. Jh., moderne, stilvolle Zimmer
10 Place Gambetta
Tel. 02 99 99 08 20
www.hotel-fougeres.fr

Kleine Museumsrunde

Über 200 Exponate illustrieren im **Uhrenmuseum** an der Rue Nationale 37 die Entwicklung der Zeitmessung. Außerdem kann man Uhrmachern bei der Arbeit zusehen.

Atélier-Musée de l'Horlogerie, Musée Emmanuel de la Villéon

»Wenn es mir wieder besser geht, werde ich an dem Gemälde weiterarbeiten«, sagte der 86-Jährige kurz vor seinem Tod. In seinem Heim in der Rue Nationale 51 bewahrt ein kleines Museum das Erbe des 1858 in Fougères geborenen Impressionisten **Emmanuel de la Villéon**: vom ersten Bild, das er im Alter von 17 Jahren schuf, bis zu seinem letzten, unvollendet gebliebenen Werk.

Atélier-Musée de l'Horlogerie: Di. - Sa. 9 - 12, 14 - 19 Uhr
Eintritt 5 €
Musée Emmanuel de la Villéon: Juni - Sept. Di.- So. 14 - 19 Uhr
Eintritt 4 €

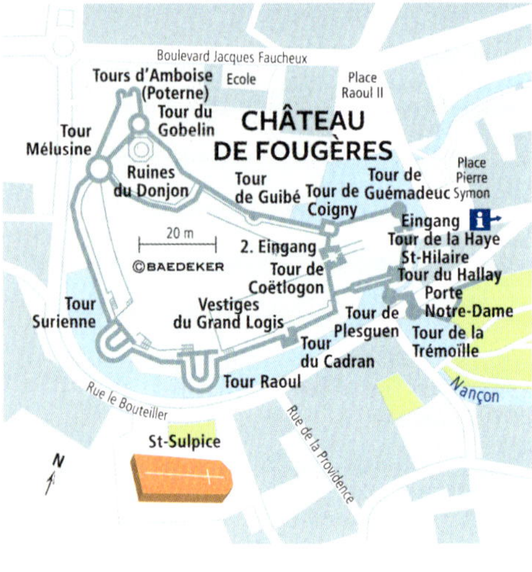

Man kann es Victor Hugo nicht verdenken: Burg und Altstadt von Fougères sind wunderbar.

Nicht zu überhören

Le Beffroi

Seit 1387 bestimmt die Glocke des Belfrieds an der Place Guéhenno den Rhythmus der Stadt. Der achteckige **Wehrturm**, im 15. Jh. auf quadratischem Fundament errichtet, ist Symbol für das durch den Tuchhandel reich gewordene Bürgertum und neben dem Wehrturm des Chateaus von ▶ Dinan der älteste Bergfried der Bretagne.

★ GOLFE DU MORBIHAN

Département: Morbihan

Am Golf von Morbihan zeigt die Bretagne ihr mildes, südliches Gesicht: Hier ist es noch sonniger und noch wärmer als anderswo an der bretonischen Südküste. Kamelien, Feigenbäume und Palmen wecken mediterrane Gefühle. Herrschaftliche Landsitze säumen das Ufer, Austernbänke die zerklüftete Küste, Inseln und Halbinseln bieten unerschöpfliche Ausflugsmöglichkeiten.

»Das kleine Meer«

Morbihan ist das einzige Departement der Bretagne mit bretonischem Namen: Er kommt von »mor bihan« (»kleines Meer«), einem 20 km langen und 15 km breiten Binnenmeer in der Baie de Quiberon, geschaffen vom Atlantik, der in ein von Flüssen geschaffenes Becken vordrang. Bis heute pressen sich seine Fluten bis zu 11 Knoten (ca. 20 km/h) schnell durch den »Goulet«, die 35 m tiefe und knapp 1 km breite Passage zwischen Port Navalo und Pointe de Kerpenhir. Dahinter öffnet sich eine Lagune, gespickt mit unzähligen Felsen und 42 Inseln, von denen 20 bewohnt sind. Die natürlichen Vorzüge machten die Golfregion zwischen ▶ Vannes, ▶ Auray, ▶ Carnac und ▶ Locmariaquer im Neolithikum zum Zentrum der Megalithkultur.

Wohin am Golf von Morbihan?

Fantastische Steinkunst

★ Île de Gavrinis

Zu den schönsten steinzeitlichen Denkmälern der Bretagne gehört der Tumulus de Gavrinis, ein 5000 Jahre altes Megalithgrab auf Gavrinis, der unbewohnten »Ziegeninsel« südlich von Larmor-Baden. Sein 100 m langer und 8 m hoher Cairn aus Feldsteinen bedeckt einen Dolmen, in dem ein 14 m langer Gang zur fast quadratischen Grabkammer führt. Einzigartig am **Königs- oder Fürstengrab** ist die

reiche Verzierung der Steine. Alle 29 Tragsteine der Wände sind mit Gravuren geschmückt: Schlangen, Kreise, Halbkreise, Beile, Pfeile und Bogen, mit Quarzsteinen eingeritzt. Die Oberseite des Decksteins zeigt Gravuren von Tieren und einer Axt, die sich in den Gravuren des Table des Marchand von ▶ Locmariaquer fortsetzen. Beide sind Bruchsteine eines 14 m hohen Menhirs, der zerschlagen und als Baumaterial recycelt wurde. Die 17 t schwere Platte musste dazu über 4 km weit transportiert werden. Die Insel ist Privatbesitz, der Grabhügel Eigentum des Départements und von April bis Oktober mit Führung zu besichtigen. Wichtigster Ausgangsort für Bootsfahrten zur Insel ist Larmor-Baden (www.izenah-croisieres.com).
Auf der Fahrt zur Île Gavrinis passiert man die Nachbarinsel **Er Lannic**, heute Vogelschutzgebiet. Um 3000 v. Chr. entstand hier ein Cromlech als Mondobservatorium. Dazu wurde der Steinkreis doppelt angelegt. Die beiden Kreise aus 23 bzw. 24 Felsen kann man nur bei Niedrigwasser sehen.

Ziel für Radfahrer

★ Île aux Moines

Als Kleinod in Kreuzform steigt die 6 km lange »Mönchsinsel« über die weite Wasserfläche. Das hügelige Land duftet nach Seegras, Farn und Pinien, in den Gärten blühen Mimosen, Kamelien und Hortensien. Dahinter ducken sich Häuser aus grobem Granit. Die größte Insel des Golfs, einst Klosterbesitz, ist ein ruhiges Ferienziel, das sich gut per Rad erkunden lässt. Panoramablicke bieten die Dolmen von Boglieux und Penhab im Süden der Mönchsinsel; von Le Gueric im Osten ist die **Île d'Arz** zu sehen. Die mit 3 km Länge zweitgrößte Insel im Golf trägt den Beinamen »île des capitaines« – weil es so viele der hier geborenen Männer auf die Weltmeere gezogen hat.

Presqu'Île de Rhuys

Golf oder Atlantik?

Sarzeau

Die lang gestreckte **Halbinsel Rhuys** begrenzt den Golf im Süden. Ihre Binnenküste ist in kleine, flache Buchten gegliedert, oft mit Austernkulturen und Salzsümpfen. An der Südküste zum Atlantik wechseln lange Sandstrände mit steilen Küsten ab.
Hauptort der Halbinsel ist Sarzeau, Geburtsort von Alain-René Lesage (1668 – 1747), der durch den Schelmenroman »Gil Blas« bekannt wurde. Östlich der Kleinstadt, an der D 780, ist das um 1780 erbaute, klassizistische **Château de Kerlévenan** mit seinem großen Park einen Besuch wert. Im südwestlich gelegenen **Château de Suscinio** aus dem 13. Jh., das im 15. Jh. repräsentativ ausgebaut wurde, verbrachten die Herzöge der Bretagne oft den Sommer. Bei Flut füllte sich der Burggraben und verwandelte ihre Residenz in eine Wasserburg. Der größte Schatz des Schlosses wartet im östlichen Logis:

GOLFE DU MORBIHAN ERLEBEN

MORBIHAN TOURISME
Quai Eric Tabarly
56000 Vannes
Tel. 02 97 47 24 34
www.morbihan.com
www.golfedumorbihan.bzh

BOOTSFAHRTEN UND RUNDFLÜGE
Ausflugsschiffe legen in La Trinité-sur-Mer, Auray, Vannes, Locmariaquer, Larmor-Baden und Port-Navalo ab. Rundflüge starten von Vannes-Monterblanc.
www.compagnie-du-golfe.fr, www.escal-ouest.com, www.izenah-croisieres.com, www.navix.fr, www.passeurdesiles.com, www.vedettes-angelus.com u. a.
Aéroclub du Pays de Vannes
Tel. 09 65 26 15 60

LE PARC ER GRÉO €€€/€€
Eric und Sophie Bermond bieten mit der eleganten Villa beim Dörfchen Gréo südwestlich von Arradon eine bezaubernde Oase. Mit Pool, Spa und Garten.
9 Rue Mané Guen, Arradon
Tel. 02 97 44 73 03
www.parcergreo.com

LECHESNE NELLY €€/€
Liebevoll gemütlich möblierte Gästezimmer auf einem ehemaligen Landgut, umgeben von einem herrlichen Landschaftspark. Die Lage ist ideal für Erkundungstoren – auch mit dem Rad. Der Hafen von Vannes ist gerade mal 7 km entfernt.
120 impasse Kergroaz, Village Lesquégué, 56390 Grand Champ
Tel. 622 46 04 21, www.golfedumorbihan.bzh/fiche/lechesne-nelly

AUBERGE DU PARC-FÉTAN €€/€
Gepflegtes Haus in einer Nebenstraße. Die hellen, geschmackvollen Zimmer haben Blick auf den Golf oder zum Garten, Kleines, familiäres Restaurant mit tollen Fischgerichten.
17 Rue de Berder
Larmor-Baden
Tel. 02 97 57 04 38
www.hotel-parcfetan.com

LE VAL DE BRANGNON €€€
Wundervolles kleines, familiengeführtes Hotel in einem Landhaus mit schönen, individuellen Zimmern. Pool im Garten, Hammam im Haus!
12 Route de Brangon
Baden –Vannes
Tel. 02 97 57 06 05
www.levaldebrangon.com

eine einzigartige Sammlung von ca. 30 000 Bodenfliesen von 1330/1340 mit Pflanzen- und Tiermotiven, geometrischen Mustern undr mythologischen Figuren. Sie gehörten zu einer Kapelle, die Ende des 14. Jh.s abbrannte und bis 1975 mit Erde bedeckt war Im August unterhält das **Festival Créneaux de Suscinio** im Schlosshof mit Komödien unter freiem Himmel.

Château de Kerlévenan: Juli – Mitte Sept. Sa. – Do. 14 – 18 Uhr, sonst nach Vereinbarung | Eintritt 4 €
Château de Suscinio: April, Mai, Juni, Sept. tgl. 10 – 19, Juli, Aug. bis 20, sonst 14 – 17 Uhr | Eintritt 10,50 € | https://suscinio.fr

Alltag vor 100 Jahren

Manoir de Kerguet

Das **Musée des Arts, Métiers et du Commerce** in einem Herrenhaus des 17. Jh.s südwestlich von Sarzeau lässt mit traditionellen Handwerksbetrieben den Alltag im frühen 20. Jh. wieder aufleben: Friseursalon, Autowerkstatt, Hufschmied und Metzger, selbst ein Klassenzimmer fehlt nicht.

Rue de Largueven, St Gildas de Rhuys | Juli, Aug. tgl. außer So. Vormittag 10 – 12, 14 – 19, Sept. – Juni 14 – 19 Uhr

Beginn der Christianisierung

St-Gildas-de-Rhuys

Das Kloster, das der englische Mönch St. Gildas im 6. Jh. an der Atlantikküste gründete und damit die Christianisierung der Region einleitete – sein Grab liegt hinter dem barocken Hauptaltar – entwickelte sich zum geistigen Zentrum der Halbinsel. Bekanntester Abt war **Pierre Abélard**, dessen Liebe zu seiner Schülerin Héloise kein gutes Ende fand (▶ Interessante Menschen).

Beliebter Ferienort

Arzon

Zu Arzon gehören zwei Häfen: der alte Fischerhafen Port-Navalo und der Jachthafen Port du Crouesty mit 1200 Liegeplätzen, Appartementhäusern, Cafés und kleinen Boutiquen. An der Mole beginnt ein schöner **Panoramaweg**, der vorbei am alten Leuchtturm und den Stränden zurück zur Mole oder zum Port du Crouesty führt. Im Sommer fährt ein Boot Touristen über den Goulet nach ▶ Locmariaquer. Der 20 m hohe, weithin sichtbare **Tumulus de Tumiac** kurz vor Arzon wird auch »Cäsars Hügel« genannt. Von hier aus soll Caesar 56 v. Chr. die Seeschlacht gegen die Veneter verfolgt haben. Der 6 m hohe Cairn Petit Mont 35 m über dem Meer beherbergt drei Grabkammern. Eine davon wurde 1943 zu einem Bunker umgebaut.

GUINGAMP

Département: Côte d'Armor | **Einwohner:** 6900

Das Auf und Ab der Fußballmannschaft »En Avant Guingamp« entspricht der Geschichte der Stadt: Im 10. Jh. aus einer Burg hervorgegangen, wurde sie immer wieder zerstört und wieder aufgebaut, zum letzten Mal auf Befehl von Richelieu 1626.

Erhalten haben sich jedoch einige herrliche historische Häuser – und die Lebensfreude der Einheimischen, die bei zahlreichen Festen zum Ausdruck kommt. Von dem beeindruckenden Optimismus zeugt auch das Fußballstadion, das doppelt so viele Plätze wie der Ort Einwohner hat.

Auf- und Abstieg

Wohin in Guingamp?

Besonderer Stilmix

Notre-Dame-de-Bon-Secours

Die Basilika an der Place du Centre ist ein Kuriosum: Die Nordwestpartie ist gotisch, die Südseite im Stil der Renaissance gestaltet. Die Ursache liegt in einem Unglück: Als 1535 der Südturm einstürzte, zerstörte er eine Seite des Langhauses. Der Wiederaufbau folgte den Plänen des jungen Architekten Jean Le Moal, nicht mehr im gotischen, sondern im damals modernen und wenig bekannten Renaissancestil. Vom Vorgängerbau aus dem 14. Jh. stammen der Glockenturm und das Oratorium. Hier thront eine prächtig gekleidete **Schwarze Madonna**, die einzige in der Bretagne. Kreuzfahrer sollen

GUINGAMP ERLEBEN

OFFICE DE TOURISME

2 Place du Champ-au-Roy
22200 Guingamp
Tel. 02 96 43 73 89
www.guingamp-paimpol.com

Pardon am 1. Juli-Samstag. Mitte August beginnt die 9-tägige Fête de la St-Loup. Beim gleichzeitigen Festival de la danse bretonne wird u. a. die »Derobée« getanzt, ein Volkstanz, bei dem die Männer versuchen, sich gegenseitig die Frauen abspenstig zu machen.

Samstags gibt es einen **Wochenmarkt** im Herzen der Altstadt. Viel größer ist das Angebot auf dem Markt auf der Place du Vally (freitags vormittags).

CHÂTEAU DE BRELIDY €€€

Eine wahrhaft fürstliche Absteige 15 km nordwestlich von Guingamp: Schlösschen aus dem 16. Jh., Zimmer mit Himmelbetten und alten Möbeln, abgerundet von Pool und Wellnessangeboten. Die ambitionierte Küche setzt auf regionale Spezialitäten.
1 Ty Ar Bonniec, Brelidy
Tel. 06 07 45 08 79
www.chateau-brelidy.com

LA DEMEURE €€

Herrenhaus aus dem 18. Jh. im Zentrum, mit Garten und herrschaftlich gestalteten Zimmern. Entspannung verspricht der Hammam.
5 Rue du Général de Gaulle
Guingamp
Tel. 02 96 44 28 53
www.demeure-vb.com

die Marienfigur (Itron Varia ar Gwir Zikour, Notre-Dame-de-Bon-Secours) einst aus dem Nahen Osten mitgebracht haben. Einmal im Jahr, am ersten Juliwochenende, wird sie für eine Prozession vom Altar geholt und von Tausenden Gläubigen verehrt. Bis ins 19. Jh. hinein feierten die Pilger die Wallfahrt der Schwarzen Madonna mit Ausschweifungen ganz weltlicher Art. Mehrfach versuchte der Bischof daher, den Pardon von Guingamp zu verbieten. Doch die Pilger kamen trotzdem in Scharen, sodass sich das Verbot nie durchsetzen ließ.
Der südliche **Turm** (Tour Plate) der eindrucksvollen Basilika stammt aus dem 16. Jh., ebenso das reich verzierte Westportal. Die 57 m hohe mittlere Tour de la Flèche aus dem 13. Jh. ist eine Rekonstruktion. Auch in der Kirche sind beide Baustile zu erkennen: Im Norden sind die Galerie und Pfeiler gotisch, im Süden zeigen sie den Stil der Renaissance. Beachtung verdienen das Orgelgehäuse aus dem 16. Jh. und das farbige Hochrelief in der zentralen Apsiskapelle.

Alte Gemäuer

Place du Centre

Reich verzierte Fachwerk- und dunkle Granithäuser aus vier Jahrhunderten säumen die dreieckige Place du Centre. Die Mitte ziert der **Plomée-Brunnen** (15. Jh.; plomb = Blei) mit vielen Figuren, darunter Widderköpfe, geflügelte Pferde und halbnackte Nymphen. Das **Rathaus** war einst das Krankenhaus eines Klosters von 1699; erhalten sind der Kreuzgang und eine Barockkapelle von 1709. Hier sind Bilder von Paul Sérusier ausgestellt, der zur Malerschule von Pont-Aven gehörte. Gegenüber führt die Rue de Vally zur Place de Vally mit Resten einer **Burg**, die 1443 – 1453 im Auftrag von Pierre de Bretagne, Graf von Guingamp und später Herzog der Bretagne, entstand und 1626 geschleift wurde. Auf der (in Teilen erhaltenen) Wehrmauer standen einst Mühlen.

Das Erbe von Monsieur Hinault

Musée de la Boule Bretonne

Als echter Franzose kannte **Marcel Hinault** vermutlich allerlei Leidenschaften. Eine, und vielleicht die größte, galt ihr: **la boule**. Die Liebe zur Kugel endete nicht beim Spiel; seine umfangreiche Sammlung von Spielgerät, Fotos, Zeitungsartikeln und Zubehör legte den Grundstock für das Musée de la Boule Bretonne, das im Tourismusbüro untergebracht ist.
Di. – Sa. 10 – 12, 14 – 18 Uhr | Eintritt frei

Rund um Guingamp

★ Menez-Bré

Geweihter Berg

Der 302 m hohe Gipfel des Menez-Bré (13 km westlich) gehört zu den höchsten Erhebungen der Bretagne. Er ist dem 518 bei Guimiliau

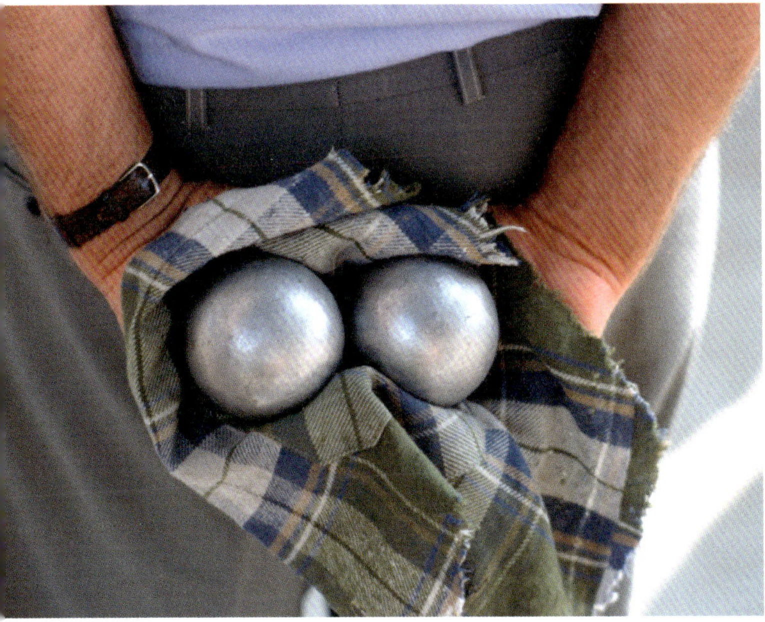

Viele und nicht nur Bretonen teilen die Leidenschaft von Monsieur Hinault.

geborenen hl. Hervé geweiht, der, blind und von einem zahmen Wolf begleitet, sich hierher als Einsiedler zurückgezogen hatte. Sein Grab liegt in der Kapelle aus dem 17. Jahrhundert.

Klein, aber fein

★ Loc-Envel

Die kleinste Gemeinde der Bretagne – mit 70 Einwohnern – besitzt ein spätgotisches Gotteshaus, das hinter grauem Granit feinstes Kunsthandwerk verbirgt: Tonbandführungen (auch auf Deutsch) erläutern den reich verzierten Lettner, die prächtige Dekoration des holzgetäfelten Gewölbes und andere architektonische Finessen.

Kleinod am Ufer des Leff

Châtelaudren

In Châtelaudren, 12 km östlich von Guingamp, beeindruckt neben dem geschlossenen Stadtbild die im 14. Jh. erbaute Kapelle **Notre-Dame du Tertre**. 96 Tafeln mit Bibelszenen im Stil mittelalterlicher Miniaturen schmücken ihr Holzgewölbe. Einen Blick lohnt auch **St-Magloire** aus dem 18. Jh. mit Statuen und Altären des 1700 in Châtelaudren geborenen Holzbildhauers Yves Corlay. Der am Ortsrand zum See aufgestaute Leff ist für seine ausgezeichneten Forellen bekannt.

★★ JOSSELIN

Département: Morbihan | **Einwohner:** 2500

Hinter einer Flussbiegung taucht die mächtige Festung von Josselin auf. Wehrhaft und trutzig erhebt sich das Schloss der Rohan auf einem Felssporn. Alte Péniches und schnittige Kabinenkreuzer sind am Kai vertäut: Das mittelalterliche Städtchen am Oust, einem Teilstück des Nantes-Brest-Kanals, ist einer der beliebtesten Hausbootsstützpunkte im Herzen der Bretagne. Ein geschichtsträchtiges Schloss, ein lauschiges »Liebeswäldchen« und der quirlige Markt am Samstagmorgen locken hier zur Entdeckungstour.

Stammsitz der Rohans

Die Geschichte des Orts ist untrennbar mit dem Schloss verbunden. Bis heute ist es Sitz der der berühmten Adelsfamilie Rohan. Das Selbstbewusstsein der Rohans verdeutlicht ihr Spruch: »Roi ne puis, prince ne daigne, Rohan suis« – »König kann ich nicht sein, Prinz zu sein ist meiner unwürdig, ein Rohan bin ich.« Der Bau der Burg begann 1008 unter Guéthenoc, Vicomte der Landschaft Porthoët. Er gab Schloss und Siedlung den Namen seines Sohnes: Josselin. 1168 zerstörte der englische König Heinrich II. den Bau, fünf Jahre später ließ ihn Eudon de Porthoët wieder aufbauen. 1370 erwarb Olivier de Clisson Josselin und baute die Burg zu einem wichtigen Stützpunkt des Königs in der Bretagne aus. Als François II., der letzte Herzog der Bretagne, 1488 die Festung eroberte, ließ er sie schleifen. Doch nach der Heirat seiner Tochter Anne de Bretagne mit dem französischen König Karl VIII. wurden die Rohans für ihre Königstreue belohnt: Jean II. de Rohan erhielt großzügige Finanzhilfe beim Wiederaufbau des Schlosses. Während der Religionskriege unterstützten die Rohans die Hugenotten. Daraufhin ließ Kardinal **Richelieu** 1629 den Wehrturm und fünf der neun Türme zerstören. Dem noch ahnungslosen Burgherrn soll er die Nachricht mit folgenden Worten übermittelt haben:

» Mein Herr, ich habe gerade einen guten Treffer in Ihrem Kegelspiel getan. «

Wohin in Josselin?

★★ Château de Josselin

»Meisterwerk der Leichtigkeit«
Den schönsten Blick auf die Festung mit ihren drei 60 m hohen Türmen, Wehrgängen, Pechnasen und der einzeln stehenden Tour Pri-

JOSSELIN ERLEBEN

OFFICE DU TOURISME
1 Rue Georges le Berd
56120 Josselin, Tel. 02 97 22 36 43
www.josselin.com
www.broceliande-vacances.com

RUNDWEG VAL'OUST
Am Schloss von Josselin kann man eine schöne Radtour beginnen, die durch das Tal der Oust bis nach Guillac und am Nantes-Brest-Kanal zurück nach Josselin führt (ca. 20 km). Alternativ bietet sich ab Schleusenhäuschen in Josselin ein gelb markierter, 3-stündiger Rundweg durch das Val d'Oust an.

DU CHÂTEAU €€/€
Gutbürgerliches Haus beim Schloss. Das preiswerte, ordentliche Restaurant serviert französisch-bretonische Gerichte aus regionalen Produkten.
1 Rue du Général de Gaulle
Tel. 02 97 22 20 11
www.hotel-chateau.com

son bietet sich von der Brücke über den Oust. Einen starken Gegensatz zur wehrhaften Wasserseite bildet die Hofseite. Der Wohnbau aus grauem Granit, 1490 – 1510 für Jean II. von italienischen Steinmetzen im gotischen Flamboyant-Stil ausgeführt, ist laut Prosper Merimée »ein Meisterwerk der Geduld und Leichtigkeit«. Das Schloss wird noch heute von einem Herzog von Rohan bewohnt, der viele Jahre Bürgermeister von Josselin war. Daher wird nur das im 19. Jh. neogotisch restaurierte Erdgeschoss für Führungen geöffnet. Zu sehen sind Einrichtungsgegenstände aus dem 17./18. Jh. sowie Gemälde und Objekte aus dem Familienbesitz.

April – Juni, Sept. tgl. 14 – 18, Juli, Aug. tgl. 10-18, Okt. Sa., So. 14-18 Uhr | Puppenmuseum und Park | Eintritt 10,80 € | geführte Touren im Schloss | 14,80 € | www.chateaujosselin.fr

Auf in den Liebeswald

Im Städtchen

Die Urgroßmutter des heutigen Besitzers begründete um 1880 das private **Musée de Poupées** der Rohans (Rue des Trente 3). Mehr als 600 europäische Puppen des 17. – 20. Jh.s sind in den Pferdeställen des Schlosses ausgestellt, dazu die unterschiedlichsten Spiele und historisches Spielzeug. Eine Muttergottesstatue, die im 12. Jh. gefunden wurde, bestimmte den Standort der katholischen Basilika **Notre-Dame-du-Roncier**. Der Statue, die in einem Reliquienschrein ruht, werden Heilkräfte nachgesagt. Am 8. September ist sie Ziel einer Wallfahrt. In der **Kapelle Ste-Marguerite** steht der marmorne Kenotaph des Olivier de Clisson und seiner Frau Marguerite de Rohan aus dem frühen 15. Jahrhundert. 138 Stufen sind zu erklimmen, will man vom Glockenturm den Blick auf das Schloss und die alten Fachwerkhäuser der Stadt genießen. Die grüne Oase der Stadt ist der 7 ha große **Bois d'Amour**; der »Liebeswald« lockt mit gewundenen Wanderwegen, verwunschenem Teich und einem Bambuswald.

Rund um Josselin

Zeichen der Religiosität

Guéhenno

Der einzige **Kalvarienberg** im Département Morbihan wurde um 1550 in Guéhenno (12 km südwestlich) errichtet. 1794 stark beschädigt, konnte er 1853 – 1864 von Abbé Jacquot mit den Dorfbewohnern unter Verwendung der Fragmente restauriert werden. Das Beinhaus des 19. Jh.s dient zugleich als Heiliges Grab; in den Nachbarkammern wurden die Gebeine der Verstorbenen aufbewahrt.

Kunst im Schloss

Bignan

Die klassizistische **Domaine de Kerguéhennec** bei Bignan 20 km südwestlich von Josselin, 1710 für einen Bankier der Ostindischen Kompanie erbaut, ist heute ein **Zentrum für zeitgenössische Kunst**. Den 1872 angelegten Park zieren über 20 Werke der internationalen Bildhauer-Avantgarde. Veranstaltet werden Wechselausstellungen, Theateraufführungen und Konzerte.

Ausstellungen: März – Juni, Sept. – Nov. Mi. – So. 14 – 18, Juli, Aug. tgl. 11 – 13, 14 – 19 Uhr | **Skulpturenpark** ganzjährig | Eintritt frei
www.kerguehennec.fr

Multifunktionale Uhr

Ploërmel

Die Kleinstadt 12 km östlich von Josselin wurde im 6. Jh. von dem englischen Mönch Armel gegründet und später zur Residenz der Herzöge der Bretagne ausgebaut. Sehenswert ist die 1511 – 1602 erbaute Kirche **St-Armel** mit ihrem skulpturengeschmückten Nordportal und einem Fenster von 1552 über dem Südportal, das eine Darstellung der Wurzel Jesse zeigt. Im südlichen Querschiff steht das Grabmal für Philippe de Montauban, Kanzler von Anne de Bretagne (16. Jh.); in der Marienkapelle links des Chors finden sich die Gräber der Herzöge Jean II. und Jean III. (14. Jh.). 1817 gründete Jean-Marie de La Mennais, Bruder des Schriftstellers F. R. de Lamennais, die **Bruderschaft von Ploërmel**. Ihr Mutterhaus (Maison Mère des Frères, 1 Bd. Foch) beherbergt das **Musée des Sciences Naturelles** und das **Musée Jean-Marie de La Mennais**. Im Hof schützt ein Glashäuschen die astronomische Uhr, die Bruder Bernardin 1850 – 1855 in filigraner Kleinstarbeit anfertigte. Zehn Zifferblätter geben an: Ortszeit, Tag und Monat, Jahr und Jahrhundert, Sonnenauf- und -untergang, Tierkreiszeichen, den Stand der Planeten für Ploërmel und die Uhrzeiten in der Welt.

Maison Mère des Frères: Sa., So. 14 – 17.30 Uhr | Eintritt frei

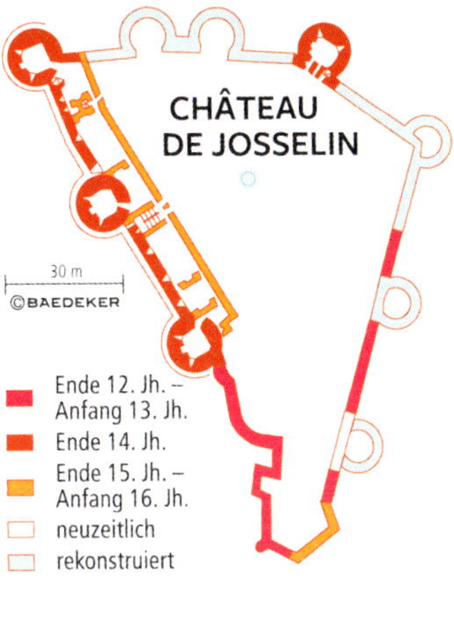

Bis heute wohnt ein Rohan im Schloss von Josselin. Luxuriös, wie man sieht.

An der Place Bouffay spürt man noch, wie wohlhabend Malestroit einmal war.

Ein Ort mit Charakter

★ Malestroit

Malestroit, 15 km südlich von Ploërmel am kanalisierten Ouest (Canal de Nantes à Brest), gehört zu den 18 **Petites Cités de Caractère** in der Bretagne. Schon im Jahr 987 sicherte hier eine Burg den Flussübergang. Im 12. Jh. folgte die Gründung eines Benediktinerklosters, die Malestroit zu einer Etappe am Pilgerweg nach Santiago de Compostela machte. Die prosperierende Siedlung wurde 1451 eine der neun Baronien der Bretagne. Für wirtschaftliche Blüte sorgten der Handel am Fluss und die Tuchmacher. Reiche Bürgerhäuser aus Granit, mittelalterliche Verkaufsstände aus Fachwerk und die alten Markthallen an der **Place du Bouffay** legen davon Zeugnis ab. Die Kirche **St-Gilles** aus dem 12. Jh. erhielt nach den Zerstörungen in den Religionskriegen ein zweites Schiff. Bemerkenswert ist ihr Südportal mit geschnitzten Türflügeln des 17. Jh.s, die von romanischen Skulpturen flankiert werden. Bei Sonnenschein soll gegen 15 Uhr Sonnenzeit im Schatten des Stiers – Symbol des Evangelisten Lukas – und der ihn stützenden Figur (Adler? Drachen?) das Profil Voltaires erkennbar sein.

Wichtiger Geschichtsabschnitt

Musée de la Résistance Bretonne

Den Beitrag der Bretonen zum Widerstand und zur Befreiung Frankreichs von der deutschen Besatzung im Zweiten Weltkrieg thematisiert dieses Museum in **St-Marcel**, ca. 3 km westlich von Malestroit.

Mai – Sept. tgl. 10 – 18.30, Feb.–April und Okt, Mi.–Mo. 14–18 Uhr
Eintritt 8 € | www.musee-resistance-bretagne.com

LAMBALLE

Département: Côtes d'Armor | **Einwohner:** 13 600

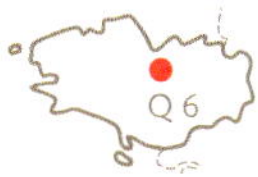

Prächtiges Fachwerk, blumengeschmückte Fassaden und Plätze – Lamballe ist ein sehenswertes Städtchen im Hinterland der Smaragdküste. Aus einem anderen Grund kommen Pferdefreunde hierher: Seit 1825 züchtet das Nationalgestüt von Lamballe charaktervolle Kaltblüter. Bei Führungen kann man mit den Postiers bretons, der berühmstesten Zugpferderasse Frankreichs, Bekanntschaft machen.

Für Pferdefreunde

Pferden und Reitern begegnet man auch in der Umgebung allenthalben. Hoch zu Ross, aber auf Wander- und Radwegen lässt sie sich gut erkunden. In Lamballe wandelt man auch auf den Spuren der Prinzessin Marie-Louise aus dem Hause Savoyen. Die geborene Turinerin ehelichte 1767, blutjung, den Prinz Lamballe, einen Urenkel Ludwig XIV., der wenige Monate nach der Hochzeit starb. Die junge Witwe wurde engste Vertraute von Königin Marie-Antoinette und ihre Zofe. Die Treue zur königlichen Freundin bezahlte Madame de Laballe mit dem Leben – weil sie der Monarchie nicht abschwören wollte, wurde sie im Revolutionsjahr 1792 ermordet.

Wohin in Lamballe?

Stadtbummel

Im Zentrum

Alte Häuser umgeben die dreieckige **Place du Martray**. Besonders schön ist die im 14./15. Jh. erbaute **Maison du Bourreau**.

Das »Haus des Henkers« beherbergt zwei Museen: Das **Musée d'Arts et Traditions Populaires** präsentiert Trachten, Veduten und Gebrauchsgegenstände, das **Musée Mathurin Méheut** stellt Werke dieses 1882 in Lamballe geborenen Malers, Designers, Innenarchitekten und Illustrators aus. Seine Motive waren bretonische Flora und Fauna sowie das Alltagsleben seiner Landsleute.
Am Donnerstagvormittag wird auf der großen **Place du Marché** vor der Kirche **St-Jean** der Wochenmarkt abgehalten. Die ältesten Teile der Kirche – Arkaden und Westportal – stammen aus dem 15. Jh., der achteckige Turm aus dem 17. Jh.; die Innenausstattung ist bis auf ein Weihwasserbecken von 1415 barock.
Die Burg auf der Anhöhe über Lamballe wurde im Jahr 1626 zerstört, die Burgkapelle ging schon um 1200 in der Stiftskirche **Notre-Dame de Grande-Puissance** auf, in romanisch-gotischem Stilmix. Von der Terrasse und der **Promenade du Château**, die schon 1648 angelegt wurde, eröffnen sich Ausblicke auf das Tal des Gouessant.

Musée d'Arts et Traditions Populaires: Juni – Sept. Di. – Sa. 10 – 12, 14 – 17.30 Uhr | Eintritt 3 € | **Musée Mathurin Méheut:** April – Sept. Di. – Sa. 10 – 12, 14 – 18 (Juli/Aug. auch So., Mo. 14 – 18), Okt. – Dez. Di. – Sa. 14 – 17 Uhr | Eintritt frei

Rund um die Pferdezucht

Haras National

Im zweitgrößten Staatsgestüt Frankreichs werden **bretonische Rassepferde** gezüchtet, vor allem die Arbeitspferde Postier Breton und Trait Breton, außerdem Vollblüter und Connemara-Ponys. Eine Dressurschule gehört auch dazu.

Geführte Touren (1,5 Std.) und Kutschfahrten über das Gelände tgl. 11, 14.30, 16 Uhr | Eintritt 7 € | www.haras-lamballe.com

Rund um Lamballe

Sitz der königstreuen Chouans

★ Château de la Hunaudaye

Breite Wassergräben schützen immer noch die majestätische Burgruine 16 km östlich von Lamballe. Die Burg von 1220, im 14., 16. und 17. Jh. erweitert, war in der Französischen Revolution ein Hauptquartier der königstreuen Chouans und wurde daher 1793 geplündert. Wahrzeichen sind **fünf Rundtürme** aus dem 13. – 15. Jh.: der mächtige Donjon hinter der Zugbrücke, die Tour Noire mit Resten der Küche, der nördliche Glacière-Turm, die Tour de la Chapelle und der Donjon Seigneurial, der am besten erhaltene Wohnturm. Den Wohnbau aus dem 15. – 16. Jh. schmückt eine Renaissancetreppe.

Juli – Mitte Sept. tgl. 10.30 – 18.30, April – Juni, Mitte Sept. – Anfang Nov. tgl. 14.30 – 18 Uhr| Eintritt 5,50 € | www.la-hunaudaye.com

LAMBALLE ERLEBEN

OFFICE DE TOURISME

Place du Champs de Foire 22402 Lamballe, Tel. 02 57 25 22 22, www.capderquy-valandre.com/lamballe-armor

LE MANOIR DES PORTES €€

Das Herrenhaus aus dem 16. Jh. hat Stil. Dazu passt das kleine Restaurant »Porte des Saveurs« und exzellenter, moderner Regionalküche.

La Rabine des Portes, La Poterie (4 km östlich), Tel. 02 96 31 13 62 www.manoirdesportes.com

MANOIR DE LA VILLENEUVE €€€/€€

In dem romantischen Steinhaus aus dem 18. Jh. warten noble Gästezimmer und Appartements. Gut Gespeist wird im großen Salon. Pool und wunderschöner Park.

St-Aaron (12 km nordöstlich) Tel. 02 9650 86 32 www.chambresaumanoir.com

St-Esprit-des-Bois

Leben auf dem Lande

Das Feuer prasselt im Herd, im Hof kräht der Hahn, stehen Kühe und Ziegen, ein rot-weißer Baldachin schwebt über dem Bett, durch die Kammer zieht der Duft von frisch gebackenem Brot: Auf der **Ferme d'antan** in St-Esprit-des-Bois 3 km südwestlich der Burg Hunaudaye lässt sich der bäuerliche Alltag um 1920 erleben.

Juni – Aug. Di. – Sa. 10.30 – 18, So., Mo. 14 – 18, April Di. – So., Mai nur So. 14-18 Uhr | Eintritt 6,50 € | www.ferme-dantan22.com

★ Jugon-les-Lacs

Ziel für Wassersportler

Rot leuchten Geranien vor den Granithäusern, keine neuzeitliche Bausünde trübt das historische Ensemble: Auch die kleine Festungsstadt 16 km südöstlich von Lamballe ist eine **Petite Cité de Caractère**, ein Kleinod mit einer 1000-jährigen Geschichte. Eingebettet zwischen Etang d'Arguenon und Etang du Jugon sowie mehreren Flüssen lockt ein breites Freizeitangebot: Angeln, Segeln und Wandern.

Moncontour

Reiches Erbe

Hanf und Leinen machten die Kleinstadt auf der felsigen Anhöhe, ebenfalls eine **Petite Cité de Caractère**, einst reich. Heute erinnern daran die herrschaftlichen Häuser im Stadtbild. Im 14. Jh. besaß Montcontour sogar das Münzrecht. Sehenswert sind die flämisch beeinflussten Fenster der Kirche St-Mathurin (16. Jh.). Für Freunde der bildenden Kunst lohnt ein Besuch der **Galerie Une Vision Singuliere** von Didier Simon, der Art Brut sammelt und ausstellt.

Galerie: www.unevisionsinguliere.com

LANNION

Département: Côte d'Armor | **Einwohner:** 20 200

Auch wenn man es nicht gleich bemerkt: Trotz ihrer Lage im Hinterland ist Lannion, die Hauptstadt des Trégor und der ▸ Côte du Granit Rose, eine Hafenstadt, denn der Fluss Léguer verbindet sie mit dem Meer. An dessen Ufern reihen sich etwas windschief die Fachwerkhäuser. Sie stützen sich gegenseitig und geben dabei eine zauberhafte Kulisse ab.

Stadt am Fluss

Im Mittelalter stehen geblieben ist die Zeit hier aber nicht, ganz im Gegenteil. Seit der Ansiedlung des Centre National d'Etudes et Télé-communications (CNET) vor rund 30 Jahren liegt ein Hauch von Silicon Valley über dem Fachwerkstädtchen. Tradition wird donnerstags gepflegt. Dann findet wie eh und je der große Wochenmarkt statt.

Wohin in Lannion?

Fachwerk und Granit

Couvent Ste-Anne

Ausgangspunkt ist der Quai d'Aiguillon. Bevor man in die Altstadt geht, lohnt ein Abstecher über den Pont Ste-Anne zum linken Ufer des Léguer mit der Kapelle Sainte-Anne und dem ehemaligen Augustinerkloster, beide im 17. Jh. im Stil der Renaissance errichtet. Am rechten Ufer zieht sich die **Altstadt** Lannions am Hang hinauf. Besonders an der schmalen Place du Général Leclerc, auf der am Donnerstag **Markt** gehalten wird, und in der Rue des Chapeliers haben sich altes **Fachwerk** und schmucke Granithäuser erhalten. Die Hutmacherstraße mündet auf die ebenfalls von alten Häusern umgebene Place du Marchallac'h.
142 Stufen zählt die malerische Treppe hinauf zur **Église de Brélévenez**, die Templer um 1200 oberhalb der Stadt gründeten. Aus romanischer Zeit sind noch der Chorumgang, die Apsis, die Krypta und die südliche Vorhalle erhalten. Die Krypta schmückt eine Grablegung Christi aus dem 18. Jh.; sehenswert sind auch das Fenster der Südkapelle und ein hölzerner Christus mit Dornenkrone aus dem 15. Jh. sowie vier Altaraufsätze des 17. Jahrhunderts.

Spannende Austellungen

L'Imagerie

Zeitgenössische **Fotokunst** von plakativ bis provokativ zeigen die Wechselausstellungen der Galerie L'Imagerie (19 Rue Jean Savidan).
Mi – Fr. 14 – 18.30, Sa. ab 10.30 Uhr
Tel. 02 96 46 57 25 | Eintritt frei

Wer diesen Ausblick von der Église de Brélévenez auf Lannion genießen will, muss erst 142 Stufen hinaufsteigen.

Rund um Lannion

Entdeckungen am Ufer des Léguer

★ Léguer-Tal

Der Léguer entspringt bei Bourbriac südlich von ▶ Guingamp und mündet nach 68 km bei Lannion ins Meer. Sein Oberlauf durchfließt romantische Waldschluchten und berührt Sehenswürdigkeiten, die einen Ausflug lohnen. Am **Calvaire Les Cinq Croix**, 1,5 km südlich von Ploubezre, sollen fünf Kreuze aus der Zeit vom Mittelalter bis zum Barock der Legende nach an fünf Einwohner erinnern, die im 14./15. Jh. fünf Engländer vertrieben. Tatsächlich wurden die Kreuze 1723 zu einem Kalvarienberg zusammengestellt, um sie vor Zerstörung zu bewahren. Dicht an dicht stehen die farbigen Statuen als Relief im Balken, umgeben von Blattgold: Der geschnitzte Lettner aus Holz (1481–1485) lässt die **Chapelle de Kerfons** leuchten. Das Gotteshaus über dem Léguer wurde im 15./16. Jh. im späten Flamboyantstil mit Renaissance-Verzierungen erbaut. Das **Château de Tonquédec** war eine bedeutende Burg der Bretagne, wovon noch wuchtige Mauern und Wehrtürme auf einem Felsvorsprung über dem Léguer zeugen. Im Sommer gibt es mittelalterliche Spektakel.

Château: April–Juni, Sept. tgl. 14–18, Juli, Aug. tgl. 10–19, Okt. Sa., So. 14–17.30 Uhr | Eintritt 6 €
www.chateau-tonquedec.com

Stilvolle Gartenkunst

Château de Kergrist

Das 1537 für Jean de Kergrist erbaute Château de Kergrist wurde im 18. Jh. ausgebaut und im 19. Jh. restauriert. Den gotischen Hauptbau mit barocken Seitenflügeln umrahmt ein strenger französischer Garten. Im Empfangsbereich gibt es einen Teesalon und Läden, die Kunsthandwerk und regionale Produkte anbieten.

April – Juni, Sept. Mi. – So. 14 – 19, Juli, Aug. tgl. 12 – 19 Uhr | Eintritt Schloss & Park 8 € | Schlossführung 10 € | www.chateau2kergrist.fr

Wallfahrtsort für Christen und Muslime

Chapelle des Sept-Saints

Die Kapelle im südlich gelegenen Dorf Les Sept-Saints, erbaut 1703 bis 1714 z. T. auf einem Dolmen, war im 18. Jh. eine bedeutende Wallfahrtsstätte. Verehrt wurden sieben Brüder, christliche Schafhirten im kleinasiatischen Ephesus, die laut Legende 251 von Kaiser Decius wegen ihres Glaubens lebendig eingemauert wurden und 447, als die Höhle geöffnet wurde, wieder erwachten. 1926 wurde die Grabstätte in Ephesus entdeckt. Seitdem werden die sieben Brüder im Islam als Zeugen der Auferstehung ins Freitagsgebet eingeschlossen. Die Siebenschläferkapelle wurde zum Ort christlich-muslimischer Begegnung.

Fürstlicher Wohnsitz

★ Château de Rosanbo

Schloss Rosanbo (8 km westlich von Plouaret), im 15. Jh. über dem Bô-Tal erbaut, ist seit über 600 Jahren im Besitz derselben Familie. Der Marquis de Rosanbo hat einige Räume für Besucher geöffnet. Zu sehen sind die Bibliothek mit 8000 Bänden, die Küche und der Cidre-Keller, der Speisesaal aus dem 19. Jh. sowie kostbare Möbel aus dem 15. bis 19. Jh., Kunsthandwerk und Gobelins. Der **Park** im französischen Stil wurde von Achille Duchêne nach den Prinzipien Le Nôtres terrassenförmig angelegt. Aus Hecken, Büschen und Bäumen kreierte er Salons der vier Jahreszeiten, des Theaters und des Dreiecks.

April – Juni, Sept. Mo. – Do. , So. 14 – 17.30, Juli/Aug. tgl. 11 – 18.30, Okt. Sa., So. 14 – 17.30 Uhr | Eintritt 11 € | www.rosanbo.net

Hochprozentiges

Distillerie Warenghem

Ca. 4 km südöstlich von Lannion, an der Route de Guingamp, produziert seit 1900 die Distillerie Warenghem Whisky: den Blend »Breton WB«, den in Eichenfässern gereiften Single Malt »Armorik« und andere Sorten. Das »restliche« Programm ist groß, vom Bier über Pommeau und Chouchen bis zum Apfelschnaps und zum »Elixier d'Armorique« aus 35 Kräutern.

Führungen: April – Juni, Sept. 11.30 – 14, 15.30 – 17, Juli, Aug. engl. Führungen 11.30, 17, auf Frz. 15, 16 Uhr, sonst 14.30 – 16 Uhr (außer Juli, Aug iReservierung erforderlich, Führungen dann auch auf Eng. mögl.) | Touren ab 5 € | https://distillerie-warenghem.bzh

LANNION ERLEBEN

OFFICE DE TOURISME
2 Quai d'Aiguillon
22300 Lannion
Tel. 02 96 05 60 70
www.bretagne-cotedegranitrose.com

LA VILLE BLANCHE €€€
Elegant-modernes Restaurant mit ebensolcher Küche. Freuen Sie sich auf saisonale Spezialitäten wie geräucherte Lotte im Sommer oder in Salzbutter gebratene Meeresschnecken im Winter.
Rospez-Ville Blanche (5 km östlich von Lannion auf der D 786)
Tel. 02 96 37 04 28
Mi.–So. mittag
https://la-ville-blanche.com

AR PRIOLDI €
B & B in einem zauberhaften Haus, mit gerade mal zwei Zimmern und einem herrlichem Garten. Zentrumsnah östlich des Léguer gelegen.
40 Rue J. Morand, Lannion
Tel. 6 81 86 98 41
www.gites-de-france.com/de/bretagne/cotes-darmor

Mit Weitblick

Locquémeau

Der einstige Sardinenhafen westlich von Le Yaudet am Mündungstrichter des Léguer besitzt eine Kapelle aus dem 16. Jh. mit einem Glockenturm wie man ihn von Lannion kennt, dazu einen Altarretabel aus dem 18. Jh. und ein Gewölbe mit hübschen geschnitzten Gesimsen und Querbalken. Ein empfehlenswerter Fußweg führt zur **Pointe du Dourven**, wo ein kleiner Park mit Zedern und Pinien wartet. Von der **Pointe du Séhar** reicht der Blick von der Pointe de Primel im Westen bis Trébeurden im Norden.

★★ LOCMARIAQUER

Département: Morbihan | **Einwohner:** 1600

Locmariaquer am Golf von Morbihan ist ein netter kleiner Fischer- und Ferienort. In seinen Bars, Bistrots und Crêperien kann man es sich gut gehen lassen und den Blick über das Meer und die Boote im Hafen schweifen lassen kann. An Sommertagen kann man dem Defilee der Badeurlauber zuschauen. Denn von Locmariaquer starten die Ausflugsschiffe zur ►Belle-Île.

Zeugnisse der Megalithkultur

Interessieren Sie sich für Frühgeschichte? Dann sollten Sie einen längeren Stopp einplanen. Hier bietet sich Gelegenheit, in die Zeit um 4000 v. Chr. einzutauchen, als Menschen in dieser Gegend sesshaft wurden, neben ihren Siedlungen Großsteingräber errichteten, eindrucksvolle Stätten, die bis heute staunen lassen und Forscher noch immer vor so manches Rätsel stellen.

★★ Site Mégalithe de Locmariaquer

Staunen angesagt

Grand Menhir Brisé

Ein großer zerbrochener Menhir, ein Dolmen und ein Tumulus: Die monumentale Anlage, 1937/1938 von Zacharie Le Rouzic erstmals restauriert, zeigt auf engstem Raum die Vielfalt der Megalithkultur. 20 m hoch und 280 t schwer erhob sich der Grand Menhir einst in einer 55 m langen Reihe von 19 Menhiren. Heute liegt der größte Menhir des Neolithikums (bretonisch men er Hroëc'h = Feenstein) in vier Teile zerbrochen 30 m neben der Table des Marchand, überzogen von Flechten. Dennoch lässt sich auf dem zweiten Teil im grobkörnigen Granit noch ein Beilmotiv erkennen.

Monumentale Grabstätte

Table des Marchand

Der »Tisch der Familie Marchand« (An Daol Varchant), ein Sippengrab von 3750 v. Chr., sah bis 1937 noch aus wie ein riesiger Tisch: 85 cm dick, 5,7 m lang und knapp 4 m breit balancierte die Tischplatte in 3 m Höhe auf wenigen Tragsteinen. Dann wurde der Dolmen, dessen Name an den einstigen Grundstückseigentümer erinnert, bei der ersten Restauration wieder wie einst mit einem Cairn überzogen, einem Hügel aus Steinen und Erdreich. Heute führt ein 7 m langer Gang bis in die Grabkammer, in der zwei verzierte Steinplatten zu sehen sind. In die hintere Stele sind 54 symmetrisch angeordnete Krummstäbe eingraviert. Die Deckplatte der Grabkammer zeigt neben Krummstab- und Beilmotiven auch noch Hufe eines Horntiers.
Die Bedeutung der Bildzeichen ist nicht eindeutig. Man weiß jedoch, dass die beiden Decksteine Bruchstücke eines sehr großen Menhirs sind, der vermutlich zerschlagen und in verschiedenen Bauwerken weiterverwendet wurde.

Nicht für jedermann

Tumulus Er-Grah

Die sterblichen Reste einer wichtigen Persönlichkeit wurden um 4000 v. Chr. in dem Tumulus Er-Grah bestattet, einem 140 m langen, 30 m breiten und 2 m hohen Hügelgrab, das auch unter dem Namen **Er-Vinglé** bekannt ist. Hier führt allerdings kein Gang zum Grab; die kleine Grabkammer ist eine komplett geschlossene Gruft. Der Deckstein der Grabkammer ist ein Bruchstück des Menhirs, von dem auch die Decksteine der Table des Marchand und des Cairn der Insel Gavrinis stammen.

Vor über 5000 Jahren bestatteten die Menschen der Megalithkultur ihre Toten im monumentalen »Table des Marchand«.

Mai – Juni tgl. 10 – 18, Juli, Aug. 10 – 19, Sept. – April tgl. 10 – 12.30, 14 – 17.15 Uhr | Eintritt 6,50 € | Führung n. V. Tel. 02 97 57 37 59
www.site-megalithique-locmariaquer.fr/en/

»Hügel der Leichen«

Dolmen Mané-Lud

Der Dolmen 1 km vor dem Ortseingang von Locmariaquer ist eher unspektakulär: Der etwa 5,5 m hohe und 80 m lange Grabhügel an der D 781 ragt nur knapp aus dem Gras heraus. Ein Gang führt zu einer ovalen Grabkammer. Der letzte Tragstein auf der rechten Seite besitzt tief eingravierte Zeichen. Fundstücke aus diesen Gräbern, u. a. kleine Goldbänder, Türkisperlen und Keramikscherben, sind im Museum von ▶ Carnac ausgestellt.

Es bleibt unterirdisch

Noch mehr Ganggräber

Das Ganggrab **Mané Réthual** ca. 200 m südlich von Er-Grah mit einem 16 m langen Gang und einer Vorkammer besitzt schöne Gravierungen auf zwei Tragsteinen.
Das Ganggrab **Mané-er-Hroëc'h** mit eingravierten Äxten auf dem Eingangsstein, rund 100 m lang und 8 m hoch, ist heute nahezu von Gras überwachsen.

RÄTSEL AUS DER STEINZEIT

Im Zweiten Weltkrieg hielten amerikanische GIs die Menhire der Bretagne für deutsche Panzersperren. Doch was bedeuten die weithin sichtbar aufragenden Steinkolosse wirklich? Ihr Rätsel ist bis heute ungelöst.

In der Bretagne gibt es rund 4500 Dolmen, 56 Steinalleen und 58 Steinkreise. Menhire und Tumuli sind zu Tausenden präsent, besonders bei Morbihan an der Atlantikküste im Südwesten, dem Zentrum der Megalithkultur (griechisch megas = groß, lithos = Stein). Ein **Menhir** (von bretonisch men = Stein und hir = lang) ist ein aufrecht stehender Monolith, der isoliert im Gelände stehen kann; manche waren bis zu 20 m hoch. Kreisförmig, halbkreisförmig oder rechteckig angeordnete Hinkelsteine bilden einen **Cromlec'h**. Werden Menhire wie bei Carnac in einer Linie aufgestellt, entsteht ein **Alignement.** Von bretonisch taol = Tisch und men = Stein kommt der Name **Dolmen** für Gebilde aus zwei bis vier Stützsteinen mit einer Deckplatte. Solche Grabkammern lagen, so wird vermutet, meist unter künstlich angelegten Hügeln, entweder einem **Tumulus** aus Erde, Lehm oder Sand oder einem **Cairn** aus Bruchsteinen. Eine **Allée couverte** ist ein Langgrab aus mehreren aufeinander folgenden Dolmen.

Mythische Hinkelsteine

Wer wann, wie und wozu die Steine aufgestellt hat, ist erst in Ansätzen erforscht. Umso zahlreicher sind die Sagen. So sollen die 3000 Menhire von **Carnac** in Stein verwandelte, heidnische römische Soldaten sein, die den hl. Cornély verfolgten. Die Bevölkerung verband mit den Steinen allerlei Aberglauben und schrieb ihnen heilende, vor allem fruchtbar machende Kräfte zu. Die Priester sahen in den Steinen ein »Teufelswerk« und hielten es für ihre Pflicht, sie zu zerstören oder mit eingemeißelten Kreuzen und anderen Symbolen dem Christentum zu unterwerfen.
Ihr Feldzug hatte nur mäßigen Erfolg: Noch heute reiben junge Frauen ihren Bauch an den Menhiren, wenn sie sich ein Baby wünschen; und zu einer richtigen bretonischen Hochzeit gehört es, dass das Brautpaar sich küssend unter einem Dolmen hindurchtritt und um einen Menhir herumtanzt.

Älter als die Pyramiden

Die Megalithen in der Bretagne gehören zu den ältesten Bauwerken der Menschheit. Sie wurden zwischen 5000 und 1500 v. Chr. aufgestellt und sind damit deutlich älter als die Pyramiden oder ähnliche Kolossalbauten in Tibet, Japan, Afrika und auf den Osterinseln. Erbaut wurden sie von Steinzeitvölkern, die vermutlich Rollen, Gleitflächen und Hebel aus Holz und Riemen aus Tierhäuten zum Transport und Aufstellen nutzten. Zwischen 15 und 20 Arbeitskräfte waren wohl erforderlich, um eine Tonne Fels zu bewegen; der größte Menhir der Welt (20 m), der **Men er Hroec'h** von Locmariaquer, wiegt 350 t! Möglich ist auch, dass man die Steinblöcke an Ort und Stelle fand, denn sämtliche Menhire der Bretagne sind aus einheimischem Granit.
Die Funktion der Steine gibt das größte Rätsel auf. Einzig bei den Dolmen ist si-

cher, dass sie als Grabkammern dienten. Zuerst wurden die Dolmen, Ganggräber mit Korridoren, später die Galeriegräber der »Allées couvertes« gebaut. Am spätesten sind vermutlich die Tumuli von Königen oder Kriegern entstanden. Nur **Gustave Flaubert** verhalf der Anblick der mystischen Megalithen zu einer zufriedenstellenden »Erkenntnis«: All der Spekulationen über die Herkunft und Bedeutung der Steinkolosse überdrüssig, schrieb er im Jahr 1847 nach einem Besuch von Carnac sarkastisch:

»
Wenn man mich nach
so vielen Ansichten fragt,
welche meine sei,
so werde ich eine
unwiderlegliche, unabweisbare,
unwiderstehliche aussprechen …
Und diese Ansicht ist:
Die Steine von Carnac
sind große Steine.
«

Man kann Gustave Flaubert kaum widersprechen: Groß sind sie, die Steine von Carnac.

LOCMARIAQUER ERLEBEN

OFFICE DE TOURISME
Juni – Sept. geführte Wanderungen zu den Megalithen
1 Rue de la Victoire, 56740 Locmariaquer, Tel. 02 44 84 56 56
www.ot-locmariaquer.fr

L'ESCALE €€/€
Das Haus profitiert von seiner Lage am Wasser. Das gute Bistro besitzt eine herrliche Terrasse zum Meer hin.
1 Place Dariorigum
Tel. 7 55 60 78 73
Do.-Di. mittags u. abends geöffnet

LE MENHIR €
Eine sehr sympathische Adresse im Zentrum: Das kleine Hotel hat einen nostalgischen Touch, die Betreiber sprechen Deutsch und sind stolz auf ihr ausgezeichnetes traditionelles (Fisch-)Restaurant.
7 Rue Wilson, Tel. 02 97 57 31 41
www.morbihan-tourismus.de

In Ellenbogenform wurde um 2500 v. Chr. das 23 m lange Ganggrab **Pierres Plates** 2 km westlich der Landzunge von Kerpenhir in Strandnähe angelegt. Viele Tragsteine sind mit Gravierungen verziert. Jede Menge Seevögel und Delfine bekommt man bei 7-stündigen Bootsausflügen durch die **Baie de Mor Braz** vor die Fernglaslinsen. Einen Platz an Bord sollte man rechtzeitig reservieren , Erklärungen auch auf Engl. (Erw. 82 € , www.fauneocean.fr).

★ LOCRONAN

Département: Finistère | **Einwohner:** 800 Einwohner

Der kleine Marktort zwischen der Halbinsel Cap Sizun und den Ausläufern der Montagnes Noires ist nicht umsonst ein Besuchermagnet: Kein Neubau stört das Ensemble der blumengeschmückten Granithäuser aus dem 16. bis 18. Jh., keine Stromleitung oder Antenne das historische Ortsbild. So wundert es nicht, dass in Locronan über 30 Filme gedreht wurden. Roman Polanski produzierte hier »Tess« mit Nastasja Kinski, Philippe de Broca seinen Film »Chouans! – Revolution und Leidenschaft« mit Sophie Marceau und Philippe Noiret.

Der Legende nach ist Locronan eine Gründung des hl. Ronan (bretonisch loc Ronan = Einsiedelei des Ronan), der im 6. Jh. aus Irland kam und hier als Eremit lebte. Er soll den Bewohnern von Locronan nicht nur das Christentum gebracht, sondern sie auch in der Kunst des Webens unterrichtet haben. Historisch belegt ist, dass die Bauern der Umgebung vom 15. Jh. an Hanf zur Herstellung von Segeltuch anbauten. Die Manufaktur von Locronan vertrieb es über den Hafen Port-Rhu in ganz Europa; sein Ruf erreichte sogar die Neue Welt. Mit Beginn der Dampfschifffahrt und billigeren Produkten aus anderen Regionen setzte Mitte des 18. Jh.s der wirtschaftliche Niedergang ein. Heute ist Handarbeit für den Tourismus gefragt und Kunsthandwerk – Weberei, Töpferei, Glasbläserei, Holzschnitzerei – neben der Landwirtschaft die Haupteinnahmequelle.

Neubauten Fehlanzeige

Wohin in und um Locronan?

Kleine und große Prozession

★ Troménie im Forêt de Névet

Im Forêt de Névet veranstalteten die Druiden einst einen Rundgang als Einführung in ihren Glauben: den **Németon**. Der hl. Ronan passte die heidnischen Sitten dem christlichen Glauben an und verwandelte den Németon in eine Prozession durch die Felder, die **Troménie**. Die kleine Troménie (6 km) wird jedes Jahr am zweiten Sonntag im Juli gefeiert, die große Troménie (12 km) alle sechs Jahre, das nächste Mal 2025.

Zu Ehren von St-Ronan

★ St-Ronan

Prächtige Bürgerhäuser aus Granit rahmen die **Grand Place** mit ihrem zierlichen Ziehbrunnen auf drei Seiten ein; die vierte Seite beherrschen das Portal der Kirche St-Ronan und die benachbarte Pénity-Kapelle. Die spätgotische Kirche (15. Jh.) gilt als eines der schönsten Bauwerke im Flamboyant-Stil. Seit ihrer Fertigstellung, zu der die bretonischen Herzöge finanziell beitrugen, hat sie so gut wie keine baulichen Veränderungen erfahren. Einzig der spitze

LOCRONAN ERLEBEN

OFFICE DE TOURISME
Place de la Mairie
29180 Locronan
Tel. 02 98 91 70 14
www.locronan-tourisme.bzh

AU LOUP GAROU GOURMAND
In dem hübschen Laden findet man eine große Auswahl bretonischer Spezialitäten: feine Karamellen und knusprige Kekse – hergestellt mit gesalzener Butter –, Cidre, Honig, Likör und viele Sorten Bier.
1 Place Église

Keltische Klänge mit dem Dudelsack zu Ehren des aus Irland stammenden hl. Ronan auf der Grand-Place von Locronan

Helm des ursprünglich achteckigen Turms, 1808 durch einen Blitz zerstört, wurde aus Geldmangel nicht ersetzt. Das Innere bietet eine interessante optische Täuschung: Durch die Hanglage und die schräge Pflasterung erscheint das Schiff länger, als es in Wirklichkeit ist. An der aus Holz geschnitzten Kanzel von 1707 sind zehn Medaillons angebracht, die bunt und naiv Szenen der Ronan-Legende schildern. In einer Nische neben dem prächtigen Rosenkranzaltar aus dem 17. Jh. stellt eine Statue Ronan als Bischof dar, obwohl er dieses Amt nie ausgeübt hat.
Auch der Innenraum der **Chapelle du Pénity**, 1504–1515 auf Weisung der Herzogin Anne de Bretagne errichtet, ist reich ausgestattet. Die Kapelle birgt den Sarkophag des Stadtheiligen sowie ein Buntglasfenster aus dem 15. Jh., das in der Apsis hinter dem Altar in 17 Episoden die Passionsgeschichte darstellt.

Station auf der Troménie

Notre Dame de Bonne-Nouvelle

Die Kapelle am Ende der Rue Moal entstand zur gleichen Zeit wie die Kirche St-Ronan, wurde aber bis zu Beginn des 18. Jh.s mehrfach verändert. Das Innere birgt die Statue der »Jungfrau von der guten Nachricht« sowie Fenster des französischen Malers Alfred Manessier (1911–1993). Sie dient als fünfte Station bei der großen Troménie.

Altes Handwerk und moderne Kunst

Musée d'Art Municipal Charles Daniélou

Das städtische Museum neben dem Tourismusbüro, das nach Renovierung 2020 den Namen seines Gründers erhielt, stellt das Weberhandwerk in Locronan vor und zeigt Werke von rund 50 Malern, die zwischen 1900 und 1950 die Bretagne entdeckten.

Mitte April – Mitte Sept. Mo. – Sa. 10 – 12.30, 13.30 – 18, So. 14 – 18 Uhr | Eintritt 5 € | www.locronan-tourisme.bzh

Der Berg ruft!

Montagne de Locronan

Der 289 m hohe Stadtberg von Locronan, 2 km östlich gelegen, bietet eine Panoramasicht auf die Bucht von Douarnenez, den Berg Menez-Hom und auf die Montagnes Noires. Die dem hl. Ronan gewidmete **Kapelle Ar Zonj** ist eine Station der Troménie.

Wallfahrt am Meer

Ste-Anne-la-Palud

Am letzten Augustsonntag findet 10 km nordwestlich in Ste-Anne-la-Palud zu Ehren der hl. Anna einer der schönsten und außergewöhnlichsten Pardons statt. Dann versammeln sich Tausende Pilger in den Dünen am Meer zum Gottesdienst. Den Abschluss bildet ein fröhliches Kirchweihfest.

★ LORIENT

Département: Morbihan | **Einwohner:** 57 000

Fischer-, Marine-, Passagier-, Handels- und Jachthafen – die Seefahrt ist in Lorient allgegenwärtig: Matrosen flanieren in Uniform, Männer in Gummihosen versteigern frühmorgens in der Markthalle den Fang. Dann und wann erinnert das Tuten eines Frachtschiffs daran, dass Lorient nach ▶ Brest der zweitgrößte Handelshafen der Bretagne ist. Die nach dem Zweiten Weltkrieg neu aufgebaute Stadt wurde zum Experimentierfeld für moderne Architektur. Und mit Larmor-Plage lockt einer der quirligen Hotspots des bretonischen Sommers.

Labor für moderne Architektur

Lorient, am Mündungstrichter der Flüsse Scorff und Blavet gelegen, war einst Hafen der französischen Ostindien-Kompanie (Compagnie des Indes) und erhielt daher den Namen L'Orient. Nach dem Verlust der Kolonien und dem Bankrott der Handelskompanie übernahm der Staat Hafen und Einrichtungen. Lorient wurde königliches Arsenal und unter Napoleon ein wichtiger Kriegshafen. Im Zweiten Weltkrieg baute die deutsche Wehrmacht den Hafen zur Festung aus. Nach den

Bombenangriffen der Alliierten 1943 wurde die fast völlig zerstörte Stadt modern-funktionell wieder aufgebaut, gemäß dem alten Stadtplan, aber mit breiteren Straßen. Jedes Gebäudekarree wurde einem anderen Architekten anvertraut, die ganz unterschiedliche Konzepte verfolgten. Besonders markant die 120 m lange »Banane« nahe dem Eingang zum Enclos du Port.

Wohin in Lorient?

Erinnerungen an die Kolonialzeit

L'Enclos du Port

Durch die **Ostindische Kompanie** entwickelte sich Lorient einst zur blühenden Wirtschaftsmetropole. Ihre Hauptverwaltung und das Arsenal bilden das historische Herz des Hafens an der Mündung des Scorff. Die prächtigen Verwaltungsgebäude (Hôtel Gabriel) wurden 1740–1742 vom Hofarchitekten Jacques Gabriel erbaut, der als Schüler von Jules Hardouin-Mansart am Schloss Versailles mitwirkte. Zugänglich sind die Tour de la Découverte (Signalturm, 216 Stufen) und das Wasserreservoir von 1875. Westlich schließt an das Arsenal das Stadtzentrum an, südlich der Port de Plaisance mit dem Tourismusbüro.

www.lorientbretagnesudtourisme.fr

K3 ist der größte der U-Boot-Bunker des von der deutschen Kriegsmarine gebauten Stützpunktes.

Aus Kriegszeiten

Base des Sous-Marins

Mit drei riesigen Bunkern, die die deutsche Kriegsmarine 1941 – 1943 baute, wurde Lorient zu ihrem **größten U-Boot-Stützpunkt**. Zunächst wurden die Boote aus dem Wasser gezogen und in die Bunker geschleppt, später entstanden »Wassergaragen« mit direktem Zugang zum Meer. Insgesamt konnten die Bunker, im Süden der Stadt an der Mündung des Ter gelegen, über 40 U-Boote aufnehmen. Zugänglich ist der größte von ihnen, der K3.

Im heutigen **Musée Sous-Marin** in der Tour Davis gab es einen Simulator, in dem ab 1942 deutsche U-Boot-Mannschaften und von 1953 – 1995 französische Marinesoldaten trainierten, wie sie ihr Boot im Notfall verlassen konnten. Eine Ausstellung im Bunker K2 erklärt die Technik eines U-Boots und das Leben an Bord, davor ist das 1989 außer Dienst gestellte französische U-Boot **Flore (S645)** aufgestellt und zugänglich.

U-Boot-Bunker K3: Ticket mit Zeitbindung muss vorbestellt werden Tel. 02 97 02 23 29 | Eintritt 6.50 € | www.la-flore.fr
Musée Sous-Marin: Juli. Aug. tgl. 13.30 – 18.30, sonst So. 14 – 18 Uhr Eintritt 6 € | www.musee-sous-marin.com
U-Boot Flore: während der frz. Schulferien im Juli/Aug. tgl. 10 – 19 Uhr, sonst wechselnde Öffnungszeiten | Eintritt 10 € www.la-flore.fr

Segeln für Profis und Laien

★ Cité de la Voile Eric Tabarly

Westlich der düsteren U-Boot-Basis ist – in einem modernen gläsernen Bau – die Cité de la Voile angesiedelt, benannt nach Eric Tabarly (1931 – 1998), einem berühmten Segelpionier. Das Trainingscenter für Profisegler ist auch für Laien sehr interessant: In der Ausstellungsetage erfährt man fast alles über die Welt der Ozeane, die Technik der Navigation und den Bau von Segelbooten.

Juli/Aug. tgl. 10 – 19, sonst wechselnde Öffnungszeiten, detaillierter Kalender unter https://www.citevoile-tabarly.com/fr/horaires | Eintritt 12,80 € | www.citevoile-tabarly.com

Rund um Lorient

Ab an den Strand!

Larmor-Plage

Kerguélen, Locquetlats, Port-Maria, Toulhars: Die vier feinsandigen Strände haben das ehemalige Fischerdorf Larmor 4 km südlich zum beliebten Seebad gemacht. Der **Parc Océanique** de Kerguélen schützt auf 82 ha Flora und Fauna von Dünen und Sümpfen hinter dem Strand. Am Sonntagvormittag reihen sich rund um die wehrhafte Kirche **Notre-Dame-de-la-Clarté** aus dem 15./16. Jh. die Marktstände. Werfen Sie einen Blick ins Innere mit den bunt bemalten Apostelstatuen vom Anfang des 16. Jh.s.

LORIENT ERLEBEN

OFFICE DE TOURISME DU PAYS DE LORIENT

45 bis Boulevard Cosmao Dumanoir, 56100 Lorient
Tel. 02 97 48 78 00
www.lorientbretagnesudtourisme.fr

Der Batobus verbindet im Sommer Lorient vom Quai de Rohan aus mit Locmiquélic, der Cité de la Voile, Port-Louis und Gâvres. Von der Gare Maritime fahren Boote der Compagnie Océane zur Île de Groix. Im Juli und August fahren von der Cité de la Voile Schiffe der Escal' Ouest auf Sightseeing-Tour durch die Reede von Lorient.
Batobus: www.ctrl.fr
Compagnie Océane: www.compagnie-oceane.fr
Escal' Ouest: www.escalouest.com

In der ersten August-Hälfte feiern Menschen aus den keltisch geprägten Regionen Europas zehn Tage lang das Festival Interceltique mit Musik und Tanz, hören den Bagad-Pipebands zu und treffen sich zur Fest-Noz.
www.festival-interceltique.bzh

AMPHITRYON €€€€

In cool-edlem Ambiente pflegt Chef Olivier Beurné eine exzellente Küche und bringt dabei überraschende Geschmackskombinationen hervor. Von Di. – Fr. gibt es ein besonders preisgünstiges Menü.
127 Rue du Colonel Jean Muller
Tel. 02 97 83 34 04
So., Mo. geschlossen
www.amphitryon-lorient.com

LE JARDIN GOURMAND €€

Natalie und Arnaud verwöhnen mit bretonischen Gerichten mit raffinierten exotischen Akzenten. Das alles in einem feinen und dennoch familiären Ambiente.
46 Rue Jules-Simon
Tel. 02 97 64 17 24
Im Sommer Mi. – Sa. mittags und abends, So. nur mittags; übrige Monate Fr., Sa. mittags und abends, So. nur mittags
www.tropmad.com

LE YACHTMAN €€

Fangfrischer Fisch, saisonales Gemüse und Fleisch aus dem Limousin sowie gute Weine regionaler Anbieter stehen auf der Karte des netten Lokals, zwei Gehminuten vom Hafen
14 Rue Poissonnière
Tel. 02 97 21 31 91
www.leyachtmanlorient.fr

CHÂTEAU DE LOCGUÉNOLÉ €€€

Dieses bezaubernde Schlösschen liegt idyllisch über dem Blavet. Die Zimmer verbinden harmonisch historische Atmosphäre mit modernem Komfort. Im riesigen Park blühen herrliche Rhododendren, Azaleen und Hortensien. Und dann gibt es noch die erlesene Sterneküche im Restaurant.
Kervignac (9 km östlich von Lorient), Route de Port-Louis
Tel. 02 97 76 76 76
www.chateau-de-locguenole.com

Aus der Blütezeit der Seefahrt

Port-Louis

Die mächtige **Zitadelle** von Port Louis bewacht am Ostufer der Mündung von Scorff und Blavet die Reede von Lorient. 1590 ließ der spanische Ingenieur Christobal de Rojas die rechteckige Festungsanlage und den Kanal errichten, der sich bei Flut mit Wasser füllt. Da die Zitadelle auf einer Felsspitze mit wenig Erdreich erbaut wurde, mussten Gewölbe die Hochbauten abstützen; 15 unterirdische Räume entstanden so mit Platz für 2000 Mann.

Heute beherbergt die Zitadelle zwei Museen. Das **Musée National de la Marine** präsentiert versunkene Schiffe und ihre Schätze sowie die schönsten Stücke aus der Sammlung des Archäologen Franck Goddio. **Das Musee de la Compagnie des Indes** lässt die Blütezeit des Seehandels wieder aufleben, mit Gütern, die Europa begehrte: Stoffe aus Indien, Porzellan aus China und Gewürze aus Asien und Afrika. Hinter der Festungsmauer erstreckt sich der **Grand Plage**, ab 1837 Badeeinrichtung unter dem Patronat von Königin Maria-Amélie, mit Blick auf die Landzunge Gâvres und Larmor-Plage.

Musée National de la Marine & Musee de la Compagnie des Indes: Mai – Aug. tgl. 10 – 18.30, Sept. – April Mi. – Mo. 13.30 – 18 Uhr | Eintritt 8 € | www.musee-marine.fr, musee.lorient.fr

Naturreservat im Atlantik

Île de Groix

Von Wind und Wasser umtost liegt die 8 × 2,5 km große Insel Groix zehn Seemeilen vor Lorient im Atlantik. An der wilden Westküste stürzen bis zu 40 m hohe Klippen ins Meer; den flachen Osten säumen Buchten und feinsandige Strände wie die hellweißen Grands Sables und die rötlichen Sables Rouges. Das Innere ist welliges Bauernland, per Rad und zu Fuß auf ausgeschilderten Wegen bequem zu erkunden. Zwei Drittel der Insel stehen unter Naturschutz. Mehrere Dolmen und der Menhir von Kermario zeugen von einer Besiedlung im Neolithikum. Im 9. Jh. war die Insel Vorposten der Wikinger, im Mittelalter im Besitz der Grafen von Rohan, zur Blütezeit der Ostindischen Kompanie Schutzschild für den Hafen von Lorient, ehe sie zu Frankreichs bedeutendstem Thunfischhafen aufstieg. Gefischt wurde mit **»Dundees«**, Kuttern mit bunten Segeln und Seitenstäben, um die Netze ins Meer zu lassen. Heute leben die rund 2800 Bewohner neben Fischfang und Ackerbau vom Tourismus.

Port Tudy an der Nordküste ist heute Haupthafen der Insel. In einer stillgelegten Konservenfabrik erinnert das **Ecomusée de Groix** an die Blütezeit des Thunfischfangs. Ein beschilderter Lehrpfad führt zur Außenstelle im Weiler Kerlard. Während der Saison bietet das Museum Führungen in die beiden Naturschutzgebiete der Insel sowie Tagesfahrten auf dem Segler »Kenavo« an.

In **Locmaria**, dem zweitgrößten Ort der Insel, lange Zeit Haupthafen von Groix, wurde 1905 ein Wikingergrab entdeckt. Die Funde zeigt das erwähnte Ecomusée. Wind und Wasser haben ca. 5 km westlich

Port Lay ist ein winziger Hafen an der Nordküste der Île de Groix.

das 40 m tiefe »Höllenloch« **Trou de l'Enfer** geschaffen, um das sich viele Legenden ranken. Ein Hahn ist etwas für Bauern, dachten sich die Seeleute von **Bourg de Groix**, und setzten 1788 einen Thunfisch als Wetterfahne auf die Spitze ihres Kirchturms.

Ecomusée de Groix: Mitte April – Ende Okt. 10 – 12.30, 14 – 17 Uhr Tickets (Zeitfenster) müssen vorab reserviert werden, musee@groix.fr | www.groix.fr | Eintritt 5,50 €

Lange Geschichte

Hennebont

Die Stadt am Unterlauf des Blavet, 12 km nordöstlich, wurde schon im 11. Jh. befestigt (hen pont = alte Brücke). Um das Jahr 1250 folgte der Bau einer Wehrmauer, die sich bis heute vom Hafen zur Oberstadt erstreckt. Einlass in die ummauerte Innenstadt gewährte die von mächtigen Türmen flankierte **Porte de Broërec'h**. Im Stadttor sind heute bretonisches Mobiliar, Trachten, kostbare Fayencen und historische Stiche ausgestellt. Die **Place du Maréchal-Foch** schmücken Häuser aus dem 16. – 19. Jh. sowie ein Brunnen von 1623. Die spätgotische Kirche **Notre-Dame-du-Paradis** wurde von 1513 bis 1550 mit einem 72 m hohen Glockenturm erbaut.

Bis zu 3000 Menschen waren von 1860 – 1966 im Werk der Brüder Trottier in Inzinzac-Lochrist beschäftigt, das Weißblech für die Konservenindustrie herstellte. Das **Ecomusée des Forges** schildert die Geschichte des Werks und die Lebensumstände seiner Arbeiter.

April – Okt. Mo.–Fr. 10 – 12, 14 – 18, Juni, Sept. auch So. 14 – 18, Juli, Aug. Mo.–Fr. 10 – 18.30, Sa., So. 14 – 18.30 Uhr | Eintritt 5 €

Für Pferdefans

Haras National

Im größten **Staatsgestüt** der Bretagne, dem Haras National 1 km nördlich von Hennebont, werden kräftige Kaltblüter – Bretonen – gezüchtet. Das Museum gibt eine Einführung in die Geschichte des Pferds. Stallungen, Schmiede etc. werden bei Führungen vorgestellt. Abends werden auf dem Gestüt auch Shows mit spektakulären Reitdarbietungen geboten.

Wechselnde Zeiten (Öffnung und Reitshow) Kalender unter www.haras-hennebont.fr | Eintritt 8,50 €, mit Show 12,50 €

MONTS D'ARRÉE

Département: Finistère

Die höchste Bergkette der Bretagne liegt im Herzen des 1969 eröffneten Regionalen Naturparks Armorika und bildet zusammen mit den Montagnes Noires das »Rückgrat« der bretonischen Halbinsel. Fast unwirklich erscheint die karge Landschaft, wenn Wolken und Sonne in schnellem Wechsel Farbenspiele inszenieren. Die höchsten Berge erheben sich nicht einmal 400 m über dem Meeresspiegel - dennoch bieten ihre Gipfel unvergessliche Panoramen.

Die bizarren Hügel aus Gneis, Granit und anderen Gesteinen, von den Menschen früher mit »enthaupteten Riesen« verglichen, umschließen das sagenumwobene Moorgebiet **Yeun Elez**, alten Legenden nach der Eingang zur Hölle. Nachts zieht der Tod – bretonisch »ankou« – von hier aus, um auf seinem quietschenden Pferdekarren die Seelen einzusammeln. Die umstrittene Errichtung des ersten und einzigen Atomkraftwerks der Bretagne 1966 verlieh dem Namen »Höllenmoor« eine neue Dimension. Das Gebiet der Monts d'Arrée war schon um 3000 v. Chr. besiedelt, wie Menhire und Dolmen bezeugen.

Sagenumwobener Naturpark

Durch die Monts d'Arrée (130 km)

Ein schöner Zwischenstopp

Le Faou

Le Faou war einst Zwischenstopp der Postkutschen auf dem Weg von ▶ Brest nach ▶ Quimper. In der Hauptstraße sind schiefergedeckte Häuser aus dem Mittelalter erhalten. Die Kirche **St-Saveur** besitzt einen ungewöhnlichen Glockenaufsatz: Hinter weit geöffneten Bögen sind die schwingenden Ungetüme zu sehen.

Hilfe für alle Fälle

Rumengol

So klein das Dorf 2 km östlich von Le Faou ist, so bekannt ist es für seinen Pardon am 15. August. Ziel der Wallfahrt ist die Muttergottes **Notre-Dame-de-Toute-Remède**, die in jeder Lebenslage helfen soll. Ihre Statue steht im Choreingang der Kirche, die im 16. Jh. aus Kersanton-Stein erbaut wurde. Das Gotteshaus soll auf König Gradlon zurückgehen, der hier im 5. Jh. eine Kapelle gestiftet haben soll. Riesige Eichen und Buchen prägen den Sagenwald Forêt du Cranou.

Interessantes zu Nutz- und Wildtieren

★ Domaine Menez-Meur

Das Gut 12 km nordöstlich von Le Faou züchtet alte bretonische Nutztierrassen. Auf mehreren Lehrpfaden lernt man die Rinderrasse »Bretonne Pie Noir«, das »Mouton d'Ouessant« und das »Porc blanc de l'Ouest« kennen; man sieht auch Hirsche, Wildschweine und manch andere Tier..

Juni – 15. Sept. tgl. 11 – 19, März – Mai, 16. Sept. – Okt. Mi., Sa., So. 12 bis 17.30, Nov. – Feb. in Schulferien 13 – 17 Uhr | Eintritt 3,50 €

Vom Leben der Bauern

St-Rivoal

In der **Maison Cornec**, dem 1702 erbauten Haus des königlichen Notars ca. 12 km östlich der Domaine Menez-Meur, wird der bäuerliche Alltag des 18. Jh.s vorgeführt. Wohnraum, Scheune, Stall und Backöfen wurden wieder restauriert.

Anf. Juli – Anf. Sept. tgl. 11 – 13, 14 – 19 Uhr | Eintritt 5 €

Schöne Aussicht

★ Montagne St-Michel

Östlich von St-Rivoal ragt einsam die 380 m hohe Montagne St-Michel de Brasparts mit der höchstgelegenen Kapelle der Bretagne aus der Landschaft. Weit reicht der Blick vom Gipfel über das Moor Yeun Elez und den Stausee Reservoir de St-Michel, der einst das Atomkraftwerk Brennilis mit Kühlwasser versorgte. Am Fuß des Bergs, an der D 785, stellen rund 100 bretonische Künstler in der **Ferme d'Antea** ihre Arbeiten aus.

www.lafermedantea.fr

Kalvarienbergrunde

Brasparts

Die D 785 führt südlich nach Brasparts. Dessen **Pfarrbezirk** ist klein, aber fein mit dem Kalvarienberg aus dem 16. Jh., der Kirche mit Apostelfiguren in der Renaissance-Vorhalle und einem Beinhaus mit zwei Darstellungen des Ankou, des bretonischen »Sensenmanns«, aus dem 18. Jahrhundert.

Lannédern

In Lannédern östlich von Brasparts stellt der Kalvarienberg von 1621 den auf einem Hirsch reitenden **hl. Edern** dar. Sein Grabmal aus dem 14. Jh. ist in der Kirche erhalten. Sechs bemalte Reliefs aus dem 17. Jh. zeigen Szenen aus dem Leben des Heiligen.

MONTS D'ARRÉE ERLEBEN

PARC NATUREL RÉGIONAL D'ARMORIQUE

Maison du Parc
15 Place aux Foires, Le Faou
Tel. 02 98 81 90 08
www.pnr-armorique.fr

TROGLOGÎTES DES MONTS D'ARRÉE €€

Kleine, in den Felsen gehauene Unterkünfte mit begrüntem Dach, die sich perfekt in die Landschaft der Monts d'Arrée einfügen. Trotz aller Nachhaltigkeit moderner Wohnkomfort – nur beim Strom muss ein bisschen gespart werden.
Roc'h Gwell Yann, Brasparts
Tel. 09 80 68 09 6
www.troglogites.com

CHAMBRES D'HÔTES DE BREZEHAN €

Stilvolle, liebevoll gestaltete Zimmer in einem ehemaligen Weberhaus aus dem 17. Jh., wunderschöne, ländliche Umgebung, vielfältige Wandermöglichkeiten direkt vor der Haustür.
29450 Commana
Tel. 02 98 15 64 06
https://chambres-hotes-brezehant.fr

HOTEL LE BRETAGNE €

Kleines Hotel mit acht Zimmern im Herzen des märchenhaften Ortes Huelgoat, alle ansprechend ausgestattet. Das Restaurant bietet gute, traditionell-bretonische Küche.
13 Place Aristide Briand
29690 Huelgoat
Tel. 02 98 99 83 66
www.le-bretagne-huelgoat.com

Im nordöstlich folgenden Dorf besitzt eine Kirche aus dem 16. Jh. einen Kalvarienberg von 1576. Im **Pfarrhaus** präsentiert eine Ausstellung die Pilhaoueriens, fahrende Händler, die von Dorf zu Dorf zogen und u. a. Lumpen für Papierfabriken sammelten. Loqueffret
Ostern – Okt. Mo. – Fr. 14 – 17.30 Uhr

Zum Schutzheiligen der Horntiere

Der 30 m hohe Glockenturm der Kapelle St-Herbot aus dem 15./16. Jh. weist den Weg zum **Pfarrhof** mit einem Kalvarienberg von 1571. Einlass zur Kapelle gewährt ein kunstvoll verziertes Portal. Vor der Chorschranke im Renaissancestil stehen zwei Steintische, man einst Schwanzhaare von Rindern ablegte und Schutz der hl. Herbot und Cornély zu erbeten. Erwähnenswert sind auch das feine Chorgestühl, das Grab des Kirchenpatrons sowie das Chorfenster von 1556. St-Herbot

Ein schwankender Felsen

Huelgoat hat schon bessere Zeiten gesehen: Im 18. Jh. war die Bleimine im nahen Locmaria-Berrien die größte des französischen Königreichs. Bis zu 2000 Bergleute förderten jährlich 650 t Blei und Silber, Huelgoat erst 1934 wurde der letzte Stollen geschlossen. Heute lebt die Kleinstadt vom Fremdenverkehr. Bei einem Rundgang durch das **Arboretum** in der Rue des Cieux kann man Pflanzen aus aller Welt bestaunen. Hauptattraktion sind indes haushohe **Granitkolosse**, die östlich der Stadt im gleichnamigen Hochwald liegen. Ein hungriger Riese, von der Stadt nur mit einer dünnen Suppe bewirtet, habe aus Wut darüber das berühmte Felsenchaos angerichtet – tatsächlich wurden sie vom Eispanzer der letzten Eiszeit zertrümmert. Paul Sérusier hielt die ungewöhnliche Landschaft in Öl fest, sein Gemälde »Rocher dans la Forêt de Huelgoat« hängt im Musée des Beaux-Arts von ▶ Quimper. Je nach Witterung schlängelt sich der Silberfluss, der am Stadtsee beginnt durch das Felsenmeer. Am **Roche Tremblante** führen Pfadfinder im Sommer gegen ein Trinkgeld vor, wie der 100-t-Koloss zum Schwanken gebracht werden kann. Wenig weiter weist eine rutschige Treppe den Weg zur **Grotte de Diable** (Teufelsgrotte). Wanderwege führen zum **Camp Artus**, einem gallo-römischen Feldlager um 50 v. Chr. mit ovalem Ringwall, zum Wildschweinteich »Mare aux Sangliers« und zur Mühle am Stadtsee, die im Juli und August eine Ausstellung zur Region zeigt. In der Renaissancekapelle **Notre-Dame-des-Cieux findet** am ersten Augustsonntag findet ein Pardon statt. Der **Espace Muséal Minier** bei Locmaria dokumentiert den Bergbau mit seiner aufwendigen Maschinerie und Infrastruktur.

Espace Muséal Minier Locmaria: Locmaria-Berrien | Mitte Juni – Mitte Sept. Mi. – So. 14 – 17 Uhr | Eintritt 3 €, mit Führung 5 €

Feenschlund

★ Le Gouffre

Bei Le Gouffre an der D769A öffnet sich ein tiefer Felsschlund, durch den sich die Rivière d'Argent sprudelnd ergießt. Laut Legende soll die Fee Dahud hier morgens ihre erschöpften Liebhaber hineingestoßen haben – die armen Seelen warten immer noch auf Erlösung.

Schauriges Moor

Brennilis

In Brennilis westlich von Huelgoat lag eines der ältesten **Kernkraftwerke** Frankreichs, es lieferte von 1967 – 1985 Strom; der Abriss ist seit 1995 im Gange und soll bis 2025 abgeschlossen sein. Auf 3000 v. Chr. datiert wird der **Dolmen** Ti-ar-Boudiked, auch »Maison des Nains« (Zwergenhaus). Unterhalb des Orts liegt das sagenumwobene Moor Yeun-Elez, der Eingang zur Hölle (bret. »youdig«). Der Legende nach sollen hier »weiße Männer«, schwarze Hunde und Wäscherinnen, die sich jede Nacht ihre Schuld vom Körper waschen mussten, ihr Unwesen treiben.

Folgenreicher Verdacht

★ Commana

Einst verdächtigten die Einwohner von Commana (ca. 20 km nordwestlich von Huelgoat) ihren Pfarrer, die Salzsteuer selbst eingesteckt zu haben. 1675 verprügelten sie ihn und warfen ihn auf einen

Tatsächlich: Man kann den Roche Tremblante zum Schwanken bringen..

Misthaufen. Zur Wiedergutmachung stifteten sie den Ste-Anne-Altar in der prunkvoll ausgestatteten Kirche (17. Jh.). Sie gehört zum **Enclos Paroissal St-Derrien** mit laternengeschmücktem Triumphtor und einem Beinhaus von 1668. Die 1610–1618 erbaute **Mühle** Moulins de Kérouat ist noch in Betrieb, in der Backstube wird gebacken, im Wohnhaus des Müllers sind das Lit clos – ein Alkoven – und andere Möbel erhalten. Das Mougau Vian, das **Langgrab** am Ortseingang – eine 14 m lange Allée couverte – weist innen Gravuren auf, die auf 2000 v. Chr. datiert weden.

Moulin de Kérouat: März – Juni So.–Fr. 11 – 19 Uhr | Eintritt 5 €
www.ecomusee-monts-arree.fr, www.tourismebretagne.com

Wunderbares Triumphtor

★ Sizun

Hauptsehenswürdigkeit des Pfarrbezirks in Sizun (10 km westlich von Commana) ist das herrliche, 1588 – 1590 geschaffene Triumphtor mit den drei Kreuzen von Golgatha. Das gleichzeitig erbaute Beinhaus schließt innen an das Triumphtor an. Die Kirche St-Sullian aus dem 17./18. Jh. birgt ein Flachrelief der hl. Genoveva aus dem 15. Jh., das sich ursprünglich in der Kirche von Loc-Ildut befand.

Die **Maison de la Rivière, de l'Eau et de la Pêche** in der alten Mühle von Vergraon widmet sich mit ihren Ausstellungen den bretonischen Flüssen und ihrer Lebenswelt, von Libelle bis Lachs. Die **Maison du Lac** an der Staumauer von Drennec informiert über Gewässerschutz und Forellenzucht.

Maison de la Rivière, de l'Eau et de la Pêche: Mo. – Fr. 10 – 12, 14 bis 17.30 Uhr | Eintritt 5 € | www. maison-de-la-riviere.fr

MYTHISCHER MORGEN

Fast surreal wirkt die Landschaft im Herzen des Parc d'Armorique mit ihren Hochmooren und baumlosen Weiten vor allem bei Tagesanbruch, wenn der Nebel aufsteigt und Morgensonne für faszinierende Lichtspiele sorgt. Wandern Sie auf dem GR 380 auf eigene Faust. Oder verabreden Sie sich mit Wanderführer Youenn. Den treffen Sie noch vor Morgengrauen in der winzigen Ortschaft Botmeur. Auf sandigen Wegen führt er Sie durch sagenumwobenes Gebiet. Und wenn die Sonne aufgeht, schauen Sie weit über das menschenleere Land. Ist die Sicht gut, glitzert am Horizont das Meer. (www.montsdarreetourisme.bzh, Tel. 02 98 81 47 06, 15 € p. P.)

★★ MONT SAINT-MICHEL

Région: Basse-Normandie|**Département:** Manche | **Einwohner:** 33

Die »wunderbare Pyramide«, so nannte Victor Hugo den Klosterberg, der sich streng genommen nicht mehr auf dem Territorium der Bretagne, sondern dem der Normandie befindet und so erhaben und kühn aus dem Wattenmeer des Golfs von St-Malo aufragt. Wie aus einer anderen Welt, so erscheint es auch heute noch – dieses auf ein winziges Inselchen geschichtete Labyrinth mit seinen verschachtelten Gängen, Treppen, Krypten, Sälen und Sackgassen.

Der Wunderberg

Was hat sich hier nicht alles abgespielt im Laufe der über 1300-jährigen Geschichte. Der Berg in der Bucht war heidnischer Tempel, Zufluchtsort für Eremiten, Kloster, Festung und Gefängnis. Heute ist er UNESCO-Welterbe und eines der beliebtesten Touristenziele Frankreichs. Noch immer bemühen sich die Archäologen, - u.a. mittels neuer Datierungstechniken – die letzten Geheimnisse des Mont St-Michel zu lüften.

Der Klosterberg und das Meer

Renaturierung der Bucht

Das schönste Bild bietet der Klosterberg, wenn er **vom Wasser umspült** wird. Doch das ist im Moment (noch) nur 1- bis 2-mal im Monat der Fall, morgens und abends bei mindestens 11,2 m Fluthöhe – so stark wie hier ist der Tidenhub nirgendwo sonst in Europa. Am eindrucksvollsten ist das Schauspiel der Springfluten 36–48 Stunden nach Voll- oder Neumond – die genauen Zeiten nennt das Tourismusbüro auf seiner Website.

Dieses Bild wurde durch einen 1879 erbauten Straßendamm zwischen dem Festland und der 3 ha großen Klosterinsel selten. Er verhinderte, dass die Ablagerungen des Flusses Couesnon und der Sand, den die Gezeiten Tag für Tag anschwemmen, abflossen. Dadurch versandete die Bucht immer mehr. Ein aufwendiges Sanierungsprogramm konnte Abhilfe schaffen. Seit 2015 ersetzt eine filigran wirkende, 790 m lange Brücke auf Stelzen, entworfen vom österreichischen Architekten Dietmar Feichtinger, den soliden Straßendamm. Unter »dem Steg«, wie der Architekt sein Bauwerk nennt, haben die natürlichen Meeresströmungen wieder freien Lauf. Bei Hochwasser wird bisweilen auch ein Teil der Brücke überflutet, so dass der Klosterberg wieder als das erscheint, was er ursprünglich war – eine winzige, von den Fluten umspülte Insel. Die Parkplätze wurden 2,5 km weit ins Hinterland verlegt. Von dort kann man sich

DER KLOSTERBERG DES ERZENGELS MICHAEL

Auch wenn das mittelalterliche Kloster im Wattenmeer schon zur Normandie gehört, ein Besuch dieses einmaligen Orts voller Spiritualität und Schönheit ist einer der Höhepunkte einer Bretagne-Reise.

Mai – Aug. 9.00 – 19.00, sonst 9.30 bis 18.00 Uhr, letzter Einlass 1 Std. vor Schließung, Eintritt 11 €, Gesungene Messe Di. – Sa. 12.15, So. 11.30 Uhr Tickets (mit Zeitfenster) müssen vorbestellt werden, www.abbaye-mont-saint-michel.fr. Nächtliche Öffnung der illuminierten Abtei, Termine siehe www.ot-montsaintmichel.com/2022/01/12/les-nocturnes-de-labbaye-du-mont-saint-michel/.

1 Romanische Kirche
Das romanische Langhaus strahlt trotz der Kürzung um drei Joche im 18. Jh. Würde aus. Die Wandgliederung in drei Geschosse folgt dem in der Normandie verbreiteten Schema (z. B. Jumièges).

2 Crypte des Gros-Piliers
Der romanische Chor stürzte 1421 ein, 1446 – 1513 entstand der neue im spätgotischen Flamboyantstil. Sein Fundament bildet die »Krypta der dicken Pfeiler«: Jeder der 2 m dicken Zylinder trägt eine Säule des Chors, die Doppelsäule den Hauptaltar.

3 Vierungsturm
Der Turm wurde 1890 – 1897 neu aufgebaut (nach dem Vorbild von 1390, wie ihn das Stundenbuch des Herzogs von Berry überliefert). Der Erzengel, 4 m hoch und 450 kg schwer, wurde 1897 in 156 m montiert.

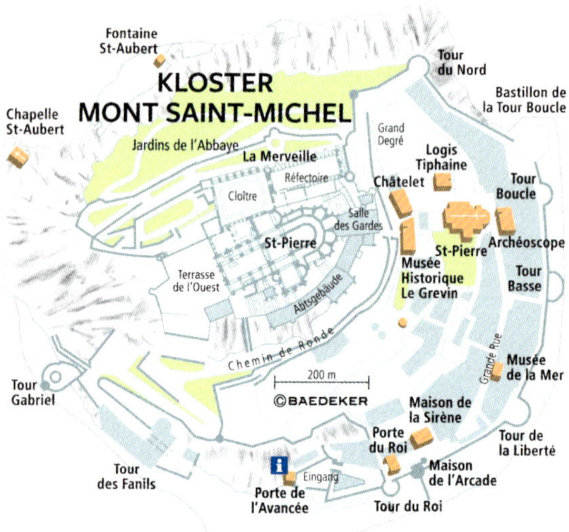

④ La Merveille
Beim Wiederaufbau der teilweise zerstörten Abtei Anfang des 13. Jh.s wurde nicht gespart: Dreimal zwei eindrucksvolle Räume wurden für den Konvent übereinander gestapelt.

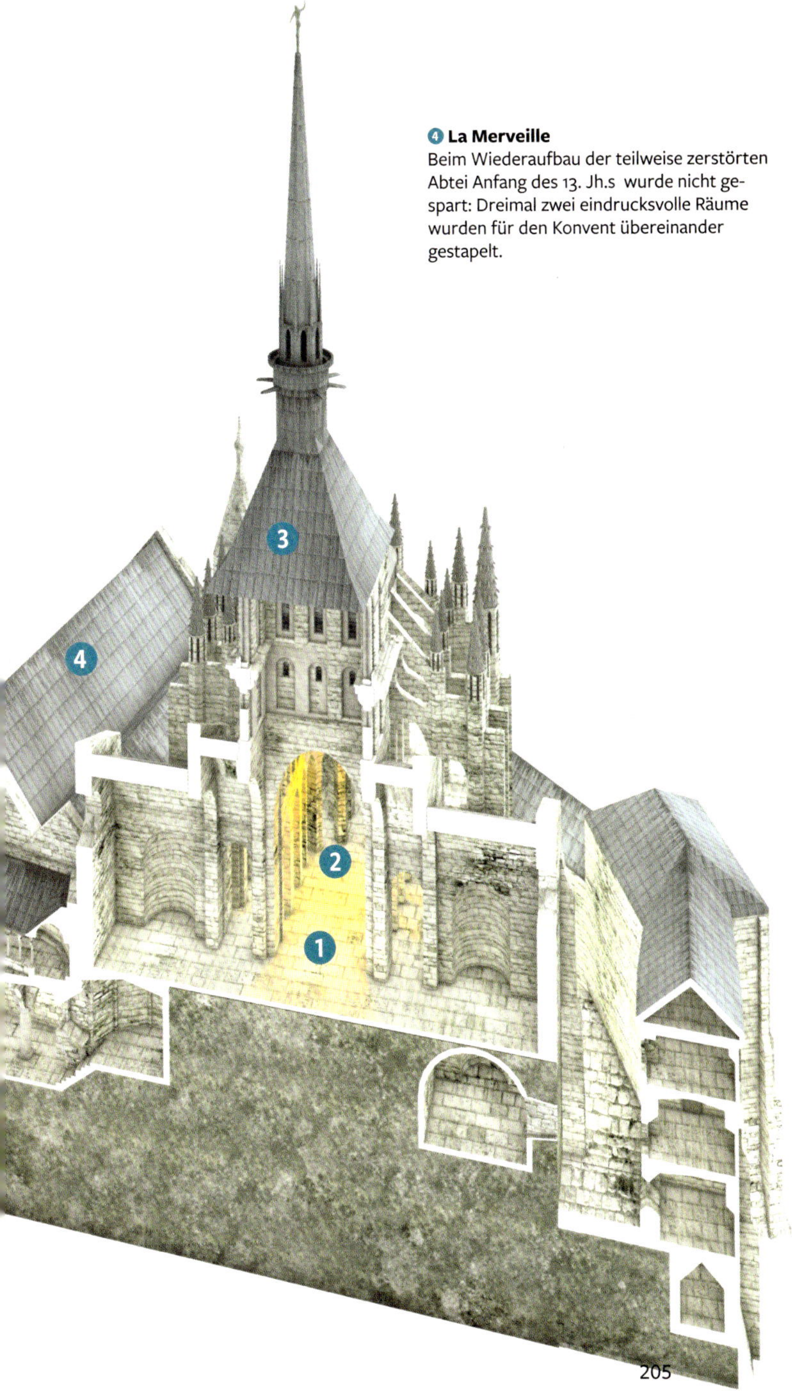

Seit 2015 führt dieser Steg hinüber zum Mont St-Michel. Seither hat das Meer wieder freien Lauf.

mit Shuttlebussen bis kurz vor den Berg befördern lassen oder natürlich zu Fuß gehen, über die Brücke oder – bei Ebbe – über die neu angelegten Polderwege, die übers Watt zur Rückseite des Klosterbergs führen.

Im Auftag des Erzengels

Legende und Geschichte

Der Legende nach soll der Erzengel Michael dem Bischof von Avranches im Jahr 708 mehrmals im Traum erschienen sein und ihm den Auftrag gegeben haben, auf dem damals Mont Tombe (Grabesberg) genannten Hügel eine Kapelle zu bauen. Die Bauarbeiten vollzogen sich vom 11. bis zum 16. Jh. in drei großen Epochen. Unter Normannenherzog Richard I. errichteten 966 Benediktinermönche aus St-

Wandrille über der Betkapelle des Bischofs Aubert eine zweischiffige Kirche, die **Notre-Dame-sous-Terre** (Unsere Liebe Frau unter der Erde). Im 11. Jh. entstand über ihr eine gewaltige **romanische Kirche**. Dabei wurde der Vorgängerbau in eine Krypta umgewandelt, die die Plattform stützt, auf der die drei letzten Joche der Kirche ruhen. Auch unter den Querschiffarmen und dem Chor wurden Krypten angelegt. Die Klostergebäude entstanden nördlich davon in drei Stockwerken. 1154 – 1186 wurden die Gebäude vergrößert, die Kirche erhielt zwei Türme, gegen Westen verlängerten neue Wohnbauten die Plattform, im Südwesten folgte eine Herberge. Im 13. Jh. stiftete König Philippe Auguste, nachdem er die Normandie annektiert hatte, eine große Summe, und 1212 – 1228 folgte der gotische Komplex **La Merveille**, »das Wunder«: Was nebeneinander keinen Platz fand, wurde übereinandergeschichtet. Im Osten sind dies von unten nach oben Almosen- und Gastraum sowie Speisesaal; im Westen folgen Vorratslager, Schriftraum und Kreuzgang. Im 14. Jh. wurde der Klosterberg befestigt, sodass er auch den Belagerungen der Engländer im Hundertjährigen Krieg standhielt. 1421 stürzte der romanische **Chor** der Abtei ein und wurde in spätgotischem Flamboyantstil wieder errichtet, 1446 – 1450 entstand dann die Krypta der Dicken Pfeiler.

Der Niedergang des Klosters begann um 1516, als die ersten vom König eingesetzten Äbte die Klostereinkünfte einbehalten konnten. Nach einem Brand 1776 wurden die ersten drei Joche der Abteikirche abgebrochen und an ihrer Stelle die Westterrasse angelegt. In der Französischen Revolution wurden die wenigen Mönche vertrieben, das Kloster geplündert und die Anlage für die nächsten 100 Jahre in ein Gefängnis umgewandelt. Napoleon III. stellte den Berg 1874 unter Denkmalschutz, woraufhin er bis 1888 umfassend restauriert wurde. 1979 setzte ihn die UNESCO auf die Welterbe-Liste.

★★ Kloster Mont Saint-Michel

Vielleicht übernachten?

Tipps für den Besuch

Busse fahren zum Klosterberg (in der Parkgebühr inbegriffen). Zwischen Parkplatz und Flussdamm haben sich Hotels und Restaurants angesiedelt, die über eigene Parkplätze verfügen. Im Jahr kommen rund 3,5 Mio. Besucher hierher, von Mai bis Anfang September ist der Andrang heftig. Ruhe kehrt außerhalb der Öffnungszeiten der Abtei und in der Nebensaison ein. Am besten lernt man die einzigartige Atmospäre kennen, wenn man hier übernachtet. Auf der Terrasse de l'Ouest von der Abteikirche ist der grandiose Sonnenuntergang zu erleben.

Am Weg zur Abteikirche

Grande Rue

Einziger Zugang zum Heiligen Berg ist die **Porte de L'Avancée**. Hinter der **Maison de l'Arcade**, einst Unterkunft für Soldaten des Abts, beginnt die **Grande Rue**, gesäumt von mittelalterlichen Fachwerkhäusern mit Restaurants, Hotels und jeder Menge Andenkenläden. Das bekannteste Hotelrestaurant ist La Mère Poulard, eine luxuriöse Touristenfalle mit überzogenen Preisen (das gilt auch für seine berühmte Spezialität, das Omelette). Im **Musée de la Mer et de l'Ecologie** werden die Gezeiten und die Versandung des Klosterbergs dargestellt. Links folgt die Pfarrkirche **St-Pierre** (11. Jh., später stark verändert). Ihre rechte Seitenkapelle birgt eine versilberte St.-Michael-Statue. Die privaten Museen sind überteuert und kein Muss: Das **Archéoscope** schickt auf eine Reise in die Vergangenheit

MONT SAINT-MICHEL ERLEBEN

OFFICE DE TOURISME
50170 Mont-St-Michel
Tel. 02 33 60 14 30
www.ot-montsaintmichel.com
www.bienvenueaumontsaint michel.com
www.monuments-nationaux.fr
www.abbaye-montsaintmichel.com
www.baie-mont-saint-michel.fr

Messen und Gottesdienste werden in der Abteikirche mehrmals tgl. gehalten. Im Juni am So. nach Fronleichnam, findet eine Prozession statt, um den 20. Juli die Pélerinage des Grêves (Wallfahrt von Genêts durch das Watt zum Klosterberg) und das Festival »Entre Ciel et Mer«. Höhepunkt ist die Fête de St-Michel ab So. vor dem 29. September. Konzerte gibt es v. a. in der Abteikirche.

AUBERGE SAINT-PIERRE €€€€
Mittelalterliches Fachwerkhaus mit komfortablen, geschmackvoll gestalteten Zimmern. Das rustikale Restaurant Chapeau Blanc bietet regionale Gerichte und eine preisgünstigere Brasserie-Karte.
Grande Rue
Tel. 02 33 60 14 03
www.auberge-saint-pierre.fr

RELAIS DU ROY €€
Modernes, gemütliches 3-Sterne-Haus am Fluss Couesnon mit Blick auf den Mont St-Michel. Gute traditionelle Küche. Weit geht der Panoramablick übers Watt. 50 m vom kostenlosen Shuttlebus entfernt.
Am Couesnon-Damm, Tel. 02 33 60 14 25, https://hotels.le-mont-saint-michel.com/le-relais-du-roy

LA DIGUE €€/€
Charmantes Haus von 1922 auf dem Festland mit 36 Zimmern, davon einige mit Balkon und großartigem Blick auf den Mont St-Michel. Im Restaurant gibt's authentische Traditionsküche – Panoramablick inklusive.
Am Couesnon-Damm
Tel. 02 33 60 14 02
https://lemontsaintmichel.info/rooms/hotel-la-digue

der Abtei. Das **Musée Historique** ist weniger empfehlenswert; im **Logis Tiphaine**, in dem 1365–1374 Tiphaine Raguenel lebte, die erste Gattin des Ritters und Nationalhelden Bertrand du Guesclin, sind noch Möbel aus dem 14. Jh. zu sehen.

Musée de la Mer et de l'Ecologie/Logis Tiphaine: Ende Mai–Dez. tgl. 10 – 17 Uhr | Eintritt 2 €, Museum 9 €, alle 4 Museen 19 €
Archéoscope/Musée Historique: Feb. – 11. Nov. tgl. 9 – 17.30, Juli/Aug. tgl. 9 – 18 Uhr

Eindrucksvoller Empfang
Von der Grande Rue führt der »Große Treppenaufgang« (Grand Degré) zum Burgtor **Châtelet** vom Ende des 14. Jh.s, das von zwei Zinnentürmen flankiert wird. Im ersten Hof öffnet sich ein Portal aus Châtelet

dem 13. Jh. zur **Salle des Gardes** (Saal der Wachen) mit Spitzbogengewölbe und einem großen Kamin (Kasse). Zwischen den Abtsgebäuden und der Kirche führen 90 Stufen hinauf zur **Westterrasse**. Von dort geht der Blick über die Bucht mit der kleinen Insel La Tombelaine, bei guter Sicht bis nach Cancale. Die Plattform entstand 1776 nach dem Abbruch der letzten drei Westjoche des Kirchenschiffs. Hier beginnen die Führungen.

Würdevolles Gotteshaus

Abteikirche

In der Kirche bilden das mächtige romanische Langhaus (11./12. Jh.) und der elegante, hohe gotische Chor aus dem 15./16. Jh. einen eindrucksvollen Gegensatz. Der Bau ruht auf drei Krypten, die man bei der Führung besichtigt. Aus dem 10. Jh. stammt die zweischiffige karolingische Kirche **Notre-Dame-sous-Terre**. Ihr Tonnengewölbe erhielt sie im 13 Jh.; ihre Querschiffe ruhen auf den beiden im 11. Jh. entstandenen Kapellen oder Krypten: St-Martin unter dem südlichen und Notre-Dame der Dreißig Kerzen unter dem nördlichen Querschiff. Die Pfeiler in der **Krypta der Dicken Pfeiler** aus dem 15. Jh. tragen den spätgotischen Chor.
Mai – Aug. tgl. 9 – 19, Sept. – April 9.30 – 18 Uhr
Eintritt 10 €

Wahrlich ein Wunder

La Merveille

Das gotische Gebäude nördlich der Kirche, La Merveille (das »Wunder« aufgrund der unerhörten technischen Leistung), besitzt einen West- und einen Ostflügel mit je drei Stockwerken. Im östlichen, älteren Teil aus der Zeit von 1211 – 1218 liegen von unten nach oben Almosen-, Gäste- und Speisesaal. Im Westflügel (1218 – 1228) liegen, ebenfalls von unten nach oben, Keller, Rittersaal – der zugleich Arbeitsraum der Mönche war – und der Kreuzgang.
Den einschiffigen **Speisesaal** ziert ein getäfeltes Tonnengewölbe; durch schmale, hohe Fensterschlitze strömt mildes Licht herein. In der gotisch überwölbten, 35 m langen **Salle des Hôtes** vom Anfang des 13. Jh.s empfing das Kloster seine vornehmen Gäste. An den beiden großen Kaminen wurden die Mahlzeiten zubereitet.
Die langgestreckte **Aumônerie** (Almosensaal), die z.T. noch aus dem 12. Jh. stammt, wird durch runde Säulen in zwei Schiffe geteilt. Früher wurden in dem Saal arme Pilger beherbergt, heute dient er als Buchhandlung (Librairie).
Zwei Pfeilerreihen stützen das Kreuzrippengewölbe des Vorratsraums oder **Kellers**. Hier sind Modelle der Klosterinsel zu sehen.
Der 26 × 18 m große, vierschiffige **Rittersaal** beeindruckt durch drei Reihen wuchtiger Säulen mit verzierten Kapitellen. Hier soll Ludwig XI. den Ritterorden des hl. Michael gegründet haben. Der Raum diente vor allem als Scriptorium, der Schreibraum der Mönche, die hier als Kopisten und Buchmaler arbeiteten.

Architektonisches Meisterwerk

Der einzigartige **Kreuzgang** scheint förmlich zwischen Himmel und Erde zu schweben. Schlanke Säulen in gegeneinander versetzter Doppelreihe tragen die Spitzbogenarkaden, die in der normannischen Tradition des 13. Jh.s mit Blatt- und Tierornamenten verziert sind. Rechts des Eingangs erinnert ein Brunnenhaus an die Zeremonie der Fußwaschung, die die Mönche jeden Donnerstag vollzogen. Im Garten des Kreuzgangs symbolisiert als modernes Kunstwerk ein aufgeschlagenes Buch den Beinamen des Klosters »Cité des Livres« (Stadt der Bücher). Cloître

Schwindelfreiheit gefragt

Die Gärten der Abtei liegen an der schrofferen Nordseite des Felsens. Von diesem Punkt hat man einen weiten Blick auf die Bucht und auf die schwindelerregende West- und Nordseite der Merveille, laut Victor Hugo die »schönste Mauer der Welt«. Jardins

NACHTS IM KREUZGANG

Ein unvergessliches Erlebnis ist der Besuch des Mont Staint-Michel nach Einbruch der Dunkelheit: Bei den »Parcours Nocturne en Musique« kann man zu sphärischen Klängen durch die illuminierten Gemäuer wandeln (Termine unter www.ot-montsaintmichel.com/2022/01/12/les-nocturnes-de-labbaye-du-mont-saint-michel).

Wanderung durch das Watt

La Tombelaine

Rund 3 km nördlich des Mont St-Michel liegt der 56 m hohe und 950 m breite Granitkegel La Tombelaine, ein Vogelreservat. Da der erlebnisreiche Fußmarsch durch das Watt wegen des heftigen Gezeitenwechsels lebensgefährlich werden kann, sollte man ihn nur mit einem Führer unternehmen.

★ MORLAIX

Département: Finstère | **Einwohner:** 14 700

An den Ausläufern der ▶ Monts Arrée schmiegt sich Morlaix in einem steil abfallenden Tal anmutig um eine Bucht. Schon von Weitem sichtbar spannt sich der Viadukt über Stadt und Tal. Vor allem ihm galten die Bombardements im Zweiten Weltkrieg, bei denen der Ort erhebliche Schäden erlitten hat. Immerhin haben etliche Fachwerkhäuser die Zeiten überdauert. Sie erzählen noch heute davon, dass man es in Morlaix, der alten Leinenweber-Stadt, früher zu beträchtlichem Wohlstand bringen konnte – nicht immer auf die edelste Weise.

Alte Leinenweberstadt

Morlaix, an den Ufern des gleichnamigen Flusses, profitierte jahrhundertelang von seinem Hafen. Der lag geschützt und doch verkehrstechnisch günstig, denn bereits 6 km nördlich der Stadt mündet der Fluss in den Ärmelkanal. Das machte den Standort für Kaufleute und Piraten gleichermaßen interessant. Die berüchtigten Korsaren, die mit Duldung des Königs seeräuberten, hatten hier einen Flottenstützpunkt. Ihre Ausbeute trug im 18. Jh. wesentlich zum Einkommen der Stadt bei. Auch die **Französische Westindien-Kompagnie** operierte von Morlaix aus. Ihre Schiffe löschten hier Waren aus Übersee, und weil die Kompanie zeitweise das Tabakmonopol innehatte, bekam Morlaix im 18. Jh. eine Tabakfabrik. Zu Spitzenzeiten – Ende des 19. Jh.s – waren dort 1800 Frauen und Männer beschäftigt. Rund 100 Jahre später war das Tabakkapitel Geschichte. Nachdem 1995 ein Gebäudeflügel in Flammen aufgegangen war, wurden die letzten Arbeiter entlassen, der schon lange nicht mehr rentable Betrieb stillgelegt. Geblieben ist das nun denkmalgeschützte Gebäude, das gelegentlich für Veranstaltungen genutzt wird. Vom einst so geschäftigen Handelshafen starten nur noch Sportboote und Ausflugsschiffe. Morlaix ist samstags ein beliebtes Ziel – dann zieht es Einheimische und Touristen auf den schön lebendigen **Wochenmarkt**. Und bei Ebbe geht es in die Buch zum **Pêche à pied**, Angeln zu Fuß.

Wohin in Morlaix ?

Unngewöhnliche Architektur

★ Maisons à Lanterne

Typisch für das alte Morlaix sind die Laternenhäuser aus dem 15. bis 17. Jahrhundert. Die Bauherren, meist wohlhabende Leinenhändler, sollen sich an nordspanischen Häusern inspiriert haben. Die Laternenhäuser besaßen einen überdachten Innenhof, der durch einen Kamin geheizt wurde und durch ein Dachfenster natürliches Licht bekam (die »Laterne«). Eine mit geschnitzten Eckbalken versehene Treppe führte in die oberen Stockwerke. Zur Straßenseite befanden sich im Erdgeschoss häufig Läden. Von diesem Haustyp ist außer der Maison à Pondalez (▶ S. 214) die **Maison dite de la Duchesse Anne** (33 Rue de Mur) erhalten, dessen Fachwerkfassade Heiligenstatuen und groteske Figuren zieren. In dem dreistöckigen Haus (16. Jh.) soll Anne de Bretagne übernachtet haben. Der 16 m hohe Innenhof besitzt einen monumentalen Kamin und eine reich mit Schnitzarbeiten verzierte, dreistöckige Wendeltreppe aus Eichenholz. Die Treppe stützt ein 11 m hoher Pfeiler gestützt, der die vier Schutzheiligen des Hauses zeigt, gemeißelt aus einem einzigen Steinblock.

Skulpturengeschmückte Fachwerk- und Granithäuser aus dem 16./17. Jh. säumen auch die **Grand'Rue** (Fußgängerzone). Das Haus Nr. 32 zeigt eine seltene Darstellung der Geburt Marias.

Maison dite le la Duchesse Anne: April, Mai Di., Sa. 14–18,Juni–Mitte Sept Mo.–Fr. 11–18, Sa. 14–18, Ende Sept. – Anf. Nov. Di.-Sa. 14–17 Uhr | Eintritt 2,50 € | Gruppenführung auch auf Deutsch

BAEDEKER MAGISCHE MOMENTE

EIN SCHIFF AUS GRANIT

Um die Engländer von ihrer Küste fernzuhalten, errichteten die Bretonen 1543 – 1552 Château de Taureau, die Stierburg, auf einer winzigen Insel in der Bucht von Morlaix. Vauban verwandelten sie in eine uneinnehmbare Festung. Heute ist die Burg ein Ausflugsziel. Auf der Bootsfahrt dorthin glaubt man zu träumen: Wie ein Schiff aus goldenem Granit ragt die Festung im Sonnenschein aus dem smaragdgrünen Meer (Ausflugsboote pendeln ab Carantec nördlich von Morlaix; ▶ Abb. S. 216).

Eingerahmt von netten Läden: Maison dite de la Duchesse Anne

Nicht zu übersehen

★ Viaduc

58 m hoch und 285 m lang, überspannt seit 1863 der zweistöckige Eisenbahnviadukt der Strecke Paris – Brest das Tal. Mit vielen Treppen führen die Venelle de la Roche und die Rue Courte hinauf bis zum Bahnhof. Und der Aufstieg lohnt sich, denn auf der unteren Ebene kann man den Viadukt zu Fuß überqueren; das **Panorama** mit Stadt und Fluss ist einmalig.

Entdeckungen in alten Gemäuern

Rue Ange-de-Guernisac

Die idyllische Straße hinter der Kirche St-Melaine haben Kunsthandwerker und Galeristen für sich entdeckt. In alten Häusern aus Fachwerk oder Granit mit vorspringenden Stockwerken, erbaut im 15./16. Jh., bieten sie Kunst aus der Region an. Das im 12. Jh. gegründete Dominikanerkloster (Kirche 1230) wurde im 15. Jh. von Jakobiner-Mönchen übernommen. Im Westflügel präsentiert das **Musée de Morlaix** Kulturgüter der Stadt, u.a. Gemälde von Monet. Zum Museum gehört auch die **Maison à Pondalez** aus dem 16. Jh. (9 Grand Rue), eines der »Laternenhäuser«, mit einer Architekturausstellung.
Maison à Pondalez: Juli, Aug. tgl. 10 – 18, Sept. – Juni Di. – Sa. 10 bis 12, 14 – 17 Uhr | Eintritt 3 €

Ungewöhnliche Darstellung

St-Mathieu

Das Altarbild in der 1824 erbauten Kirche, das vermutlich im 14. Jh. in einer Kölner Werkstatt entstand, zeigt eine Jungfrau in Verwandlung: Im geschlossenen Zustand ist die stillende Jungfrau Maria zu sehen, ist der Altar geöffnet, sieht man die Heilige Dreifaltigkeit. Der Turm der Kirche stammt noch aus dem 16. Jahrhundert.

Rund um Morlaix

Welcher Vogel ist das?

Dourduff-en-Mer

Die als Vogelschutzgebiet ausgewiesene Bucht von Morlaix ist besonders artenreich. In Dourduff-en-Mer hilft das **Observatoire Ornithologique** mit Erklärungstafeln bei der Bestimmung der Vögel, im Café du Port am Hafen kann man gut und günstig Muscheln essen.

Nur bei Ebbe

Carantec

Im kleinen Seebad an der Rade (Bucht) von Morlaix stört kein Durchgangsverkehr die Ferienstimmung. Statt Sightseeing locken Spaziergänge z. B. zum Felsen **Chaise du Curé** mit Fernsicht auf Morlaix. Vor Carantec liegt die kleine **Île Callot**. Eine Wattwanderung dorthin kann man auf einer schmalen, asphaltierten Straße auf eigene Faust unternehmen und dabei den »Fußfischern« zuschauen, die hier die Basiszutaten für eine Muschelmahlzeit zusammentragen. Calott zu umrunden dauert etwa eine Stunde. Einen Gezeitenplan (im Touristenbüro), der Tag für Tag die Zeiten angibt, zu denen die Straße passierbar ist oder von der Flut überspült wird, sollte man dabei in der Tasche oder zumindest im Kopf haben. In Carantec bieten mehrere kleine Lokale am Hafen schmackhafte Stärkung an. Mitten im Ort, an der Place de République, wartet die Crêperie »La Chaise du Curé« mit köstlichen Pfannkuchen auf.

Tourismusbüro: 4 Rue Pasteur | Tel. 02 98 67 00 43

Von Insel zu Insel

Penn-al-Lan

An Land überziehen Ferienhäuser, zu Wasser säumt ein Kranz von Inseln die Landzunge Penn-al-Lan. Größtes Eiland ist die **Île Louët** mit Leuchtturm und Wärterhaus. Bei Ebbe geht es durchs Watt weiter zur **Île Callot** mit Artischockenfeldern und einer Wallfahrtskapelle aus dem 16. Jh., die am 15. August Ziel eines Pardon ist. Die dahinter liegende **Île Noire** soll Hergé zu seinem Comic-Band »Tim und Struppi auf der Schwarzen Insel« inspiriert haben.

Ein besonderer Kalvarienberg

★ Plougonven

Der **Pfarrbezirk** in dem kleinen Ort am Nordostrand der Monts d'Arrée (12 km südöstlich von Morlaix) gehört zu den ältesten der Bretagne. Die mehr als 100 Figuren des 4 m hohen, 1554 vollendeten Kal-

Von Penn-al-Lan geht der Blick über die Île Louët zur Stierburg.

varienbergs tragen Trachten des 16./17. Jahrhunderts. Beinhaus und Kirche, bei einem Brand in großen Teilen zerstört, entstanden 1523.

Uralte Grabeskunst

★ Cairn de Barnenez

Der Cairn auf dem höchsten Punkt der **Halbinsel Kernéhélen**, 25 km nördlich von Morlaix, gilt als eines der ältesten Steinzeitmonumente der Welt. Bis 1955 diente das 7000 Jahre alte, 70 m lange, 25–40 m breite und bis zu 9 m hohe Hügelgrab aus der Jungsteinzeit als Steinbruch. Tatsächlich handelt es sich um zwei aufeinanderfolgende Cairns, die zwischen 5000 und 3500 v. Chr. entstanden sind. Der ältere Cairn besteht aus dem örtlich anstehenden dunklen Dolerit, der jüngere aus hellem Granit von der Insel Stérec. Man fand elf Gänge, die zu rechteckigen oder polygonalen Grabkammern führen, fünf im älteren, sechs im jüngeren Cairn. Knochenfunde gab es kaum, dagegen zahlreiche Tonscherben, die beweisen, dass der Grabhügel über eine lange Zeit benutzt wurde. Zwei Gänge – C und D – sind für Besucher geöffnet. Das versperrte Kuppelgrab A wurde als »unechtes Gewölbe« aus Schichten von kleinen, überkragenden Steinen errichtet, und damit in einer Technik, die bis dahin nur von kleineren irischen Bauwerken aus dem 6. Jh. n. Chr. bekannt war.

Mai – Aug. tgl. 10 – 18.30, Sept. – April 10 – 12.30, 14 – 17.30 Uhr
Eintritt 6 € | www.barnenez.fr

So weit das Auge reicht
Felsenmeere und Sandstrände, Landzungen und kleine Häfen, Kapellen und Klippen: Auf 60 km Länge präsentieren die kurvenreichen Straßen D46, D79, D64 und D42 die Schönheiten der Küste zwischen Kernéhélen und St-Michel-en-Grève. Immer wieder verführen Felsen mit Fernsicht zum Halt: die Pointe de Primel, der Marc'h Sammet und der Grand Rocher von St-Michel-en-Grève. Rötlich schimmert das

★ Corniche de l'Armorique

MORLAIX ERLEBEN

OFFICE DE TOURISME
10 Place Charles de Gaulle
29600 Morlaix
Tel. 02 98 62 14 94
www.baiedemorlaix.bzh/de

Im April zieht das Festival »Panoramas« mit Electro, Hip-hop etc. junge Leute an. Das viertägige Festival »Entre Terre et Mer« Anfang Juli umfasst vielerlei Veranstaltungen und Spektakel, von der Landwirtschaftsschau über Musik und Tanz bis zur Parade alter Segelschiffe.

ÉCOPARK ADVENTURES PENZÉ
Spannender Hochseilgarten mit sieben Parcours
Penzé (bei Morlaix)
Tel. 02 98 79 03 21, Erw. 22 €
www.ecopark-adventures.com

L-HERBE-EN-SOL €€
Kleine Speisekarte mit leckeren bretonischen Gerichten und sehr sympathische Besitzerin
21 Rue Ange de Guernisac
Tel. 0 2 56 36 90 29
http://l-herbe-en-sol.edan.io

LE GRAND CAFÉ DE LA TERRASSE €€
Die Brasserie nahe dem Eisenbahnviadukt bietet einen Streifzug durch die regionale Meeres- und Landesküche. Hauptattraktion ist aber das wunderschöne Ambiente der Belle Époque – eine Kulisse von vor über 100 Jahren.
31 Place des Otages
Tel. 02 98 88 20 25
So. geschlossen

CRÊPERIE TY BIHAN €
Hier werden nur saisonal-regionale und vor allem biologische Produkte verwendet. Ein Gedicht: die Apfel-Karamell-Crêpes.
26 Place Ch. de Gaulle
Tel. 02 98 15 38 16
So., Mo. geschl.; Di. – Sa. mittags und abends geöffnet

DE L' EUROPE €€
Das traditionsreiche, 1816 gegründete Hotel im Herzen der Stadt hat schon berühmte Gäste gesehen; im schönsten Zimmer hat 1945 General de Gaulle logiert. Ansonsten bietet das Haus heute gutbürgerlichen Komfort. Nebenan liegt die gleichnamige, ordentliche Brasserie.
1, Rue d'Aiguillon
Tel. 02 98 88 83 38
www.hoteleurope-morlaix.com

Felsenmeer an der wilden **Pointe de Primel**. Vor der 48 m hohen Landspitze nördlich des Badeorts **Primel-Trégastel** reicht der Blick nach Westen weit über die Bucht von Morlaix, nach Osten bis nach Trébeurden an der Côte de Granit Rose.

Reliquienverehrung

★ St-Jean-du-Doigt

Der erste Knöchel des Zeigefingers von Johannes dem Täufer, mitgebracht von einem Kreuzzug: Die Reliquie, die Augenleiden heilen soll, wird seit dem 15. Jh. in der Kirche von St-Jean-du-Doigt verehrt, Anne de Bretagne betete hier 1505 mit Erfolg für die Genesung ihres Mannes. Am letzten Junisonntag begeht der Wallfahrtsort einen Pardon. Ein Triumphtor aus dem 16. Jh. gewährt Einlass in den Pfarrbezirk. Er besteht aus einer spätgotischen Kirche, deren Turm vom Blitz stark beschädigt wurde, zwei kleinen Beinhäusern aus der Gotik und Renaissance, einer Betkapelle von 1577 und einem Renaissancebrunnen von 1691 mit drei übereinanderliegenden Becken, über denen Gottvater thront und die Taufe seines Sohnes segnet.

Grausames Schicksal

Lanmeur

Die dreischiffe Krypta der 1904 erbauten Kirche **St-Mélar** in Lanmeur (14 km nordöstlich von Morlaix) stammt aus vorromanischer Zeit. In ihr soll einst der Sarkophag des hl. Mélar gestanden haben. Heute erinnert einzig eine Statue in der Kirche an das Schicksal des

BAEDEKER MAGISCHE MOMENTE

KAFFEEKLATSCH Á LA BRETONNE

Nachmittags um 17 Uhr sind sie alle da – Fischer und Urlauber, Einheimische und Wanderer, die auf dem GR 34 unterwegs sind. Das entzückende Café Caplan, hoch über dem Strand Poul Roudou in Guimaëc bei Locquirec, ist der Treffpunkt. Bei Kaffee oder Wein werden Neuigkeiten ausgetauscht, diskutiert und in Büchern geschmökert, denn zum Café gehört auch eine kleine Bibliothek. Genießen Sie die tolle Atmosphäre, auch wenn Sie einfach nur auf der Terrasse sitzen und in die himmel- und meerblaue Weite schauen. Nicht jeden Tag geöffnet, also vorher nachfragen! (Tel. 02 98 67 58 98, www.caplanandco.fr)

jungen Mannes, der Opfer seines machthungrigen Onkels wurde. Um ihn als Thronfolger auszuschalten, ließ er Mélar eine Hand und einen Fuß abschlagen.

Wie geschaffen für den Badeurlaub

Locquirec

Feinsandige Strände und Klippen an der Küste, Wald und Hügel im Hinterland: Dank der natürlichen Vorzüge entwickelte sich der Fischerhafen 25 km nordöstlich von Morlaix Anfang des 20. Jh.s zum beliebten Seebad. Bauten aus jener Zeit prägen das Stadtbild, alte Grabplatten pflastern den Kirchplatz. Den Turm der Kirche aus dem 17. Jh. schuf der Architekt Philippe de Beaumanoir aus ▶ Lannion. Innen zeigt ein aus Holz geschnitztes Retabel aus dem 16. Jh. Szenen der Passionsgeschichte. Malereien aus dem 18. Jh. schmücken die Decken von Chor und Querschiff. Westlich der **Pointe de Locquirec** erstrecken sich die feinsandigen Strände Sables Blancs und Moulin de la Rive, östlich die Plage du Fond de la Baie. Auf dem 5 km langen Sandstrand Lieue de Grève weiter östlich wird Anfang Oktober die **Meisterschaft der Lenkdrachen** ausgetragen. Hunderte fantasievoll bunte Drachen bevölkern dann den Himmel in der Bucht.

★★ NANTES

Région: Pays de la Loire | **Département:** Loire-Atlantique | **Einwohner:** 318 000

Haben Sie Lust, einmal auf einem 12 m hohen Elefanten zu reiten oder ein paar Runden auf einem von Jule Vernes fantastischen Welten inspirierten Karussell zu drehen? Dann sind Sie in Nantes richtig. Nach dem Niedergang der Werften hat sich die Stadt im Mündungsgebiet der Loire neu erfunden. Aus dem einstigen Fabrik- und Werftengelände ist ein inspirierender Tummelplatz für Groß und Klein geworden – und ein Schaufenster für wegweisende Architektur.

Mittelalter mit jungem Flair

Nantes war einst Hauptstadt der Bretagne und für jeden echten Bretonen ist sie das – »gefühlt« – auch immer noch. Hier steht das wuchtige Schloss der bretonischen Herzöge, in der Nähe die mächtige Kathedrale, in denen die hochverehrte Anne der Bretagne ihren Eltern ein imposantes Grabmal errichten ließ. Neben den mittelalterlichen Attraktionen locken neue – ein wunderbares Kunstmuseum, Industriegebäude, die sich zu quirligen Kulturzentren entwickelt haben, diverse Festivals, spektakuläre Architektur. Ausgedehnte Fußgängerzonen, eine hohe Kneipendichte, eine neue Uferpromenade und viel Freiraum für neue Ideen haben Nantes aktuell zu einer der lebenswertesten Städte Frankreichs gemacht.

Auf dem Weg zur Wirtschaftsmetropole

Für keine andere Stadt im Loire-Tal spielte der Fluss eine so große Rolle wie für Nantes. In vorchristlicher Zeit lebten hier die keltischen **Namneten**. Die Römer tauften den Ort nach der Eroberung 50 v. Chr. in Portus Namnetum (»Hafen der Namneten«) um, wovon sich der Name Nantes ableitet. Ende des 4. Jh.s eroberten die Bretonen die Stadt, vom 13. Jh. an war sie Sitz der Herzöge der Bretagne. 1532 fiel das Herzogtum an die französische Krone. 1598 unterzeichnete Heinrich IV. hier das berühmte **Edikt von Nantes** (»Toleranzedikt«), das den Protestanten eine bedingte Glaubensfreiheit einräumte.
Dank des Seehafens setzte im 16. Jh. ein wirtschaftlicher Aufschwung ein. Eine Blütezeit erlebte Nantes im 18. Jh. als europäisches **Zentrum des Sklavenhandels**. Zwischen 1715 und 1775 brachen 787 Schiffe nach Afrika auf, von dort fuhren sie, mit Sklaven beladen, zu den Antillen und kehrten mit Zuckerrohr, Kaffee, Tabak und Indigo zurück. Ein Monument am Quai de la Fosse erinnert an das dunkle Kapitel der Stadtgeschichte und an die Abschaffung der Sklaverei. Das Leben in üppigem Wohlstand endete für viele in den Schreckensjahren nach der Revolution: 1793 ließ der vom Nationalkonvent entsandte Jean-Baptiste Carrier über 10 000 Adlige, Priester und andere »Pfeffersäcke«, zu zweien aneinandergebunden, in der Loire ertränken, was als **»mariage républicain«** in die Geschichte einging.
Im 19. Jh. ging die Bedeutung des Hafens zwar stark zurück, da die immer größer werdenden Seeschiffe den Unterlauf der Loire nicht mehr befahren konnten, doch sorgten der 1856 in St-Nazaire am Atlantik (▶ S. 256) angelegte Hafen und die Ansiedlung weiterer Industrien für einen erneuten Aufschwung. 1920 – 1930 wurden zwei Loire-Seitenarme zugeschüttet, die Inseln Feydeau und Gloriette an das rechte Loire-Ufer angeschlossen und der Nebenfluss Erdre in einen Tunnel geleitet, über den heute der Stadtverkehr braust.
1940 besetzten deutsche Truppen Nantes. Als 1941 der deutsche Stadtkommandant Hotz von der Résistance getötet wurde, erschossen die Besatzer zur Vergeltung 50 Geiseln. Daran erinnert der **Cours des 50 Otages** (Straße der 50 Geiseln). Im September 1943 zerstörten Bomben der Alliierten das Stadtzentrum und den Hafen. Beim Wiederaufbau entstanden im Süden neue Viertel, darunter die Cité Radieuse von Le Corbusier (1953 – 1955). Das junge Herz der Stadt schlägt auf der Île de Nantes, wo nach der Stilllegung der Werften ein neues Wohn- und Freizeitviertel mit vielen Kreativprojekten und aufsehenerregender Architektur entstanden ist. Die gesamte Innenstadt lässt sich gut zu Fuß erkunden.

Wohin in Nantes?

Immer etwas geboten

Le Lieu Unique

Der ungewöhnliche Turm beim Bahnhof vom Anfang des 20. Jh.s gehörte ursprünglich zur berühmten Keksfabrik LU (Lefèvre-Utile). Heute ist er ein lebendiges Kulturzentrum mit Restaurant, Bar, Café und Buchladen. Im Untergeschoss kann man im Hamam entspannen. Das vielfältige Veranstaltungsprogramm des »Lieu Unique« umfasst Theater, Tanz, Literatur, bildende Kunst, Musik und Festivals (www.lelieuunique.com). Vom Turm genießt man einen herrlichen Blick über Nantes.

Dunkle Vergangenheit

Mémorial de l'Abolition de l'Esclavage

Mit dem Denkmal am Fluss setzt sich die Stadt mit ihrer Rolle als Zentrum des europäischen Sklavenhandels auseinander. Ein Stück Mauer und ein Tunnel erinnern an das Unrecht der Sklaverei und ihre Abschaffung im 18. Jahrhundert.

Quai de la Fosse (nahe der Brücke Anne de Bretagne) | Mitte Mai bis Mitte Sept. tgl. 9 – 20, sonst 9 – 18 Uhr | Eintritt frei

Altes Schloss in neuem Glanz

★ Château des Ducs de Bretagne

» Donnerwetter! Unsere lieben Herzöge der Bretagne waren aber keine mickrigen Gesellen! «

... soll Heinrich IV. 1598 beim Anblick des von mächtigen Wehrmauern und einem Wassergraben umgebenen Schlosses ausgerufen haben. Das Schloss erhebt sich an der Stelle römischer Wälle und den Resten einer Burg aus dem 12./13. Jahrhundert. Es entstand 1466 unter **Franz II.**, Herzog der Bretagne; seine hier geborene Tochter Anne ließ es vergrößern. In der Schlosskapelle heiratete die 22-jährige Anne 1499 König Ludwig XII.; 1532 wurde im Schloss die Vereinigung der Bretagne mit dem Königreich Frankreich verkündet, hier unterzeichnete Heinrich IV. 1598 das Edikt von Nantes. 1800 explodierten in der Tour des Espagnols die Pulvervorräte, wobei Teile des Schlosses, u. a. die Kapelle, zerstört wurden. Heute erstrahlt das Schloss in neuem Glanz. Es beherbergt das **Musée de l'Histoire de Nantes**, in dem die Stadtgeschichte anschaulich dargestellt wird. Auch die Epoche, in der Nantes als Zentrum des europäischen Sklavenhandels prosperierte, wird hier aufgearbeitet.

Von der Place Marc-Elder führt eine im 18. Jh. angelegte Brücke zur ehemaligen Zugbrücke, die links von der Tour du Pied-de-Biche und rechts von der Tour de la Boulangerie (Bäckereiturm) flankiert wird. Durch den Saal der drei Kamine (Salle des trois cheminées) kommt

NANTES ERLEBEN

OFFICE DE TOURISME

9 Rue des Etats
44000 Nantes
Tel. 08 92 46 40 44
www.levoyageanantes.fr

Flughafen Nantes-Atlantique 12 km südwestlich, TAN-Air-Bus ins Zentrum. TGV-Verbindung mit Paris (2 Std.). Busse und Tram der TAN (www.tan.fr; Büro: Espace Transport, Gare Centrale Commerce). Schiffsausflüge auf der Loire und dem Erdre; besonders beeindruckend sind die abendlichen Fahrten auf dem Erdre (www.bateaux-nantais.fr).

PASS NANTES

Für 1 – 7 Tage, umfasst die Benutzung der öffentlichen Verkehrsmittel (auch TAN Air und Navibus), den Eintritt für die wichtigen Sehenswürdigkeiten, Mini-Kreuzfahrten und Rabatte für weitere Attraktionen. 24-Std.-Pass 26 €, 7-Tage-Pass 90 €.

Hochkarätiges Musikfestival »Folle Journée« Ende Jan./Anf. Feb., mit über 300 Konzerten (www.folle journee.fr). Im Mai alle fünf Jahre (wieder 2024): Internationale Blumenmesse »Floralies Internationales«. Anf. Aug.: Festival Les Escales (Hafenfest). Ende August gibt es beim »Rendez-vous de l'Erdre« Jazz an den Erdre-Kais. Im Oktober im ganzen Département: Celtomania (Veran-staltungen rund um die bretonische Kultur).

Eine beliebte Flaniermeile ist die Rue Crébillon mit Bistros, Boutiquen und Chocolatiers wie Gauthier-Debotte. Auf der Höhe der Rue Santeuil geht es in die Passage Pommeraye, eine wunderbar nostalgische Einkaufspassage.

1 LA CIGALE €€€

Eine der schönsten Art-nouveau-Brasserien Frankreichs: In der »Grille« von 1895 entfaltet sich die ganze Pracht der Belle Époque. Auf der Karte stehen vor allem Fisch und Meeresfrüchte – auch tolles Frühstück.
4 Pl. Graslin, Tel. 02 51 84 94 94
www.lacigale.com

2 CRÊPERIE DE BROCÉLIANDE €€

Ein kleines, schlichtes Lokal mit großer Auswahl an ausgezeichneten Crêpes und Galettes. Bei schönem Wetter werden Tische in die ruhige Straße gestellt.
3 Rue de Guérande
Tel. 02 40 89 04 03
So., Mo. geschlossen

3 LE PETIT BOUCOT €€

Gemütliches kleines Lokal im Graslin-Viertel mit kreativer Küche aus saisonalen Zutaten. Zwei Mittagsmenüs mit je zwei Gängen für 18 bzw. 21 €.
3 Rue Lekain, Tel. 02 53 97 04 04
Di. – Fr. mittags u. abends,
Sa. nur abends
www.lepetitboucot.com

4 LAMACCOTTE

Sanft geschmorte Schweinelende, ausgemachte Pilzravioli und ein sensationelles Tiramisu – kleines, zentral gelegenes Restaurant mit kreativer saisonaler Küche.
7 Rue Saint-Denis, Tel. 02 85 37 42 30, So., Mo. geschl., www.lamaccotte-restaurant-nantes.com

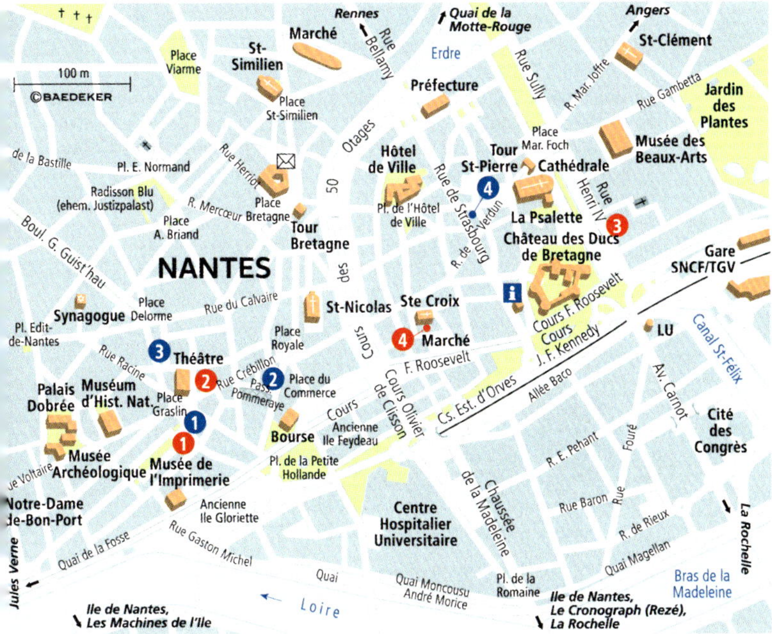

Restaurants:
1 La Cigale
2 Crêperie de Brocéliande
3 Le Petit Boucot
4 Lamacccotte

Hotels:
1 Graslin
2 Hôtel de France
3 L'Hôtel
4 Saint-Daniel

1 L'HÔTEL GRASLIN €€

Zentrales, modernes Best Western Hotel nahe der Place Graslin und der Passage Pommeraye.
1 Rue Piron, Tel. 02 40 69 72 91
www.hotel-graslin.com

2 HÔTEL DE FRANCE €€

Elegantes Hotel in einem Gebäude des 18. Jh.s in einer schönen Einkaufsstraße, 2 Minuten zu Fuß von der Passage Pommeraye und dem Place Royale. Die Bar wird nachmittags zum Salon de Thé, Gebäck liefert der renommierte Laurent le Bouler.
24 Rue Crébillon, Tel. 02 40 73 57 91, www.oceaniahotels.com

3 L'HÔTEL €€

Eine schöne Adresse, moderne Zimmer, teils mit Terrasse oder Schlossblick. Kein Restaurant, aber hervorragendes Frühstück. Eigener Parkplatz.
6 Rue Henri IV
Tel. 02 40 29 30 31
www.nanteshotel.com

4 SAINT DANIEL €

Zentral und ruhig in der Fußgängerzone gelegen. Schlicht eingerichtete, unterschiedlich große Zimmer (teils nach hinten zum Garten), freundliche Betreuung.
4 Rue du Bouffay
Tel. 02 40 47 41 25
www.hotel-saintdaniel.com

man in den Hof, in dem früher Turniere veranstaltet wurden. Über eine elegante Doppelfreitreppe aus dem 17. Jh. erreicht man den Eingang des 1684 nach einem Brand wieder aufgebauten **Grand Gouvernement**. Im Untergeschoss lagen zu den Zeiten der Herzöge die Gefängnisse, darüber die Räume der Wachen und die Küchen. Im ersten und zweiten Stock folgten die fürstlichen Wohnräume und im Dachgeschoss die der Bediensteten. Südlich schließt sich der zierliche **Treppenturm** (Tour de la Couronne d'Or) an; vor ihm steht der unter Franz II. entstandene Brunnen mit einem schmiedeeisernen Baldachin, der die bretonische Herzogskrone darstellt.

Im eindrucksvollen **Grand Logis** (Großer Wohnbau) mit fünf reich verzierten Lukarnen (Gauben) auf dem Dach wohnte die letzte Thronerbin Anne. Der **Petit Gouvernement** (Kleiner Gouverneursbau) wurde im Renaissancestil erbaut; der kleine Pavillon de la Rivière (Flusspavillon) folgte im 18. Jh., das **Zeughaus** (Harnachement) für Pferdegeschirr und Rüstungen wurde 1784 gebaut. Davor erhebt sich der alte Bergfried (Donjon) aus dem 14. Jahrhundert. Von der begehbaren Ringmauer blickt man auf die ehemalige Insel Feydeau mit ihren prunkvollen Reederhäusern. Wo heute auf dem Cours J. F. Kennedy der Verkehr tost, floss einst ein Seitenarm der Loire.

Schloss und Museum: Juli /Aug. tgl. 8.30 – 20 Uhr, sonst Di. – So. 8.30 – 19 Uhr | Eintritt 8 €, Hof und Befestigungen frei zugänglich

★ Cathédrale St-Pierre-et-St-Paul

Was lange währt …

Die Kathedrale von Nantes ist ein Werk der Spätgotik, ihr herausragendes Merkmal ist **das hohe Gewölbe** – mit seinen 38 m übertrifft es sogar das der Kathedrale Notre-Dame in Paris. Dass die Bretonen im 15. Jh. so ein Großprojekt in Angriff nehmen konnten, war indirekt eine Folge des »100-jährigen Krieges« zwischen Frankreich und England. Dank geschickter Diplomatie stand die Bretagne auch wirtschaftlich gut dar. Man konnte und wollte sich einen großartigen Sakralbau leisten. 1434 wurde der Grundstein gelegt. Fertiggestellt wurde das Bauwerk dann aber erst 1891 – 457 Jahre nach Baubeginn. Erstaunlich, dass die Kathedrale heute trotzdem so harmonisch und wie aus einem Guss wirkt. Begonnen hatten die Baumeister mit der Westfassade, an der ein prächtiges gotisches Fenster zu bewundern ist. Sie wurde noch im 15. Jh. fertiggestellt, die beiden 63 m hohen Türme mit den Doppelportalen folgten 1508. Danach gab es immer wieder Phasen, in denen die Arbeiten für Jahrzehnte zum Erliegen kamen. Die Stadtbefestigung musste für die Ausdehnung nach Osten abgerissen werden. Während der Französischen Revolution wurde der Sakralbau u. a. als Waffenlager und Pferdestall zweckentfremdet. Im 19. Jh. widmete man sich wieder ihrer baulichen Vollendung, und zu Weihnachten 1891 konnte St-Pierre-et-St-

Anne de Bretagne ließ ihren Eltern ein prächtiges Grabmal errichten.

Paul endlich geweiht werden. 1944 wurden Teile des Chores und der Sakristei bei einem Bombenangriff zerstört, die Restaurierungsarbeiten zogen sich über Jahrzehnte hin – erst 1985 waren sämtliche Kriegsschäden beseitigt.
Die größte Sehenswürdigkeit im kühl wirkenden Inneren ist das **Grabmal**, das Anne de Bretagne für ihre Eltern, den letzten bretonischen Herzog Franz II. († 1488) und seine Gemahlin Margarethe de Foix, ab 1502 errichten ließ – ein Renaissance-Meisterwerk von Jean Perréal, ausgeführt von Michel Colombe von 1507 – laut Châteaubriand das **»Meisterwerk der katholischen Kunst in Frankreich«**. Vier große Statuen an den Ecken stellen die Kardinaltugenden dar, die ein Herrscher besitzen sollte: Gerechtigkeit (mit Schwert), Kraft (mit Helm und Harnisch), Vorsicht (die doppelgesichtige Figur schaut nach vorn und hinten) und Mäßigung (mit Zügel). Unter den Liegefiguen stehen in den Nischen Statuen der Trauernden, u.a. Franz von Assisi und die hl. Margarete als Schutzpatrone des Paars.
Am Anfang des Chorumgangs führt eine Treppe in zwei Krypten aus dem 11. Jh.; in der vorderen ist der Kathedralschatz ausgestellt, in der hinteren liegt die Bischofsgruft. Eine dritte Krypta präsentiert eine Dauerausstellung über die Geschichte der Kathedrale.

★ Musée d'Arts de Nantes

Meisterwerke der Malerei

Das Kunstmuseum in einem Gebäude aus dem späten 19. Jh. ist eines der wichtigsten seiner Art in Frankreich. Es besitzt Gemälde vom 13. bis 20. Jh., darunter Meisterwerke aus Italien, Flandern, Holland und Frankreich, etwa von Courbet, Chagall und Picasso. Besonders sehenswert sind Werke der Schule von Pont-Aven, beeindruckend ist auch die Salle des Désastres (Katastrophensaal) mit der überwältigenden Sintflut (la déluge) von Léon Comerre (1850 – 1916).
10 Rue Georges Clemenceau | Juli, Aug. tgl. 10–19, sonst Mi. – Mo. 11 – 19, Do. bis 21 Uhr | Eintritt 8 €

Jardin des Plantes

Ein wahrer Blütenrausch

Der Botanische Garten ging aus einem 1688 gegründeten Apothekergarten hervor. In den 1850er-Jahren entstand hier ein **Landschaftspark im englischen Stil** mit alten Bäumen, Wasserläufen und einem See. Für einen Blütenrausch sorgen im Frühling die Magnolien, von denen es hier gleich mehrere hundert Varianten gibt.
April–Sept. 8.30–20, sonst 8.30–18.30 Uhr | Eintritt frei
Gewächshäuser-Führungen mehrmals tgl. 3 €

★ Île Feydeau

Bevorzugtes Wohnviertel

Die einstige Flussinsel war das Wohnviertel der reichen Reeder. Im Volksmund hieß sie auch Quartier des Négriers, in Anspielung auf die durch den Sklavenhandel reich gewordenen Kaufleute. Ihre schönen Palais entstanden 1740 – 1780: Über den Läden im Erdgeschoss lagen

die herrschaftliche Wohnung und darüber Mietwohnungen. 1926 bis 1938 wurde die Île Feydeau an die Stadt angeschlossen, die Nebenarme der Loire und ihres Zuflusses Erdre wurden zugeschüttet und zu breiten Straßenzügen umfunktioniert.
Zwischen dem Cours Olivier de Clisson und der Place de la Petite Hollande stehen prächtige Häuser im klassizistischen Stil – die Rue Kervégan gehört zu den schönsten Straßen in Nantes – mit schmiedeeisernen Gittern und Balkonen. Am Cours Olivier de Clisson steht das Geburtshaus von Jules Verne (Hausnummer 4).

Mittelalterliche Altstadt

Place Ste-Croix

Ein Gewirr aus engen Gassen und hohen Fachwerkhäusern prägt das Viertel um die Place Ste-Croix. Die gleichnamige Kirche aus dem 17. Jh. wird vom Glockenturm von 1848 überragt. Auf der malerischen **Place du Bouffay**, dem ältesten Platz der Stadt, findet seit dem 15. Jh. vormittags (außer montags) ein bunter Gemüsemarkt statt.

Beliebter Treffpunkt

Place Royale

Westlich des Cours des 50 Otages ragt die 1975 gebaute 32-stöckige **Tour de Bretagne** auf. Südlich davon die 1790 angelegte Place Royale, einer der zentralen Plätze der Stadt. In der Mitte steht ein großer Brunnen aus bläulichem Granit (1865). Seine Marmorfigur auf der Spitze symbolisiert die Stadt Nantes, die vier Eckfiguren stellen die Nebenflüsse der Loire dar: Cher, Erdre, Loiret und Sèvre.

Stilvoller Einkaufstempel

★ Passage Pommeraye

Die Einkaufsstraße Rue Crébillon mit Geschäften internationaler Modedesigner verbindet die Place Royale mit der Place Graslin. Auf Höhe der Rue Santeuil hat man Zugang zur Passage Pommeraye von 1843. Mit dem Gemisch aus Stuckwerk, Büsten, Säulen und schmiedeeisernen Gittern gehört sie zu den schönsten Konsumtempeln des 19. Jh.s (Architekten: J.-B. Buron, H. Durand-Gasselin).
Tgl. 8 – 20 Uhr

Ein Platz für einen Stopp

Place Graslin

Die halbkreisförmige, dem Pariser Odéon nachempfundene Place Graslin trägt den Namen des reichen Finanzmanns Jean-Joseph-Louis Graslin, oberster Steuereinnehmer für die königlichen Landgüter. Er hatte von der Stadt den Grund erworben und Mathurin Crucy mit der Bebauung des Platzes und dem Bau des Grand-Théâtre (1783 – 1788) an der Nordseite beauftragt.

Vielfältige Museumslandschaft

Museen

Im **Musée d'Histoire Naturelle** in der Münzanstalt von 1875 sind Mineralien aus aller Welt, Fossilien und Zeugnisse der Vorgeschichte sowie ein Vivarium mit Reptilien und Amphibien zu sehen.

Shopping in stilvoller Umgebung in der Passage Pommeray

Im Palais Dobrée ist das **Musée Dobrée** untergebracht. Thomas Dobrée (1810 – 1895) war ein wohlhabender Nantaiser Reeder, der leidenschaftlich Kunstgegenstände sammelte. Um ihnen einen würdigen Rahmen zu verschaffen, baute er ein Museum, das noch im Todesjahr des Bauherrn eingeweiht wurde. Die Sammlung umfasst Exponate aus vielen Jahrhunderten und Erdteilen, darunter Gemälde, Möbel, Wandteppiche, Kunsthandwerk, Manuskripte und wertvolle Bücher. Das Palais wird derzeit zu einem avantgardistischen Museum umgebaut. Für 2024 ist die Neueröffnung geplant – dann mit Literatur-Cafe und einem Garten im anglo-normannischen Stil, der auch für temporäre Ausstellungen genutzt werden soll.
Am Quai de la Fosse das **Musée de l'Imprimerie** (Buchdruckmuseum), das die traditionellen Berufe rund um Drucktechnik und Grafikkunst vorstellt. Besucher können die Maschinen selbst bedienen und die alten Werkzeuge benutzen, die fünf Jahrhunderte lang zur Verbreitung von Schrift und Bild beigetragen haben. Ebenfalls am Quai de la Fosse liegt im Nordarm der Loire ein 133 m langes, 1956/1957 erbautes Geleitboot der Kriegsmarine, das als **Musée Naval Maillé Brézé** zu besichtigen ist.
Das weiter flussabwärts oberhalb des Hafens gelegene **Musée Jules Verne** in einem großbürgerlichen Haus des 19. Jh.s ist dem Science-Fiction-Schriftsteller Jules Verne gewidmet, der 1828 auf der Insel

Feydeau geboren wurde. Auf zwei Stockwerken sind Briefe, Fotos, Manuskripte, Modelle und andere Andenken ausgestellt.
Musée d'Histoire Naturelle: 12 Rue Voltaire | Juli, Aug. tgl. 10 - 19 Uhr Eintritt 5 € | **Musée de l'Imprimerie:** Mo. - Sa. (Juli/Aug. nur Mo. Fr.) 10 - 12, 14 - 17.30 Uhr | Eintritt 7 € | **Musée Naval Maillé Brézé:** Führungen (1 Std.) Mo., Di., Do., Fr. um 15, Mi., Sa., So. mehrere Führungen zwischen 14.30 u. 16 Uhr | Eintritt: 7 €, Führung mit Maschinenraumbesichtigung (1,5 Std.) 9 € | **Musée Jules Verne:** 3 Rue de l'Hermitage | Juli, Aug. tgl. 10 - 19 Uhr | Eintritt 4 €, geführte Tour 7 €

Virtueller Spaziergang in der Antike

★ Le Chronographe

Nantes neue Attraktion führt Besucher multimedial in die römische Vergangenheit der Stadt führt. Direkt an der archäologischen Ausgrabungsstätte im Vorort Rezé auf der linken Seite der Loire bietet das super-moderne Museum Gelegenheit, einen virtuellen Spaziergang an den Hafenanlagen des antiken Ratiatum zu unternehmen und das Alltagsleben in der römischen Hafensiedlung, der Keimzelle des heutigen Nantes, zu erkunden.
Le Cronograph: 21 Rue Saint-Lupien, 44400 Rezé | Juli, Aug. Di.–So. 14–19, Sept.–Juni Mi.–So. 14–18 Uhr | Eintritt 3 Euro | https://lechronographe.nantesmetropole.fr

Ein Ort der Inspiration

★ Île de Nantes

Auf der 5 km langen Insel in der Loire wurden bis Ende der 1980er-Jahre Schiffe gebaut, hier standen Fabriken und hässliche Wohnblocks im Stil der 70er-Jahre. 1987 lief das letzte Schiff vom Stapel, dann wurde die Werft geschlossen, die Insel zum Problembezirk. Seit der Jahrtausendwende aber ist die Île de Nantes ein Experimentierfeld für Stadtplanung und Landschaftsgestaltung geworden. Als erster Prestigebau wurde im Jahr 2000 der neue **Justizpalast** auf die Insel gesetzt – ein schwarzer Quader aus Metall und Glas, nach Plänen von Jean Nouvel, der u.a. die Berliner Galeries Lafayette sowie die Pariser Philharmonie entwarf. Seit 2008 residiert die staatliche **Architekturakademie** in der Nachbarschaft. Das raffinierte Gebäude, das sein Dach als Schulhof nutzt, wurde vom Pariser Architekturbüro Anne Lacaton und Jean-Philippe Vassal entworfen. Insgesamt sollen hier 7500 neue Wohnungen entstehen, Sozialwohnungen und Studentenheime tragen zur sozialen Durchmischung bei. Bei der Grunderneuerung wurden nicht alle Spuren der Vergangenheit getilgt – der graue und der gelbe Kran der stillgelegten Werft firmieren heute als Wahrzeichen der Insel, der einstige Bananenhangar beherbergt eine Galerie, einen schicken Gourmettempel und die größte Diskothek Westfrankreichs.
Ganz neue Impulse haben die **Machines de l'Îles** dem Viertel gegeben, riesengroße Technikspielzeuge, in Anlehnung an die Fantasien von Jules Verne und den mechanischen Skizzen Leonardo da Vincis

ebenso wie an die industrielle Geschichte der Stadt. Sie sind heute eine Mega-Attraktion. Das spektakulärste Spielzeug ist der 12 m hohe Elefant aus Stahl und Holz, der trompetend und mit bis zu 50 Personen auf dem Rücken über die Insel stampft. Prototypen neuer Maschinen kann man im »Atelier« bestaunen – derzeit u.a. eine Leonardo-Flugmaschine und eine riesige Spinne
www.lesmachines-nantes.fr

Rund um Nantes

Kunst am Fluss

★★ Estuaire de la Loire

Rund 60 km sind es von Nantes bis St-Nazaire, wo die Loire in den Atlantik mündet. Um dem versandeten Fluss, auf dem keine großen Handelsschiffe mehr verkehren, wieder mehr Bedeutung zu verleihen, hat man das Mündungsgebiet (franz. estuaire) in ein **Freiluftmuseum** verwandelt. Rund 30 renommierte Künstler schufen die unterschiedlichsten Werke, die meisten stehen am, manche auch im Wasser – **La Maison dans la Loire** (Haus in der Loire) von Jean-Luc Courcoult, dem Direktor der Nantaiser Straßentheatergruppe Royale de Luxe, das **Gekrümmte Segelboot** (Misconceivable) des Österreichers Erwin Wurm und die **Ozeanschlange** (Serpent d'Océan) des chinesischen Installationskünstlers Huang Yong Ping sind einige davon. Die Broschüre zum Kunstparcours, den man auch per Fahrrad erkunden kann, gibt's bei der Touristeninformation.
www.estuaire.info

Weinberge und Kekse

★ Château de Goulaine

Das Schloss mit Türmchen und Pavillons (15. Jh,) in den Weinbergen 8 km östlich des Zentrums von Nantes erinnert an die Loire-Schlösser. Im Inneren sind die reich dekorierten Wohnräume von Gabriel de Goulaine zu sehen (17. Jh.). Noch immer im Privatbesitz wird es von der Familie Goulaine seit 100 Jahren bewohnt. Besucher können sich mit oder ohne Führung in den reich Räumen umsehen, Kinder dürfen sich Kostüme ausleihen und als Prinzessin oder Prinz durch das alte Gemäuer spazieren. Im Lauf des Jahres finden diverse Veranstaltungen statt: Musik, Literatur, Ausstellungen etc.
Juli, Aug. tgl. 14–18,30 Uhr | Eintritt 10,50 €
www.chateaudegoulaine.fr

Ausflug an die Loire

Champtoceaux

Der schöne Ort Champtoceaux liegt ca. 30 km östlich von Nantes auf einem bewaldeten Hügel über dem südlichen Loire-Ufer. Von der **Promenade du Champalud** hat man eine herrliche Aussicht über das Tal der Loire. Von der alten Festung, die 1420 geschleift wurde, sind noch Reste erhalten.

Fast wie in Italien

Clisson

Über dem Zusammenfluss von Sèvre Nantaise und Moine 25 km südöstlich von Nantes liegt das kleine Stadt (6900 Einw.), beherrscht von der Ruine einer Burg aus dem 13. Jh. mit wuchtigen Bastionen und 3 m dicken Mauern. Für König Franz II.war die Festung eine seiner Lieblingsresidenzen, wohl auch, weil er hier 1471 Marguerite de Foix heiratete. 1793 wurden Stadt und Burg während der Vendéekriege völlig zerstört. Beim Wiederaufbau verfolgten die Architekten P. und F. Cacault sowie F.-F. Lemot das Ideal einer italienischen Renaissancestadt, was der Stadt den Beinamen »l'Italienne« einbrachte. Die schmale Rue des Halles führt zu einer **Markthalle** (17. Jh.) mit beeindruckendem Holz-Dachstuhl. Hinter der Halle steht die italienisch anmutende Kirche Notre-Dame. Von den Revolutionswirren verschont blieben die westlich der Place St-Jacques (hier findet Freitag vormittags ein Wochenmarkt statt) gelegene Kapelle St-Jacques (12. Jh.) und die Kirche La Trinité aus dem 16./17. Jahrhundert.

Etappe am Kanal

Blain

Blain, 35 km nordwestlich von Nantes gelegen (9600 Einw.), war zur Römerzeit ein wichtiger Verkehrsknotenpunkt. Die Stadt wird von dem 1811 – 1842 angelegten **Nantes-Brest-Kanal** durchquert und ist dahar eine Etappe für Hausbooturlauber. Eine erste Burg, das **Château de la Groulais**, entstand um 1104 im Auftrag des Herzogs der Bretagne; die späteren Besitzerfamilien Clisson und Rohan erweiterten die Anlage. Vom Schloss erhalten sind der Turm der Zugbrücke (Tour du Pont-Levis, 14. Jh.), der Wohntrakt des Königs (Logis du Roi, 15. Jh.) sowie der schmucklose Turm des Connétable (1386). Das Stadtmuseum zeigt das alltägliche Leben vor rund 100 Jahren. Zu vergnüglichen Radtouren und Wanderungen lädt der wildreiche Staatsforst **Forêt de Gâvre** im Norden von Blain ein.

Musée de Blain: 2 Place Jean Guihard | Di. – Fr. 10 – 12, 14 – 18, Sa. 14 bis 17.30 Uhr | Eintritt frei

PAIMPOL

Département: Côtes d'Armor | **Einwohner:** 7200

In den vergangenen Jahrhunderten war Paimpol Heimathafen der Hochseefischer. Von hier aus nahmen ihre Schiffe Kurs auf die Fischgründe des Nordatlantiks. Unter härtesten Arbeitsbedingungen holten die Männer tonnenweise Kabeljau und Dorsch aus dem Meer. Pierre Loti hat ihnen in seinem Roman »Die Islandfischer« ein Denkmal gesetzt.

Auf den Spuren der Island-fischer

Eine Hommage an alle Seeleute ist das »Festival der Seemannsgesänge« , zu dem das inzwischen äußerste adrette Hafenstädtchen in ungeraden Jahren (2021, 2023 etc.) einlädt. Für ein paar Tage im August geben sich dann alte Holzschiffe und Seemannschöre aus aller Herren Länder ein Stelldichein. In der übrigen Zeit liegen im einstigen Islandfischerhafen heute nur noch Sportboote vor Anker. Die »Paimpolaise«, ein Lied für die Fischer, das der Komponist Theodore Bortel – inspiriert von Lotis Islandfischer-Roman – komponierte, gilt noch heute als inoffizielle Nationalhymne der Bretagne.

Wohin in Paimpol und Umgebung?

Wie zu Zeiten von Pierre Loti

Place du Martray

In den verwinkelten Gassen mit Fachwerkhäusern rund um die Place du Martray ist noch die Atmosphäre von einst zu spüren. In der Rue de l'Eglise 5 seitlich der Place Martray wohnte **Pierre Loti** während seiner Aufenthalte in Paimpol, und hier »lebte« auch seine Romanheldin Gaud Mével. In der Rue de Labenne, wo um 1880 Dorsche getrocknet und konserviert wurden, erzählt das 2022 neu gestaltete **Musée de la Mer** von der harten Arbeit der Hochseefischer. In Paimpol sollten sich Gourmets die »Paimpolaises« (Austern) nicht entgehen lassen.
Ganz bestimmt lohnt auch ein Ausflug ins nahegelegene Fischerdorf **Loguivy-de-la-mer**, wo Taschenkrebse, Langusten und der berühmte blaue Hummer von Loguivy probiert werden wollen.

Musée de la Mer: Ende April – Okt. tgl. 14 – 18.30 Uhr | Eintritt 4,50 €

Kleine Küstenwanderung

Pointe Guilben

Am Rond Point du Goëlo beginnt der markierte **Wanderweg** »PR du Pays du Islandais« zur Spitze der schmalen Landzunge Guilben mit Blick auf die kleine Île Blanche.

Vom Leben der Fischer

Ploubazlanec

An die Zeiten der Islandfischer – genauer an die 2000 Männer, die von ihrer Fahrt nicht zurückkehrten, »perdu en mer«, verloren im Ozean, erinnern die einfachen Schilder an der langen Friedhofsmauer (»Mur des Disparus«). Das 2018 neu eröffnete **Musée Mémoire d'Islande Milmarin** gewährt einen Einblick in die Lebens- und Arbeitswelt der Fischer und ihrer Familien, die Pierre Loti mit seinen Roman »Die Islandfischer« literarisch zu Ehren kommen ließ.

» Die alten Dächer erzählen vom jahrhundertelangen Kampf gegen den Westwind. «

Pierre Loti

In Paimpol trifft man sich am Hafen.

Musée Mémoire: Juli – Aug. tgl. 10 – 12.30 u. 14 – 18; April – Juni, Sept. – Okt. nur Mi. – Fr. u. So.; Nov.April – Juni, Sept. – Okt. Mi. – Fr. u. So. März Mi. – Fr. u. So. nur bis 17 Uhr | Eintritt 6 €

Ungewöhnliche Flora

★ Île de Bréhat

Von der **Pointe de l'Arcouest** setzen Boote in 15 Minuten zur autofreien Île de Bréhat über. Dank dem Golfstrom gedeihen auf der 3,5 km langen und 1,5 km breiten Blumeninsel Palmen, Mimosen, Feigen, Eukalyptus, Maulbeerbäume und Kamelien (Informationen zum Fahrplan der Fährschiffe unter www.vedettesdebrehat.com). Wer mag, kann von Port-Clos auch auf einem Ausflugsboot an der Küste entlang schippern, wo sich rosafarbene Felsklippen und einladende Sandstrände abwechseln. Die Insel lässt sich gut zu Fuß, per Leihrad oder mit dem »Taxi« erkunden, einem von einem Traktor gezogenen Anhänger. Hauptort ist **Le Bourg**. Seine im 12. Jh. begonnene Ortskirche ziert ein Glockenturm im Stil von ▶ Lannion. Nordwestlich steht die Kapelle St-Michel von 1852; 39 Stufen führen zu einer klei-

PAIMPOL ERLEBEN

OFFICE DE TOURISME PAIMPOL
Place de la République
22500 Paimpol
Tel. 02 96 20 83 16
www.guingamp-paimpol.com/de

In ungeraden Jahren feiert man im August rund um den Hafen die große Fête du Chant de Marin, das Fest der Seemannslieder.
www.paimpol-festival.bzh

LES AGAPANTHES €
Charmantes Haus aus dem 18. Jh. im kleinen Ort, nett, helle Zimmer mit Blick zum Meer oder zum Garten. 700 m zum Strand. 3 km nordöstlich von Paimpol.
1 Rue Adrien Rebours
Ploubazlanec
Tel. 02 96 55 89 06
www.hotel-les-agapanthes.com

DU PORT €
Unprätentiöses, gutes Fischrestaurant, Typ Brasserie, am Sporthafen
Quai Morand
Tel. 02 96 20 82 76
Nov. – März Di., Mi., Juli /Aug. Mo. geschl.
www.paimpol-restaurant-du-port.com

RESTAURANT DE LA MARNE €€€/€€
Außen Granit, innen helles, freundliches Ambiente: Wer mal elegant und hochklassig essen will, ist bei den jungen Gastgebern richtig. Schöne moderne Zimmer.
30 Rue de la Marne
Tel. 02 96 16 33 41
www.hoteldelamarne-paimpol.fr

K'LOYS €€/€
Guy Conan hat das Reederhaus aus dem 19. Jh. am Bootshafen in eine gemütliche Herberge verwandelt. Genauso gründlich und ambitioniert war er beim Restaurant in alten Gewölben.
21 Quai Morand
Tel. 02 96 20 40 01
www.k-loys.com

LA VIEILLE AUBERGE €€/€
Ein Korsar baute 1711 das nostalgische Steinhaus ca. 1 km vom Hafen. Gästezimmer und Restaurant sind schlicht, aber in Ordnung, und genau das hat seinen Reiz.
Île-de-Bréhat, Le Bourg
Tel. 02 96 20 00 24
www.la-vieille-auberge-brehat.com

nen Anhöhe mit schönem Ausblick. Das 1788 aufgestellte »Croix des Maudez« erinnert an den hl. Maudez, der 570 auf der Nachbarinsel ein Kloster gründete. Die Brücke Pont ar Prat erschließt den kargeren Norden der Insel mit zwei Leuchttürmen. In der Mitte ragt der Phare du Rosédo von 1862 auf, an der äußersten Spitze steht der 1949 erneuerte Phare du Paon.

Kultur im Klostergarten

★ Abbaye de Beauport

Ca. 2 km südöstlich von Paimpol liegt am Meer die malerische Ruine des Prämonstratenserklosters Notre-Dame de Beauport. 1202 gegründet, wurde es 1790 konfisziert und 1797 an drei örtliche Familien verkauft, die aus dem Kloster alles mögliche machten – u.a. einen Bauernhof und eine Pulverfabrik. Von der Abtei aus dem 13./14. Jh. blieben die Außenmauern, das dachlose Langhaus, das nördliche Seitenschiff und der linke Teil des Querschiffs erhalten sowie Reste von Refektorium und Fürstensaal. Heute bietet die von einer schönen Gartenanlage umgebene Ruine einen stimmungsvollen Rahmen für Konzerte und andere Veranstaltungen. Die Kapelle Ste-Barbe, im 18. Jh. auf der nahen Klippe errichtet, war einst **Pilgerort für die Islandfischer**.

April – Juni 10.30 – 12.30, 14 – 18, Juli – Sept. 10.30 – 19, Okt. – Nov., März 14 – 18 Uhr | Eintritt 6 € | www.abbayebeauport.com

Ausflug mit dem Boot

Château de la Roche-Jagu

Von der Pointe de l'Arcouest kann man auch den Trieux hinauf schippern – bis zum Château de la Roche-Jagu. Das Anfang des 15. Jh.s am linken Ufer des Trieux erbaute Schloss mit seinem 30 ha großem Garten zeigt interessante Wechselausstellungen. Der überdachte Wehrgang eröffnet weite Ausblicke auf die Flussschleife.

Mai, Juni und Sept. – Mitte Okt. 10 – 12, 14 – 18, Juli, Aug. 10 – 13, 14 – 19 Uhr | Eintritt 6 €

BAEDEKER MAGISCHE MOMENTE

EINMAL KAMELIENDAME

Die französische Kaiserin Joséphine, Napoleons Ehefrau, hatte ein Faible für Kamelien. Und so kamen die eigentlich in Ostasien beheimateten Teestrauchgewächse im frühen 19. Jh. in Adelskreisen so richtig in Mode. In der Bretagne gedeihen sie mancherorts vortrefflich und läuten schon im Winter den Frühling ein. Lassen Sie sich von der rosaroten Blütenpracht bezaubern, spazieren Sie über die 200 m lange Kamelien-Allee im Park von Schloss de la Roche-Jagu. Sie werden Josephines Schwärmerei verstehen! (Hauptblütezeit Februar bis April)

★ PONT-AVEN

Département: Finistère | **Einwohner:** 2800

Dieses Städtchen ist so reizvoll, dass man es einfach malen muss. Das hat sich Ende des 19. Jh.s schon Paul Gauguin gesagt. Gemeinsam mit einigen seiner Malerkollegen nahm er hier eine Zeit lang Quartier und gründete die Malerschule von Pont-Aven. Mit ihren Staffeleien schwärmten die Avantgarde-Freiluftkünstler aus, um den kleinen Hafen, den Bois d'Amour (Liebeswäldchen) und andere Szenen auf ihre Leinwände zu bannen.

Künstlerkolonie

Pittoresk wirkt der Ort auch heute noch. Friedlich schlängelt sich ein Bach unter der uralten Steinbrücke durch sein von rundlichen Felsbrocken »gepolstertes« Bett. Hübsche Häuser mit leuchtend blauen Fensterläden ziehen die Blicke auf sich, ebenso lauschige Gärten, in denen üppige Hortensien blühen. Hier und da erinnert ein Mühlrad an vergangenen Zeiten, in denen in Pont-Aven 14 Mühlen klapperten. Auch Künstler fühlen sich hier immer noch wohl, Galerien und Ateliers verkaufen ihre Werke. In Kursen vermitteln Profi-Maler, wie sich die schönen Motive mit Farbe und Pinsel einfangen lassen.

Wohin in Pont-Aven?

Stadt der Mühlen

Promenade Xavier Grall

Reizvoll ist ein Spaziergang entlang des Flusses auf der Promenade Xavier Grall mit historischen Wassermühlen, benannt nach dem Dichter und Journalisten (1930 – 1981), der hier mehrere Jahre lebte.

Die »Schule von Pont-Aven«

★ Musée de Pont-Aven

Das jüngst völlig neu gestaltete Museum zeigt Werke von Gauguin, Émile Bernard, Paul Sérusier und Maurice Denis. Fotos, Zeitungsausschnitte und Dias informieren über die »Schule von Pont-Aven«. Wechselausstellungen zeigen ab und zu auch Originale von Gaugin.

Place Julia | Juli, Aug. tgl. 10 – 19, sonst Di.–So. 10–18Uhr
Eintritt 8 € | http://museepontaven.fr

Wohnen wie bei Muttern

Place Paul Gaugiun

An der Place Paul Gauguin (Nr. 5) steht das Haus, das einst als Pension der Marie-Jeanne Gloabec eine bei Malern bekannte Adresse war. Hier, bei »Mutter Gloanec«, logierten Gauguin und viele seiner Kollegen. Madame Gloanec hatte ein Herz für junge Talente, von denen nur die wenigsten ihre Miete pünktlich zahlen konnten.

PONT-AVEN ERLEBEN

OFFICE DE TOURISME
3 Rue des Meunières, 29930 Pont-Aven, Tel. 02 98 06 87 90
www.pontaven.com, www.deconcarneauapontaven.com

Mal- und Bildhauerkurse bietet u.a. die ganzjährig geöffnete Kunstschule an.
Ecole d'Art, 2 Place de l'Église
Tel. 06 22 35 14 40
http://ecoledepontaven.fr

Auf dem gezeitenabhängigen Aven fahren Ausflugsschiffe von April bis September, z. B. von Pont-Aven in 75 Minuten zum Meer und zurück. Knapp 2 Std. dauert die Bootstour vom 5 km entfernten Port-de-Bélon zu den Austernbänken im Fluss Bélon, weiter nach Pont-Aven und wieder zurück.
Les Vedettes Aven-Bélon
Tel. 06 27 25 36 78
www.vedettes-aven-belon.com

Fest der Ginsterblüte: Der Liedermacher Théodore Botrel rief 1905 die »Fête des Fleurs d'Ajonc« ins Leben, das Fest der Stechginsterblüte am ersten Augustsonntag.

Märkte: Di. auf der Place de l'Hôtel de Ville, Mitte Juni – Mitte Sept. an den Hafenkais. Seit 1890 stellt die Familie Isidore Penven u. a. feinste Galettes-Butterkekse her (Laden: 10 Place Paul Gauguin, tgl. 9.30 – 12,30, 14 – 19 Uhr, Sa., So. ab 10 Uhr). In schönen Dosen mit Gauguinmotiven bietet Traou Mad seine Biskuits an. Ihre Läden befinden sich auf der Brücke und in der Rue du Port.

MOULIN DE ROSMADEC €€€€
Auch 2022 verlieh Michelin dem romantischen Gourmetlokal in einer mittelalterlichen Wassermühle mitten in Pont-Aven einen Stern. Am Herd zaubert Sébastien Martinez Hochgenüsse mit bretonischen Akzenten.
Venelle de Rosmadec, Tel. 02 98 06 00 22, https://rosmadec.com

CRÊPERIE LE TALISMAN €
Seit 1920 schon werden hier traditionelle Rezepte für die hauchdünnen Eierkuchen und für die köstlichen Beilagen weitergegeben. Besonders angenehm speist es sich im Garten des kleinen Lokals.
4 Rue Paul Sérusier, Tel. 02 98 06 02 58, Juli, Aug. Di.-So. mittags und abends, sonst auch So abends geschl.

LA CHAUMIÈRE ROZ-AVEN €€
Reetgedecktes Haus aus dem 16. Jh. mit modernem Anbau am Ufer des Aven. Hübsche, gemütliche Zimmer und dazu einen Salon de thé.
11 Quai Théodore Botrel
Tel. 02 98 06 13 06
www.hotelpontaven.com

LES AJONCS D'OR €
Das traditionsreiche Haus im Zentrum war auch eine Maler Bleibe, heute bietet es schlichte Zimmer. Gutes Restaurant, serviert werden klassische Fisch- und Fleischgerichte.
1 Place de l'Hôtel de Ville
Tel. 02 98 06 02 06
www.ajoncsdor-pontaven.com

Fangfrische Meeresfrüchte gibt es in der Markthalle von Quimperlé.

Rund um Pont-Aven

Hier ließen sich die Maler inspirieren

★ Chapelle de Trémalo

Ihre Motive fanden Gauguin und Kollegen vorzugsweise im **Bois d'Amour** oberhalb des Aven-Tals. Weiter oberhalb lohnt die gotische Trémalo-Kapelle den Besuch. Ihr bunt bemaltes Kruzifix aus dem 17. Jh. inspirierte Gauguin 1889 zu seinem »Gelben Christus«. Der Kalvarienberg der Pfarrkirche Nizon, 3 km westlich, stand Gauguin 1889 Modell für seinen **»Grünen Christus«**..

Künstlerort am Meer

Le Pouldu

Auch der kleine Badeort ca. 20 km südöstlich gehörte zu den Entdeckungen Gauguins. Er wohnte in der »Buvette de la Plage« am Strand Grands Sables, heute erinnert hier ein Museum an die Malerschule.

10 Rue des Grands Sables | April – Mitte Juni, Mitte Sept. – Ende Okt. Sa., So. 14 – 18, Mitte Juni – Mitte Sept. Di. – So. 11 – 19 Uhr | Eintritt 5 €

Jazzige Töne

Névez

Nahe dem kleinen Ort 8 km südwestlich gibt es Strände mit feinem Sand und im Weiler Hénan eine gut erhaltene **Gezeitenmühle** aus dem 15. Jahrhundert. Ab Mitte Juli teffen sich Jazz- und Chansonfreunde in den Jardins de Rospico bei Nevez zum fünftägigen **Festival Jazz'y Krampouezh**

www.jazzy-krampouezh.fr

Quimperlé

Kleinstadt voller Überraschungen

Bei der beschaulichen Kleinstadt 15 km östlich von Pont-Aven vereinigen sich die Flüsse Ellé und Isole zur Laëta. Steile Treppenwege führen hinauf zur Oberstadt um die spätgotische Kirche **Notre-Dame-de-l'Assomption.** Fachwerk und lauschige Plätzchen findet man in der Unterstadt auf einer Landzunge zwischen den Flüssen. Hier steht auch **Ste-Croix**, eine der schönsten romanischen Kirchen der Bretagne, errichtet im 12. Jh. nach dem Vorbild der Jerusalemer Grabeskirche auf rundem Grundriss. Damit ist sie neben dem sog. Temple de Lanleff die einzige Rundkirche in der Bretagne. 1862 stürzte der Glockenturm ein und zerstörte einen Teil der Kirche. Weitgehend unbeschädigt blieben die romanische Chorpartie mit drei Apsiden und die stimmungsvolle dreischiffige Krypta. Vor der Kirche lädt die hübsche **Markthalle** zum Einkauf. Fachwerkhäuser aus dem 17. und 18. Jh. säumen die **Rue de Brémond d'Arz**

In der malerischen Rue Domaine Morice (Nr. 7) steht die im 16. Jh. ohne einen einzigen Metallnagel erbaute **Maison des Archers** (Haus der Bogenschützen, wobei es hier aber keine gab). Es wird von Theater- und Tanzensembles genützt, im Sommer für heimatkundliche Ausstellungen. Rund 12 km nordwestlich hat die Ellé die **Roches du Diable** geschaffen, ein kurioses Felsenchaos, das gemäß einer Legende dem Teufel gehört.

Maison des Archers: Mitte Juni – Sept. Mi. – Mo. 10 – 12, 14.30 – 19 Uhr

Rosporden

Gehaltvoller Aperitif

Die Gemeinde 14 km nördlich von Pont-Aven liegt hübsch am nnu schon seit über 200 Jahren aufgestauten Aven. Ihr kulinarisches Wahrzeichen ist der angeblich schon von den Galliern hergestellte **Chouchen**, auch Hydromel Breton genannt, ein Aperitif auf der Basis von vergorenem Honigwasser mit 14 % Alkohol. Ein vergoldeter Schnitzaltar aus dem 17. Jh. schmückt die gotische Kirche **Notre-Dame** am idyllischen Seeufer. Sehenswert ist auch die La Chapelle de La Trinité.

PONTIVY

Département: Morbihan | **Einwohner:** 14 100

Pontivy hat zwei ganz unterschiedliche Seiten: Im Norden beherrscht das Schloss die mittelalterliche Altstadt, im Süden prägen geradlinige Straßen und strenge Fassaden das Stadtviertel Napoléonville aus dem frühen 19. Jahrhundert.

Stadt mit zwei Gesichtern

Entstanden ist Pontivy schon im 7. Jh., als der keltische Missionar St-Ivy hier ein Kloster gründete. Im Jahr 1485 ließ Jean II. von Rohan dann eine Burg errichten und machte die durch den Handel mit Weizen, Leder und Stoffen reich gewordene Stadt zur Hauptstadt des mächtigen Geschlechts Rohan. Napoleon erhob Pontivy später zur Garnisonsstadt und ließ den neuen Stadtteil Napoléonville anlegen. Der zeitgleich erbaute Canal de Nantes à Brest, in den hier der Blavet mündet, gehört zu den Lieblingsstrecken französischer Hausbootkapitäne.

Wohin in Pontivy?

Ein imposanter Familiensitz

Château des Rohan

Trutzig dominiert die zwischen 1479 und 1485 von Jean II. von Rohan errichtete Burg mit ihren beiden wehrhaften Türmen, den 20 m hohen und 3 m dicken Mauern und den tiefen Wallgräben die Altstadt. Die Festung ist eines der besten Beispiele für die Militärarchitektur des 15. Jahrhunderts. Zu besichtigen sind normalerweise die Schlosskapelle sowie Wach- und Wohnräume – derzeit wird das Schloss jedoch restauriert.

Derzeit wegen Restaurierung geschlossen

Charmant

Altstadt

Die Altstadt mit den engen gewundenen Gassen und der **Place du Martray**, auf der jeden Montag Wochenmarkt ist, hat ihren Charme bewahrt. Besonders schöne Häuser aus dem 16. und 17. Jh. sind in der Rue du Fil, der Rue du Pont und der Rue du Docteur-Guépin erhalten. Im pilastergeschmückten **Hôtel de Roscoët** von 1578 an der Ecke Rue Loroir/Rue Général de Gaulle trafen sich einst die Rohans nach der Jagd. Die spätgotische Kirche **Notre-Dame- de-la-Joie** aus dem 16. Jh. wurde 1696 der Jungfrau von der Freude geweiht, der Schutzpatronin der Stadt. Am Eingangsportal sind die Rohan-Wappen zu erkennen.

Napoleon war hier

Napoléonville

Südlich der Altstadt entstand auf Initiative Napoleons 1802–1830 das schachbrettartig angelegte »Militär«-Stadtviertel Napoléonville. Die schon unter Napoleon Bonaparte geplante neogotische Kirche St-Joseph wurde erst 1876 fertiggestellt.

Rund um Pontivy

Immer am Fluss entlang

★ Vallée du Blavet

Die ca. 40 km lange Fahrt durch das reizvolle Blavet-Tal nach Süden führt zunächst zur 1537 im Flamboyantstil erbauten Kapelle **St-Ni**

PONTIVY ERLEBEN

PAYS DE PONTIVY TOURISME
2 Quai Niémen, Péniche Duchesse Anne, Pontivy
Tel. 2 97 25 04 10
www.pays-pontivy.fr
www.pontivy-communaute.fr

L'AUBERGE DE L'ÎLE €€
In einem historischen Gebäude mit hübscher Terrasse direkt am Ufer des Blavet serviert man traditionelle Speisen, vorwiegend aus lokalen Produkten zubereitet. Gern werden auch die Wünsche von Vegetariern oder Veganern erfüllt.
3 Rue de la Fontaine
Tel. 02 97 25 15 30
Mi. – So. mittags u. abends
www.auberge-de-lile56.com

DE L'EUROPE €
Das elegante Gebäude aus der Zeit Napoleons III. bietet stilvolle Zimmer und eine gute traditionelle Küche; besonders schön sitzt man in der verglasten Veranda mit Blick in den Garten.
12 Rue François Mitterrand
Tel. 02 97 25 11 14
www.hotellerieurope.com

LE ROHAN €
Charmantes, zentral am Rand der Napoléonville gelegenes Hotel. Im Sommer kann man wunderbar im Garten frühstücken.
90 Rue Nationale
Tel. 02 97 51 11 30
www.lerohan-pontivy.com

codème, deren 46 m hoher, schlanker Turm als Wegweiser dient. Über den in einer Flussschleife gelegenen Weiler **St-Nicolas-des-Eaux** mit einigen strohgedeckten Häusern gelangt man zum Aussichtspunkt Castennec mit herrlichem Panorama.
Dann geht es über St-Gildas nach **Melrand**. An der Ortseinfahrt überrascht ein ungewöhnlicher Kalvarienberg: Neben Jesus, Gottvater, Heiligem Geist, Jungfrau und Johannes schmücken auch Apostelköpfe die Säule. Ein zweiter Kalvarienberg steht vor der Kirche aus dem Jahr 1661. Die Ruinen des 1902 freigelegten Dorfs Lann Gouh aus dem Jahr 1000 südwestlich von Melrand sind als **Village de l'An Mil** wieder zum Leben erwacht.
Auf der D2 zurück nach Pontivy, vorbei an **Quelven** (zur Gemeinde Guern), dessen Wallfahrtskirche mit dem Pardon am 15. August sogar Ste-Anne-en-Auray (▶ S. 55) Konkurrenz macht. Dann offenbart die Marienstatue ihr Innenleben: Gezeigt werden zwölf Medaillons mit Szenen aus dem Leben Christi. Die Doppeltreppe Scala Sancta entstand im Jahr 1738.
Village de l'An Mil: Juli, Aug. tgl. 10 – 18 Uhr, sonst wechselnde Öffnungszeiten | Eintritt 6,50 €
www.villagedelanmil-melrand.fr

Für Wasserratten

Lac de Guerlédan

Der 12 km lange Stausee ca. 20 km nördlich von Pontivy, zwischen Mur de Bretagne und Guarec, versorgt weite Teile der Bretagne mit Strom und Wasser und ist ein ideales **Revier für Wassersportler**. Mit Ruder-, Tret- oder Motorboot kann man das Gewässer erkunden, ebenso mit Kanus und Kajaks. Südlich der flachen Bucht Anse de Sordan erstreckt sich der Wald von Quénécan, in dem bis ins 19. Jh. Eisenerz abgebaut wurde. Das Zisterzienserkloster **Bon-Repos** hinter der Blavet-Schleuse wurde in der Revolution zerstört; die Ruine wird jedoch instand gehalten und im Sommer mit Klang- und Lichtinstallationen imposant in Szene gesetzt.

Landleben wie früher

Poul-Fétan

Mit einem Bauerhof von 1850, in dem noch gebacken und gebuttert wird, vermittelt das Museumsdorf Poul-Fétan ca. 20 km südwestlich von Pontivy einen Eindruck vom Landleben in der Bretagne.

Village de Poul-Fétan: April, Mai u. Sept. tgl. 11 – 18, Juni 10.30 bis 18.30, Juli, Aug. 10.30 – 19 Uhr | tgl. Führungen u. ab 14 Uhr Workshops (altes Handwerk) zum Mitmachen | Eintritt 14 €
www.poulfetan.com

★★ PRESQU'ÎLE DE CROZON

Département: Finistère

Wie ein riesiges Kreuz ragt die 25 km lange Crozon-Halbinsel zwischen der Reede von ▶ Brest und der Bucht von ▶ Douarnenez weit in den Atlantik. Der westlichste Teil des Regionalen Naturschutzparks Amorika lag lange abseits der Reiserouten. Vielleicht gehört er deshalb immer noch zu den ursprünglichsten Regionen der Bretagne.

Wächterin der Küste von Armorika

Im Westen ragen sechs Landzungen – Pointe oder Cap genannt – mit grandiosen Felslandschaften und wildromantischen Sandbuchten ins Meer; im Nordosten schneidet sich die Mündungsschleife der Aulne wie ein Fjord ins Land ein; im Südosten überragt der Menez-Hom die kleinen Dörfer, Viehweiden und Laubwälder des Binnenlandes. Aufgrund ihrer Lage – die Pointe des Espagnols riegelt die Reede von Brest bis auf einen schmalen Durchlass ab, das Cap de la Chèvre bietet Douarnenez Schutz – spielte die Halbinsel im Lauf der Geschichte

PRESQU'ÎLE DE CROZON ERLEBEN

OFFICE DE TOURISME
1 Boulevard de Pralognan
la Vanoise, 29160 Crozon
Tel. 02 98 27 0 7 92
www.crozon-tourisme.bzh

HÔTEL DE LA PRESQU'ÎLE €€/€
Äußerlich einfaches Hotel, jedoch mit schönen, geschmackvollen Zimmern. Zum Frühstück gibt es Crêpes mit Heidehonig. Im »Mutin Gourmand« pflegt Joël Euzen bretonische Spitzenküche.
Place de l'Eglise, Crozon
Tel. 02 98 27 29 29
www.lemutingourmand.fr

HÔTEL THALASSA €€
Modernes Ferienhotel, auch für Familien ideal. Komfortable Zimmer mit großen Fenstern teilweise zum Hafen, einige besitzen auch eine Loggia. Mit Restaurant, Wellnessbereich und beheiztem Meerwasserpool.
12, Quai du Styvel
Camaret-sur-Mer
Tel. 02 98 27 86 44
Geöffnet von April bis Sept.
www.hotel-thalassa.com

LE STYVEL €
Hübsche, farbenfrohe Zimmer, fast alle haben einen Blick auf den Hafen. Meeresfrüchte dominieren die Speisekarte im Restaurant mit Panoramaterrasse.
2 Quai du Styvel, Camaret
Tel. 02 98 27 92 74
www.hotel-du-styvel.com

CRÊPERIE LES EMBRUNS €
Leckere Crêpes in allen Variationen. Dazu gibt es wunderbaren Cidre.
3 Rue des Langoustiers
Camaret-sur-Mer
Tel. 02 98 27 90 39

eine wichtige strategische Rolle. Wer sie kontrollierte, hatte die Macht über die Reede von Brest, den größten Naturhafen Frankreichs. Reste von Verteidigungsanlagen aus dem 17. – 20. Jh. säumen daher den ganzen Nordosten der Halbinsel. Noch heute sind Teile der Nordküste militärisches Sperrgebiet: Auf der Île Longue sind die Atom-U-Boote der französischen Kriegsmarine stationiert.

Wohin auf der Crozon-Halbinsel?

Vom Tourismus entdeckt

Crozon

Der Hauptort und Namensgeber der Halbinsel zählt im Sommer zusammen mit dem benachbarten Morgat ein Vielfaches seiner knapp 8000 Einwohner. 1887 kam Louis Jouvet († 1951) hier zur Welt, der sich als Schauspieler, Regisseur und Theaterdirektor einen Namen gemacht hat. In der Kirche **St-Pierre** aus dem 19. Jh. erzählt ein

Badefreuden mit perfektem Panorama am Strand bei der Pointe de Pen-Hir

Schnitzaltar von 1602 in 29 Bildern mit 400 Figuren das Martyrium der Thebäischen Legion; 10 000 römische Soldaten waren im 2. Jh. auf dem Berg Ararat wegen ihres Glaubens gekreuzigt worden.

Spannende Küste

Morgat

Bizarre Felsformationen umrahmen die feinen Strände in der halbmondförmigen Bucht von Morgat, den südlichen »Kreuzarm«. Der Fischereihafen, einst auf Sardinen und Thunfisch spezialisiert, wurde ab 1883 von Arman Peugeot zum Ferienort ausgebaut. Das Meer hat tiefe Grotten und Höhlen in die Steilküste gewaschen. Die Höhlen am Nordrand des großen Strandes sind bei Ebbe zu Fuß, die größeren Höhlen südlich des Hafens nur per Boot erreichbar. Am eindrucksvollsten ist die 90 m tiefe **Grotte de l'Autel**, in deren Mitte sich eine kleine Insel mit einem Pult wie ein Altar erhebt.

Von Riesen und Zwergen

Cap de la Chèvre

C'hawr heißt auf Deutsch zwar »Ziege«, Namensgeber für die kahle, 100 m hohe Felsnase Cap de la Chèvre 8 km südlich von Morgat war jedoch der gefürchtete Riese C'hawr, der einer Legende nach an dieser Küste sein Unwesen trieb, bis er von den Korrigans, den guten Zwergen, unschädlich gemacht wurde. Wasser und Wind haben an der 65 m hohen **Pointe de Dinan** weiter westlich bizarre Formen in den Fels gemeißelt. Der eindrucksvolle hohe Bogen des »Château« erinnert an mittelalterliche Festungen.

Languste gefällig?

★ Camaret-sur-Mer

Camaret- sur-Mer an der Westspitze war einst der wichtigste Langustenhafen Europas. Schon früh zog der malerische Ort zahlreiche Besucher an, unter ihnen der Maler Eugène Boudin (1824 – 1898) und der Dichter **St-Pol-Roux** (1861 – 1940), von dessen Wohnsitz »Coecilian«, einst ein beliebter Künstlertreff, nur noch eine Ruine zeugt. Die 1610 – 1683 errichtete Kapelle **Notre-Dame-de-Rocamadour** war die erste Etappe für Pilger auf dem Schiffsweg nach Santiago de Compostela in Galicien. Das Innere schmücken Votivgaben von Seeleuten. Der Pardon wird am ersten Septembersonntag begangen.
An der Nordspitze des **Sillon**, der Camaret vor den Wellen des Atlantiks schützt, entstand ab 1689 der nach seinem Erbauer benannte **Vauban-Turm**, der heute für Ausstellungen genutzt wird.
»Hühnerauge« heißen die Steinalleen von **Lagat-Yar**. Von den einst mehr als 700 Menhiren aus weißem Quarzit, die vor 3000 Jahren zwischen Camaret und der Pointe de Pen-Hir aufgestellt wurden, konnten 143 im Jahr 1928 wieder aufgerichtet werden.

Landspitze mit Erbsenhaufen

★★ Pointe de Pen-Hir

Die meistbesuchte und eindrucksvollste Landzunge auf der Halbinsel Crozon ist die 70 m hohe Pointe de Pen-Hir. Im Meer setzen drei gewaltige Klippen, die einst mit dem Festland verbunden waren, den langen Kopf des Kaps fort: die **Tas de Pois**, »Erbsenhaufen«. Bei klarer Luft sieht man im Nordwesten die 14 km entfernte Pointe de St-Mathieu, im Südwesten die rund 26 km entfernte Pointe du Raz.

Strategisch wichtig

★ Pointe des Espagnols

1594 errichteten die Spanier auf der Landzunge eine Festung. Während der Religionskriege im 16. Jh. stellten sich hier 400 katholische Spanier der Übermacht von 10 000 Protestanten unter Heinrich IV. entgegen – es ging allerdings nicht um den Glauben, sondern um die Macht: die Kontrolle über die Reede von ▶ Brest.

Höhlen und Grotten

Crozon-Morgat

In Crozon-Morgat starten Ausflugsschiffe durch die **Anse de Morgat** zu farbenprächtigen Höhlen. Kundige Gästeführer an Bord lüften deren geologisches Geheimnis.
www.sirenes.bzh | Tel. 06 60 93 97 05 | Tour (ca. 50 min) 16 €
Tickets online buchbar

Lernen mit Schiefertafeln und Kreide

Trégarvan

Einst eine **Landschule**, heute ein modernes Museum: Hier kann man sich in den Schulalltag vergangener Zeiten versetzen.

Musée de l'Ecole Rurale: Juli, Aug. tgl. 11 – 19, Anf. Feb. – Juni, Sept. bis 1. Nov. So. – Fr. 14 – 18 Uhr | Eintritt 6 € | http://musee-ecole.fr

Kulinarisches aus dem Kloster

★ Landévennec

Die restaurierte Ruine der Abbaye St-Guénolé aus karolingischen Zeiten (9. Jh.) machte den Weiler oberhalb der Aulne-Mündung in die Rade de Brest berühmt. Das Kloster wurde um 480 von dem aus Britannien stammenden hl. Guénolé gegründet und gehört damit zu den ältesten in Frankreich. Guénolé war ein Freund und Berater von König Gradlon, in dessen Schutz die Abtei aufblühte. Die ab 1031 neu erbaute Abteikirche enthält Reste des Grabes von **König Gradlon** († um 520); im südlichen Querschiff befand sich einst das Grabmal des hl. Guénolé. Während der Französischen Revolution wurde das Kloster aufgelöst und als Steinbruch genutzt. In dem 1950 entstandenen neuen Kloster leben heute 20 Benediktinermönche. Ihre aromatische Früchtepastete nach einem Rezept aus dem 15. Jh. ist eine begehrte Delikatesse. Das **Musée de l'Ancienne Abbaye** illustriert die Klostergeschichte.

Musée: März – Mitte April, So. – Fr. 14 – 17, Mitte April bis Ende Juni, Mitte Sept. bis Anf. Nov. tgl. 10.30 – 18, Juli bis Mitte Sept. tgl. bis 19 Uhr | Eintritt 6 € | www.musee-abbaye-landevennec.fr

Auf Tour

★ Corniche de Térénez

Südlich von Landévennec überspannt die 272 m lange Hängebrücke von Térénez – 1927 erbaut, 1944 zerstört, 1952 wiederaufgebaut – die Aulne. Auf der rechten Uferseite beginnt die reizvolle D 791 »Corniche de Térénez« nach Le Faou (▶ S. 197).

Fast ein Berg

★★ Menez-Hom

Wo die Halbinsel von Crozon breiter wird und in den Landrücken der Bretagne übergeht, erhebt sich der zweithöchste Berg der Bretagne, der Menez-Hom (330 m ü.d.M.). Im Sommer ist es auf seiner Kuppe fast immer kühl und windig, entsprechend beliebt ist er bei Paraglidern die Winter sind in der Regel hart, entsprechend karg ist die Vegetation. An den Hängen des Bergs mit herrlichem **Panoramablick** über die Halbinsel und die Hügelketten der ▶ Monts d'Arrée wurde eine Reihe römischer Funde entdeckt. Der zierliche Bronzekopf einer Kriegsgöttin ist heute im Museum in ▶ Rennes zu sehen.

In **Plomodiern** am Südfuß des Menez-Hom wird Mitte August ein Folklorefest gefeiert. Der kleine Weiler hat einen umfriedeten Pfarrbezirk; hinter dem Triumphtor von 1739 stehen ein Kalvarienberg und die Kapelle Ste-Marie-du-Menez-Hom, beide aus dem 16. Jahrhundert. Die Kirche besitzt überreiches Schnitzwerk, Skulpturen und Altäre.

★★ PRESQU'ÎLE DE GUÉRANDE

Département: Loire-Atlantique

Weiße Hügel flimmern in der Hitze, hellrosa bis graublau leuchten die Salinen. »Gwen ran«, »weißes Land«, nennen die Bretonen die Gegend von Guérande. Seit über 1500 Jahren kratzen Salzbauern hier das weiße Gold aus den Becken. Und wer gern kocht, nimmt das eine oder andere Beutelchen mit.

Salz ist nicht der einzige Grund, für einen Abstecher auf die Guérande-Halbinsel. Das Städtchen Guérande hat sich sein mittelalterliches Erscheinungsbild bewahrt, im Sommer locken die feinsandigen Badestrände von La Baule. Die würden sogar zu den Topstränden Europas gehören, wären da nicht die unschönen Betonklötze im Hinterland.

Salz, Sand und Strand

Wohin auf der Guérande-Halbinsel?

Bestens beschützt

★ Guérande

Salzhauptstadt und Handelsplatz war Guérande (16 300 Einw.). Bis heute umgibt eine wuchtige Stadtmauer aus dem 14./15. Jh. die kreisrunde Altstadt. Wo der Verkehr um den Mauerring rollt, sorgten bis ins 18. Jh. Wassergräben für Schutz. Vier Stadttore gewähren Einlass. Das Osttor, die von zwei mächtigen Türmen flankierte **Porte St-Michel**, diente als Gouverneurspalast und Gefängnis. Heute informiert das **Musée du Château de Guérande** hier über die Region

Schmale Gassen und kleine Plätze prägen die malerische **Ville Close**, die Altstadt. Hauptgeschäftsstraße ist die Rue St-Michel. Im Schnittpunkt der vier Torstraßen steht die Stiftskirche **St-Aubin** (12. – 16. Jh.). Die Südseite schmückt eine Vorhalle im spätgotischen Flamboyantstil. Innen tragen die Säulen mit teils noch romanischen Kapitellen gotische Gewölbe. Die Buntglasfenster entstanden im 14. – 18. Jh. Tipp: Die Orgelkonzerte im Juli und August sind gratis.

Umgeben von Minimöbeln und Nippes stellen im **Musée de la Poupee et du Jouet ancien** in der Chapelle St-Jean in der Rue de Saillé über 300 Puppen Szenen des täglichen Lebens dar: Kaffeeklatsch in der guten Stube, Hochzeit, Klavierunterricht und Arbeitsalltag im späten 19. und frühen 20. Jahrhundert.

Musée du Château de Guérande: April – 1. Nov. tgl. 10–12.30, 13–19 Uhr | Eintritt 5 €

Musée de la Poupee et du Jouet ancien: Mi., So. (in den Oster- und Weihnachtsferien tgl.) 14–18 Uhr | Eintritt 4 €

Salzgewinnung – eine alte Handwerkskunst

Marais Salants

Wo sich auf der Guérande-Halbinsel seit gallo-römischer Zeit die Salzgärten ausdehnen, erstreckte sich einst das Meer, aus dem einzelne Inseln herausragten. Veränderungen im Meeresspiegel und ständige Ablagerungen von Schlamm und Sand bei Flut sorgten dafür, dass die Inseln allmählich mit dem Festland zusammenwuchsen. Der schmale Durchlass an der Spitze der Landzunge bei **Le Croisic**, durch den bei auflaufender Flut das Meerwasser ins Binnenland strömt, verhindert die völlige Verlandung. Die Salzgewinnung, die heute in den mehr als 22 000 Becken (Oillets) geschieht, ist ein archaisches, seit Jahrhunderten nahezu unverändertes Handwerk (▶ Baedeker Wissen, S. 250). In dem kleinen Ort Pradel (südl. von Guérande) informiert das Museum **Terre de Sel** über die Salzgewinnung, außerdem werden Wanderungen durch die Salzfelder organisiert. Salz, auch feinstes Fleur de Sel, gibt's in der Boutique.

Salzmuseum: Juli, Aug. tgl. 9.30–19.30, Sept.–März 10–12.30, 14–17, April, Mai 10 bis 18 Uhr | Eintritt 4 € | Wanderung 45 Min. 10,50 €
www.terredesel.com

Einblick in die Unterwasserwelt

★ Le Croisic

Der 56 m hohe Turm der spätgotischen Kirche Notre-Dame-de-Pitié weist den Weg in das lang gestreckte Städtchen Le Croisic, über dessen **Hafen** ab dem 15. Jh. das Salz nach Spanien, England, den Nie-

Das weiße Gold von Guérande wird mühsam gewonnen.

PRESQU'ÎLE DE GUÉRANDE ERLEBEN

OFFICE DE TOURISME

1 Place du Marché au Bois
44530 Guérande
Tel. 02 40 24 34 44
www.ot-guerande.fr

LE MANOIR DE QUATTRE SAISONS €€

Knapp 7 km nordwestlich von Guérande liegt das charmante Anwesen in einem Park. Noble, »antike« Gemeinschaftsräume, gemütliche Zimmer und Appartements. Mit Pool; Möglichkeiten für sportliche Betätigung – Angeln, Reiten, Golf – gibt es in der Umgebung.
744 Blvd. de Lauvergnac
La Turballe
Tel. 06 87 33 43 86
www.le-manoir-des-quatre-saisons.com

HOTEL DES REMP'ARTS €

Sehr preiswerte, hübsch dekorierte Gästezimmer östlich außerhalb der Stadtmauer. Auch das Restaurant ist zu empfehlen.
14 Boulevard du Nord
Tel. 02 40 24 90 69
https://hoteldesremparts.com

derlanden und Skandinavien verschifft wurde. Der Ballast der Salzschiffe bildet heute die **Aussichtshügel** Mont Esprit und Mont Lénigo am Rand des Hafens. Im 19. Jh. wurde Le Croisic als **Badeort** entdeckt, wobei die jodhaltige Seeluft eine wichtige Rolle spielte. Alte Häuser aus dem 15. – 17. Jh. säumen die Uferpromenaden und die Altstadt um die Grand'Rue und Rue des Bains.
Inmitten von Seeaalen, Riesenbarschen und Haien, die um Granitfelsen kreisen, wandert der Besucher in einem Tunnel durch die Unterwasserwelt des Atlantiks – ein ungewöhnliches Erlebnis. 40 weitere Aquarien im **Océarium** präsentieren die Tier- und Pflanzenwelt des Pazifiks und des Indischen Ozeans.

Av. de St-Goustan | wechselnde Öffnungszeiten: www.ocearium-croisic.fr/en/useful-information/schedule-time | Eintritt 14,90 €

Ausflug zu den Salzgärten

Saillé

Der Ort knapp 3 km südlich von Guérande ist ein typischer »Salzort«. Das **Haus der Salzarbeiter** (Maison des Paludiers) mit kleinem Museum organisiert Führungen durch die Salzgärten.

Maison des Paludiers: 18 Rue des Prés-Garnier | April und Sept. 10 – 12.30, 14.30 – 17.30 Mai – Aug. bis 18. Okt. 14.30 – 17.30 Uhr
Führungen starten mind. einmal pro Stunde
Eintritt Museum 6,80 € | Führung 9,50 €
www.maisondespaludiers.fr.

KRISTALLE AUS DEM MEER

Seit 2000 Jahren wird auf der Halbinsel Guérande Meersalz gewonnen. Es ist naturbelassen, enthält bis zu 80 Spurenelemente und Mineralien und gehört zu den bekanntesten Salzen Frankreichs. Auch in anderen Orten und Regionen des Landes wird Salz gewonnen: So hat Frankreichs größter Salzhersteller seinen Sitz in Aigues-Mortes in der Camargue.

A Die Salzgärten

Bei Flut gelangt frisches Meerwasser über immer schmalere Kanäle (étiers) in immer flachere Becken (œillets) aus Lehm. Sonne und Wind lassen das Wasser verdunsten, der Salzgehalt steigt von 30 g pro Liter auf bis zu 300 g.

B Salzbauer

Von Juni bis September zieht der Paludier (Salzbauer) mit einem 5 m langen Holzrechen (las) das grobe Salz (sel marin) über den Beckenrand, wo er es zu 50 bis 80 kg schweren Salzkegeln zum Trocknen auftürmt.

C Fleur de Sel

Das feinste und teuerste Salz ist das Fleur de Sel, die Salzblume. Nur bei optimalen Wetterverhältnissen bildet es sich auf der glatten Wasseroberfläche; es erinnert an dünnes Eis. Diese Salzblättchen werden vorsichtig abgeschöpft und zum Trocknen zu kleinen Hügeln (moulons blancs) aufgehäuft.

Die Becken von Guérande

Die Salzgärten auf der Halbinsel Guérande (Département Loire-Atlantique) erstrecken sich über 2000 Hektar (das entspricht etwa 20 Fußballfeldern). Je nach Saison werden bis zu 20 000 t Salz produziert und, hübsch und fantasiereich verpackt, in den vielen Salzläden im Städtchen Guérande angeboten.

Tagesertrag
pro Becken

So weit das Auge reicht

★ Batz-sur-Mer

Wo die **Côte Sauvage** der Halbinsel Croisic von Sandstränden unterbrochen wird, liegt der Badeort Batz-sur-Mer. Sein Wahrzeichen ist der 1677 erbaute **Glockenturm** der Kirche St-Guénolé (15./16. Jh.); nach 182 Stufen kann man den Panoramablick genießen, besonders eindrucksvoll am Nachmittag über die in der Sonne flimmernden Salzgärten bis zur Belle-Île (zugänglich April – Mitte Sept. tgl.). Mit Mobiliar, Trachten, Gemälden und Porzellan zeigt das **Musée des Marais Salants** (Place Adèle Pichon), wie die Paludiers im 19. Jh. lebten.

Museum: Juli, Aug. tgl. 10–19, Juni und Sept. Di.–So. 10–12.30, 14–18 Uhr Eintritt 5 €

Hotel oder Bunker?

Le Grand Blockhaus

Fenster, Vorhänge und Dach tarnten den Bunker Le Grand Blockhaus am Atlantikwall im Zweiten Weltkrieg bei Batz-sur-Mer, als »Hotel«. Innen vermitteln Funkstelle, Waffenkammer, Maschinenraum und Schlafsäle einen authentischen Eindruck.

April – Mitte Nov. tgl. 10–19 Uhr | Eintritt 8 €
www.grand-blockhaus.com

Ziele für den Sommerurlaub

La Turballe

Der Aufstieg des Orts setzte im 19. Jh. mit dem Sardinenfang und der Eröffnung von Konservenfabriken ein. Heute ist Turballe nicht nur der bedeutendste Fischereihafen des Départements Loire-Atlantique, sondern auch ein beliebtes **Seebad**. In der Auktionshalle **La Criée** werden jährlich rund 7000 t Fisch versteigert (ab 6 Uhr morgens). Im Sommer schippern Fähren zur Belle Île.

Der Fischerei- und Ferienort **Piriac-sur-Mer** weiter nördlich am Westzipfel der Guérande-Halbinsel besitzt schöne Sandstrände.

★★ Grande Brière

www.parc-naturel-briere.fr

Melancholische Urlandschaft

★ Parc Régional de Brière

»Eine wilde Sumpflandschaft, erfüllt vom Schweigen der Menschen und dem Gesang der Vögel«, so beschrieb Alphonse de Châteaubriand in seinem 1923 erschienenen Roman »La Brière« (»Schwarzes Land«) die **drittgrößte Sumpflandschaft Frankreichs** (67 km²), die sich östlich von Guérande erstreckt. Die Schönheit dieser seit 1970 geschützen Landschaft lässt sich nur per Boot entdecken. Schilder weisen auf Liegeplätze hin, die sich hinter den Häusern der Weiler verstecken oder sich an einer Straße auftun, die im Nichts zu enden scheint. Dunkelgrün oder schwarz gestrichene **Chalands**, schmale Boote mit Außenbordmotor, oder **Blins**, flache Kähne, die mit einer Stange gestakt werden, warten auf die Besucher. Seitdem

Gemächlich geht es in einem Blin durch die Stille der Brière.

der Torf nicht mehr regelmäßig gestochen und das Schilf nicht geschnitten wird, drohen die Wasserflächen, die nirgends tiefer als 70 m sind, trockenzufallen. In den alten Dörfern der Torfstecher verdrängen moderne Eigenheime die reetgedeckten Chaumières, und statt ins Moor fahren die Brièrons heute zur Arbeit bis nach Nantes.
Einzigartig wie die Landschaft ist bis heute der rechtliche Status der Brière: 1461 verfügte der Herzog François II. in der **Charte de la Brière**, dass die Grande Brière auf alle Zeiten gemeinsames, unteilbares Eigentum der Bewohner der kleinen Gemeinden sei. Dabei blieb es bis heute. Das Moorland wird nach wie vor von einem Syndikat verwaltet, das aus den Vertretern aller 21 Gemeinden besteht und u. a. über ein Schleusensystem zur Loire den Wasserstandsausgleich für das Weideland regelt.
Die 85 km lange **Rundfahrt** beginnt im Südosten und führt gegen den Uhrzeigersinn um das Sumpfgebiet. Infos gibt es beim Office de Tourisme in St-Lyphard (Place de l'Eglise) und der **Maison du Parc** in Kerhinet südwestlich von St-Lyphard. Das Gebiet lässt sich auf Wander- und Radrouten erkunden, auch Kajaks und Pferde kann man mancherorts leihen. In **St-Andre des Eaux** und einigen anderen Orten finden hübsche Wochenmärkte statt. Künstler und Kunsthandwerker verkaufen Ihre Werke in ihren Ateliers.
Maison du Parc | Tel. 02 40 66 85 01 | www.parc-naturel-briere.fr

Das Abenteuer kann beginnen

La Roche-Bernard

Am Quai von La Roche-Bernard, am Rande des Naturschutzgebiets der Briere, lädt das **Segelschiff »Morwenna«** zu Mini-Kreuzfahrten ein. Sind die Segel gesetzt, erinnert die Morwenna an ein Piratenschiff vergangener Zeiten. Mit einer Prise Abenteuergefühl lässt sich die Flusslandschaft an Bord ganz entspannt erkunden.

Voilier Morwenna: Quai St-Antoine, La Roche-Bernard, | www.morwenna.fr, n. V. 2-stündige Ausfahrt 20 €, Halbtagestour 4 Std./40 €

Typische Dorfanlage

Île de Fédrun

Auf der Île de Fédrun, die zu den sieben Inseln der Gemeinde St-Joachim gehört, hat sich die traditionelle runde Anlage erhalten: Reetgedeckte Chaumières, meist weiß gekalkte Katen, und moderne Wohnhäuser säumen die Dorfstraße. Sie verdecken den Blick auf die »levées«, die Obst- und Gemüsegärten, die an den Kanal stoßen. Jedes Haus hat an dem »curée«, der die Inseln ringförmig umschließt, seinen Bootssteg. In der **Maison de la Mariée** (182 Rue du Pouet) ist eine originelle Sammlung von Brautschmuck zu sehen, begehrtes Produkt der Ateliers in **Saint-Joachim**, die bis in die 1980er-Jahre Wachsblumen herstellten.

Maison de la Mariée: April–Okt. tgl. 14–18 Uhr | Eintritt 4 €

Mittelalterliche Festungsbaukunst

Château de Ranrouët

Die trutzige Festung östlich außerhalb von Herbignac (17 km nordwestlich von Guérande) wurde im 12./13. Jh. Guérande erbaut. 1618 teilweise geschleift und in der Französischen Revolution zerstört, ist sie selbst als Ruine noch beeindruckend. Die Kugeln am rechten Turms sind das Wappen der einstigen Eigentümer von Ranrouët.

Beeindruckende Aussicht

St-Lyphard

500 der 3000 noch erhaltenen, Chaumières genannten kleinen Häuser stehen in und um St-Lyphard. Vom Kirchturm sind sie leicht im Häusermeer zu erkennen.

Vom Leben der Muscheln

Tréhiguier

Wie Miesmuscheln im Rhythmus der Gezeiten wachsen, erzählt die **Maison de la Mytiliculture** im Leuchtturm (Rue du Port) am Hafen von Tréhiguier, ca. 14 km nordwestlich von Herbignac.

April–Juni tgl. 15–18, Juli/Aug. tgl. 10.30–12.30, 15–18 Uhr | Eintritt 4 €

»Très chic«

★ La Baule

Laut Eigenwerbung besitzt La Baule (südöstlich von Guérande) den »schönsten Strand Europas«: 9 km feinster Sand. Allerdings ist die großartige Bucht auf ganzer Länge von eintönigen Beton-Appartementhäusern gesäumt, vom Strand durch eine baumlose vierspurige »Autobahn« getrennt. Immer noch lebt der 1879 gegründete Ort

»Très chic« ist relativ in La Baule.

von dem Ruf, einmal eines der bedeutendsten und elegantesten Seebäder am Atlantik gewesen zu sein. Mitte des 19. Jh.s wurden die Wanderdünen der Guérande mit der Pflanzung von Kiefern befestigt und nach der Eröffnung der Bahnlinie von St-Nazaire nach Le Croisic 1879 wurde La Baule bevorzugter Tummelplatz der feinen Gesellschaft. Noch heute, wo der TGV von Paris keine drei Stunden hierher braucht, gilt es als schick. Golf-, Tennis- und Poloplätze sorgen für Zerstreuung, Thalassozentren für Wellness. Abwechslung bietet im Sommer eine Menge Veranstaltungen, etwa das Festival des europäischen Kinos, Europameisterschaften im Springreiten und ein internationales Tanzfestival. Noch etwas von den alten Zeiten ist da und dort in den Vierteln hinter dem Strand zu spüren, wo sich das Leben abspielt, und am Strand Benoit mit seiner attraktiven Promenade.

Nobler Badeort

Le Pouliguen

Der einstige Fischerort Le Pouliguen im Westen der Bucht ist wie La Baule ein beliebtes Seebad. Sein Jachthafen bietet rund 900 Liegeplätze. Entlang der Grande Côte, der zerklüfteten Küste zwischen Pen-Château und Batz-sur-Mer, gibt es mehrere Grotten, darunter die **Grotte des Korrigans**. Der Legende nach lebten hier einst Zwerge.

Alt und neu

Pornichet

Im Osten geht La Baule nahtlos in Pornichet über. Der Badeort entwickelte sich ab 1860 aus einer kleinen Siedlung, deren Bewohner von der Salzgewinnung lebten, und ist somit älter als La Baule. Pornichet-les-Pins heißt der neuere Stadtteil, der alte Ortskern Vieux-Pornichet mit einigen alten Villen liegt etwas südöstlich. Neben dem riesigen

Jachthafen besitzt Pornichet eine **Pferderennbahn** (Hippodrome de la Côte d'Amour) mit rund 20 Rennen pro Saison, einen 18-Loch-Golfplatz, eine Spielbank und ein Thalassotherapiezentrum.

Wunderbare Filmkulisse

St-Marc-sur-Mer

In dem Film **»Die Ferien des Monsieur Hulot«** (1951) hat Jacques Tati der französischen Art, den Sommerurlaub zu verbringen, ein wunderbares Denkmal gesetzt. In St-Marc wenige Kilometer südwestlich von St-Nazaire wurde er gedreht. In Bronze schaut Tati auf den Strand, nebenan steht das Hotel de la Plage aus dem Film, außen fast unverändert, innen modern gestaltet.

Einer der größten Häfen Frankreichs

★ St-Nazaire

Vom Dach der U-Boot-Schleuse, die alle Luftangriffe im Zweiten Weltkrieg überstand, hat man die beste Aussicht über die Hafen- und Industriestadt. Weit reicht auch der Blick von der **Pont St-Nazaire-St-Brévin**, die in 61 m Höhe die Loiremündung überspannt, zu den Kais und Werften von Frankreichs viertgrößtem Hafen. 1864 lief hier der erste Dampfer vom Stapel; später folgten Frachtschiffe, Kriegs- und und Passagierschiffe. Im Ersten Weltkrieg landeten in St-Nazaire die Truppen der Alliierten; im Zweiten Weltkrieg bauten die deutschen Besatzer den Hafen zum Flottenstützpunkt aus. Nachdem die Stadt bei Bombenangriffen zu 80 % zerstört worden war, entstand sie nach Kriegsende auf neuem Grundriss.

Ein Erlebnis sind die **Hafenrundfahrten**, die das Tourismusbüro organisiert, ebenso die nächtliche Illumination des Hafens.. Das 10,5 ha große Bassin de St-Nazaire wurde 1856 erbaut, 1858 folgte das Bassin de Penhoët, mit 22 ha noch heute eines der größten Becken Europas. Der 300 × 125 m große **U-Boot-Hafen**, im Zweiten Weltkrieg errichtet und fast ohne Schäden erhalten, bot mit 14 Zellen Platz für ca. 20 U-Boote. Durch die 53 m lange, überdachte U-Boot-Schleuse konnten die Boote den Hafen unbemerkt verlassen. Hafen und Stadtzentrum wurden im Projekt **»Ville-Port«** miteinander verbunden, der U-Boot-Bunker bekam ein Zentrum für neue Kunst (LiFE, VIP, »Alveole 14«)

Schwarz ragt der Rumpf aus den Fluten auf, fast 5 m führt die Gangway hinauf: Im ehemaligen U-Boot-Stützpunkt lässt das wunderbare **Museum Escal'Atlantic** die große Zeit der alten Luxusliner wieder lebendig werden.

An der Schleuse liegt das 1957 gebaute U-Boot »Espadon«. Das benachbarte **Ecomusée de St-Nazaire** ist dem Schiffsbau und Hafen von Nazaire gewidmet.

Escal'Atlantic: Für den Besuch aller Museen besteht Reservierungspflicht, Tickets (mit Zeitfenster) können über die Website gebucht werden. | Eintritt 14 € | www.saint-nazaire-tourisme.com | **Ecomusée de St-Nazaire:** Öffnungsz. s. Escal' Atlantic | Eintritt 5 €

★ PRESQU'ÎLE DE QUIBERON

Département: Morbihan

Feine, weiße Sandstrände, zerklüftete Felsen, smaragdgrünes Meer, charmante Dörfer, in denen die Zeit bisweilen still zu stehen scheint – die Halbinsel von Quiberon gehört zu den beliebtesten Urlaubsregionen der Bretagne. Auch die legendäre Romy Schneider, von Lebenskrisen gezeichnet, wollte hier Kraft tanken. Der Urlaub, den sie 1981 im Kurstädtchen Quiberon machte, wurde 2018 zum Leinwandstoff.

Die 14 km lange Halbinsel ist ein Ort der Kontraste. Das Seebad Quiberon liegt an der windgeschützten Ostseite. Dort laden schöne Strände und ein oft ruhiges Meer zu ungetrübten Badefreuden ein. Im Westen, auf der dem Atlantik zugewandten Seite, erstreckt sich die **Côte sauvage**, die wilde Küste, mit steilen Klippen und Grotten, versteckten Buchten und starker Brandung. Atemberaubend ist das Schauspiel der Wellen, die unablässig gegen die Felsen donnern – weshalb das Baden hier verboten ist.

Wellness angesagt

Einst war die Landspitze, die sich zwischen ▶Lorient und dem Golf von ▶ Morbihan wie ein Keil in den Atlantik schiebt, eine Insel. Angeschwemmter Sand schuf eine Verbindung zwischen Eiland und Festland. Auf der weniger als 100 m breiten Sandzunge haben Straße und Bahngleise gerade so Platz. Im Sommer herscht auf der Inselhauptstraße oft dichter Verkehr, das Inselinnere läßt sich aber auch dann entspannt mit dem Rad erkunden.Neben der guten Luft tragen rund 2000 Sonnenstunden und wenig Regen zur Attraktivität bei.

Wohin auf der Quiberon-Halbinsel?

Ein Blick in die Geschichte

Tombolo

Der 7 km lange Dünenstreifen Tombolo verbindet die Halbinsel mit dem Festland. Das an dieser strategisch günstigen Stelle auf einem Felsvorsprung erbaute **Fort de Penthièvre** wird heute von der französischen Marine genutzt. Penthièvre besitzt ausgedehnte Naturstrände mit Dünen, ein Treffpunkt für Surfer. Nördlich des Forts wird in einem alten Bunker über ein historisches Ereignis von 1793 berichtet – den Aufstand königstreuer Bretonen gegen die Anhänger der französischen Revolution.

Musée de la Chouannerie: Feb.–Nov. tgl 10.–12, 14–18 Uhr
Eintritt 7 € | www.musee-vendee-chouannerie.com

PRESQU'ÎLE DE QUIBERON ERLEBEN

OFFICE DE TOURISME
14 Rue de Verdun
56174 Quiberon
Tel. 02 97 50 07 84
www.baiedequiberon.bzh

LE CAFÉ DE MARIA €€
Nettes Lokal in Hafennähe, gleich neben dem Geschäft der Fischkonservenfabrik La Belle Iloise. Die Speisekarte ist typisch bretonisch, die Fischsuppe gehört zu den besten weit und breit, köstlich sind auch das rosa gebratene Thunfischfilet und die Steaks vom Grill.
8 Rue de Kervozè
Quiberon
Tel. 2 97 50 53 89

LA CHAUMINE €€
Austern aus der Bucht von Quiberon, ein halber Hummer oder lieber das Chateaubriand? In dem kleinen Lokal in Hafennähe schmeckt alles.
79 Rue de Port Haliguen
Quiberon, Tel. 02 97 50 17 67
www.restaurant-lachaumine.com

LE BATEAU IVRE – LA PASSERELLE €€/€
Bretonische Küche – Fisch, aber nicht nur – mit Niveau am Hafen: unten die lockere Brasserie mit Terrasse, im ersten Stock das gediegenere Restaurant
9 Place Saint Ivy, Portivy
Tel. 02 97 30 99 19

CRÊPERIE LE TY RETRO €
Gemütlich, super freundlich und exzellente Crêpes und Galettes. Einziger Wermutstropfen: Es gibt leider nicht viel Platz! Für abends also reservieren.
12 Place du Repos
Quiberon
Tel. 02 97 59 25 43
Mi. geschl., So. nur mittags

SOFITEL QUIBERON THALASSA SEA & SPA €€€
Ein perfekter Ort für eine Thalassokur (► S. 372). Das Luxushotel bietet eine umfangreiche Palette von Anwendungen. Auch Nichthotelgäste können die Behandlungen buchen. Exquisite Gastronomie.
Boulevard Louison Bobet
Quiberon
Tel. 02 97 50 20 00
https://all.accor.com

DES DRUIDES €€/€
Ansprechendes Mittelklassehaus 150 m vom Fährhafen und 50 m vom Strand. Die schönsten Zimmer im oberen Stock haben einen Balkon zur Grand Plage hinaus. Das Restaurant serviert gute Fischgerichte.
6 Rue de Port Maria
Quiberon
Tel. 02 97 50 14 74
www.hotel-des-druides.com

HÔTEL PORT HALIGUEN €€/€
Wer Hafenatmosphäre schnuppern will: Das Hotel liegt wenige Schritte vom Bootshafen. 21 schöne, schnörkellos moderne Zimmer zum Meer, teils mit Balkon oder zum Garten.
10 Place Port Haliguen
Quiberon
Tel. 02 97 50 16 52
www.hotel-port-haliguen.com

»
Doch was die Augen zu erblicken nicht müde werden, ist dieses starke und kräftige Azurblau, das sich mit einer ganz deutlichen Grenze und starkem Kontrast vom Mattgrün der Heide und dem Weißgrau der Küste abhebt.
«

Hippolyte Taine

Zeugen früherer Besiedlung

St-Pierre-Quiberon

In der Kleinstadt im Norden der Halbinsel erhebt sich zwischen den Gärten einer Wohnsiedlung der aus 27 Menhiren bestehende **Cromlech de Kerbourgnec**. An der Küste kann man beim Club Les Passagers du Vent strandsegeln und Kurse belegen.

Les Passagers du Vent: Avenue Surcouf | Tel. 02 97 52 40 60
tgl. geöffnet | www.aeroplage.com

Am wilden Atlantik

★ Côte Sauvage

Über 8 km erstreckt sich die »wilde Küste« von der aussichtsreichen Landzunge Pointe du Percho im Norden bis zum **Château Turpault** im Süden. Das Schloss mit seinen Türmchen und Zinnen wurde 1904 für den Industriellen Georges Turpault erbaut. Westlich von Portivy erhebt sich dicht am Meer der Dolmen **Beg-Port-Blanc**. Die Funde aus dem Ganggrab mit Kuppelgewölbe sind im Museum von ▶ Carnac zu besichtigen.

Kuren oder naschen?

Quiberon

Die Südspitze der Halbinsel nimmt der Ferienort Quiberon ein, dessen quirliger Hafen **Port Maria** einst der bedeutendste Sardinenhafen Frankreichs war. Heute entladen hier mehr als 200 Schiffe ihren Fang zur Versteigerung, hier laufen die Fähren zu den Inseln ▶ Belle Île, Hoëdic und Houat aus. Einblick in Produktion und Geschichte der 1893 in Quiberon gegründeten **Fischkonservenfabrikation** gibt die Conserverie La Belle-Iloise.

Seit einem halben Jahrhundert präsentiert sich Quiberon schon als Zentrum für **Thalassotherapie**. Das Hotel Thalassa Sofitel ist die richtige Adresse für alle, die einen Tag oder länger mit maßgeschneidertem Programm etwas für Schönheit und Gesundheit tun wollen.

Die Pralinen der **Maison d'Armorine** heißen »Niniches«, »Salidou«, »Palourdes« und »Brazadou«, sind aus sahnigem Karamell, feinster Schokolade und gesalzener Butter und gehören zu den besten Bonbons in Frankreich. Eine Ausstellung mit Kostprobe gibt es von Februar bis November im Espace Découverte.

Fähren: www.compagnie-oceane.fr, www.smn-navigation.fr
La Belle-Iloise: 10 Rue de Kervozès | www.labelleiloise.fr
Maison d'Armorine: 1 Rue des Confiseurs
www.maison-armorine.com

Unschwer zu erkennen, woher die »Wilde Küste« ihren Namen hat

Ziel für Wassersportler

Port Haliguen

Mehr als 1000 Segelboote kann Port Haliguen an der Ostküste aufnehmen. Die Bronzeskulpturen »Der Fischer« und »Die Nixe« sind ein Geschenk des Berliner Bildhauers Karsten Klingbeil. Ein schöner Badestrand ist die zentrale **Grand Plage**.

Eine besondere Ente

★ Île d'Houat

In 40 Minuten schippern Fähren von Quiberon und Port-Navalo zu den Inseln Houat und Hoëdic, die vor ca. 10 000 Jahren noch mit dem Festland verbunden waren. Die »Große Ente« Houat (gespr. Uatt) – nahezu autofrei, ruhig und etwa 5 km lang – lockt mit einer fast unverbauten Landschaft, die zum Großteil unter Naturschutz steht, kleinen Felsbuchten und zwei kilometerlangen hellen Sandstränden, die nie überlaufen sind; allerdings bleibt das Wasser bis August recht kalt. Die 400 Einwohner des malerischen Hafens **St-Gildas** und des

Hauptorts **Bourg** leben vorwiegend vom Fischfang, von der Muschelzucht und der Hummerzuchtstation, die 1972 eingerichtet wurde. Der Tourismus wurde bewusst eingeschränkt, die Gästezahl ist auf 1000 Personen begrenzt. Mitten auf der Insel stehen Reste eines Forts von Vauban, von denen man einen schönen Blick auf das umliegende Meer hat.

Die kleine Schwester

Île d'Hoëdic

Noch spärlicher ist die Vegetation auf der 2 km langen Nachbarinsel Île d'Hoëdic, der »Kleinen Ente«. Auch hier gibt es mehrere feinsandige Buchten – mit kaltem Wasser. Die 120 Insulaner leben fast ausschließlich vom Tourismus. Die beiden Häfen von Hoëdic sind bei Seglern sehr geschätzt. Haupthafen ist der an der Nordostküste gelegene **Port Algol**; La Croix an der Südostküste ist nur bei Ebbe anzufahren. Im **Vieux Fort**, einer Festung aus dem 19. Jh., werden Segelkurse angeboten. Neun Gräber aus der Mittelsteinzeit bei der Pointe du Vieux Château und ein neolithischer Menhir beim Fort zeugen von der Megalithkultur.

★★ QUIMPER

Département: Finistère | **Einwohner:** 63 300

Quimper, die Hauptstadt des Finistère, ist eine der sieben alten Bischofsstädte der Bretagne. Die Kathedrale, ein prachtvolles Zeugnis der Hoch- und Spätgotik, ist nach dem legendären Heiligen Corentin benannt, ebenso ein mittelalterliches Stadtviertel. Hier, im historischen Herzen der Stadt, wird jeden Sommer, Ende Juli, eine Woche lang mit Musik, Tänzen und Trachten das keltische Erbe und die bretonische Identität gefeiert.

Stadt der Fayencen

Quimper liegt am Zusammenfluss – bretonisch »kemper« – von Steir und Odet, die 15 km südlich bei Bénodet in den Atlantik münden. Die Gezeiten wirken sich bis in den Hafen der Stadt aus. Im 6. Jh. gründete König Gradlon den Flusshafen, machte ihn zur Hauptstadt seines Königreichs Cornouaille und setzte seinen Freund, den Mönch Corentin, als ersten Bischof ein. Ab 1066 regierten in Quimper die Herzöge der Cornouaille. Im 18. Jh. brachte das Töpferhandwerk einen nachhaltigen Aufschwung. Im Stadtviertel Locmaria wird noch heute Steingut hergestellt (bei HB Henriot), u.a. die »bols«, handbemalte Frühstückstassen, aus denen die Bretonen auch gern ihren Cidre trinken.

QUIMPER ERLEBEN

OFFICE DE TOURISME

8 Rue Élie Freron
29000 Quimper
Tel. 02 98 53 04 05
www.quimper-tourisme.bzh

Flughafen Quimper-Pluguffan 7 km südwestlich, Bus 25 der QUB ins Zentrum. TGV-Verbindung mit Paris. Ausflugsfahrten auf dem Odet von Quimper Juni – Sept., von Bénodet April – Ende Sept. (Vedettes de l'Odet, Tel. 02 98 57 00 58, www.vedettes-odet.com).

Jeudis de l'Evêché: Mitte Juni – Mitte Sept. Do. 21 Uhr im Garten des Bischofspalasts bretonische Musik und Tänze. 3. Juliwoche: Festival de Cornouaille mit Teilnehmern aus allen keltischen Gebieten Europas. Eine Woche Mitte August: Semaines Musicales (Klassik). Aprem'Jazz: Jazzkonzerte im Winterhalbjahr (www.apremjazz.com).

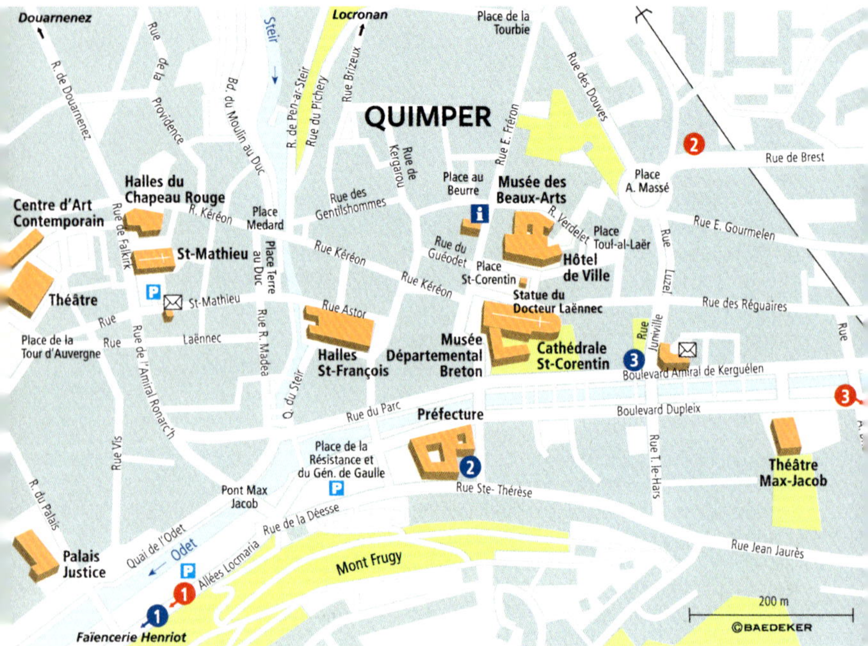

1 Allium
2 L'Opportun
3 Sur les Quais

1 Ginkgo Biloba Hotel & Spa
2 Gradlon
3 Le Logis du Stang

Zwischen Kathedralplatz und Quai du Steir säumen Antiquitäten-, Mode- und Keramikläden die Rue Kéréon. Die Halles St-François haben tgl. geöffnet (So. bis 13 Uhr), Mi. und Sa. Vormittag ist Markt am Quai du Steir. In Quimper hat Armor Lux, Spezialist für Streifenpullis und andere Bretagne-Klassiker, seinen Sitz, mit Fabrikverkauf (▶ S. 389).

1 ALLIUM €€€€/€€€
Austern, Langusten, sanft geschmorte Lammschulter oder Täubchen mit schwarzem Trüffel und zartem Wirsingkohl aus Pontoise? Für besondere Anlässe empfiehlt sich die Sterneküche von Frédéric und Lionel Henaff.
88 Boulevard de Créac'h Gwen
Tel. 02 98 10 11 48, So., Mo. geschl., www.restaurant-allium.fr

2 L'OPPORTUN €€€/€€
Bezaubernde Adresse bei der Kathedrale mit kreativer, saisonaler Küche. Fleisch, Obst und Gemüse kommen von regionalen Höfen.
9 Rue Ste-Catherine, Tel. 02 98 90 06 15, So., Mo. geschl., www.restaurant-lopportun-quimper.fr

3 SUR LES QUAIS €€
Schick gestyltes Lokal, innen cool, draußen lauschig, ideal für eine Mittagspause nach dem Besuch der Kathedrale. Feine Küche mit Saisonprodukten, ausgezeichnete Weinbar.
39 Bd Amiral de Kerguélen, Tel. 02 98 95 76 76, So., Mo. abends geschl., https://sur-les-quais.com

1 GINKGO BILOBA HOTEL & SPA €€€/€€
Der denkmalgeschützte Bau im Altstadtviertel Locmaria begeistert mit einem inspirierenden Mix aus Mittelaltergarten und moderner Kunst, hochwertig ausgestatteten Zimmern und tollem Spa.
1 Rue du Chanoine Moreau
Tel. 02 30 99 75 35
www.hotel-ginkgo.com

2 GRADLON €€
Elegantes, in klassischem Schick gestaltetes Hotel. Im hübschen Garten wird sommers das Frühstück serviert.
30 Rue de Brest
Tel. 02 98 95 04 39
www.hotel-gradlon.fr

3 LE LOGIS DU STANG €
Bürgerhaus von 1875 mit verwunschenem Garten. Nur vier, aber umso geschmackvoller eingerichtete Gästezimmer, teils im ehemaligen Stallgebäude. Bretonisches Frühstück.
Allée de Stang-Youenn (2 km südöstlich), Tel. 02 98 52 00 55
www.logis-du-stang.com

Wohin in Quimper?

Prachtvolles Zeugnis der Gotik

★★ Cathédrale St-Corentin

Im Zentrum des mittelalterlichen Stadtviertels erhebt sich die Kathedrale St-Corentin, eines der vollkommensten Bauwerke der französischen Hoch- und Spätgotik. 1239 wurde mit dem Bau der neuen Kathedrale auf den Fundamenten eines romanischen Vorgängerbaus begonnen, 1336 war der Chor fertiggestellt, dann aber kamen die Ar-

beiten durch den bretonischen Erbfolgekrieg für Jahrzehnte zum Erliegen. Erst im Laufe des 15. Jh.s konnten auch Langhaus und Querschiff vollendet werden. Die 75 m hohen neogotischen Fassadentürme wurden 1854 – 1856 errichtet; zwischen den beiden Türmen thront majestätisch die Reiterstatue König Gradlons.
Das hochgotische Innere überrascht durch seine harmonischen Formen. Ein von Strebepfeilern getragenes Rippengewölbe – damals neueste Errungenschaft der Bautechnik – sorgt für optische Leichtigkeit. In den oberen Galerien des Langhauses und des Querschiffs erscheinen in den herrlichen Glasmalereien aus dem 15. Jh. Domherren und Adlige mit ihren Schutzpatronen. Weitere Fenster, wie auch der Hauptaltar, ein Meisterwerk der Goldschmiedekunst, stammen aus dem 19. Jahrhundert. Ins barocke 17. Jh. gehören die Kanzel mit Reliefszenen aus dem Leben des hl. Bischofs Corentin, die Holzstatuen der hl. Anna, die ihrer Tochter Maria das Lesen lehrt, und der **Schwarze Heilige** (bretonisch »Santik-du«), der Pestkranken half und 1349 selbst Opfer der Seuche wurde.

Gemäldesammlung von Rang

★ Musée des Beaux-Arts

Das Kunstmuseum nördlich der Kathedrale zeigt Gemälde vom 16. Jh. bis zur Moderne, darunter Werke der Barockmeister Peter Paul Rubens und Guido Reni. Im »Bretonischen Saal« vertreten Émile Bernard, Paul Sérusier u.a. die Malerschule von ▶ Pont-Aven; dem Expressionisten Max Jacob, der 1876 in Quimper geboren wurde, ist ein eigener Raum gewidmet.
40 Place St. Corentin | Juli – Aug. tgl. 10 – 18, sonst Mi.–Mo. 10–12, 14–18 Uhr Uhr | Eintritt 5 €

Auch Geschichte kann spannend sein

Musée Départemental Breton

An die Kathedrale schließt der 1645 nach einem Brand neu erbaute Rosmadec-Flügel des **Bischofspalastes** an. Spannend erzählt das hier untergebrachte Volkskundemuseum von regionalen Ausgrabungen, von Römerzeit und Mittelalter, von der Cornouaille und dem Leben in den 1930er-Jahren. Höhepunkte sind die Trachten und Fayencen. Den angrenzenden **Rohan-Bau** von 1507 schmückt ein reich verzierter Turm mit Wendeltreppe. Von der hier beginnenden Stadtmauer hat man einen schönen Blick auf den Bischofsgarten und das Strebewerk der Kathedrale.
Musée Départemental: Juli – Mitte Sept. tgl. 9 – 18, Jan. – Juni, Mitte Sept.– Dez. Di. – Sa. 9.30 – 12.30, 13.30 – 17, So. 14 – 17 Uhr | Eintritt 7 €

Einfach schön

★ Altstadt

Schmucke Fachwerk- und Steinhäuser säumen die **Rue Elie Fréron** nördlich der Kathedrale. Auch die **Place-Terre-au-Duc** am Steir, wo

Die Kathedrale von Quimper ragt aus dem Fachwerk der Altstadt heraus.

früher das herzogliche Gericht stand, die **Rue du Sallé** und die für ihre Crêperien bekannte **Place au Beurre** warten mit romantischen Häuschen aus dem Mittelalter auf. Eine der malerischsten Straßen ist die **Rue Kéréon**, die Schusterstraße, mit vorkragenden Fachwerkhäusern. In der abzweigenden Rue des Boucheries (Haus Nr. 14) wird die lokale Spezialität **Torchettes**, nussige Krokantplätzchen, verkauft. In der Rue Guéodet steht die **Maison des Cariatides** aus dem 16. Jh., weiter südlich die moderne Markthalle.

Farbenfrohe Handwerkskunst

Locmaria

Im Stadtteil Locmaria zeugt am Ufer des Odet die romanische Kirche Notre-Dame-de-Locmaria von einem um 1030 gegründeten Benediktinerkloster. In jedem Fall sollte man einen Besuch der ältesten Fayencerie Frankreichs **HB-Henriot** einplanen. Seit 1690 werden hier feinste Schüsseln, dekorative Teller, Tassen, Vasen und Figuren gefertigt. Bei Führungen erhält man Einblick in die Produktion und kann Porzellanmalerinnen über die Schulter schauen. Zur Manufaktur gehören ein Museum und natürlich ein Shop.

HB-Henriot: Führungen April Mo. – Fr. 14.30 u. 16, Mai, Juni u. Sept. zusätzl. 11 Uhr, Juli, Aug. Mo. – Sa. zwischen 10.30 u. 17 Uhr
Musée de la Faïence: 14 Rue Jean-Baptiste Bousquet, Mitte April bis Ende Sept. Mo. – Sa. 10 – 18 Uhr | Eintritt 5 € | Boutique: Di.-Sa. 10 bis 12.30, 14 – 18 Uhr

★ REDON

Département: Morbihan | **Einwohner:** 8900

Die Stadt an der Vilaine hat für ihren Fortschritt so manche Bausünde begangen. So durchschneidet eine Eisenbahnbrücke radikal den einst zusammenhängenden Platz zwischen Rathaus und Saint-Sauveur. In der Altstadt hingegen blieben Häuser des 15. bis 18. Jh.s erhalten, sodass es jede Menge idyllische Ecken und Gassen mit wunderbarem Flair und hübschen kleinen Läden zu entdecken gibt.

Stadt der Gegensätze

Das Markt- und Messezentrum Redon ist ein wichtiger Verkehrsknotenpunkt der südöstlichen Bretagne. Hier fließen die beiden größten Flüsse der Region Vilaine und Oust zusammen, zugleich der Nantes-Brest-Kanal und der Canal d'Ille-et-Rance – eine wichtige Etappe für Hausbooturlauber, hier kreuzen sich die Bahnlinien und Straßen im Dreieck zwischen ▶ Vannes, ▶ Rennes und ▶ Nantes.

GEBRANNTE KUNST

Bereits in gallo-römischer Zeit wurde in Locmaria, dem ältesten Stadtviertel von Quimper, Steingut angefertigt. Hier gab es alle dafür notwendigen Rohstoffe: Wasser aus dem Odet, Ton von seinem Ufer und Holz für die Brennöfen aus den umliegenden Wäldern. Das erkannte auch Jean-Baptiste Bousquet, der 1699 aus Marseille kam und begann, Tonpfeifen und Steingut anzufertigen. Sein Sohn gründete 1708 die das erste Steingutwerk am Odet. 1772 und 1791 entstanden die Fayencemanufakturen Eloury-Porquier-Beau (PB) und Henriot (HB). Quimper wurde zu einem Mittelpunkt dieses Kunsthandwerks.

Ende des 19. Jh.s kam ein neuer Stil und eine besondere Technik auf: Das Dekor wurde ausschließlich von Hand hergestellt, mit Pinselstrichen »à la

touche« und »gestreckten« Farbtropfen, die dann zu Blumen oder Blattwerk wurden. Manchmal wurde auch mit dem Schwamm gemalt. Die Hauptfarben waren Kobaltblau, Oxidrot, Manganviolett, Kupfergrün und Antimongelb. Diese Farben, eine Mischung aus Metalloxiden, Wasser und Fettstoffen, geben der Keramik ihre typische Verzierung. Das **Steingut** wird aus Ton, Sand und Wasser hergestellt, runde Teile werden auf einer halbautomatischen Drehscheibe kalibriert, einfache Formen in Gipsnegative gepresst. Bei hohlen und komplexen Teilen, vor allem Figuren, wird flüssiger Ton als Gießschlicker (Schlämmmasse) in Negativformen gegossen. Neun Stunden wird bei 800 bis 900 °C gebrannt, dann glasiert und erneut für sieben Stunden bei 1050 °C gebrannt.
Erst nach dem Abkühlen, das genauso lange dauert wie der Brennvorgang, haben die Fayencen ihre endgültige Farbenpracht und man kann sehen, was aus dem Werkstück geworden ist.

Handschrift der Künstler

Jede Fayence ist das Werk eines Künstlers und trägt seine Signatur sowie den Manufakturnamen. Die Motive der Gebrauchs- und Dekorationsobjekte reichen von bretonischen und keltischen Genreszenen bis zu holländischen, orientalischen oder spanisch-maurisch angehauchten Imitationen. Kurz nach dem Ersten Weltkrieg sorgten zahlreiche Maler und Bildhauer für neue Impulse bei diesem Kunsthandwerk. Sie schufen teils Unikate, teils Werke in größeren oder kleineren Auflagen. Einblick in die heutige Fayenceproduktion erhält man bei einer geführten Besichtigung bei **HB-Henriot**.
www.henriot-quimper.com

Wohin in Redon und Umgebung?

Ein einzigartiger Turm

St-Sauveur Frei stehend ragt der 67 m hohe Turm der im 13./14. Jh. errichteten, mächtigen Abteikirche in den Himmel, seit 1780 ein Brand fünf Joche des Langhauses zerstört hat. Vom Vorgängerbau stammt noch der **Vierungsturm**, im 12. Jh. aus rotem Sandstein und grauem Granit erbaut, der als schönster romanischer Turm der Bretagne gilt. Ein dank seiner hohen Fenster heller gotischer Chor kontrastiert das ziemlich düstere romanische Langhaus. Den riesigen barocken Altar – der größte der Bretagne – stiftete Richelieu 1636 als Titularabt von Redon. Der schöne Kreuzgang datiert aus dem 17. Jh., die bescheidene Fassade von 1786. Sehr beeindruckend präsentiert sich die breit gelagerte gotische Chorpartie mit ihrem Kapellenkranz.

Schmuck und stimmungsvoll

★ Quartier du Port Das Hafenviertel, d. h. die Altstadt von Redon, erstreckt sich auf einer Landzunge zwischen der Vilaine und dem Kanalhafen. Feudale Reederhäuser aus dem 18. Jh. mit Balkongittern säumen den **Quai Duguay-Trouin**, blumengeschmückte Brücken überspannen vier hintereinanderliegende Schleusen.

Zu Fuß zu Menhiren und Dolmen

St-Just Der kleine Weiler 18 km nordöstlich im Tal der Vilaine ist für seine Megalithdenkmäler bekannt. Der **Circuit des Mégalithes** führt als Rundweg zu zahlreichen Menhiren und Dolmen.

Zarte Düfte

★ La Gacilly In die Geheimnisse seiner Kosmetikherstellung weiht **Yves Rocher** 15 km nördlich von Redon ein. Zur Fabrik gehört das Museum »Le Végetarium«, das Pflanzen aus aller Welt interaktiv präsentiert. Rohstoffe für die Herstellung von Parfüms und Kosmetik wachsen im **Jardin Botanique**. Im Restaurant gibt es kleine Köstlichkeiten – nicht nur Vegetarisches (▶ Redon erleben). In einer Boutique werden die Parfüms und Kosmetikprodukte verkauft.

Le Végetarium: tgl. 10–19 Uhr, Fr., Sa. auch abends | Ende Juni bis Ende Sept. Do. abends Aperitif-Konzerte | www.maisonyvesrocher.fr
Le Jardin Botanique: tgl. 10 – 17 Uhr | Eintritt frei | Juli/Aug. Vorführungen und Kurse | 3 € | **Boutique:** Mai – Sept. tgl. 10 – 19 Uhr

Nicht nur architektonisch interessant

★ La Roche-Bernard Ca. 25 km südwestlich von Redon bewacht das nach einem Wikingerfürsten benannte Städtchen an der Vilaine (700 Einwohner) die Ausfahrt zum Meer. 1634 lief hier in der von Richelieu gegründeten Schiffswerft die »Couronne« vom Stapel, das erste französische Kriegsschiff mit drei Brücken. An der **Promenade du Ruicard** ober-

REDON ERLEBEN

TOURISME DU PAYS DE REDON

Place de la République
35600 Redon
Tel. 02 99 71 06 04
www.tourisme-pays-redon.com

CHANDOUINEAU €€€

Jean-Marc Chandouineau zaubert köstliche Gerichte der Region. Relativ nobles Ambiente. Mit preiswerten gemütlichen Zimmern (€€).
10 Avenue de la Gare
Tel. 02 99 71 02 04
www.hotel-restaurant-chandouineau.com

LA GREE DES LANDES ECO-HOTEL SPA YVES ROCHER €€€/€€

In La Gacilly, 15 km von Redon, betreibt die Kosmetikfirma Yves Rocher ein schickes Öko-Hotel mit Bio-Küche und großem Wellnessbereich. Das Restaurant Le Végétarium bietet mittags frische, leichte Gourmetküche (€).
Cournon
56 200 La Gacilly
Tel. 2 99 08 50 50
www.lagreedeslandes.com

Bei Yves Rocher dreht sich alles um Düfte und Essenzen.

Rochefort-en-Terre – wenn das kein Idyll ist …

halb des Hafens erinnern zwei Kanonen an das Kriegsschiff »Le Juste«, das 1759 in der Seeschlacht in der Bucht von Quiberon (Bataille des Cardinaux) von einem englischen Schiff versenkt wurde. In den engen Gässchen um das Rathaus sind Häuser aus dem 16./17. Jh. erhalten. Im zum Teil fünfstöckigen **Château des Basses-Fosses**, das ein betuchter Salzhändler im 17. Jh. erbauen ließ, erzählt das interessante **Musée de la Vilaine Maritime** von Schiffsbau, Muschelzucht und Flussschifffahrt. La Roche-Bernard ist das Tor zur Grande Brière (▶ S. 252).

Musée de la Vilaine Maritime: Juli – Mitte Sept. tgl. 10.30 – 12.30, 14.30 – 18.30 Uhr | Eintritt 3 €

★ Rochefort-en-Terre

Besondere Blumenpracht

Das bezaubernde Rochefort-en-Terre (620 Einw.), 25 km westlich von Redon auf einem Felsgrat über den Tälern Arz und Gueuzon gelegen, hat dem US-amerikanischen Maler Alfred Klots viel zu verdanken: Der von der Bretagne begeisterte Künstler kaufte 1908 die in der Französischen Revolution zerstörte **Burg**, wandelte die intakten Nebengebäude in ein romantisches Herrenhaus um, überzeugte die Einwohner, ihre alten Granithäuser mit Blumen zu schmücken, und initiierte 1911 den Wettbewerb **Village Fleuri** – Rochefort-en-Terre ist damit das älteste »Blumendorf« Frankreichs. Im Schlosspark findet im Juni ein Chorwettbewerb statt, ein Töpfermarkt im Juli und im August ein Mittelalterspektakel; im **Museum Naïa** (Naïa war eine »Hexe«, die in der Burgruine lebte) sind Werke von Klots und fantastische Kunst zu bewundern. Der Fund einer Statue der Jungfrau Maria in einem Baumstumpf veranlasste im 12. Jh. den Bau der Wallfahrtskirche **Notre-Dame-de-la-Tronchaye**. Aus jener Zeit ist nur der viereckige Turm erhalten. Der größte Teil der Kirche entstand im 16. Jh., ebenso der eindrucksvolle Kalvarienberg.

Museum Naïa: April – Sept. tgl 10.30 – 18.30, Okt. – Anfang Nov. 11 – 19, in den Weihnachtsferien 14 – 20 Uhr
www.naiamuseum.com | Eintritt 6 €

★ Parc de Préhistoire

Reise in die Vergangenheit

Tyrannosaurus rex, Archaeopteryx und Brachiosaurus – in den ehemaligen Schieferbrüchen 2 km südlich bei **Malansac** wird die Vielfalt der Vorzeit in 30 Szenen wieder lebendig. Im Schatten der bis zu 40 m hohen Felsen wird beinahe so gekocht wie vor 4000 Jahren.

April – Juni. tgl. 11 – 19, Juli, Aug. 10 – 19.30, Sept. Di. – So. 13 – 19, Okt. Sa., So. 13 – 18 Uhr | Eintritt 15,50 €
www.prehistoire.com

★★ RENNES

Département: Ille-et-Vilaine | **Einwohner:** 220 000

Rennes ist die Hauptstadt der Bretagne, ihr wirtschaftliches und kulturelles Zentrum. Von einem Brand anno 1720, der innerhalb einer Woche rund 850 Häuser zerstörte, blieb nur ein Teil des alten Stadtkerns verschont. Hier aber versprühen Gassen mittelalterlichen Charme, hinter hübsch restaurierten Fachwerkfassaden residieren Cafés, Restaurants und kleine Geschäfte. Dort, wo das Feuer gewütet hatte, wurde die klassizistisch-barocke Neustadt mit repräsentativen Gebäuden, prachtvollen Plätzen und schnurgeraden Straßen angelegt. Lassen Sie sich treiben, entdecken Sie einen der schönsten Märkte Frankreichs, trendige Boutiquen und Trödel, europäische Kunst im Musée des Beaux Arts. Oder feiern Sie mit. Rennes ist auch für seine Festivals – Klangkunst, Klassik, Rock und Pop – bekannt.

Alte Herzogstadt

Über 60 000 Studenten prägen vor allem das Nachtleben der bretonischen Hauptstadt. Mit zwei Universitäten und rund zwei Dutzend Hochschulen ist Rennes eine Bildungshochburg mit enger Verbindung zu zahlreichen Forschungseinrichtungen von Elektronik über Biotechnik bis zur Medizin. Wichtiger Arbeitgeber der Region ist der Autokonzern PSA, über 4000 Mitarbeiter produzieren hier Fahrzeuge der Marke Citroën. Condate war der Hauptort der keltischen Redoner, denen Rennes seinen Namen verdankt. Schon in der römischen Kaiserzeit ummauert, war es im frühen Mittelalter eine der wichtigsten Grenzfestungen der Franken gegen die Bretonen. Nach dem Sieg Nominoës über Karl den Kahlen bei ▶ Redon hatten die bretonischen Herzöge hier ihre Machtbasis, bis mit dem Tod von **Anne de Bretagne** 1532 die Bretagne an die Krone fiel; ab 1561 war Rennes Sitz des bretonischen »Parlement« (Gerichtshof).

Wohin in Rennes?

★★ Altstadt

Vom Brand verschont

Die kanalisierte und teils unterirdisch fließende Vilaine – zu erkennen am Straßenzug der »Quais« – trennt die neue Südstadt vom alten Stadtzentrum im Norden, das beim Brand 1720 verschont blieb. Rund um die Kathedrale (s. u.) sind mittelalterliche Häuser mit vorkragenden Geschossen und geschnitzten Balkenköpfen erhalten, wie in der **Rue des Dames**, die dem Verlauf der ersten Stadtmauer folgt. Im Winkel der Rue St-Yves und der Rue Le Bouteiller steht die 1494 erbaute **Kapelle St-Yves** für den hl. Ivo, den Schutzpatron der Juristen; hier sind das Tourismusbüro und eine Ausstellung zur Geschichte von Rennes untergebracht. Das 1728 erbaute **Hôtel de Blossac** (Rue du Chapitre 6) – es markiert die Westgrenze des zerstörten Viertels – gilt als schönes Beispiel für die Neugestaltung der Stadt unter A.-J. Gabriel. Hier residierte der Gouverneur der Bretagne, heute beherbergt es die Denkmalschutzbehörde. Sehenswerte Häuser stehen auch an der um den Chor der Kathedrale führenden **Rue de la Psallette** (Nr. 1 von 1609, Nr. 8 war einst Schule des Kathedralchors). Das fotogenste Fachwerk zeigt das reich skulptierte **Ty Koz** aus dem 16. Jh. (»Altes Haus«, Rue St-Guillaume 3). Hier residiert heute der Nachtclub »El Teatro«. Die Kirche **St-Sauveur** entstand zwischen 1703 und 1728. Beachtung verdienen die schmiedeeiserne und vergoldete Kanzel von 1781, ein vergoldeter Baldachin von 1768 und die wundertätige Statue der Notre-Dame des Miracles.

Cathédrale St-Pierre

Zweifelhafte Schönheit

Die imposante Kathedrale war für den Philosophen Hippolyte Taine das scheußlichste Gebäude, das er je gesehen habe, der Denkmalschützer Prosper Mérimée meinte hingegen, dass sie »Lobreden rechtfertigt«. Innen wirkt die 1787 – 1844 erbaute Kirche am Platz der 1762 eingestürzten Vorgängerin düster, trotz Stuck und Vergoldung. Schenken Sie den Steinplatten vor dem Altar einen aufmerksamen Blick. Der dafür verwendete Marmor stammt aus dem antiken Rom, Papst Pius IX. machte der Kathedrale von Rennes das Material aus dem Forum Romanum zum Geschenk. Die Kapelle vor dem rechten Querhaus bewahrt einen vergoldeten flämischen Schnitzaltar (1520) mit Szenen aus dem Marienleben. Durch die nahen **Portes Mordelaises**, ein Rest der Stadtbefestigung aus dem 15. Jh., zogen die Herzöge in die Stadt zur Inthronisierung in die Kathedrale.

Markt der Superlative

Place des Lices

Auf der Place des Lices fanden im Mittelalter die Turniere statt. Heute findet in und um die zwei **Markthallen** (1868/1871) am Samstag Vormittag der zweitgrößte Lebensmittelmarkt Frankreichs statt. Gesäumt wird der Platz im Norden von prächtigen Patrizierhäusern in Fachwerk auf Steinsockeln; diese »Hôtels« wurden ab dem 17. Jh. für Parlamentsmitglieder errichtet. Im Westen ragen die Hochhäuser **Tours des Horizons** (Georges Maillol, 1960) empor.

Gelungene Architektur

★ Place du Champ-Jacquet

Die Nordseite des Platzes mit Denkmal für den Bürgermeister Jean Leperdit nehmen hohe Fachwerkhäuser des 17. Jh.s ein, in denen sich kleine Restaurants eingerichtet haben. Besonders gelungen die Fassade des Hôtel de Tizé in der Südwestecke. Historische Häuser findet man auch in der **Rue St-Michel**, der charmanten Einkaufsstraße **Pont-aux-Foulons**.

Prunkvolles Innenleben

★ Palais du Justice

Die **Place du Parlement du Bretagne** mit eleganten Häusern aus dem 17./18. Jh. ist nach dem bekanntesten Bauwerk der Stadt benannt, dem Justizpalast, der als Sitz des bretonischen Parlements zwischen 1618 und 1655 errichtet wurde. Das »Parlement« mit 100–120 Mitgliedern war der oberste Hof, der die Aufsicht über 2300 bretonische Gerichte führte. Vom großen Stadtbrand anno 1720 blieb das von Salomon de Brosse entworfene Gebäude verschont, doch bei einem Aufstand der bretonischen Fischer im Jahr 1994 brannte das Parlement ab. Die Sanierung zog sich über mehrere Jahre hin. Besonders prunkvoll gestaltet ist die 20 × 10 m große und 7 m hohe **Grande Chambre**; im Saal der Dicken Pfeiler (Salle des Gros Piliers) hatten noch bis 1840 Händler ihre Verkaufsstände.

Führungen veranstaltet das Tourismusbüro | Eintritt 8 €

Ein Palais mit Stil

★ Place de la Mairie

Am Rathausplatz im Zentrum des barocken Stadtviertels stehen sich das **Hôtel de Ville** und das Theater gegenüber. Das Rathaus (Ange-Jacques Gabriel, 1734–1743), ein »Muster« der französischen Klas-

RENNES ERLEBEN

OFFICE DE TOURISME
1 Rue Saint-Malo, 35000 Rennes
Tel. 08 91 67 35 35
www.tourisme-rennes.com

Flughafen Rennes St-Jacques 7 km südwestlich, Bus 57 ins Zentrum. TGV-Verbindung mit Paris (2 Std.), der Bahnhof liegt im Süden der Stadt. Metro und Busse der STAR, Büro: 12 Rue du Pré Botté (nahe der Hauptpost). Großer Parkplatz südlich der Altstadt.

Anfang Juli bis Aug.: Transat en Ville (Musik & Theater). Nov.: »Yaouank«, größtes bretonisches Festival mit Fest Noz von Sa. 17 bis So. 5 Uhr. 2 Dez.-woche: Transmusicale Festival mit den Musiktrends von morgen

Edle Läden und Boutiquen sind an der Place des Lices, der Place Rallier du Baty, in der Chapitre, in der Rue Saint-Georges und den umliegenden Straßen zu finden, Antiquitäten in der Rue du Chapître. Kulinarisches bei Comtesse du Barry, 40 Rue de la Parcheminerie. Größter und schönster Markt der Bretagne am Samstagvormittag in den Hallen und auf der Place des Lices. In den Halles Centrales Liberté werden tgl. Lebensmittel verkauft, samstags Trödel.

❶ ESTIME €€€/€€
Ein Bistrot wie aus dem Bilderbuch – der Bruder kocht, die Schwester bedient und was auf den Tisch kommt, ist bodenständige Regionalküche mit einer Prise Experimentierfreudigkeit.
15 Rue de Chapitre, 35000 Rennes, Tel. 02 22 66 90 42, Di.– Sa. mittags und abends geöffnet

❷ IMA RESTAURANT €
Mit Michelinstern und grünem Stern für Nachhaltigkeit geadelte Gourmet-Küche, Mittagsmenü ab 60 €
20 Bd de la Tour d'Auvergne, Tel. 02 23 47 82 74, Mi.–Sa. mittags u. abends, https://ima.restaurant

❸ LES FRANGINS €€/€
Kleines, modernes Bistro mit schicker Atmosphäre – unser Tipp auf der Karte: hausgemachte Ententerrine und der Fang des Tages.
4 Place de Bretagne, Tel. 02 99 30 42 01, Sa. mittag, So. geschlossen
www.lesfranginsrennes.com

❹ NUMÉRO 13 €€/€
Willkommen zu Hause! Wie Freunde bewirtet die sympathische Hélène Armantier ihre Gäste mit köstlichen Gerichten, alles ist frisch und hausgemacht – unbedingt reservieren!
13 Rue Jean Racine, Tel. 06 83 52 15 82, Sa., So. geschl., sonst 12 – 14 Uhr

❺ BIBICHE CLUB €
Ein Mix aus Café und Restaurant ohne Chichi, toll zum Frühstück und Sonntags-Brunch. Auf der Karte finden Sie frische lokale Produkte, bretonische Craft Biere, unwiderstehliche Törtchen und leckere Sandwiches.
18 Mail François Mitterrand
Tel. 09 82 28 66 36
https://ohmyb.fr/bibiche-club

❶ ANNE DE BRETAGNE €€
Großzügige, gut ausgestattete Zimmer und Apartments, nur 100 m süd-

lich des lebhaften Boulevard de la Liberté. Gebührenpflichtiger Parkplatz.
12 Rue Tronjolly, Tel. 02 99 31 49 49, www.hotel-rennes.com

❷ HÔTEL NEMOURS €€

Zentral nahe der Metro gelegenes älteres Haus, geschmackvoll modernisiert mit Schallschutzfenstern. Nur wenige Gehminuten zu Restaurants und Geschäften. Gutes Frühstück.
5 Rue de Nemours
Tel. 02 99 78 26 26
www.hotelnemours.com

❸ HÔTEL DES LICES €€/€

Geschmackvolles modernes Haus in der Altstadt mit Wochenmarkt, Zimmer teils mit Balkon. Herrlicher Blick aus den oberen Stockwerken.
7 Place des Lices, Tel. 02 99 79 14 81, www.hotel-des-lices.com

Essen (🍴)
❶ Estime
❷ IMA Restaurant
❸ Les Frangins
❹ Numéro 13
❺ Bibiche Club

Übernachten (⌂)
❶ Anne de Bretagne
❷ Hôtel Nemours
❸ Hôtel des Lices

sik, krönt ein Uhrturm in der Mittelachse – wegen seiner Form »Der Dicke« genannt. Innen sind eine Monumentaltreppe, der Festsaal und ein Ehrenmal für die Gefallenen des Ersten Weltkriegs bemerkenswert. Die klassizistische **Opéra** (Ch. Millardet, 1830) passt sich mit ihrem Säulenumgang harmonisch an den geschwungenen Teil des Rathauses an. Die Decke des Zuschauerraums bemalte J.-J. Lemordant mit bretonischen Tanzszenen. Stellen Sie sich auf die Mitte des Rathausplatzes und genießen Sie den schönen Blick durch die Rue d'Orléans auf das Palais de Commerce (▶ unten).

Mal Fachwerk, mal Jugendstil

Rue St-Georges

Am Ende der vom Stadtbrand verschonten Rue St-Georges mit prächtigen Fachwerkhäusern liegt das **Palais St-Georges** oberhalb eines idyllischen Gartens. Das Gebäude, in dem heute eine Behörde untergebracht ist, wurde 1670 für die Äbtissin Madeleine de La Fayette errichtet. Dann folgt die **Piscine St-Georges** (E. Le Ray, 1926), einer der schönsten Jugendstilbauten Frankreichs. Le Ray entwarf auch die Fischmarkthalle an der Place Honoré Commeurec, in der moderne Kunst ausgestellt wird (Mo. geschl., www.criee.org). In den Halles Centrales Liberté nebenan gibt es täglich Lebensmittel, samstags Trödel.

Seltene Romanik

St-Mélaine

Die Pfarrkirche von 1672 war früher Kirche des Benediktinerklosters St-Mélaine. Die Vierung mit Hufeisenbögen und einige Pfeiler des Langhauses (11. Jh.) sind seltene Beispiele der Romanik in der Bretagne. Dazu gehört ein schöner Kreuzgang (1663), nebenan der Bischofspalast (1672). Durch ein kunstvoll geschmiedetes Tor betritt man den schönen **Jardin du Thabor**, den einstigen Obstgarten der Abtei. Der Park mit Musikpavillon und Volière entstand um 1866. Der Botanische Garten beherbergt 3000 Pflanzenarten und einen Rosengarten.

Park: April – Sept. tgl. 7.30 – 20.30, Okt. – März bis 18.30 Uhr

Lauschiger Platz

★ Place Ste-Anne

Die alte Rue St-Mélaine führt hinunter zur Place Ste-Anne mit der neogotischen Kirche St-Aubin, hübschen Fachwerkhäusern aus dem 16. Jh. und kleinen Restaurants. Im Couvent des Franciscains fand 1491 die Verlobung von Anne de Bretagne und dem französischen König Karl VIII. statt. Bücher zur und Musik aus der Bretagne hat die **Coop Breizh** (www.coop-breizh.fr) in der Rue de Penhoët.

Trennlinie zwischen Alt und Neu

Place de la République

Die 1840 kanalisierte Vilaine bildet die Ost-West-Achse von Rennes; über dem Fluss wurde die Place de la République angelegt. Den Blick auf die »unappetitliche« Unterstadt – einst das Viertel der Gerber,

OBEN: Fachwerk, wohin das Auge blickt in der Altstadt von Rennes
UNTEN: Den Kontrast dazu liefert das wieder aufgebaute barocke Parlement der Bretagne.

Färber und Metzger – versperrte damals das monumentale **Palais de Commerce** im Stil Ludwigs XIV. (1886–1932, heute Hauptpost).

★ Musée des Beaux-Arts

Bedeutendstes Kunstmuseum der Bretagne
Das einstige Universitätsgebäude (1849) östlich des Palais du Commerce beherbergt jetzt das Museum der Schönen Künste. Es bietet einen Überblick über die Malerei des 14. bis 20. Jh.s: u. a. Rubens (»Tigerjagd«, gemalt um 1616 für das Schloss Schleißheim bei München), Veronese, Georges de La Tour (»Das Neugeborene«) und der Schule von Pont-Aven, Corot, Sisley, Utrillo und Picasso. Dazu kommen Grafik (u.a. Leonardo Da Vinci, Dürer, Botticelli) und archäologische Exponate aus Ägypten, Griechenland und Italien.
Di. – Fr. 10 – 17, Sa., So. 10 – 18 Uhr | Eintritt 6 € | mba.rennes.fr

Les Champs Libres

Spannende Kulturgeschichte
Im Süden der Stadt liegt das Kulturzentrum Les Champs Libres (10 Cours des Alliés), bis 2006 erbaut von dem international renommierten Bretonen Christian de Portzamparc. Hier sind die Stadtbücherei – in ihrem Besitz das erste lateinisch-bretonisch-französische Wörterbuch aus dem Jahr 1499 –, ein Planetarium und das reich ausgestattete **Musée de Bretagne** beheimatet, das sich der Geschichte und Kultur der Region widmet. Interessant ist dort auch die 10 000 Stücke umfassende Dokumentation zur Affäre Dreyfus.
Musée de Bretagne: Di –Fr. 12 – 19, Sa., So. 14 – 19 Uhr | Eintritt 6 €

Rund um Rennes

Ecomusée du Pays de Rennes

Heimatkunde live
Am südlichen Stadtrand, an der Straße nach Noyal-Châtillon, lernen Sie im Ecomusée du Pays de Rennes, einem Bauernhof mit eindrucksvollem modernen Empfangsgebäude, die Landwirtschaft der Region kennen. Alte Nutzpflanzen und Haustierrassen werden erhalten; interessante Vorführungen gibt es je nach Jahreszeit. Etwa 12 km südlich von Rennes schwirren bei Bruz im **Parc Ornithologique de Bretagne** über 1000 Vögel verschiedener Arten herum (Boulevard Pasteur 53).
Ecomusée du Pays de Rennes: Di. – Fr. 9 – 18, Sa. 14 – 18, So. 14 – 19 Uhr | Eintritt 7 €
Parc Ornithologique de Bretagne: Juli, Aug. 10 – 12.30, 14 – 19, Mitte April – Juni, Anf. – Mitte Sept. tgl. 14 – 19 Uhr | Eintritt 8.50 €

Manoir de l'Automobile

Legendäre Automobile
Im Manoir de l'Automobile in Lohéac 25 km südwestlich von Rennes sind mehr als 400 PS-Kraftprotze versammelt, die den Puls von Motorsportfans garantiert höher schlagen lassen: Formel-1-Boliden, ein

Bugatti von 1927 und Juwelen aus den Schmieden von Jaguar, Ferrari, Maserati und Lamborghini.
Juli, Aug. Di.–So. 10–19, sonst Di.–So. 10–13, 14–19 Uhr
www.manoir-automobile.fr | Eintritt 14 €

★ ROSCOFF

Département: Finistère | Einwohner: 3500

Eng drängen sich die grauen Granithäuser auf der Landspitze gegenüber der Île de Batz, überragt vom markanten Turm der Kirche Notre-Dame de Croaz Batz. Lang ragt die Hafenmole in den Atlantik: Die alte Händler- und Korsarenstadt lebt heute wie einst vom Meer. Roscoff gilt als Geburtsstätte der modernen Thalassotherapie. Algen und Meerwasser sorgen für Schönheit und Wohlbefinden. Berühmteste Handelsware aber sind Zwiebeln – schön rosa, schön mild.

Wellness aus dem Meer

Sorgten einst die Piraten und der Kolonialhandel für Wohlstand, tun dies heute die Fähren nach England und Irland, der Umschlag von Frühgemüse aus dem Hinterland, die Zucht von Meerestieren und der Tourismus. Die Station Biologique de Roscoff zählt neben Plymouth, Neapel und Bergen zu den größten und modernsten Forschungszentren für Ozeanografie.
Am 13. August 1548 betrat die fünfjährige Maria Stuart, die spätere Rivalin Elisabeths von England, in Roscoff französischen Boden, um den französischen Kronprinzen Franz II. zu heiraten. Berühmt wurden auch die **Johnnies** von Roscoff. Zu Fuß und per Fahrrad verkauften die Gemüsebauern im 19. Jh. in England die roten Zwiebeln aus dem Léon. Noch 1930 sollen rund 1300 dieser Johnnies in England von Tür zu Tür gezogen sein. Ab Mitte des 19. Jh.s entwickelte sich der Tourismus. Als 1899 Frankreichs erstes Zentrum für Thalassotherapie eröffnete, begann der bis heute anhaltende Aufschwung.

Wohin in Roscoff?

Am Wasser
Am **alten Hafen** (Vieux Port) zeigt die Stadt ihre typische Silhouette. Hier legen Boote zur Île de Batz ab, nach Anmeldung ist der 25 m hohe Leuchtturm zu ersteigen (Auskunft beim Office de Tourisme). Die Fischkutter landen täglich ihren Fang an Roscoffs moderner Auk- Häfen

tionshalle am **Hafen Bloscon** (beim Fährhafen) an. Führungen (1,5 Std.) informieren über das Geschehen, von der Besuchergalerie im ersten Stock kann man zusehen.

Fischauktionshalle: Mai, Juni, Sept. bis Mitte Okt. Mi. 14.30, Juli, Aug. Mo.– Do. 11, 14.30, 16.30 Uhr | Eintritt 6 €

Zeichen des Wohlstands

★ Altstadt

Rund um die Kirche – vor allem in der Rue Albert-de-Mun, der Rue Armand-Rousseau, der Rue de l'Amiral-Réveillère und an der Place Lacaze-Duthiers – stehen die prächtigen grauen Granithäuser der reichen Roscoffiter Reeder und Korsaren. Karavellen und Kanonen: Der Fassadenschmuck der im spätgotischen Flamboyantstil erbauten Kirche **Notre-Dame de Croaz Batz** und der Beihäuser im umfriedeten Pfarrbezirk spiegelt die maritime Vergangenheit wider. Außergewöhnlich ist der verspielte Renaissanceturm mit durchbrochener Kuppel. In der Kirche erzählen sieben Flachreliefs aus Alabaster, im 15. Jh. in England gefertigt, das Leben Christi.

Zum Heulen

Musée des Johnnies

Das Museum erinnert zusammen mit dem Zwiebelfest im August an die Zwiebelhändler früherer Zeiten, die berühmten Johnnies.

Rue Brizeux 17 | 2. Maiwoche – 3. Woche im Okt. Mo. – Mi., Fr. 11 – 12,30, 14.30 –18, Do. nur 14.30 – 18 Uhr, Führung Mi., Do., Fr. 15, Mitte Juni – Mitte Sept. Führung auch 11 u. 17, Mi. 15.30 Uhr Führung mit Verkostung | Eintritt 6 €

Was wächst denn da?

Jardin Exotique

Rund 3000 Pflanzenarten der südlichen Erdhalbkugel, Agaven und Kakteen gedeihen an der Küste südlich des Flughafens im Jardin Exotique mit 18 m hohem Fels.

März – Anf. Nov., Juli u. Aug. 10 – 19, sonst bis 18 Uhr | Eintritt 6 €

Rote Lippen mit grünen Algen

Algoplus

Welche Kosmetika und Lebensmittel aus Algen hergestellt werden, verrät eine Betriebsbesichtigung bei Algoplus in Roscoff.

ZA du Bloscon | Di. 10 u. 15 Uhr | Eintritt gratis | Tel. 02 98 61 14 14 www.algoplus-roscoff.fr

Laden: 2 Quai Charles de Gaulle | Mo. – Sa. 10.30 – 12.30, 14 – 19 Uhr, So. 14 – 19 Uhr

Rund um Roscoff

Ein Gesundbrunnen

★ Île de Batz

Etwa 20 Minuten braucht die Personenfähre von Roscoff zur 3,5 km langen und halb so breiten »Gemüseinsel« Île de Batz. Die meisten

So wunderschön kann eine Handelstadt sein:
Der Abend senkt sich über den alten Hafen von Roscoff.

der 500 Bewohner leben an der Südküste in Porz Kernoc'h, Créac'h Bolloc'h und am Hafen. Feine, nie überlaufene Sandstrände säumen die Nordküste. Auf einer Landzunge im Südosten der Insel lockt der hundertjährige **Jardin Georges Delaselle** mit einer Sammlung seltener Palmen. Der Pariser Georges Delaselle, dem seine Ärzte wegen einer unheilbaren Krankheit den baldigen Tod angekündigt hatten, legte 1906 den Garten an und erreichte, wohl wegen des milden Klimas und der jodhaltigen Luft, das stattliche Alter von 80 Jahren. Nicht weit entfernt markiert die romanische Kapelle **Ste-Anne** die Stelle, an der Pol-Aurélien, ein walisischer Mönch und einer der sieben Gründungsväter der Bretagne, im 6. Jh. das Fundament für ein Kloster legte. Am »Tour ar Zapant« (Schlangenloch) soll er einen auf der Insel lebenden Drachen – in christlichen Legenden das Symbol für Heidentum – vertrieben haben. Der Legende nach musste der Mönch der Bestie lediglich seine Stola um den Hals legen und konnte sie dann ins Meer führen, wo sie in den Fluten versank. Die Stola des Heiligen wird in der Ortskirche aufbewahrt. Den schönsten Blick über die Insel bietet der 41 m hohe **Leuchtturm** von 1852.

Jardin Georges Delaselle: April – Mitte Okt tgl. 11 – 18, Mitte Okt. bis Anf. Nov. bis 17.30 Uhr | Eintritt 6 € | **Leuchtturm:** Juni Sa., So. 13.30 – 16.30, Juli, Aug. tgl. 11 – 17, Sept. 8bis ca. 20.9.) 13.30 – 16.30 Uhr sowie in den frz. Schulferien auch 13.30 – 16.30 Uhr | Eintritt 5 €

Nicht zu übersehen

St-Pol-de-Léon

Wichtigster Handelsplatz für **Fenchel, Blumenkohl und Artischocken** ist St-Pol-de-Léon (6600 Einw.), dessen Wahrzeichen schon von Weitem grüßen: der 77 m hohe Turm der Chapelle du Kreisker und die Kathedrale. Ihren Namen erhielt die Kleinstadt 6 km südlich von Roscoff vom **hl. Pol-Aurélien**, einem der sieben Glaubensboten, die das Christentum in die Bretagne brachten. Vom Wohlstand der Stadt im 16. und 17. Jh. zeugen prächtige Bürgerhäuser in der Rue du Général-Leclerc, der Rue Rosière und der Rue du Petit-Collège. Den schönsten Blick über die Bucht hat man von der ehemaligen Insel Rocher Ste-Anne.

Vauban bezeichnete ihn als Wunder an Kühnheit und Harmonie: Der **Vierungsturm** der Chapelle du Kreisker, im 15. Jh. nach dem Modell der normannischen Kirche St-Pierre von Caen gebaut, wurde zum Vorbild vieler bretonischer Glockentürme. Den Aufstieg belohnt ein Panoramablick nach Roscoff und zur Insel Batz.

Der normannische Sandstein verleiht der gotischen **Cathédrale** aus dem 13. – 16. Jh. ein ungewöhnliches Aussehen: Das Westwerk mit den Türmen, die Vorhalle und der Vierungsturm bestehen aus düsterem Granit, das Hauptschiff hingegen aus hellgelbem Kalkstein. Eine Kapelle links des Chors birgt den Reliquienschrein des hl. Pol-Aurélien; in der Sakristei ruhen – ziemlich gruselig – die »Etagères de la Nuit«, 35 Reliquiare mit Schädeln von Honoratioren der Stadt.

Antiker Badeplatz

Plouescat

Die Strände im Norden und Westen lockten schon antike Urlauber: 1 km nördlich des kleinen Seebads wurde eine Badeanlage aus gallo-römischer Zeit entdeckt. Attraktion im Ort ist die **Cohue**, eine Markthalle aus dem 16. Jh. mit prächtigem hölzernen Dachstuhl. In der Umgebung erinnern einige **Megalithdenkmäler** an die Vorgeschichte, so der 22 m lange Dolmen An tyroch an der Kernic-Mündung und die Menhire von Cam-Louis, Kergouara und Lannérien.

Noble Wohnkultur

★ Château de Kerjean

In der Renaissance ließen bretonische Adlige glanzvolle Anwesen bauen. Louis Barbier, Neffe des Abts von St-Mathieu, schuf 15 km südlich von Plouescat 1553–1590 ein Meisterstück. Die letzte Schlossherrin soll auch bei den Armen beliebt gewesen sein, gegen die Rache der Revolutionäre nützte ihr das allerdings nichts – die Prinzessin wurde 1794 in Brest durch die Guillotine hingerichtet. Im Hauptgebäude, von zwei vorspringenden Flügeln mit Erkern, Türmchen und Kolonnaden flankiert, präsentiert ein Museum **traditionelle Möbel des Léon** aus dem 17. und 18. Jahrhundert.

Feb. – Anf. Nov. und in den Weihnachtsferien, Juli, Aug. tgl. 10 – 18, sonst Mi. – Mo. 14 – 17.30 Uhr | Eintritt 8 €

ROSCOFF ERLEBEN

OFFICE DE TOURISME
Quai d'Auxerre
29680 Roscoff
Tel. 02 98 61 12 13
www.roscoff-tourisme.com

Große Fähren verbinden Roscoff mit Cork in Irland und Plymouth in Großbritannien. Fährboote fahren das ganze Jahr über täglich zur Île de Batz.

Am dritten Julimontag findet ein Pardon zu Ehren der Ste-Barbe statt (Prozession zur Kapelle Ste-Barbe). Bei der »Fête de l'Oignon Rose« am Wochenende nach dem 15. August kann man die roten Zwiebeln von Roscoff in allen Zubereitungsarten genießen.

LE BISTROT DE LA MER €€
Maritim geht es zu im kleinen Restaurant des Hotels Les Chardons Bleus im Zentrum von Roscoff: ein Steuerrad an der Wand und auf dem Teller Hummer, Jakobsmuscheln und Krabben frisch aus dem Becken. Oder Meeresfrüche aus dem Wok? Das Hotel ist auch ordentlich.
4 Rue Amiral Reveillère
Tel. 02 98 69 72 03
www.hotel-chardons-bleus.com

L'ECUME DES JOURS €€
Hübsches Reederhaus aus dem 16. Jh. am alten Hafen, mit Terrassen. Im rustikal-feinen Saal genießen Sie eine raffinierte bretonische Küche. Preiswertes Mittagsmenü.
Quai d'Auxerre, Tel. 02 98 61 22 83, Di., Mi. geschl.
https://lecume-des-jours.pagesperso-orange.fr

LES BRICOLES €€/€
Schickes Bistrot mit Blick auf Meer und alten Hafen. Serviert wird moderne Regionalküche.
1 Pl. de la République
Tel. 02 98 15 51 14, Di.–Fr. mittags u. abends, Sa. nur abends,
https://lesbricoles-roscoff.fr

LE BRITTANY & SPA €€€€/€€€
Luxuriöses Relais & Chateaux am alten Hafen in einem modernisierten Granitgebäude aus dem 17. Jh. Im Marine Spa kann man toll entspannen. Im Restaurant verwöhnt Loïc Le Bai mit erlesener Sterneküche.
22 B oulevard Ste-Barbe
Tel. 02 98 69 70 78
https://hotel-brittany.com

LE TEMPS DE VIVRE €€€
4-Sterne-Haus in einem bretonischen Landhaus am Meer, mit schönem Innenhof. Gästezimmer und Restaurant überzeugen mit klassischer Gestaltung in den Farben der See.
19 Place Lacaze Duthiers
Tel. 02 98 19 33 19
www.letempsdevivre.net

LES CHARDONS BLEUS €
In ihrem zentral gelegenen Hotel bieten Marie und Bernard Kerdilès hübsche Zimmer, teilweise mit Meerblick. Probieren Sie im Bistrot de la Mer den Hummer oder die Langusten. Nur 500 m bis zum Strand.
4 Rue Amiral Réveillère
Tel. 02 98 69 72 03
www.hotel-chardons-bleus.com

BAEDEKER ÜBERRASCHENDES

6X

EINFACH UNBEZAHLBAR

Erlebnisse, die für Geld nicht zu bekommen sind

1. BÜHNE FREI

Im Sommer, Anfang Juli bis Ende August, lädt Rennes zur **Transat en ville**. Dann verwandelt sich die Place de la Mairie in eine Bühne für Konzerte, Theater und Kino. Alle Veranstaltungen sind kostenlos. (▶ S. 274)

2. DAS MEER

Mal stürmisch, mal sanft, grandios, gewaltig, bei Ebbe oder bei Flut, zum Schwimmen, Surfen, Plantschen, Staunen – überall **an den bretonischen Küsten** ist das lebendige Meer ein einzigartiges Erlebnis. Völlig gratis.

3. MUSEUM FOR FREE

Nantes lädt – von September bis Juni – jeweils am ersten Sonntag des Monats zu kostenlosen Museumsbesuchen ein, u. a. ins **Historische Museum** im Schloss der bretonischen Herzöge. (▶ S. 221)

4. FEINES AUS DEM WATT

Wenn sich das Meer zurückgezogen hat, kann man Plattaustern, Schwertmuscheln und andere Delikatessen aus dem Watt sammeln. **Pêche à pied**, Fischfang zu Fuß, nennen die Franzosen das. Beliebtes Terrain dafür ist die Bucht von Morlaix. (▶ S. 212)

5. ALLES ÜBER ALGEN

Roscoff ist die bretonische Hauptstadt der **Algenfischerei**. Bei kostenlosen Führungen macht das Unternehmen **Algoplus** mit der Arbeit der Algenfischer bekannt und zeigt, wie Kosmetik- und Gesundheitsprodukte gemacht werden. (▶ S. 280)

6. KUNST IM GRÜNEN

Im herrlichen Park der Domaine de Kerguéhenne in Bignan (nahe Josselin) werden **zeitgenössische Skulpturen** ausgestellt – Eintritt frei. (▶ S. 174)

★ SAINT-BRIEUC

Département: Côtes d'Armor | **Einwohner:** 43 600

Die »Stadt der Brücken«, Hauptstadt des Départements Côtes d'Armor, trägt ihren Namen zu Recht: Zwei mächtige Viadukte überspannen die tief eingeschnittenen Flusstäler von Gouët und Gouëdic. Dazwischen drängt sich auf einem Granitplateau die moderne Geschäfts- und Industriestadt, die rund um die Kathedrale ihr altes Herz bewahrt hat. Vor allem an Markttagen (mittwochs und samstags) herrscht hier buntes Treiben. Saint-Brieuc hat sich zudem als Pilgerstätte für Gourmets einen Namen gemacht. Die Jakobsmuschel spielt die Hauptrolle in den Küchen der Feinschmeckerlokale.

Brücken und Jakobsmuscheln

Die Stadt geht auf ein Kloster zurück, das der keltische Mönch Saint-Brieuc Ende des 6. Jh.s gründete. Der zu den sieben Gründervätern der Bretagne zählende Heilige stammte aus Wales und war an der nahen Küste mit mehreren Schülern an Land gegangen. Heute ist die Stadt Station der »Tro Breiz«, der großen Pilgerfahrt auf den Spuren der Gründerväter. Besonders stolz ist die Stadt auf ihr künstlerisches Erbe: Die Schriftsteller Auguste Villiers de l'Isle-Adam (1838 – 1889) und Louis Guilloux (1899 – 1980) wurden hier geboren. St-Brieuc ist zudem seit Jahrhunderten für die besten Bürsten und Malerpinsel des Landes berühmt.

Wohin in Saint-Brieuc?

Zufluchtsort für Mensch und Tier

Cathedrale St-Etienne

Zwei massive Türme mit Schießscharten – der 28 m hohe Brieuc-Turm von 1353 und der 33 m hohe Midi-Turm aus dem 15. Jh. – flankieren die Westfassade der Kathedrale **St-Etienne** mit ihrem schmucklosen Hauptportal. Sie entstand zwischen 1170 und 1248 am Platz des einstigen Klosters von St-Brieuc und wurde in den folgenden Jahren mehrfach verstärkt. Als »Cathedrale-fortresse« (Wehrkirche; Westtürme mit Schießscharten) hat sie den Briochins so manches Mal Schutz geboten. Während der Französischen Revolution diente sie als Waffenlager und Stall. Zu beachten ist die **Chapelle de l'Annonciation** aus dem 15. Jh. im südlichen Seitenschiff mit einem vergoldeten barocken Holzretabel von Yves Corlay (1745) sowie die große Cavaillé-Coll-Orgel mit Renaissance-Paneelen. In der rechten Chorkapelle werden die Reliquien des hl. Brieuc aufbewahrt. Der umlaufende Kreuzweg mit 16 Stationen entstand 1958 in der Werkstatt von G. Saupique an der École des Beaux-Arts in ▶ Rennes.

SAINT-BRIEUC ERLEBEN

OFFICE DE TOURISME
2 qQuater Rue des
Lycéens Martyrs
22000 St-Brieuc
Tel. 02 96 33 32 50
www.baiedesaintbrieuc.com

Mitte Juni: Festival »Art Rock«. Anfang August: »Tro Breiz«, Wallfahrt zu den sieben ältesten Bischofsstädten der Bretagne.

Die wichtigste Shoppingmeile ist die Fußgängerzone Rue St-Guillaume sowie die Rue St-Gouéno und die Rue Charbonnerie. Mi. und Sa. ist Markt vor der Kathedrale. Der bunte Michaelsmarkt (Foire St-Michel) lädt Ende Sept. drei Tage lang zum Stöbern und Trödeln ein.

1 AUX PESKED €€€
»Pesked« heißt »Fisch«, er spielt in dem edlen, Michelin-besternten Lokal die Hauptrolle. Schöne Terrasse. Preisgünstiger Ableger im Stadtzentrum: das Bistrot »L'Arbalaise«, 12 Rue Michelet.
59 Rue du Légué
Tel. 02 96 33 34 65
Sa. mittags, So. abends, Mo. geschlossen, www.auxpesked.com

2 L'AIR DU TEMPS €€
Echtes »Bistrot gourmand« im alten Fachwerkhaus: Hier kann man fein speisen, ohne seinen Geldbeutel zu sehr zu strapazieren. Mittags und abends gibt es unterschiedliche Karten. Freundlich-modernes Interieur und familiäre Atmosphäre.
4 Rue du Gouët, Tel. 02 96 68 58 40
So., Mo. geschlossen
www.airdutemps.fr

3 ROLLAIS €€/€
Café und Weinbar wie aus dem Bilderbuch, Ambiente von 1902, hier kehren die Jungen genauso gerne ein wie ältere Semester – ein guter Tropfen verbindet.
26 Rue du Général Leclerc
Tel. 02 96 61 23 03
9 – 22 Uhr, So. geschlossen
http://rollais.edan.io

1 DUGUESCLIN €–€€
Das adrette Best-Western-Hotel in der Fußgängerzone von Saint-Brieuc verbindet Tradition und Moderne. Im Haus befindet sich die ordentliche Brasserie »Les Relais d'Alsace« mit großer, beheizter Terrasse.
2 Place Duguesclin
Tel. 02 96 33 11 58
www.hotel-duguesclin.fr

2 KER IZEL €
Sehr ansprechende, schlicht-modern gestaltete Gästezimmer in einem netten Haus aus dem 17. Jh. im historischen Stadtzentrum; kleiner Garten mit Pool.
20 Rue de Gouët
Tel. 02 90 36 17 21
https://hotel-kerizel.com

3 LE RELAIS DE BEAUCEMAINE €
Restaurierter Bauernhof auf dem Land, schlichte Zimmer mit Veranda zum Park, Frühstücksbuffet
33 Rue de Beaucemaine
Ploufragan, 4 km südwestlich
Tel. 02 96 78 05 60
www.hotel-beaucemaine.com

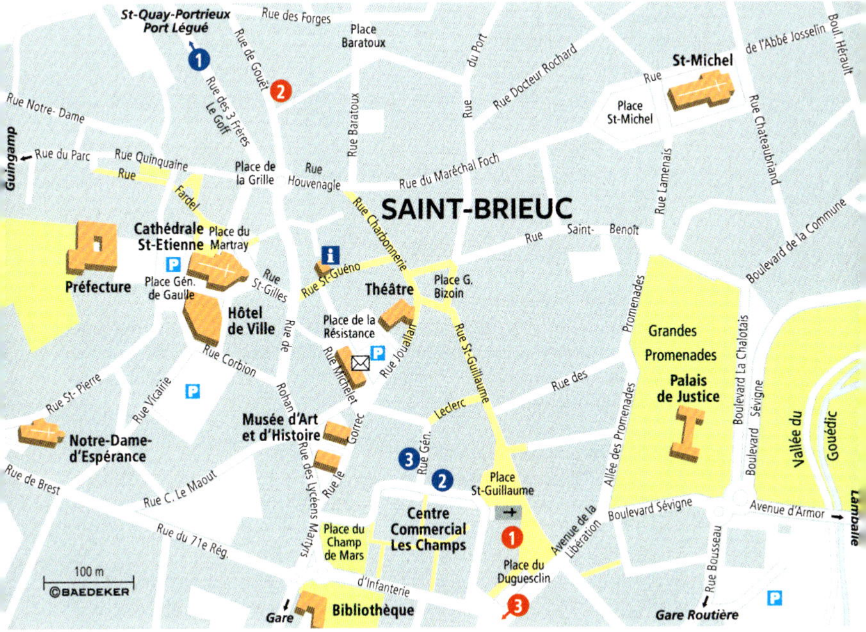

1 Aux Pesked
2 L'Air du Temps
3 Rollais

1 Duguesclin
2 Ker Izel
3 Le Relais de Beaucemaine

Highlights alter Architektur

Altstadt

Häuser aus dem Mittelalter und der Renaissance haben sich vor allem nördlich der Kathedrale erhalten. An der Place du Martray sind besonders das **Hôtel de Bellescize** aus dem 18. Jh, in der Rue Fardel 15 das **Hôtel des Ducs de Bretagne** von 1572, in der Rue de Gouët 16 die **Maison de la Barriere** aus dem 16. Jh. einen Blick wert; Muscheln schmücken die **Maison du Ribeault** an der Place du Lin.

Die Côte d'Armor von A-Z

Musée d'Art et d'Histoire

Eine über 2000 Jahre alte, vermutlich von den keltischen Osismern stammende Statue einer Gottheit mit Harfe gehört zu den beeindruckendsten Objekten des Musée d'Art et d'Histoire in der Rue des Lycéens-Martyrs. Die Ausstellung auf drei Etagen berichtet über Geschichte und Traditionen der Côtes d'Armor vom 19. Jh. bis heute: Fischerei und Schifffahrt, Landgewinnung und Textilindustrie, Volkskultur und die Anfänge des Tourismus.

Di. - Sa. 10 - 18, So. 14 - 18 Uhr | Eintritt frei

Wasserspaß zu jeder Jahreszeit

Aquabaie

Spaß und Entspannung verspricht ein Besuch im Aquabaie, der größten Badelandschaft der Bretagne, mit mehreren Becken, Riesenrutsche, Wellenbad usw. Eine Alternative, wenn es regnet und der Nachwuchs unterhalten werden will.

Espace Brézillet, Rue P. de Coubertin, südlich des Bahnhofs | tgl. geöffnet, Mo.–Do. ab 12, Fr. und So. ab 9, Sa. ab 14 Uhr | Eintritt 4,40 €

Rund um Saint-Brieuc

Wichtiger Meeresanschluss

★ Port Légué

St-Brieuc ist durch den Hafen Légué an der Gouët-Mündung mit dem Meer verbunden. Hier erinnern Reederhäuser an die große Zeit des Kabeljaufangs im 19. Jh. Ein Fußweg führt zur 73 m hohen **Pointe du Roselier** mit Blick über die Baie de St-Brieuc.

Mit Leinen zu Wohlstand

★ Quintin

Einst wurde es sogar nach Amerika exportiert: Das Tuch von Quintin machte das Städtchen 18 km südwestlich berühmt. Von der Blütezeit der Tuchindustrie im 17./18. Jh. zeugen alte Häuser mit vorkragenden Obergeschossen und die Stadtpalais. Sie stehen vor allem in der Grand'Rue, an der angrenzenden Place 1830, in der Rue au Lait und der Rue St-Thuriau. An der Place du Martray sind die Wechselstube »Maison du Changeur« von 1728 sowie das Hôtel de Ville von 1740 erhalten. Höhepunkt im Festkalender ist der Jahrmarkt Foire St-Martin um den 10. November, der zusammen mit dem Festival des Chanteurs de Rue gefeiert wird, dem Fest der Straßensänger. Im Sommer begehen die Bewohner am 1. Wochenende im August das Tuchweberfest (Fête des Tisserands) mit Trachtenumzügen. Junge Designer nutzen den Anlass, um ihre Kreationen aus Leinen zu präsentieren.

An der **Place 1830** steht das unvollendet gebliebene Château (ältester Teil 1640). Ende des 18. Jh.s folgten die Gebäude nördlich des Hofs. Im Erdgeschoss erzählt ein Museum die Stadtgeschichte, dazu sind Porzellan, Miniaturen und Silber des 18. Jh.s zu sehen.

Die im Jahr 1883 erbaute neogotische Basilika Notre-Dame ist am zweiten Mai-Sonntag Ziel eines Pardons. Verehrt wird die Statue **Notre-Dame-de-la-Délivrance** (»Unsere Liebe Frau der Erlösung«), die ein Stück Stoff vom Gürtel der Jungfrau Maria birgt, das angeblich von Geoffroy Botherel, Seigneur de Quintin (1207 – 1274), vom siebten Kreuzzug, der von 1248 bis 1254 dauerte, mitgebracht wurde. Die vier Weihwasserbecken aus Java-Muscheln wurden im 14. Jh. angefertigt.

Château: Ostern–Anf. Nov. geöffnet, Juli, Aug. 10.30–12.30, 14.30–18.30, Nebensaison 14.30–16.30 Uhr | Eintritt 6 €

★★ SAINT-MALO

Département: Ille-et-Vilaine | **Einwohner:** 45 700

Dass der Ort heute zu den Top-Zielen der Bretagne-Urlauber gehört, verdankt er dem Meer. In der Bucht von Saint-Malo liefern die Gezeiten ein spektakuläres Schauspiel, der Tidenhub ist hier so groß wie an kaum einem anderen Ort der Welt. Die ausgedehnten Strände nordöstlich der Altstadt bieten reichlich Gelegenheit, am und im Wasser aktiv zu sein – Segeln, Strandsegeln, Tauchen, Spazierengehen bei Sonne, Wind und Wetter. Ein Zentrum für Thalassotherapie besitzt die alte Korsarenstadt auch – ob mit Schlamm aus den Meerestiefen oder Hydromassagen, hier kann man sich zu jeder Jahreszeit etwas Gutes tun.

»Steinkrone auf Wellen«

Auf den ersten Blick wirkt die von Festungsmauern umschlossene Altstadt mit ihren grauen Häusern reichlich abweisend. Dahinter aber präsentiert sich ein schönes Ambiente, vor allem vornehme Reederhäuser. Sie zeugen vom Reichtum, zu dem es die Stadt im 17. und 18. Jh. gebracht hat. Damals war Saint-Malo Heimathafen der berüchtigten Korsaren. Wichtige Einnahmequelle ist immer noch der Hafen, wo Handelsschiffe, Fischtrawler und Jachten vor Anker gehen.

Im 6. Jh. ließ sich der walisische Einsiedlermönch Maclow – einer der sieben Gründer der Bretagne – auf der Landzunge Aleth nieder, wo heute St-Servan liegt. Aus »Maclow« wurde französisch »Maclou« und bretonisch »Malo«. Normannische Überfälle im 9. Jh. zwangen die Bewohner, auf die leichter zu verteidigende Insel überzusiedeln. Der neue Ort erhielt 1152 den Namen St-Malo-de-l'Isle. Mächtige Wehrmauern wurden um die Stadt gebaut, die vom Meer aus nie erobert werden konnte. Ruhm und Wohlstand verdankte St-Malo schon früh der Seefahrt. Nach dem Ende der Seeräuberei im 18. Jh. verlegten sich die Bewohner auf die Hochseefischerei vor Neufundland und Labrador, auf den Tuchhandel und das »Geschäft mit dem Ebenholz«, wie der **Sklavenhandel** im Volksmund verharmlosend genannt wurde. Seine schwerste Zeit erlebte St-Malo im August 1944, als alliierte Luftangriffe 80 % der Altstadt zerstörten. Der Wiederaufbau im klassizistischen Stil des 18. Jh.s hat die Spuren der Zerstörung fast völlig beseitigt.

★★ Ville Close

Hinter mächtigen Mauern

Tour des Remparts

Am besten beginnt man die Besichtigung von Vieux Malo (auch »Intra Muros« genannt, »Innerhalb der Mauern«) mit einem Rundgang auf dem Mauerring. Je nach den Gezeiten – der Unterschied zwi-

SAINT-MALO ERLEBEN

OFFICE DE TOURISME
Esplanade St-Vincent
35400 St-Malo
Tel. 02 99 56 66 99
www.saint-malo-tourisme.com

Für die Zufahrt zur Altstadt folge man den Wegweisern »Intra Muros«. Die Schiffe nach Dinard, Dinan, St-Servan und anderen Ausflugszielen, z. B. zum Cap Fréhel, fahren von der Südseite der Ville Close ab, die Fähren nach England und zu den britischen Kanalinseln Jersey und Guernsey vom Hafen südlich der Ville Close.

Pfingsten: Festival Etonnants Voyageurs (Festival des Abenteuerromans). Mitte Juli – Mitte Aug.: Festival für sakrale Musik (Konzerte in der Kathedrale und an anderen Orten). 1. Juli-Hälfte: Fête du Nautisme; Folklore du Monde (Musik aus aller Welt). Juli/Aug.: »Son et Lumière« lässt die Geschichte von St-Malo lebendig werden. Mitte Aug.: Route du Rock (Rockmusik). Okt.: Quai des Bulles (Comic-Festival).

EASY RIDE ÉCOLE DE KITESURF
21 Rue de la Natière
Saint-Malo, Tel. 06 80 21 22 88
www.ecolekitesurf.com

Maritimes Outfit gibt es in der Rue Broussais, Grande Rue und Rue St-Vincent. Buddelschiffe und hübsche Accessoires findet man in der Rue St-Thomas, der Halle aux Blés und der Rue Broussais. Di. und Fr. ist Markt in der Ville Close (Halle aux Blés, Place de la Poissonnerie).

❶ ST-PLACIDE €€€€/€€€
Gründerzeitbau von 1907 mit Terrasse an einem hübschen Platz. Isabelle und Luc Mobihan verwöhnen hier mit Haute Cuisine. Klassiker sind die Jakobsmuscheln mit Trüffel und Schokomousse mit Kumquat-Birnen. Zum vegetarischen Menü gehören roter Quinoa-Salat und Kürbisrisotto.
6 Place du Poncel, St-Servan
Tel. 02 99 81 70 73, Mi.–Sa. mittags u. abends, So. nur mittags
www.st-placide.com

❷ LE BISTROT DU ROCHER €€
Stimmungsvolles kleines Lokal mit traditioneller französischer Küche aus saisonalen Produkten vom Markt und ausgezeichneten Fischgerichten
19 Rue de Toulouse
Tel. 02 99 40 82 05

❸ BOUCHE EN FOLIE €€
Krabbenkrapfen mit Limonen, Parmesanrisotto, Tiramisu mit Äpfeln und gesalzenem Butterkaramel – mitten in der Altstadt und trotzdem abseits der Touristenpfade lädt das gemütliche Restaurant zu bretonischer Küche mit Zutaten der Saison ein.
14 Rue du Boyer
Tel. 06 72 49 08 89, Di., Mi. geschossen, Sa. nur abends

❹ BERGAMOTE €€/€
Teesalon mit toller Zitronentarte, super Crêpes und süffigem Cidre
3 Place Jean de Chatillon
Tel. 02 99 40 28 14

- ❶ St-Placide
- ❷ Le Bistrot du Rocher
- ❸ Bouche en Folie
- ❹ Bergamote
- ❺ Le Bistrot de Jean

- ❶ Grand Hôtel des Thermes
- ❷ Hôtel Particulier Ascott
- ❸ Hôtel des Abers
- ❹ Hôtel Beaufort
- ❺ France & Chateaubriand

❺ LE BISTROT DE JEAN €€/€
Familiäres Bistrot abseits der Touristenströme mit bester bretonischer Küche – probieren Sie die hausgemachte Langusten-Terrine. Gute Weine, auch im offenen Ausschank.
6 Rue de la Corne-de-Cerf
Tel. 02 99 40 98 68
Mi.-/Sa.mittag, So. geschlossen

❶ GRAND HÔTEL DES THERMES €€€€/€€€

Ein echtes Grand Hotel der Gründerzeit, die großzügigen modernen Zimmer und Suiten sind auf der Höhe der Zeit. Mit Meerblick speisen Sie im Le Cap Horn und auf der Terrasse, bretonische Spezialitäten serviert das La Verrière. Im Thalassotherapiezentrum & Spa mit Pool, Aquaparcours, Sauna und Hammam dreht sich alles um Gesundheit, Fitness und Schönheit.
100 Bd. Hébert
Tel. 02 99 40 75 00, ww.le-grand-hotel-des-thermes.com

❷ HÔTEL PARTICULIER ASCOTT €€€/€€

Liebevoll renoviertes Herrenhaus aus dem 19. Jh. mit Blumengarten im Wohnviertel St-Servan an der Mündung der Rance, 400 m vom Strand
35 Rue du Chapitre
Tel. 02 99 81 89 93
www.ascotthotel.com

❸ HOTEL DES ABERS €€€/€€

Mitten in derAltstadt und 300 m vom Jachthafen liegt das Haus aus dem 16. Jh. mit charmanten kleinen Zimmern, Aufzug und tollem Frühstück.
10 Rue de la Corne de Cer
Tel. 02 99 40 85 60
www.hoteldesabers.com

❹ HOTEL BEAUFORT €€

Beliebtes Strandhotel an der Grande Plage, die Zimmer sind freundlich eingerichtet, und natürlich frühstückt man – drinnen oder draußen – mit schönstem Meerblick.
25 Chaussée du Sillon
Tel. 02 99 40 99 99
www.hotel-beaufort.com

❺ FRANCE & CHÂTEAUBRIAND €€

Traditionsreiches, nostalgisches Haus mit schicken hellen Zimmern. Schöne Brasserie mit Terrasse am Platz, Dachrestaurant mit Meeresblick.
12 Place Châteaubriand
Tel. 02 99 56 66 52
www.hotel-chateaubriand-st-malo.com

schen Ebbe und Flut beträgt 8–13 m (▶ Baedeker Wissen S. 294) – hat man spektakuläre Ausblicke auf Meer, Hafen, Inseln und Stadt. Das heutige Bauwerk stammt im Wesentlichen aus der ersten Hälfte des 18. Jh.s, als sich die Stadt auf 24 ha ausdehnte. Der Hauptzugang liegt am südlichen Schlossturm neben dem Eingang zur Ville Close mit der 1709 erbauten **Porte St-Vincent**. Der 1582 errichtete alte Haupteingang zur Stadt ist die von zwei wuchtigen Türmen flankierte **Grande Porte**. Entlang der Stadtmauer ließen wohlhabende Reeder 1714–1721 ihre noblen Residenzen erbauen. Von der **Bastion St-Louis**, die 1716–1721 entstand, geht der Blick über den Handelshafen. Die Bronzestatue erinnert an den legendären Korsaren René Duguay-Trouin. Den südlichen Wehrgang unterbricht die **Porte de Dinan**. Von der 1714 an der Südwestspitze errichteten **Bastion St-Philippe** sieht man die 520 m lange Môle Noire, die den Hafen von St-Malo vor der See schützt; bei guter Sicht reicht der Blick bis zum Cap Fréhel. Auf der 1674 erbauten **Bastion de la Hollande** stehen drei Kanonen aus dem 18. Jh. und eine Bronzefigur des Kanada-Entdeckers Jacques Cartier.

Über Treppen in der Porte St-Pierre von 1871 kann man zur Plage de Bon-Secours hinuntersteigen, draußen liegen die bei Ebbe zu Fuß erreichbaren Inseln Grand und Petit Bé. Am unteren Treppenende befindet sich der ehemalige Zwinger der Wachhunde, die **Loge des Chiens de Guet**. Vom 12. Jh. bis 1770 bewachten Doggen als »Wache auf vier Pfoten« die Stadt während der Sperrstunden.
Die Petits Murs, der älteste Teil der Stadtmauer aus dem 12. bis 14. Jh., führen zum Cavalier des Champs-Vauverts, wo die Statue des kühnen Korsaren Robert Surcouf nach England zeigt. Die Nordwestecke der Festung bewacht der mittelalterliche Pulverturm **Tour Bidouane**, das Nordende die weit vorspringende Bastion des im 19. Jh. restaurierten **Fort à la Reine**. Der Rundgang endet neben dem Schloss an der **Porte St-Thomas**.

Bewegte Stadtgeschichte

★ Château

Das fünfeckige Schloss ließen im 15./16. Jh. die bretonischen Herzöge errichten, um das nach Unabhängigkeit strebende St-Malo besser kontrollieren zu können. Älter sind der Petit Donjon (14. Jh.) in der Stadtmauer und südlich von ihm der Grand Donjon (1424), der mit seinem pechnasenbewehrten Giebel die Wehrmauern überragt. 1475 wurde er um die massive Tour la Générale ergänzt. In den Türmen dokumentiert das **Musée d'Histoire de la Ville** die Geschichte

Reminiszenz an vergangene Zeiten im Hafen von St-Malo

SONNE, MOND UND MEER

Die Gezeiten (Ebbe und Flut) und der Stand von Mond und Sonne zur Erde stehen in direktem Zusammenhang. Die stärkste Anziehungskraft auf das Wasser der Weltmeere hat der Mond. Doch erreicht die Anziehungskraft der viel weiter von der Erde entfernten Sonne noch 40% der Kraft des Mondes. Je nach Stand der Gestirne, Küstenform, Wassertiefe, Windverhältnissen kommt es dann zu mehr oder weniger ausgeprägten Gezeiten. Mit die höchsten Schwankungen weltweit werden in der Bretagne gemessen.

▶ **Tidenhub in der Bretagne**

▶ **Aktuell: Zeiten und Tidenhub**
www.maree.info

▶ **Tidenhub am 14. Juli 2020 (Nationalfeiertag)**
Höchst- und Niedrigstände ausgewählter Orte

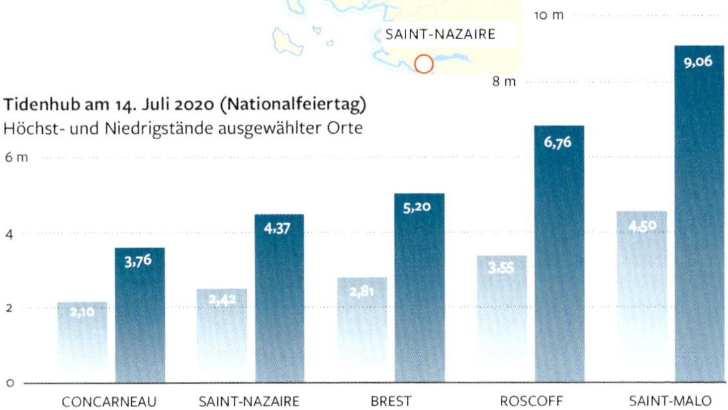

▶ **Die Gezeiten**

An allen großen Weltmeeren kann man täglich ein beeindruckendes Naturschauspiel verfolgen: die in etwa 12 1/2 stündigem Rhythmus ablaufenden Wasserstandsschwankungen. Ursache dieses mit dem Begriff Gezeiten (Tiden) benannten Phänomens sind die Anziehungskräfte von Mond und Sonne sowie die Zentrifugalkraft im System Erde – Mond, die für vertikale Wasserstandsschwankungen und horizontale Verschiebungen der Wassermassen sorgen.

Tägliche Verschiebung

Durch die Erdrotation verzögert sich das Auflaufen der Flut um jeweils etwa 24 Minuten. Pro Tag ergibt dies eine Zeitverschiebung von zirka 48 Minuten.

Springtide

Ein besonders starkes Hochwasser nennt man Springflut (Springtide). Sie entsteht, wenn Erde, Mond und Sonne auf einer Linie stehen und Mond und Sonne das Wasser in ihre Richtung anziehen. Das geschieht jeden Monat ein bis zwei Tage nach Neu- bzw. Vollmond.

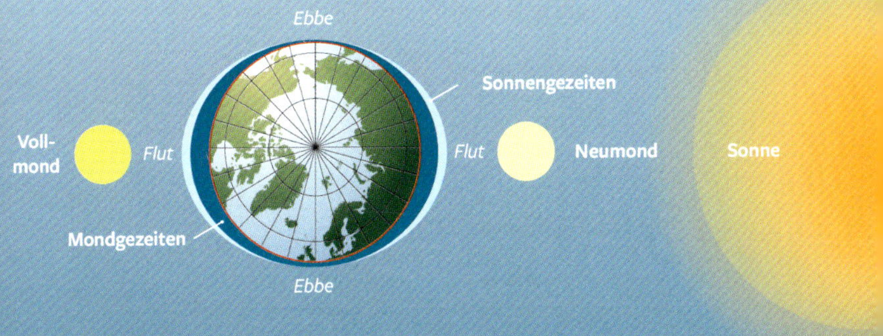

Nipptide

Einen besonders niedrigen Wasserstand bezeichnet man als Nippflut (Nipptide). Sie tritt ein, wenn Erde, Mond und Sonne rechtwinklig zueinander stehen und die Anziehungskräfte von Mond und Sonne in unterschiedliche Richtungen wirken.

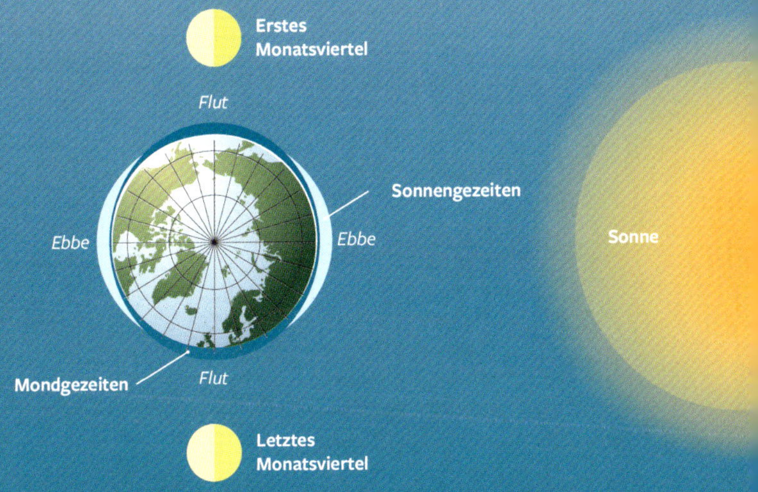

der Stadt, die Seereisen Cartiers, Kaperfahrten, Sklavenhandel und Hochseefischerei. Die Tour Qui qu'en groigne entstand 1498. Der Name zitiert Anne de Bretagne: »Qui qu'en groigne, ainsi sera, car tel est mon plaisir« (»Mag man darüber murren, soll es eben sein; denn so macht es mir Spaß«). Die Tour des Dames und Tour des Moulins entstanden zu Anfang des 16. Jh.s; in den ehemaligen Kasernen im Burghof ist das Rathaus untergebracht.

Musée d'Histoire de la Ville: Esplanade Félicité Lamennais | April bis Sept. tgl., Okt.- März Di. - So. 10 - 12, 14 - 18 Uhr | Eintritt mit Tour Solidor (S. 297) 6 €

★ Place Chateaubriand

Glückliche Kindheit

Nahe dem belebtesten Platz der Ville Close mit kleinen Boutiquen, eleganten Restaurants und Hotels wohnte die Familie des Dichters François René de Châteaubriand (▶ Interessante Menschen) fünf Jahre lang im Haus Nr. 2, sein Geburtshaus ist Rue Chateaubriand Nr. 3. In St-Malo verbrachte er viele glückliche Jahre, später lebte die Familie auf Schloss Combourg (▶ S. 147).

Cathédrale St-Vincent

Mix aus Alt und Neu

Über dem angeblichen Grab des hl. Malo unter Bischof Jean de Châtillon im 12. Jh. begann der Bau der Kathedrale; bis ins 18. Jh. wurde sie mehrfach umgebaut und 1944 schwer beschädigt. Bei der Restaurierung entdeckte man Reste eines karolingischen Vorgängerbaus. Mittelschiff, Vierung und Teile des Querschiffs datieren ins 12. Jh., Kapitelsaal und Chor ins 13. Jh., Chorgestühl und Kanzel stammen aus der Zeit Ludwigs XIV. Die schönen Glasfenster von Max Ingrand und Jean Le Moal aus den 1950er-Jahren stellen Szenen aus der Geschichte von St-Malo dar. Die ungewöhnliche Bronze-Ausstattung des Chors (Altar, Taufbecken, Priestersitz; 1993) stammt von den Künstlern Arcabas (Jean-Marie Pirotund sein Sohn Étienne Pirot), am Altar die vier Evangelisten. Ein Bodenmosaik im Mittelgang erinnert an den Kanada-Entdecker **Jacques Cartier**, der im Nordflügel begraben ist, und den Korsaren René Duguay-Trouin, dessen Gebeine 1973 in Paris entdeckt und hierher überführt wurden.

★ Grand Aquarium

Von Haien umgeben

Spektakulär ist das Große Aquarium. In den illuminierten Bassins kann man exotische Fische, heimische Krabben und graziöse Seepferdchen beobachten. Höhepunkte sind das versunkene Piratenschiff und ein Schwarm Haie, die den Besucher in einem Ringaquarium umkreisen.

Avenue du Général Patton (D 137, Bus C1) | Juli, Aug. tgl. 9.30 - 20, Mitte Juli - Mitte Aug. bis 21 Uhr, Feb., März, Okt. - Dez. tgl. 10 bis 18, April - Juni, Sept. tgl. 10 - 19 Uhr, ca. 5. - 22. Jan. und 2. Nov. bis Hälfte geschl. | Eintritt 18 € | www.aquarium-st-malo.com

Seltsame Fabelwesen, geschaffen von Abbé Fouré in fast 25 Jahren, bevölkern die Klippen über dem türkisblauen Meer bei Rothéneuf (► S. 301).

Reise um Kap Hoorn

★ Tour Solidor

Der Jachthafen Port des Sablons ist mit 1200 Plätzen einer der größten Sporthäfen der Bretagne. Wahrzeichen ist die gewaltige, 1369 bis 1382 erbaute 28 m hohe Festungsanlage Tour Solidor, die aus drei aneinandergebauten Türmen besteht. Hier erzählt das **Musée Long Cours et Cap Horniers** anhand von Modellen, Ausrüstung und Navigationsgerät von den Segelschiffen, die zwischen dem 16. und 20. Jh. das Kap Hoorn umrundeten. Vom Turm blickt man weit über das Rance-Tal. Schöne Aussichten verspricht auch die **Promenade de la Corniche**, ein Spaziergang vom Hafen entlang der zerklüfteten Steilküste bis zum Fort de la Cité von 1759.

Museum und Tour Solidor: April – Sept. tgl. 10 – 12.30, 14 – 18, Okt. bis März Di. – Sa. 10 – 12, 14 – 18 Uhr | Eintritt mit Musée d'Histoire 6 €

Hier locken Sand und Wasser

Paramé

Das eingemeindete Seebad nordöstlich des Stadtzentrums hat die schönsten Badestrände von St-Malo: die 2 km lange **Grande Plage** und die **Plage de Rochebonne**. Außerdem besitzt Paramé ein Thalasso-Therapiezentrum an der Uferpromenade, die von eleganten Gründerzeitvillen gesäumt wird, den »Malouinières«.

EIN KÖNIGLICHES VERGNÜGEN

Die Auster gilt als Königin der Muscheln. Zu ihrem kulinarischen Ruhm haben Histörchen und Legenden beigetragen, die sich seit Jahrtausenden um die geheimnisvolle Meeresfrucht ranken.

In der griechischen Mythologie ist die Liebesgöttin Aphrodite einer Auster entsprungen, und es waren wohl schon die Austern-Fans der Antike, die dem weichen Inhalt der harten Schale eine **aphrodisische Wirkung** zugesprochen haben. Im alten Rom war die Speisemuschel so begehrt, dass die Nachfrage bei weitem das regionale Angebot übertraf und man Austern, zwischen Eisbrocken gepackt, aus Gallien importierte. Der französische König Heinrich IV. (1553 - 1610) soll täglich bis zu 20 Dutzend der Glibbertierchen vertilgt haben. Und auch der notorische Giacomo Casanova, steigerte seine Leistungen in Liebesdingen nach eigenem Bekunden durch täglichen Austernkonsum.
Ob's geholfen hat? Die Wissenschaft konnte die potenzsteigernden Eigenschaften der Muschelkönigin jedenfalls nicht bestätigen. Fest steht immerhin, dass sie fettarm und reich an Vitaminen und Mineralstoffen ist.

Kleine Austernkunde

Die Zeiten, in denen wilde Austernpopulationen den Bedarf deckten, sind schon lange vorbei. Seit Mitte des 19. Jh.s wird die begehrte Speisemuschel küstennah in **Austernparks** gezüchtet. Dort legt man zur Laichablage Tonziegel aus, auf denen sich die sandkorngroßen Larven festsetzen. Nach acht Monaten sind die jungen Muscheln etwa 3 cm groß. Ab diesem Zeitpunkt werden sie mehrfach in neue Becken umgesetzt, bis sie nach drei bis vier Jahren eine Mindestgröße erreicht haben und geerntet werden können. Allein in der Bretagne werden pro Jahr etwa 45 000 t Austern produziert, knapp die Hälfte der französischen Gesamtproduktion. Woher die besten Austern stammen – nun, das ist wie so vieles im Leben eine Frage des Geschmacks. In jedem Fall haben u. a. **Qualität und Salzgehalt des Wassers sowie Planktonmenge** Einfluss auf das Aroma der Auster. Generell unterscheidet man zwei Arten: Die Huître creuse mit bauchigem Gehäuse und die flache, runde Huître plate, die in winzigen Mengen geerntet wird und als be-

sonders fein gilt. Und das hat seinen Preis. Bei gleicher Größe kosten die »plates« mindestens doppelt, aber auch dreimal so viel wie die »creuses«. Die älteste europäische Austernart, die »Ostrea edulis«, wurde bereits im 19. Jh. von der robusteren, bauchigen Konkurrenz verdrängt. Die Franzosen nannten die neue Muschelart »portugaises«; portugiesische Ostindienfahrer hatten sie mit ihren Schiffen eingeschleppt. In den 1970er-Jahren ging es jedoch auch der Portugiesin an den Kragen. Die Pazifische Felsenauster – »Crassostrea gigas« –, die am Rumpf von Frachtschiffen in bretonische Gewässer gelangte, brachte einen Virus mit, der ihr selbst zwar nicht schadete, aber die »portugaises« in kurzer Zeit dahinraffte. Frankreichs Austernzüchter haben sich angepasst und ernten heute größtenteils die schnellwachsende Gigas. In einigen bretonischen Austernparks reifen aber auch die besonders begehrten Flachaustern vom Typ »belon« heran.

Mit oder ohne Zitrone?

Küchenchefs bringen die Austern gekocht, gebraten, frittiert und überbacken auf den Tisch. Für viele Feinschmecker sind sie jedoch roh das Nonplusultra. Mit etwas Zitrone oder besser pur? Auch daran scheiden sich die Gourmetgeister. Als Kühlung während des Transports noch problematisch war, hatte der Zitrus-Spritzer eine ganz praktische Funktion: Er war ein **Frischetest**. Denn das Fleisch einer lebenden Auster zieht sich zusammen, sobald es mit Säure beträufelt wird. Und eine Auster, die lebt, ist frisch. Andernfalls sollte man sie unter keinen Umständen roh verspeisen, weil sonst eine Lebensmittelvergiftung droht. Angesichts moderner Kühlsysteme und strenger Hygienevorschriften erübrigt sich der Zitronentest heute – umso mehr, wenn man die Ware direkt am Anbauort kauft und sofort verzehrt.

Auch wenn der Test unnötig ist:
Farblich passt eine Zitrone prima zur Auster.

Rund um Saint-Malo

Ewige Ruhe im Meer

Grand-Bé

Etwa eine halbe Stunde braucht man, um bei Ebbe von der Porte des Bés zur **Grabstätte François-René de Chateaubriands** hinüberzugehen. Das zehnte Kind eines Malouiner Reeders hatte sich die vorgelagerte Insel als letzte Ruhestätte ausgesucht, eine inschriftlose Grabplatte, wo der Dichter den »Dialog mit dem Ozean« fortsetzen wollte.

Wichtiger Verteidigungsposten

Fort National

Zur Sicherung St-Malos wurde auf dem Felsen von Islet 1689 nach Plänen von Garangeau das Fort erbaut, das nur bei Ebbe von Grande Plage erreichbar ist. Mitte April bis Ende September sind Wälle und Zisternen der noch gut erhaltenen Anlage zu besichtigen, allerdings zu sehr unterschiedlichen Zeiten, die man aktuell erfährt unter www.fortnational.com.

Auf zu neuen Ufern

★ Rothéneuf

In dem östlich an Paramé anschließenden beschaulichen Hafenstädtchen wohnte am südlichen Ortsrand (Rue David Macdonald Stewart) der Mann, der 1534 Kanada entdeckte: **Jacques Cartier**. Sein Haus aus dem 16. Jh. war ein Bauernhaus. Er nannte es **Limoëlou**,

BAEDEKER ★ MAGISCHE MOMENTE

RÜCKENFLOSSEN STEUERBORD

Erst sind es nur Schaumkronen auf dem blauen Meer, dann taucht eine Rückenflosse in den Wellen auf, dann noch eine, ein glänzendgrauer Buckel wölbt sich an der Oberfläche, taucht auf, taucht ab. Und dann springen sie wirklich, übermütige Bögen, vom Boot aus kann man die silbernen Schnäbel und die weißen Bäuche auch ohne Fernglas sehen. Dass man die Tümmler bei Delfintouren zu Gesicht bekommt, ist nicht garantiert – aber wenn es passiert, macht das Herz Luftsprünge. (Touren auch auf Englisch, 14 € p. P., Cancale, Tel. 02 57 64 04 40, www.al-lark.org. 7-std. Beobachtungsfahrten ab Locmariaquer, www.fauneocean.fr, ►S. 188).

»kahler Hügel«. Im 19. Jh. wurde das Gebäude erweitert, heute beherbergt es ein kleines Museum, das über sein Leben und seine weiten Reisen unterrichtet. Die Rue Abbé Fouré führt zu einem kleinen Anwesen am Meer mit den **Rochers Sculptés**, den fast 300 skurrilen Felsskulpturen des Abbé Fouré (1839 – 1910). Mit 30 Jahren erlitt der Gemeindepfarrer einen Schlaganfall, er blieb halbseitig gelähmt und stumm. Er zog sich als Einsiedler an dieses schöne Fleckchen zurück und bearbeitete bis zu seinem Tod über 25 Jahre lang die Granitklippen, aus denen er Piraten, Seeungeheuer, Jungfrauen und dämonische Fabelwesen meißelte, ▶Abb. S. 297.

Musee Jacques Cartier: Besichtigung nur mit Führung, Mo. – Sa. 10 und 15, Juli, Aug. tgl. 10, 12, 14.30 Uhr | Eintritt 6 €
www.musee-jacques-cartier.com

Les Rochers Sculptés: Juni – Sept. tgl. 9 – 19, sonst 10 – 12, 14 – 18 Uhr | Eintritt 2,50 €

Maritime Delikatesse

Cancale

Der Name steht für eine geschätzte Delikatesse: Schon Ludwig XIV. und Napoleon genossen die Austern von Cancale. Auch heute werden in dem sympathischen Fischerstädtchen 15 km östlich von St-Malo die begehrten Meeresfrüchte gezüchtet (▶ Baedeker Wissen, S. 298). Alles über Austernzucht erfährt man in der **Ferme Marine**. Verkauft werden die Austern täglich auf dem **Marché des Huitres** am Nordende des Hafens – wer mag, lässt sich die Austern gleich öffnen.

Ferme Marine: Feb. – Anf. Nov. Termine für Führungen auch auf Deutsch oder Englisch über die Website | Eintritt 9.50 €
www.ferme-marine.com

★★ SAINT-THÉGONNEC

Département: Finistère | **Einwohner:** 2600

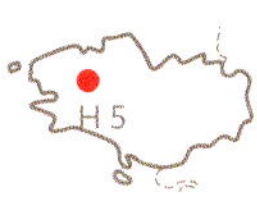

Es war nicht nur tiefer Glaube, der die Menschen des kleinen Ortes einst ansporte, einen prachtvollen Pfarrbezirk anzulegen. Durch Tuchhandel reich geworden, wollte man den Wohlstand auch zur Schau stellen – und dabei die wetteifernden Nachbarn übertreffen. Der mittelalterlichen Lust auf monumentale Statussymbole verdankt der stille Marktflecken Saint-Thégonnec heute seine große Sehenswürdigkeit – den berühmtesten umfriedeten Pfarrbezirk der Bretagne.

Immer im Wettstreit

Die **Enclos Paroissiaux** (▶ Baedeker Wissen, S. 348) wurden im Lauf der Zeit zu Statussymbolen, und jede Gemeinde versuchte, den Nachbarort mit noch prächtigeren Kalvarienbergen, Kirchen und Triumphpforten zu übertrumphen. St-Thégonnec war eine der reichsten Kirchengemeinden im Léon, dessen Wohlstand auf Flachsanbau, Leinenweberei, Tuchhandel und Pferdezucht beruhte. In den 1680er-Jahren wagte jedoch der kleinere Nachbarort Guimiliau, einen höheren Calvaire zu errichten. Das jahrzehntelange Wettbauen endete erst, als die Kirchenkassen fast leer waren. Die umfriedeten Pfarrhöfe zwischen ▶ Morlaix und Landerneau gehören zu den künstlerischen Höhepunkten der Bretagne. Eine 90 km lange Rundfahrt verbindet die schönsten Enclos Paroissiaux.

★★ Pfarrhof

Zeichen der Frömmigkeit

Calvaire

Das wuchtige Rundbogenportal des Triumphtors aus der Renaissance mit Laternenkuppeln, durch das die Gläubigen den Kirchhof betraten, schuf der Baumeister des Château de Kerjean 1587. Erst 1610 entstand der **Kalvarienberg**, dessen 40 Figuren Passion und Auferstehung darstellen. Die Guten sind glücklich oder leiden, die Bösen ziehen Grimassen. Der Folterknecht mit gezwirbeltem Bart soll Heinrich IV. ähneln; der katholisch getaufte König war zum Protestantismus übergetreten und konnte seine Macht als König nur festigen, indem er zum Katholizismus zurückkehrte. Eine Nische im niedrigen Sockel erzählt die Geschichte des **hl. Thégonnec**. Als der Teufel sah, dass der Ortsheilige Steine zum Bau seiner Kirche auf einem Karren heranschaffte, verwandelte er sich in einen Wolf und verschlang das Zugpferd des Heiligen. St-Thégonnec jedoch gelang es, den Wolf zu zähmen und vor seinen Karren zu spannen – so musste der Teufel beim Bau der Kirche helfen. Das zentrale Kreuz trägt zwei Querbalken. Auf dem oberen bewachen zwei Reiter den Gekreuzigten, Engel fangen das Blut aus seinen Wunden auf; darunter trauern Maria, Petrus und Johannes. An ihrer Rückseite lehnen die hl. Jungfrau und der bretonische Heilige Yves, die eine Kreuzabnahme einrahmen. Auf gleicher Höhe enden rechts und links die Kreuze der Schächer.

Meisterhaft gebaut

Beinhaus

Jean le Bescond schuf 1676 – 1682 das zweistöckige **Ossuaire** (Beinhaus), das heute einen Devotionalienladen beherbergt. Der Fries zwischen beiden Stockwerken mahnt in französischer und lateinischer Sprache: »Oh Sünder, tut Buße, solange ihr noch lebt, denn wir Toten haben dazu keine Gelegenheit mehr. Betet für uns Abge-

OBEN: Dass ihr Ort so klein ist, hielt die Bürger von St-Thégonnec nicht davon ab, den größten und prächtigsten Kirchhof der Bretagne zu bauen.
UNTEN: 40 Figuren erzählen am Kalvarienberg bildhaft Passion und Auferstehung Christi.

schiedene, denn eines Tages werdet auch ihr gestorben sein. Dann ruhet in Frieden. Es ist ein guter und frommer Gedanke, für die verstorbenen Gläubigen zu beten. Requiescant in pace. Amen.«
Die lebensgroße, farbig gefasste Grablegungsszene in der Krypta schnitzte der Bretone Jacques Lespaignol 1699 – 1702 aus Eiche.

Hier waren Künstler am Werk

Kirche

Ältestes Element im Pfarrbezirk ist die Kirche **Notre-Dame**. Der Renaissanceturm mit laternenbekrönter Kuppel entstand 1599 – 1610 im Wettstreit mit Pleyben. Kunsttischler der Marine waren bei der verspielten barocken Ausstattung am Werk. Die geschnitzte Kanzel mit den vier Kardinaltugenden an den Ecken und den Evangelisten auf den Tafeln dazu und Kirchenlehrern an der Treppe entstand 1683; den Schalldeckel von 1722 schufen Vater und Sohn François und Guillaume Lerrel aus Landivisiau. 1697 – 1724 fertigte Jacques Lespaignol den Rosenkranzaltar.

Rundfahrt zu den Pfarrhöfen

Im Wettstreit mit St-Thégonnec

★★ Guimiliau

In Guimiliau (8 km südwestlich von St-Thégonnec), benannt nach dem ermordeten Cornouaille-König Gwik Meliaw, fällt das Triumphtor schlicht, der **Kalvarienberg** (Calvaire) um so opulenter aus. Der Aufbau stellt in 16 Szenen die Leidensgeschichte dar, im Fries berichten 15 Szenen über das Leben Jesu (nicht in chronologischer Folge). Berühmt ist die Höllenfahrt der Katharina oder der **Katell Golet**, wie sie auf Bretonisch heißt: Splitternackt wird sie als Strafe für ihren lockeren Lebenswandel von Teufeln in die Hölle gestoßen. Auf dem Querbalken der einzigen Säule lehnen Petrus und Maria, Johannes und St-Yves paarweise mit dem Rücken aneinander. Die über 200 Figuren tragen Trachten oder Uniformen der Erbauungszeit (► Abb. S. 352).
Im Wettkampf mit St-Thégonnec wurde die **Kirche St-Miliau** aus dem 16. Jh. ab 1675 prunkvoll ausgeschmückt. Das Taufbecken erhielt einen holzgeschnitzten Baldachin, die Kirche eine neue Kanzel, deren geschnitzte Medaillons die Kardinaltugenden Gerechtigkeit, Weisheit, Mäßigung und Mut zeigen, eine Orgeltribüne und aufwendig geschnitzte Beichtstühle. Putten, Blumen und Früchte verzieren die beiden Altäre. Einer ist dem hl. Joseph, ein anderer dem hl. Miliau gewidmet. Älter sind die Archivoltenbänder in der südlichen Vorhalle, die 1606 – 1617 aus Kersanton-Stein gehauen wurden. Teilweise verstümmelt, zeigen die Bogenläufe Szenen der Genesis: die Versuchung Evas, die Vertreibung aus dem Paradies, Kain und Abel, Noahs Arche, Noah mit den Weinstöcken, der betrunkenr Noah. Das kleine **Beinhaus** im Renaissancestil wurde

SAINT-THÉGONNEC ERLEBEN

OFFICE DE TOURISME DU PAYS DE LANDIVISIAU, DES ENCLOS ET DES MONTS D'ARRÉE
53 Rue du Calvaire
29400 Guimiliau
Tel. 02 98 68 33 33
www.roscoff-tourisme.com

AUBERGE ST-THÉGONNEC €€€
Gediegendes, gepflegtes Drei-Sterne-Hotel wenige Schritte von der Kirche, Zimmer mit Balkon zum Garten. Kreative Küche und gute Weine.
6 Place de la Mairie
St-Thégonnec
Tel. 02 98 79 61 18
www.aubergesaintthegonnec.com
Mo.–Sa. 7–23, So. ab 8 Uhr

CRÊPERIE STEREDENN €€
Typisch bretonisch mit leckeren süßen wie herzhaften Galettes und Crêpes und Cidre aus der Region.
6 Rue de la Gare
Tel. 02 98 79 43 34
Mo., Di. geschlossen

1648 erbaut. 1683 folgte die Sakristei auf rundem Grundriss. Auf ihrem Kegeldach trägt sie eine kleine Statue des heiligen Miliau.

Eine wahrlich prunkvolle Ausstattung

★ Lampaul-Guimiliau

Auch im westlich gelegenen Lampaul-Guimiliau, das aus einer Einsiedelei des hl. Paul hervor ging, ist der hl. Miliau Schutzpatron des vollständig erhaltenen **Pfarrhofs**. Während die Triumphpforte von 1669 und der Kalvarienberg aus dem frühen 16. Jh., ebenfalls mit drei Kreuzen bekrönt, eher schlicht ausfallen, bildet die **Kirche** mit ihrer reichen Ausstattung den Höhepunkt.

Ein farbenprächtiger Triumphbalken (16. Jh.) überspannt das mittlere der drei Kirchenschiffe. Auf der Vorderseite sind Szenen aus dem Leben Christi ins Holz geschnitzt; auf der Rückseite verkünden Sibyllen die Geburt Christi; auf dem Balken trauern Maria und Johannes. Zwei der sechs **Altäre** – der vermutlich aus Flandern eingeführte Passionsaltar und der Altar von Johannes dem Täufer, beide aus dem 17. Jh. – gehören zu den kunstvollsten der Bretagne. Die Kreuzabnahme im linken Seitenschiff wurde 1530 aus einem Eichenblock geschnitzt, die Grablegung Christi 1676 von Antoine Chavagnac gefertigt. Das Taufbecken von 1650 bekrönt ein Baldachin. Der Glockenturm entstand 1573 nach dem Vorbild der Chapelle du Kreisker in St-Pol-de-Léon. 1809 kürzte ein Blitz seine Spitze um 7 m.

In der **Maison du Patrimoine** an der Place de l'Eglise 6 werden bretonische Möbel, Trachten und Gemälde gezeigt.

Maison du Patrimoine: Mo.– Fr. 8– 12, 13.30– 17.30 Uhr, Sa. nur vormittags, So. geschl.

Im Wettstreit mit St-Thégonnec baute Guimiliau den größeren Kalvarienberg.

Überall lauert »ankou«

La Roche-Maurice

Die Ruine einer Burg aus dem 12. Jh. beherrscht den Ort 12 km westlich von Lampaul-Guimiliau. Einlass zum Pfarrhof gewährt ein Triumphtor, dem Ende des 16. Jh.s ein kleiner Kalvarienberg aufgesetzt wurde. Die dreischiffige Kirche **St-Yves** (16. Jh.) ist dem Juristen und Bischof Yves Hélary aus ▶ Tréguier geweiht. Der zweistufige Glockenturm, rechteckig mit Balustrade, ist typisch für das Léon und baugleich mit dem von Pencran (▶ unten). Innen trennt ein geschnitzter Renaissance-Lettner von 1550 den Chor vom Langhaus. Unter dem Gekreuzigten stehen Maria und Johannes; auf dem Fries sind neun Apostel und drei Päpste, auf der Chorseite Heiligenfiguren zu sehen. Das Chorfenster von 1529 schildert die Leidensgeschichte Jesu. Am Beinhaus von 1640 mit beeindruckender Renaissancefassade hockt der Tod – bretonisch »ankou« – über dem Weihwasserbecken.

Eindrucksvoller Auftakt

Pencran

Eine Mauer mit sieben Eingängen umgibt den **Pfarrhof** von Pencran südlich außerhalb von Landerneau. Die monumentale Triumphpforte bekrönen drei Laternen. Der Kalvarienberg von 1521 ist bescheiden: Er besteht nicht aus einer Figurengruppe, sondern nur aus drei Kreuzen mit Jesus und den beiden Schächern, zu denen Maria Magdalena kniend hinaufblickt. Das Renaissance-Beinhaus von 1594 war im Lauf der Zeit Rathaus, Schule und Tabakladen, ehe es als Gruft der Familie Rosmorduc wieder zu seiner Bestimmung zurückkehrte. Die 1365 begonnene Kirche Notre-Dame hat eine spätgotische Vorhalle von 1553, die der Vorhalle von Guimiliau als Vorbild diente. In der Kirche ist die geschnitzte Kreuzabnahme (1517) sehenswert.

Im Angesicht des Todes

La Martyre

»Der Tod, das Jüngste Gericht, die kalte Hölle – wenn der Mensch daran denkt, wird er zittern. Ein Narr ist jener, der solches nicht überlegt, da er doch weiß, dass er sterben muss«, mahnt ein Engel über dem Eingang des Beinhauses von La Martyre mit einem Spruchband. Wie der Tod aussieht, zeigt ein Relief über dem Weihwasserbecken: ein bärtiges Wesen aus Schädel und Knochen. Furchteinflößend erinnert der **älteste Pfarrhof des Léon** an die Endlichkeit alles Irdischen. Er ist dem um 875 ermordeten dritten König der Bretagne geweiht, dem hl. Salomon. Der König, nicht von der Kirche, sondern vom Volk zum Heiligen erhoben, hatte seinen Vorgänger umgebracht. Der Enclos spiegelt den damaligen Wohlstand des Weilers wider, der zwischen dem 14. und 18. Jh. ein bedeutender Messeort war. Das Triumphtor aus dem 16. Jh. ist mit dem Kalvarienberg verschmolzen; er erhebt sich über einer Arkade auf einer begehbaren Balustrade und zeigt Christus am Kreuz, als Richter und bei der Auferstehung.

Das **Beinhaus** von 1619 stützt eine seltsame Figur. Der Oberkörper der Frau ist entblößt, der Unterleib wie eine Mumie gewickelt, beide Hände sind auf dem Rücken verschränkt. Die Pfarrkirche mit reich verzierten Schnitzereien entstand im 14. und 17. Jh. Ihre Vorhalle von 1455 ist eine der ältesten und originellsten im Léon. Unzählige Figuren schmücken das Tympanon und sämtliche Seiten. Im Mittelpunkt liegt Maria mit entblößten Brüsten im Wochenbett, Josef steht am Fußende. Das Kind, das einst in ihren Armen lag, ist verschwunden.

TRÉGUIER

Département: Côtes d'Armor | **Einwohner:** 2500

Mit schmalen Gassen, heimeligem Fachwerk und Häusern aus verwaschenem Granit gehört Tréguier nahe der ▸ »Côte de Granit Rose« zu den schönsten Orten der Bretagne. Vor allem die Kathedrale erinnert daran, dass das Städtchen in der Vergangenheit als Bischofssitz bedeutsam war. Geweiht ist das Bauwerk dem heiligen Tugdual, einem der sieben Gründungsheiligen der Bretagne. So gehört Tréguier zu den Stationen der großen bretonischen Wallfahrt »Tro Breiz«.

Wichtiger Pilgerort

Die Stadt geht auf den **hl. Tugdual** zurück, der am Zusammenfluss von Guindy und Jaudy im 6. Jh. das Kloster Landreger gründete. Wenn es um Heiligenverehrung geht, hat Tugdual jedoch starke Konkurrenz am Ort – den **hl. Yves**, der auch heute noch als Schutzheiliger der Juristen hochverehrt wird. Sein Grabmal findet sich in der Kathedrale und wird alljährlich, bei einer Wallfahrt am 3. Sonntag im Mai, zur Pilgerstätte für Richter und Rechtsanwälte aus ganz Europa. Das Glockenspiel der Kirche lässt tagtäglich im Viertelstundentakt ein Loblied auf den berühmtesten Sohn der Stadt erklingen.

Wohin in und um Tréguier?

Kirche für zwei Heilige

★ St-Tugdual

Das Gotteshaus aus Caen-Stein wurde in drei Stilepochen mit drei Türmen erbaut. Der viergeschossige Hastings-Turm ist das einzige Zeugnis des romanischen Baus aus dem 12./13. Jh.; Mittelschiff und Chor entstanden 1339–1400 im gotischen Stil. In der Spätgotik wurde die Kathedrale durch die Kapelle des Herzogs und den Kreuzgang erweitert. Auch das Fenster über dem Glockenportal im südlichen Querschiffarm stammt aus jener Zeit. Unvollendet blieb die Tour du Sanctuaire über der Vierung aus dem späten 14. Jahrhundert. Erst 1785 folgte der 63 m hohe Glockenturm.

Das **Innere** des 75 m langen und 40 m hohen Langhauses wirkt sehr hell und harmonisch. Obwohl die Kathedrale St-Tugdual gewidmet wurde, ist der hl. Yves omnipräsent. Eine geschnitzte Figurengruppe aus dem 15. Jh. zeigt ihn an der Innenwand des Südportals zwischen Arm und Reich. Sein Schädel ruht in einem Reliquiar in der Sakristei (▶ Abb. S. 327), wo der Kirchenschatz ausgestellt ist; seine liegende Grabfigur – eine Kopie von 1890 – findet man im Kreuzgang, umgeben von Grabdenkmälern des 13. – 15. Jahrhunderts. Beachtenswert ist auch das reich geschnitzte Chorgestühl von 1509.

An ihm schieden sich die Geister

Maison de Renan

Der Schriftsteller **Ernest Renan** (1823 – 1892) kam in Tréguier zur Welt. Sein Geburtshaus, ein Fachwerkbau aus dem 16. Jh., und ein Denkmal erinnern an den Wissenschaftler und Literaten. Renans Hauptwerk, das die Göttlichkeit von Jesus Christus in Frage stellt, rief bei Erscheinen 1863 heftigste Reaktionen der katholischen Kirche hervor – wurde aber, oder gerade deshalb, ein großer Erfolg und in vielen Auflagen gedruckt. Seine Heimatstadt, die bis zur Revolution als Hochburg eines weltfremden, reaktionären Katholizismus galt, beschrieb Renan als »großes Kloster, in das kein Lärm von außen drang«.

Museum: 20 Rue Ernest Renan, April – Sept. Mi. – So. 10.30 – 13, 14 – 18 Uhr | Eintritt 4 €

TRÉGUIER ERLEBEN

OFFICE DE TOURISME
11 Rue Marcellin Berthelot
Port de Plaisance, Tréguier
Tel. 02 96 92 22 33
www.bretagne-rosagranitkuste.de

AIGUE MARINE €€€€/€€€
Gepflegtes Haus am Jachthafen mit Pool im großen Garten und Wellness-Angeboten. Das üppige Frühstücksbuffet geht extra. Im Restaurant begeistert Stanislas Laisney mit Sterneküche. Mittags gibt es ein Menü mit frischen Marktprodukten zum kleinen Preis.
5 Rue Marcellin-Berthelot
Port de Plaisance, So., Mo. geschl.
Tel. 02 96 92 97 00
https://aiguemarine-hotel.com

KASTELL DINEC'H €€/€
Eine verwunschene, stilvolle Bleibe: Bauernhaus aus dem 17. Jh. mit Park und Pool. Abendessen für Hausgäste.
Le Castel, Route de Lannion
2 km südwestlich des Zentrums
Tel. 02 96 92 92 92
www.kastelldinech.com

HÔTEL LE SAINT YVES €
Zauberhaftes kleines Hotel im Zentrum, gleich hinter der Kathedrale. Die Besitzer, Cyril et Lydie Raoux, haben die Zimmer des historischen Gebäudes mit viele Liebe auf behaglichen Lifestyle getrimmt.
4 Rue Colvestre
Tel. 02 96 92 33 49
www.lesaintyvestreguier.com

Schutzpatron der Juristen

Minihy-Tréguier

Hélori, der Heilige Yves, kam am 17. Oktober 1253 rund 2 km südlich in Minihy-Tréguier zur Welt; er starb am 19. Mai 1303 in Louannec. Bereits 1347 wurde er heiliggesprochen. Der studierte Theologe und Jurist setzte sich besonders für die Armen ein und ist Schutzpatron der Bretagne, der Rechtsanwälte und der verlassenen Kinder. In der ihm geweihten Kirche (15. Jh.) zeigt ein Gemälde das lateinisch abgefasste Testament des Heiligen. Der kleine Doppelbogen auf dem Friedhof aus dem 13. Jh. heißt im Volksmund »Tombeau de St-Yves«, also Grab des hl. Yves. Tatsächlich ist er aber in der Kirche St-Tugdual in Tréguier begraben.

Exklusives aus dem Meer

★ Presqu'Île Sauvage

Austernzucht und Algensammeln prägen die »Wilde Halbinsel« zwischen den Mündungstrichtern von Jaudy und des Trieux. **Pleubian** ist Sitz des Centre d'Etude et de Valorisation des Algues, das sich mit der Erforschung und Verarbeitung der Algen beschäftigt. Weiter nördlich verengt sich die Halbinsel zum **Sillon de Talbert**, einer 3 km langen und nur 30 m breiten sandigen Landzunge, auf der Seevögel brüten.

★★ VANNES

Département: Morbihan | **Einwohner:** 53 700

Die geografische Lage von Vannes ist etwas Besonderes. Die Hauptstadt des Départements Morbihan liegt am »Kleinen Meer«, am Ende einer schützenden Bucht – irgendwie weit weg vom offenen Atlantik und doch durch bis weit in die Stadt hineinreichende Wasserarme mit dem Ozean verbunden.

Gassen und Gärten

Boote bringen Ausflügler und Freizeitkapitäne bis an den Rand des historischen Zentrums, das noch immer von einer Stadtmauer umgeben ist. Durch Tore betritt man das Gassenlabyrinth mit bunten Fachwerkhäusern. Unterhalb der imposanten Wehranlagen erstreckt sich eine fantastische Gartenlandschaft. Lebhaft und farbenfroh wird das historische Erbe im Juli bei den »Fêtes historiques« in Szene gesetzt.
Nachdem die Römer 56 v. Chr. die gallischen Veneter vertrieben hatten, gründeten sie die Civitas Venetis als Verwaltungs- und Wirtschaftszentrum; im 3. Jh. n. Chr. wurde der Ort befestigt und im 5. Jh. Bischofssitz. Herzog Nominoë, Heerführer König Ludwigs des Frommen, und sein Sohn Erispoë, der 851 den Streubesitz zum kurzlebigen Königreich Bretagne vereinte, machten Vannes zu ihrer Hauptstadt. Rund 700 Jahre später verlor die Bretagne ihre Unabhängigkeit wieder: Am 13. August 1532 unterzeichneten in Vannes die bretonischen Landstände die Vereinigung des Herzogtums Bretagne mit dem Königreich Frankreich. In den folgenden Jahrhunderten entwickelte sich die Stadt zu einem wichtigen Handelszentrum.

★★ Altstadt

Liebevoll restauriertes Fachwerk

Von der Place Gambetta nach Norden

Von der halbkreisförmig von klassizistischen Häusern umgebenen Place Gambetta am Ende des schmalen Jachthafens betritt man die Altstadt durch die **Porte St-Vincent**. Das 1704 erbaute Tor zieren das Stadtwappen und eine Statue des hl. Vinzenz. Wo im Mittelalter Ritterturniere stattfanden, säumen heute Bürgerhäuser die **Place des Lices**. In der Markthalle herrscht Mi. – So. (8 – 13.30 Uhr) viel Betrieb. Fachwerk mit vorkragenden Obergeschossen findet man auch in den umliegenden Gassen. Im Château Gaillard (15. Jh.) illustriert das **Musée d'Histoire** die Stadtgeschichte seit gallo-römi-

Das Pflaster glänzt noch vom Regen, aber bald füllt sich die nächtliche Altstadt.

PRESSE
Bijouterie

VANNES ERLEBEN

OFFICE DE TOURISME

Quai Tabarly, 56000 Vannes
Tel. 02 97 47 24 34
www.golfedumorbihan.bzh

TGV von Paris, Rennes und Brest. Von der Gare Maritime am Parc du Golfe fahren Schiffe zu den Inseln des »Golfe du Morbihan« und zur »Belle-Île«. Das Office de Tourisme informiert und verkauft auch Fahrkarten.

April/Mai: Festival Photo de Mer. Mai: Semaine du Golfe mit alten Segelbooten. Mitte Juli: Fêtes Historiques. Ende Juli: Jazz en Ville mit Sessions in Clubs und Open-Air-Konzerten.
1. Aug.-Hälfte: Musicales du Golfe (klassische Musik).

Maritimes zum Anziehen, Kunsthandwerk und Dekoratives findet man in der Rue Noé, der Rue St-Salomon und der Rue St-Vincent. Mi. und Sa. (8 – 13 Uhr) findet auf der Place des Lices der Wochenmarkt statt.

❶ LE ROSCANVEC €€€€/€€€

Tolle Adresse, um etwas zu feiern. Modernes, ansprechendes Ambiente in schönem alten Gemäuer, dazu die Gourmetküche von Thierry Seychelles, der seinen Michelin-Stern allerdings 2022 verloren hat.
17 Rue des Halles
Tel 02 97 47 15 96
https://roscanvec.com
So., Mo. geschl.

❷ LA TÊTE EN L'AIR €€€

Clément und Estelle verwöhnen in entspannter Atmosphäre mit köstlichen Überraschungsmenüs aus 2 bis 7 Gängen. 2022 wurden Kochkunst und Ambiente mit einem Michelin-Stern geadelt. Lassen Sie noch Platz fürs Dessert und staunen Sie über einen magischen Mix aus Melone, weißer Schokolade und Portwein.
43 Rue de la Fontaine
Tel. 02 97 67 31 13, Di., Mi. geschl.
www.lateteenlair-vannes.com

❸ AGORA €€€/€€

Modernes, kleines, aber sehr feines Restaurant etwas außerhalb der Mauern mit saisonaler Küche aus regionalen Produkten. Probieren Sie das »Menu Aquarelle« mit Langusten im knusprigen Buchweizenmantel und in Rotwein sanft gegartem Oktopus.
19 Rue de la Boucherie
Tel 02 97 61 50 90, https://agora-restaurant.eatbu.com
So., Mo. geschl.

❹ CHEZ LA MÈRE 6 SOUS €€

In dem familiären Bistro kommen traditionelle Gerichte auf den Tisch: fangfrische Austern aus dem Golf von Morbihan, bretonische Schweinebäckchen In Cidre geschmort und zum Nachtisch ein Far Breton rôti, der berühmte karamelisierte Eierkuchen mit Backpflaumen.
11 Rue Thomas de Closmadeuc
Tel 02 97 01 93 67
www.chezlameresixsous.com
So., Mo. geschl.

❺ KARPA €

Das Angebot aus Burger, Tatar, Pasta, Pizza etc. passt zum sehr jungen, künstlerisch-kreativen Umfeld. Große Auswahl an Salaten.
28 Rue du Port, Tel. 02 97 47 48 34
www.lekarpa.fr

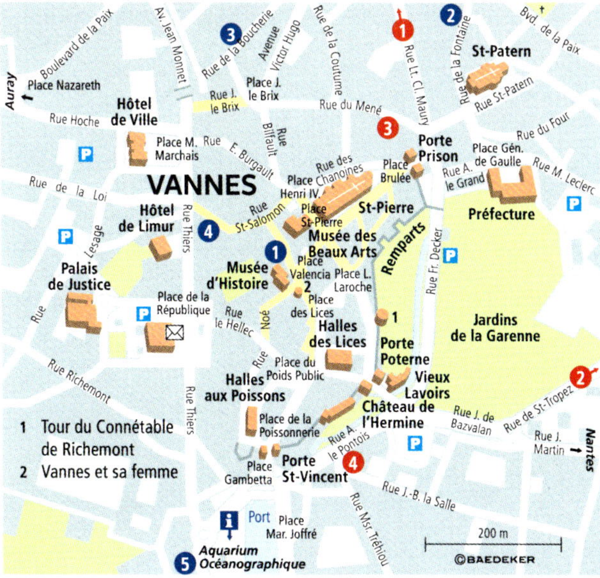

❶ Le Roscanvec	❹ Chez La Mère 6 Sous	❶ Villa Kerasy Hôtel & Spa	❸ Hôtel Le Bretagne
❷ La Tête en l'Air	❺ Karpa	❷ Le Marébaudière	❹ Villa Garenne
❸ Agora			

❶ VILLA KERASY HOTEL & SPA €€€

Seinen exquisiten, fernöstlich inspirierten Zimmern hat Jean-Jacques Violo die Namen der Häfen gegeben, die im 17. Jh. an den Seewegen der Ostindischen Handelsgesellschaft lagen. Für Wohlbefinden sorgen Hammam, Peelings, Lomi-Lomi- und Ayurveda-Massagen.
20 Ave Favrel et Lincy
Tel. 02 97 68 36 83
www.villakerasy.com

❷ LE MARÉBAUDIÈRE €€

Von außen einst ein Landhaus, innen schick gestyltes Ambiente und Spa
4 Rue Aristide Briand
Tel. 02 97 47 34 29
www.marebaudiere.com

❸ HÔTEL LE BRETAGNE € /€

Sympathisches kleines Haus nur zwei Gehminuten von der Kathedrale
36 Rue du Mené
Tel. 02 97 47 20 21
www.hotel-lebretagne-vannes.com

❹ VILLA GARENNE €

In warmen Farbtönen liebevoll eingerichtete Zimmer in einem historischen Gebäude 300 m vom Hafen
3 Rue Msr Tréhiou
Tel. 06 76 01 80 83
www.chambresdhotes-vannes.fr

schen Zeiten. Weiter nördlich in der Rue Rogue, Ecke Rue des Halles, grüßen an der Maison de Vannes die in den Granit gehauenen Skulpturen **»Vannes et sa femme«** (»Vannes und seine Frau«).

Musée d'Histoire: 2 Rue Noé | Juni – Sept. tgl. 13.30 – 18 Uhr
Okt. – Mai Mo. geschl. | Eintritt mit Musée des Beaux-Arts 6,50 €

★ Musée des Beaux-Arts

Kunst von gestern und heute

Die einstigen Markthallen **La Cohue** – bretonisch für »Marktplatz« – aus dem 13. – 17. Jh. dienten zeitweise als Gericht, im Jahr 1792 tagte in den Hallen das Revolutionstribunal. Heute sind hier Werke bedeutender Künstler aus dem 14. bis 19. Jh. ausgestellt, darunter Goya, Corot und Delacroix. Jährlich wechselnde Ausstellungen widmen sich in erster Linie zeitgenössischer Kunst.

Geöffnet wie Musée d'Histoire, ▶S. 313

St-Pierre

Ein Mix an Stilen

An der gotischen Kathedrale St-Pierre wurde vom 13. – 19. Jh. gebaut. Ältester Teil ist der von einer neuen Spitze gekrönte Nordturm. Der Südturm ist ebenso neogotisch wie die 1857 errichtete Fassade. Ein seltenes Beispiel für die Renaissance in der Bretagne ist die 1537 an das linke Seitenschiff gebaute runde Chapelle du St-Sacrement für die sterblichen Reste des **hl. Vinzenz Ferrer**. Der spanische Dominikaner war ein begnadeter Bußprediger, den Herzog Johann V. in die Bretagne holte. 1417 soll er in Vannes 24 Tage lang fast unentwegt gepredigt haben, zwei Jahre später starb er hier. Im Kapitelsaal ist der prachtvolle **Kirchenschatz** ausgestellt.

Place M. Marchais

Etwas Flair von Paris

Fachwerk aus dem 16. Jh. zeigen auch die Giebelhäuser an der **Place Henri IV.** nordwestlich bei St-Pierre und in der **Rue E. Burgault**. Letztere führt zur Place M. Marchais mit dem 1866 in Neorenaissance erbauten **Hôtel de Ville**, eine Kopie des Rathauses von Paris. Büsten von Marquis de Mirabeau, Adolphe Thiers, René Descartes und dem Schriftsteller A.-R. Lesage schmücken die Rathausfassade.

Remparts

Entlang der Stadtmauer

Von der Porte Prison verläuft die zwischen dem 13. und 17. Jh. erbaute Stadtmauer nach Süden zur Porte St-Vincent. Zwischen der Rue Decker und den insgesamt 400 m langen Mauern ist im alten Graben der barocke **Jardin des Remparts** angelegt. Vor der Fachwerk-Silhouette der Altstadt schlängelt sich das Flüsschen Marle zu den **Vieux Lavoires** (Alte Waschhäuser) aus dem frühen 19. Jh.; das leicht geschwungene Schieferdach über den Waschbänken des Fachwerkhauses bot Schutz bei schlechtem Wetter. Gegenüber erhebt sich das **Château de l'Hermine**. Die Bastion entstand im 18. Jh. an der Stelle eines von Jean IV. im 14. Jh. erbauten Schlosses.

Rund um Vannes

Leben im Schloss

Château du Plessis-Josso

Wie man in einem mittelalterlichen Schloss lebte, vermittelt ein Besuch des befestigten Herrensitzes aus dem 15. Jh. rund 15 km südöstlich von Vannes.

Derzeit nur von außen zu besichtigen, Juli–Aug. tgl. 14–18.30 Uhr
Eintritt frei

Unter Denkmalschutz

Questembert

Die hübsche Kleinstadt 12 km weiter nordöstlich besitzt eine 1552 erbaute und damit die älteste **Markthalle** der Bretagne, der Dachstuhl ist eindrucksvoll konstruiert. Auch die Kapelle St-Michel und der Kalvarienberg stammen aus dem 16. Jh., ebenso einige Häuser in der Umgebung der Markthalle.

Lohnender Aufstieg

★ Forteresse de Largoët

Diese Festung 15 km nordöstlich von Vannes wurde 1488 großenteils zerstört. Aber die Reste mit dem mächtigen, achteckigen **Donjon** (Tour d'Elven, 44 m), dem höchsten Wohnturm in ganz Frankreich, lohnen einen Besuch.

Mitte März – Mai Sa., So. 14 – 18.30, Juni, Sept. Mi. – Mo. 10.30 – 12, 14.30 bis 18.30, Juli, Aug. tgl. 10.30 – 12, 14.30 – 18.30 Uhr | Eintritt 6 €

★ VITRÉ

Département: Ille-et-Vilaine | **Einwohner:** 17 200

Mittelalterkulisse wie aus dem Bilderbuch – hohe Mauern, unzählige Türmchen mit spitzen, grauen Kegeldächern, die ein Gewirr alter Häuser und verwinkelter Gässchen überragen – so präsentiert sich das 35 km östlich von Rennes gelegene Städtchen mit über 1000-jähriger Geschichte.

Wahrlich wehrhaft

Vitré war einst Festungsstadt, erbaut, um die bretonische Ostgrenze zu sichern. Ein stattliches Schloss hält bis heute die Stellung. Im 15. Jh. entwickelte sich der Ort zu einer reichen Handels- und Handwerkerstadt, die ihre Tuchwaren bis nach Amerika und Indien verkaufte. Die Kaufleute ließen vornehme Palais errichten, und als 1593 Heinrich IV. Vitré einen Besuch abstattete, habe er sich voller Bewunderung zu dem Ausspruch »Wäre ich nicht König von Frankreich, würde ich Bürger von Vitré« hinreißen lassen. Im 17. und 18. Jh. zog es die Barone von Vitré dann allerdings in umgekehrte Richtung – an den Hof von Versailles. Die alte Stadt mit den hohen Mauern fiel in einen Dornröschenschlaf, der erst durch den Abriss der südlichen Festungsanlagen und den Anschluss an die Eisenbahnlinie Paris-Brest Mitte des 19. Jh.s beendet wurde.

Wohin in Vitré und Umgebung?

★ Château

Bestens geschützt
Die Burg thront über dem Tal der Vilaine auf einem Fels, der zur Stadt hin langsam ansteigt. Reste einer Kapelle im Burghof belegen, dass das Bollwerk im 11. Jh. begonnen, im 14. Jh. erweitert und im 19./20. Jh. restauriert wurde. Von der **Place du Château**, dem früheren Burghof – hier lagen Wirtschaftsgebäude und Ställe – gewährt eine Zugbrücke mit mächtigem Torbau, den Türme mit Pechnasen flankieren, Zugang zum Innenhof. Im nördlichen Trakt führt eine Freitreppe zum Rathaus von Vitré. Drei der sieben Burgtürme bieten als Museum Einblick in die Schlossgeschichte und immer wieder Ausblicke auf die Altstadt. Im Wohnturm **Donjon St-Laurent** sind Gobelins aus Flandern und Aubusson aus dem 16./17. Jh., Skulpturen des 15./16. Jh.s aus Häusern von Vitré und ein reich verzierter Kamin von 1583 – aus einem Haus in der Rue de la Poterie stammend – zu sehen. In der Renaissancekapelle der **Tour L'Oratoire** zeigt ein Triptychon von 1544 auf 32 Emailletafeln aus Limoges Szenen aus dem Neuen Testament. Von der **Tour Montafilant** hat man einen herrlichen Blick auf die Viertel Tertres Noirs und Bourg-aux-Moines, auf die Vilaine und eine alte Gerberei.
Musée Château: April – Juni, Sept. 10 – 12.30, 14 – 18, Juli, Aug. 10 – 18 Uhr, Okt. – März Mo., Mi. – Fr. 10 – 12.30, 14 – 17.30, Sa., So. nur nachtmittags | Eintritt 6 €

★ Altstadt

Wie vor 600 Jahren
Die Place St-Yves südlich des Schlosses mit den Resten des Stadttors Porte d'En Bas ist ein idealer Ausgangspunkt für einen Bummel. Fotografen finden reizvolle Motive in der dahinter ansteigenden Rue d'En Bas: Nr. 10 ist das Hôtel du Bol d'Or (15./16. Jh.), Nr. 20 zeigt am Giebel interessante Kapitelle. Die wohl schönste Straße der Stadt ist die nächste Querstraße links: die **Rue Baudrairie**. In der einstigen Gasse der Gerber sind bis auf eine Ausnahme alle Fachwerkhäuser, oft mit vorkragenden Obergeschossen, erhalten geblieben. Sehenswerte Häuser stehen auch in der Rue de la Poterie und der Rue de Sévigné mit dem **Haus der Madame de Sévigné** (▶ S. 363).
Am höchsten Punkt der Stadt wurde im 14./15. Jh. die Kirche **Notre-Dame** im spätgotischen Flamboyant erbaut. Ihre Südfassade zeigt sieben reich verzierte Dreiecksgiebel; von der Außenkanzel sollen die katholischen Geistlichen gegen die Protestanten gewettert haben.

VITRÉ ERLEBEN

OFFICE DE TOURISME DU PAYS DE VITRÉ

Place du Général de Gaulle
Vitré, Tel. 02 99 75 04 46
bretagne-vitre.com

LES PIEDS SOUS LA TABLE €€€/€€

Junges, modernes Restaurant in der Hauptachse der Altstadt mit ausgezeichneter traditioneller Küche,die sich an den Jahreszeiten orientiert.
20 Rue d'en Bas, Tel. 02 23 55 27 81, Di., Do. abends, Mi., Sa.mittags geschl., www.restaurant-lespiedssouslatable.fr

COPINS COMME COCHONS €€

Wunderbares Bistrot in Bahnhofsnähe mit kleiner, feiner Speisekarte.
26 Rue Neuve, Tel. 09 84 42 52 04
Mo. - Fr. mittags, Fr. auch abends (19.30 - 23 Uhr)

LE PETIT PRESSOIR €€

Trilogie des Meeres in Safran, ein saftiges Rindersteak an Foie gras und zum Schluss die hausgemachte Tarte Tatin mit Vanilleeis – bon appétit!
20 Rue de Paris
Tel. 02 99 74 79 79, So. und Di. abends und Mi. geschl., www.restaurant-vitre-lepetitpressoir.com

AR MILIN' €€€/€€

Im 5 ha großen Park der alten Mühle an der Vilaine 15 km westl. von Vitré hat man die Wahl zwischen dem Hôtel du Moulin (teurer und etwas schicker) und dem Hôtel du Parc; beide sind gemütlich und zeitgemäß gestaltet. Gut speisen kann man im Restaurant mit Panoramafenstern zum Park (Sa. mittag geschl.) oder im Bistrot mit Terrasse im Grünen (Mo. - Sa. mittags geöffnet).
30 Rue de Paris, Chateaubourg
Tel. 02 99 00 30 91
www.armilin.com

HÔTEL DU CHÂTEAU €

Nettes Logis de France in einer ruhigen Seitenstraße beim Schloss
5 Rue Rallon
Tel. 02 99 74 58 59
https://hotelvitre.com

Sakrale Kostbarkeiten — Musée St-Nicolas

In der Kapelle eines Hospitals aus dem 15. Jh. präsentiert dieses Museum großartige sakrale Goldschmiedekunst aus dem 19./20. Jh., vor allem aus bedeutenden Werkstätten in Paris und Lyon.
Rue Pasteur | April - Sept. tgl. 10.30 - 12,.30, 14 - 18.30 Uhr, Okt. - März Mo. - Do. 10.30 - 12, 14 - 17.30 Uhr, Fr. - So. nur nachmittags | Eintritt 4 €

Nicht alltägliche Einblicke — ★ Château des Rochers-Sévigné

Im etwas außerhalb gelegenen Château machen Sie Bekanntschaft mit der berühmtesten Frau der Stadtgeschichte, der **Marquise de Sévigné** (1626 – 1696), einer Adelsdame, die früh verwitwet, zur eifrigen Briefeschreiberin wurde und der Nachwelt interessante Einbli-

Auf Schloss Rochers-Sevigné lebte die bekannteste Briefeschreiberin der Bretagne.

cke in das damalige Leben in höchsten Adelskreisen hinterlassen hat (▶Interessante Menschen). Im Schloss erinnert ein Museum an die Literatin. Der **französische Garten** ist den originalen Plänen von Le Nôtre nachempfunden; dahinter laden die Alleen des Parc des Rochers zu Spaziergängen auf den Spuren der Madame de Sévigné ein.
April – Sept., Führungen Do., Mo. jeweils 14.30, 16 u. 17 Uhr
Eintritt 6 € | https://chateau.vitre.bzh/infos-rochers-sevigne/

Zum Schutz der Ostgrenze

La Guerche-de-Bretagne

Guerche-de-Bretagne, gut 20 km südlich von Vitré, gehörte einst zu der Kette von Burgen und Schlössern, die die Ostgrenze der Bretagne sicherten. Die Festung wurde 1739 zerstört, erhalten blieb die historische Altstadt mit Fachwerkhäusern aus dem 16. – 18. Jh. sowie die Kirche **Notre-Dame** aus dem 15./16. Jahrhundert. Dienstags findet der Wochenmarkt statt.

Hinkelsteine für eine glückliche Ehe

★ La Roche-aux-Fées

Der **Feenfelsen** rund 15 km westlich von La Guerche-de-Bretagne, ist eines der bemerkenswertesten Megalithbauwerke der Bretagne. Der **Dolmen** aus dem 3. Jahrtausend v. Chr. – knapp 20 m lang, 6 m breit und 4 m hoch – birgt eine vierfach unterteilte Grabkammer. 33 Tragsteine bilden die Seitenwände, darüber ruhen acht mächtige Decksteine. Der Eingang aus zwei quaderförmigen Trägern und einem ebenmäßig gearbeiteten Türsturz ist ein Meisterwerk der Konstruktion. Die Bestimmung des Dolmens liegt im Dunkel. War er eine Begräbnisstätte, ein Kultort? Der Volksglaube fand seine eigene Antwort: Er nutzte ihn als »Eheorakel«: Um herauszufinden, ob eine geplante Ehe glücklich würde, umrundeten Junge und Mädchen bei Vollmond den Feenfelsen. Beide zählten die Steine und tauschten das Ergebnis später aus – bis zu einer Differenz von zwei Steinen standen die Vorzeichen für die Ehe günstig.

Eintritt frei | Führungen April – Sept. 11.30–16.30 | Tour 3 €
https://tourisme.rafcom.bzh

H
HINTER-GRUND

Direkt, erstaunlich, fundiert

Unsere Hintergrundinformationen beantworten (fast) alle Ihre Fragen zur Bretagne.

Genau genommen gehört der Mont St-Michel zur Normandie. Das kann man aber gelassen sehen. ▶

DIE REGION UND IHRE MENSCHEN

Wind und Wasser drücken der rauen Landschaft der Bretagne ihren Stempel auf. Feinsandige Strände und wilde Felsküsten, dazu mittelalterliche Burgen und bezaubernde Fachwerkstädte, rätselhafte Riesensteine und verwunschene Orte, nicht zu vergessen die kulinarischen Besonderheiten – in der Bretagne könnte man wochenlang herumreisen. Lassen Sie sich inspirieren!

Landschaften

Ein Urgebirge aus Granit

Geologisch gehört die Halbinsel Bretagne als »Rumpfgebirge« zu den ältesten Teilen Europas. Ihr Untergrund aus Granit entstand bereits vor 1 Mrd. Jahren. Bei Überflutungen vor mehr als 400 Mio. Jahren lagerten sich bis zu 1000 m mächtige Sandsteinschichten darauf ab. Durch den großen Druck verwandelte sich der darunterliegende Schiefer zu Quarzit. Vor 350 Mio. Jahren wurden diese Schichten zu einem Faltengebirge aufgetürmt, dem **Armorikanischen Massiv**. Vor 60 Mio. Jahren war es 1200 m hoch, heute präsentiert sich das Gebirge als durchschnittlich 300 m hohes, welliges Plateau, in das sich kurze Bäche und Flussläufe bis zu 80 m tief eingeschnitten haben. Trotz ihrer geringen Höhe bilden die zentralen Berg- und Hügelzüge der Bretagne deutlich ausgeprägte Wasserscheiden zwischen den kurzen, aber wasserreichen Flussläufen wie Rance und Trieux, die nach Norden zum Meer fließen. Die wenigen nach Süden strömenden Flüsse wie Vilaine, Blavet und Odet sind deutlich länger. Längster Fluss der Bretagne ist die 225 km lange Vilaine, gefolgt von der 145 km langen Aulne. Zwei Höhenrücken trennen das spärlich besiedelte »Land der Wälder« vom schmalen Küstenstreifen »Armor« an Ärmelkanal und Atlantik. Der nördliche Höhenrücken **Monts d'Arrée** erreicht mit dem Signal de Toussaines und dem Roc Trévézel 384 m, die südlichen **Montagnes Noires** steigen mit dem Roc de Toullaëron auf 326 m an. Die Ober-Bretagne im Osten ist der flachere, die Nieder-Bretagne im Westen der höhere Landesteil.

Küste und Inseln

Kein Ort in der Bretagne ist weiter als 60 km von der Küste entfernt, die durch ihre unzähligen tiefen Buchten und zerfurchten Halbinseln eine Gesamtlänge von 2700 km erreicht. Fast überall dominieren **Steilküsten** mit hohen Klippen, spitzen Felsnadeln und massiven Felsblöcken. Donnernd branden die Brecher von **Atlantik und Ärmelkanal** gegen die häufig nur schwer zugänglichen Felsküsten. Die feuchte Luft riecht nach Salz und Tang. Während die nordbretoni-

OBEN: Ebbe und Flut nagen an den Felsen der Côte Sauvage, der »Wilden Küste«.
UNTEN: Wenn sich das Meer zurückzieht, liegen die Boote im Hafen von Sauzon auf Belle-Île auf dem Trockenen.

sche Küste mehr geradlinige Abschnitte aufweist, die mit hohen Kliffs zum Meer abfallen, ist die Südküste insgesamt flacher und stärker durch große Buchten gegliedert. Vorgelagert sind Hunderte von Felsinseln, teils in Sichtweite, teils weit draußen im Meer. Die größeren sind bewohnt, viele kleinere tauchen oft nur bei Ebbe aus der See auf. Die wohl bekannteste Insel, die allerdings heute schon zur Normandie gehört, ist der gewaltige Granitblock des Mont St-Michel. Die größte Insel der Bretagne ist die Belle-Ile vor der Südküste.

Abers

Die Nordwestküste der Bretagne prägen **Abers**, trichterförmige, parallele Buchten, die den Gezeiten unterliegen. Geografen nennen sie Rias nach den Buchten im nordwestspanischen Galizien. Sie ähneln den Fjordküsten Norwegens, sind aber anders entstanden. Während Fjorde durch eiszeitliche Gletscher ausgehobelt wurden, sind Rias »ertrunkene« Flusstäler. Als der Meeresspiegel am Ende der Eiszeiten anstieg und sich das Land absenkte, verschob sich die Küstenlinie ins Landesinnere. Dadurch gerieten die Flusstäler im Unterlauf unter den Meeresspiegel und wurden zu Meeresbuchten. Anders als Fjorde sind sie daher in der Regel bei Ebbe ziemlich flach.

Naturparke

Die Bretagne besitzt zwei Naturparks: den **Parc Naturel Régional d'Armorique** im Département Finistère sowie den **Parc Naturel Régional de Brière** im Département Loire-Atlantique bei Guérande. Hinzu kommen rund 300 Naturschutzgebiete und ein Dutzend Vogelschutzgebiete an der Küste und auf Inseln.

Im Wechsel der Gezeiten (▶ Baedeker Wissen, S. 294)

Das faszinierendste Naturschauspiel der Bretagne bieten **Ebbe und Flut.** Zwei Mal am Tag enthüllen die rhythmischen Schwankungen des Meeresspiegels die Schönheiten der Strände, um sie dann wieder dem Auge zu entziehen. Gezeiten entstehen durch die Anziehungskraft des Mondes auf die Wassermassen der Erde. In jeweils 12 Stunden und 25 Minuten laufen daher zwei Flutberge um die Erde. Zwei Mal pro Tag steigt und fällt das Meer, wobei sich die Tiden täglich um 50 Minuten verschieben. Die Bretagne verzeichnet nach der Fundy Bay in Kanada den **zweitgrößten Tidenhub der Welt** mit häufig mehr als 10 m Unterschied zwischen Ebbe und Flut, in der Bucht von St-Malo bis 13,5 m und beim Mont St-Michel sogar bis zu 15 m. Bei Neu- und Vollmond, wenn Mond, Erde und Sonne in einer Linie stehen, addieren sich die Anziehungskräfte und sorgen für **Springtiden**. Dann steigt das Meer besonders hoch an und zieht sich bei Ebbe besonders weit zurück; mancherorts bis zu 15 km! Bei Halbmond, wenn Sonne, Mond und Erde im rechten Winkel zueinander stehen, wirkt die Sonne gegen den Mond und zieht einen Teil der Wassermassen in einen anderen Teil der Erde. Bei diesen **Nipptiden** bleibt der Meeresspiegel meist etwas unter der mittleren Hochwassermarke. Schon im Mittelalter wurden die ein- und ausströmenden Wassermassen mit

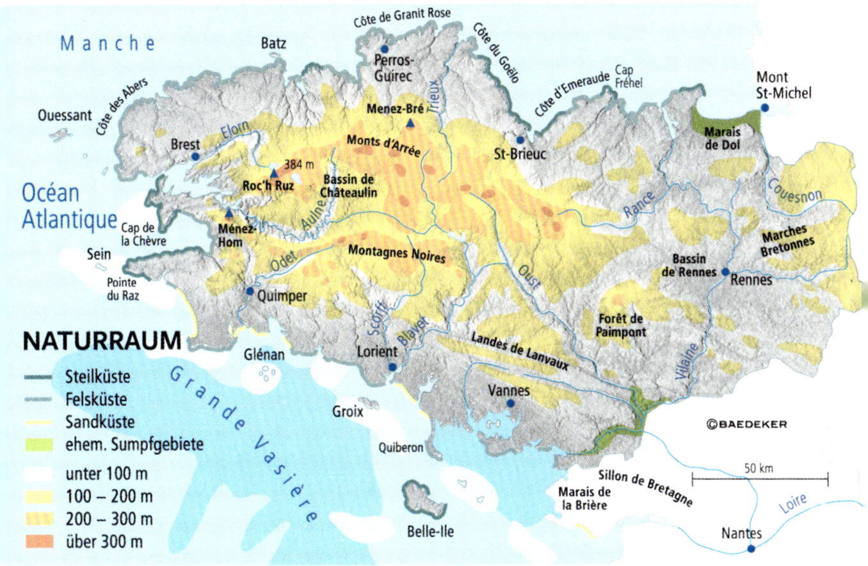

Gezeitenmühlen zur Energiegewinnung genutzt. Seit 1966 steht in der Mündung der Rance das erste **Gezeitenkraftwerk** der Welt, das nach demselben Prinzip mit 24 Turbinen in einer 750 m langen Staumauer Strom erzeugt (▶ Baedeker Wissen, S.142).

Pflanzen

Heide und Wald

Noch in der Antike bedeckten ausgedehnte Eichen- und Buchenwälder das Landesinnere. Die römischen Besatzer und später die Mönche der Abteien holzten jedoch große Waldflächen für den landwirtschaftlichen Anbau ab. Darüber hinaus benötigte man Holz zum Schiffsbau und zur Herstellung von Holzkohle für die Schmieden in Paimpol, Quénécan und Châteaubriant. So blieben nur etwa 10 % der Waldfläche erhalten, das Gros befindet sich heute in Privatbesitz. Öffentlich zugängliche Reste des ursprünglichen Waldes mit großen Beständen an Rotbuchen, Ahorn, Kastanien und Eschen sind noch im **Parc Naturel Régional d'Armorique** erhalten. Ausgedehnte Strauch- und Heideflächen mit Erika, Besen- und Stechginster, Farnen, Wacholder und Brombeeren prägen Bergkämme und die windzugewandten Küsten. Außergewöhnlich schöne, ausgedehnte Heideflächen sind auf der Halbinsel von Crozon oder der Hochebene von Lanvaux erhalten.

Küste und Kulturlandschaft

An der windgeschützten Südküste gedeihen im milden Klima Palmen, Kamelien, Myrten, Mimosen, Agaven, Oleander, Zypressen, Feigen, örtlich auch Zitronen- und Orangenbäume. In feuchten, windabgewandten Senken haben sich vielfach Moore entwickelt. Typische Pflanzen sind hier Birken, Wollgras, Torfmoose, Binsen, Enzian, gelbe Schwertlilie und Sonnentau. Auf den Salzwiesen und vermoorten Verlandungsflächen wie im Naturpark der Brière oder am Ostufer des Golf von Morbihan gedeihen salzliebende Gräser und Stauden. Im Landesinneren, besonders im Département Finistère, aber auch auf den Inseln prägen **Bocages** das Bild: Hecken oder Baumreihen, die auf Steinwällen die Äcker und Weiden trennen und vor Wind schützen. Meeresalgen werden wirtschaftlich immer mehr genutzt.

Tiere

Im Wasser und an Land

Artenreich ist die **Fischwelt**: Barsch, Seeaal, Makrele, Rochen, Seebarbe, Steinbutt, Thunfisch, Sardine, Seezunge und Goldbrasse werden von den Küstenfischern, Krebse, Krabben, Hummer, Langusten von Schleppnetzfischern gefangen. Austern, Muscheln und Schnecken züchtet man entlang der gesamten Küste in Aquakulturen. In Flüssen und Seen kann man Forelle, Lachs, Aal, Hecht, Zander, Salm, Barbe, Brasse und Gründling angeln.
Am artenreichsten ist die **Vogelwelt**, vor allem an den Küsten, wo neben den ganzjährig anwesenden Vögeln im Herbst und Winter noch unzählige Zugvögel rasten. Neben Dreizehen-, Silber-, Lach- und Heringsmöwen bevölkern auch Tausende Basstölpel, Tordalke, Kormorane, Austernfischer, Papageientaucher, Trottellummen, Eissturmvögel, Seeschwalben und Brandgänse die Klippen und vorgelagerten Felseninseln.

Bevölkerung

Die heutige Bretagne

Nach dem Zweiten Weltkrieg konnte die Abwanderung durch gezielte Wirtschaftsförderung und industriellen Aufbau gestoppt werden. Das Bevölkerungswachstum der Gegenwart ist vor allem der Migration geschuldet und schlägt sich in allen größeren urbanen Zentren nieder. In den meisten Teilen des Hinterlands verzeichnet man weiterhin Abwanderung und Überalterung. Diese unterschiedliche Entwicklung von Küsten- und Binnenland wird auch bei der **Bevölkerungsdichte** deutlich: Während sie in der gesamten Region bei durchschnittlich 121 Einwohnern pro km² liegt, leben im Landesinneren im Durchschnitt gerade einmal 50 Menschen auf einem Quadratkilometer, an den Küsten sind es – je nach Region – zwischen 150 und 200. Insgesamt leben 3,31 Mio. Menschen in der Bretagne.

Anwälte und Richter aus aller Welt gedenken am dritten Sonntag im Mai in Tréguier des hl. Yves, des Anwalts der Armen.

Religion

Die Bevölkerung ist fast ausschließlich **römisch-katholisch**. In Sitten und Gebräuchen, regionalen und lokalen Festen spielt die Kirche mit ihren Heiligen noch eine große Rolle. Viele Heiligenfeste mit Prozessionen, **Pardons**, bei denen die alten Volkstrachten getragen werden, haben heute jedoch oft mehr folkloristischen als religiösen Charakter. Die Bindung an die Kirche ist in den letzten Jahrzehnten stark zurückgegangen, wenn auch nicht so sehr wie im übrigen Frankreich.

Ausdruck der Eigenständigkeit: Bretonisch

Eine keltische Sprache

Bretonisch ist kein französischer Dialekt, sondern eine keltische Sprache. Vor rund 2500 Jahren entwickelte sich **Keltisch** als eine eigenständige indogermanische Sprache. Während der römischen Besatzung ersetzte **Latein** bzw. eine Form des Vulgärlateins mehr und mehr das Keltische. Im 5. und 6. Jh. kam das Keltische wieder auf die Halbinsel, als sich keltische Briten auf der Flucht vor Angeln und Sachsen in »Kleinbritannien« niederließen. Daraus entwickelte sich das eigenständige **Bretonisch**, sprachwissenschaftlich »Breton armoricain« und von den Bretonen selbst als **Brezoneg** bezeichnet. Mit der Einführung der Schulpflicht gegen Ende des 19. Jh.s wurden alle Minderheitensprachen Frankreichs systematisch unterdrückt. Erst 1951 hob der Staat das Verbot der regionalen Sprachen auf. Seit 1977 darf Bretonisch auch wieder unterrichtet werden.

Lage:
Nordwestfrankreich

Fläche:
27 208 km²
Größte Insel: **Belle-Ile-en-Mer: 86 km²**
Küstenlänge: **2730 km**

Einwohner: **3,29 Mio.**
(5,1 % der frz. Bevölkerung, 67% leben in Städten)

Bevölkerungsdichte:
121 Einwohner/km²

Im Vergleich:
Mecklenburg-Vorpommern
Fläche: 23 193 km²
1,6 Mio. Einwohner
69 Einwohner/km²

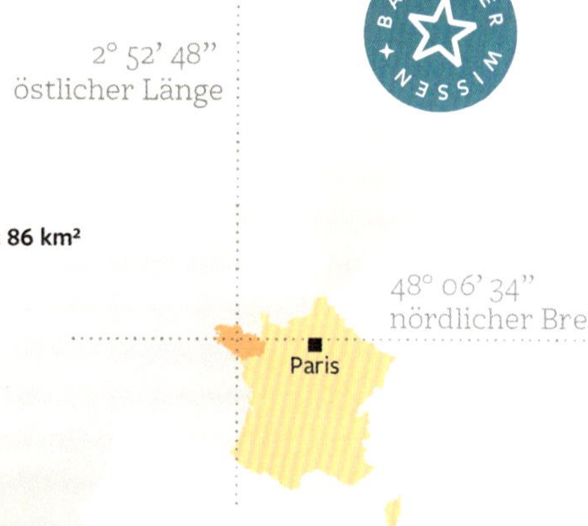

▶ Départments

Côte d'Armor, Finistère, Ille-et-Vilaine, Morbihan
Hauptstadt: Rennes

▶ Adressen

Die ersten beiden Ziffern der **Postleitzahl** bezeichnen das Departement.

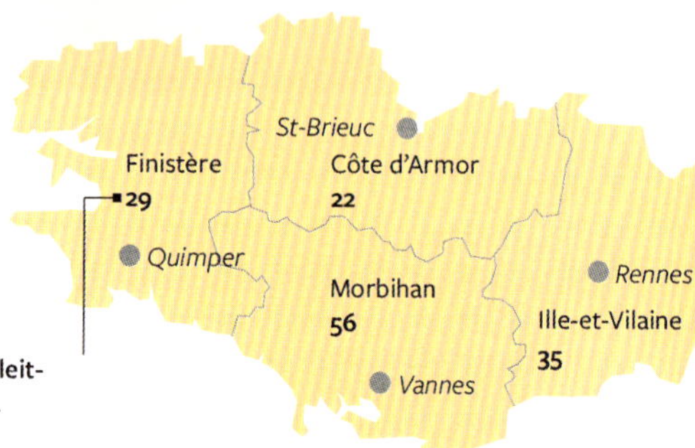

▶ Triskell

Das Triskell-Symbol (von griech. »triskeles« / dreibeinig) taucht erstmalig in der Jungsteinzeit auf und ist in Europa vor allem in nordischen und keltischen Kulturen zu finden. Die drei Arme in Wirbelform stehen für Erde, Feuer und Wasser.

▶ Flagge

Die bretonische Flagge »Gwan ha Du« wurde 1925 von Morvan Marchal entworfen. Die neun horizontalen Streifen symbolisieren die neun Bistümer: Die schwarzen Streifen stehen für die französischsprachigen Gebiete der Haute-Bretagne, die weißen für die bretonischsprachigen Bistümer der Basse-Bretagne. Das Feld mit heraldischen Hermelinen erinnert an das einstige Herzogtum Bretagne.

Klima

Die Bretagne wirbt mit über 2020 Sonnenstunden im Jahr. Das Klima ist mild; sommerliche Hitzeperioden und Winter mit Schnee sind sehr selten. Die vorherrschenden Westwinde sorgen für eine Durchschnittstemperatur von 17 Grad sowie für rasche Wetterwechsel. So können sich binnen weniger Stunden Regen und Sonnenschein, Wolken und strahlend blauer Himmel abwechseln.

Wirtschaft

285 000 Unternehmen erwirtschaften ein BIP von **99,5 Mrd. Euro**. Das entspricht dem 6. Platz unter den Regionen Frankreichs.

Die Bedeutung der Landwirtschaft liegt deutlich über dem Landesdurchschnitt. Die Zahl der Agrarbetriebe sinkt seit Jahren und liegt heute bei rund 30 000 (7 % aller Agrarbetriebe Frankreichs).

Klimastation Rennes

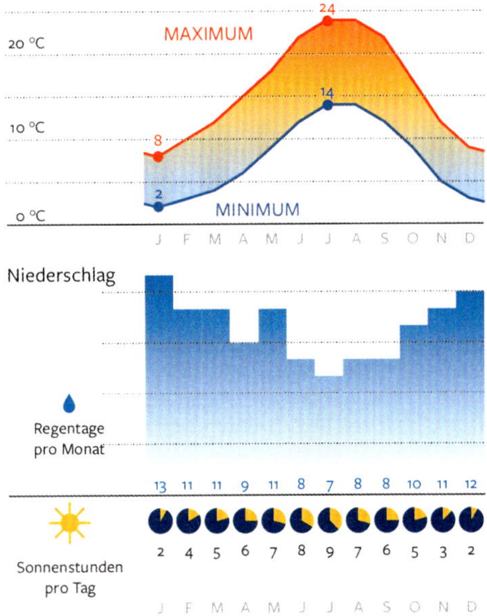

Austern aus der Bretagne

Etwas weniger als die Hälfte aller in Frankreich produzierten Austern stammt aus der Bretagne. Es wird fast ausschließlich die Pazifische Auster gezüchtet. Den Weltmarkt beherrscht China.

»
Die Bretonen sind großartig:
Wenn ich in meinen Kalender schaue, sehe ich, dass sie am Montag Artischocken in den Hof der Unterpräfektur geschüttet haben, am Dienstag waren Kartoffeln an der Reihe, am Mittwoch haben sie die Straßen versperrt, am Donnerstag Schaufenster eingeschmissen, am Freitag die Opernaufführung verhindert und den Finanzminister niedergebrüllt, was sie am Samstag gemacht haben, weiß ich nicht, am Sonntag jedenfalls haben sie für die Regierung gestimmt!
«

François Mitterand

Bretonisch heute

Mittlerweile gibt es bretonische Zeitungen, Radiostationen, Fernsehsendungen und Sprachkurse. In den Schulen wird Bretonisch als Wahlfach angeboten, und an den Universitäten von Rennes und Brest wurden Lehrstühle für die bretonische und die keltischen Sprachen eingerichtet. Heute schätzt man, dass von den rund 3 Mio. Bretonen nur noch 500 000 Bretonisch zu Hause sprechen, und noch einmal so viele die Sprache zumindest verstehen – aber nur in der **Basse Bretagne** bzw. in der Bretagne bretonnante, d. h. im Finistère mit Teilen von Côtes d'Armor und Morbihan. In der Haute Bretagne, dem Pays Gallo, wird kein Bretonisch gesprochen; die Sprachgrenze verläuft zwischen St-Brieuc und Vannes.

Dem Bretonischen wird vorgehalten, es verfüge für die moderne Kommunikation über einen zu kleinen **Wortschatz**. Daher arbeitet seit 1983 die »Kreizenn ar geriaouin«, die »Kommission für die Angelegenheit mit den Wörtern«, an neuen bretonischen Ausdrücken. Bislang liegen schon für folgende Sachgebiete Lexika neuer Wörter vor, die aus anderen keltischen Sprachen entlehnt oder frei erfunden wurden: Literaturwissenschaft, Grammatik, Mathematik, Physik, Biologie, Sport, Geschichte, Geographie, Informatik und Kunst.

Politik und Wirtschaft

Regierung

Die Region Bretagne, mit 27 000 km² etwa so groß wie Belgien, gliedert sich in vier Départements (► S. 328), Hauptstadt ist Rennes. Chef der bretonischen Nationalregierung ist seit Juni 2017 der Sozialist Loïg Chesnais Girard. Die Sozialisten besetzen 43 der insgesamt 83 Parlamentssitze und koalieren mit der Radikalen Linken (PRG), der Kommunistischen Partei (PCF) und den Regionalisten. Ein Bündnis aus liberalen und rechten Parteien sowie der rechtspopulistische Front National bilden die Opposition.

Wirtschaft im Wandel

Wirtschaftlich gehörte die Bretagne lange Zeit zu den schwächeren Regionen Frankreichs, erlebte jedoch ab 2000 dank umfangreicher **Wirtschaftsförderung** ein überdurchschnittliches Wachstum und gehörte in den letzten Jahren zu den wenigen Regionen Frankreichs, in denen die Zahl der Arbeitsplätze stieg.
Mit staatlicher Unterstützung wurden u. a. in der Umgebung von Rennes und bei Nantes/St-Nazaire zahlreiche Firmen der **Luft- und Raumfahrtindustrie** angesiedelt. Traditionell war die Bretagne ein Land der Bauern und Fischer, und so verwundert es nicht, dass auch im industriellen Sektor die **Lebensmittelindustrie** an erster Stelle rangiert, gefolgt von der **Elektro- und Automobilindustrie**. Der PSA-Konzern produziert einige seiner Citroën- und Peugeot-Modelle in Janais, einem Vorort von Rennes, was etliche Zulieferfirmen anzog. Zentren des Schiffbaus sind Brest und Lorient mit der Marinewerft Direction des Constructions Navales (DCNS); der große Werftstandort St-Nazaire gehört heute zur Région Pays de la Loire. Im Département Morbihan werden Sport- und Freizeitschiffe, im südlichen Finistère Fischerboote gebaut.

Landwirtschaft

Die Zahl der Betriebe ist in den letzten Jahrzehnten stark geschrumpft. Ihre Zahl liegt heute bei rund 34 000. Nur noch 58 000 Bretonen (4,5% der Arbeitnehmer, landesweiter Durchschnitt: 2 %) verdienen ihren Lebensunterhalt in der Landwirtschaft. Dennoch stellt der Agrarsektor nach wie vor ein starkes Standbein der bretonischen Wirtschaft dar. Die Region exportiert pro Jahr Waren im Wert von 11,3 Mrd. €, und Agrarerzeugnisse haben daran einen Anteil von 40%. Zu den Exportschlagern gehören Gemüse, vor allem Artischocken, Blumenkohl, Mais und Kartoffeln, aber auch Erdbeeren und anderes Obst sowie Butter und Schweinefleisch.

Fischerei

Bei Fisch und Meeresfrüchten ist die Bretagne zwar nicht mehr französischer Spitzenreiter, aber nahedran. Über 4000 Beschäftigte auf knapp 1100 Schiffen und Booten liefern ein Drittel des gesamten Fangs an Frankreichs Küsten. Bei den Fischauktionen von Brest, St-Malo, Roscoff, Lorient und anderen bretonischen Fischerhäfen werden gut 300 Mio. € umgesetzt. Die starken Gezeiten begünstigen die Austernzucht besonders an der Nordküste. Durch die Dezimierung der hochseetauglichen Fangflotte und die Küstenfischerei führen die Bretonen einen ständigen Existenzkampf.
An der 2700 km langen Küste der Bretagne werden jährlich rund **70 000 t Algen** geerntet. Lange Zeit nutzten die Bretonen die angeschwemmten Algen als Düngemittel für die Äcker, und im 18. Jh. spielten sie auch in der Seifen- und Glasindustrie eine große Rolle, da sich aus ihnen Kaliumcarbonat (Pottasche) herstellen ließ. 1811 wurde Jod in Braunalgen entdeckt, 1893 extrahierte der britische Chemiker Edward Curtis Stanford aus Meeresalgen Alginat, das

Für Frühaufsteher: Um 5.30 beginnt die Fischauktion in Le Guilvinec.

als Gelier- und Bindemittel und als geschmacksneutrale Trägersubstanz neue Anwendungsgebiete fand: Nicht nur in der Nahrungsmittelproduktion konnte man den Rohstoff einsetzen, auch in der Kosmetik, Pharmaindustrie, Papier- und Textilindustrie. **Alginate** finden sich heute in Pudding und Streichkäse, Suppen und Milchprodukten, im Bierschaum und sogar im Wein. In der Thalassotherapie kommen die Meeresprodukte ebenso zum Einsatz wie bei raffinierten Kochrezepten und als Salat. Mit der Nutzung maritimer Bioressourcen – von denen Algen einen Großteil bilden – befassen sich in der Bretagne rund 100 Unternehmen mit etwa 4000 Mitarbeitern.

Dienstleistungen

Rund drei Viertel der Bretonen arbeiten im Dienstleistungssektor. Besonders im Sommer profitiert die Region vom **Tourismus**. Rund 25 Mio. Übernachtungen pro Jahr werden in der Hotellerie und auf den Campingplätzen der Bretagne registriert, über 80 % davon fallen auf die Monate April bis September. Briten, Deutsche und Niederländer sind die häufigsten Besucher, abgesehen von den Franzosen selbst, die immer noch den größten Anteil ausmachen. In der touristischen Gesamtstatistik liegt die Bretagne auf Platz 4 der französischen Regionen. Beim Strand- und Badetourismus findet sich der französische Nordwestzipfel – hinter der Côte d'Azur – auf Platz 2 der Beliebtheitsskala.

GESCHICHTE

Eine rätselhafte Megalithkultur, das Eindringen der Kelten, die Eroberung Galliens durch römische Legionen, Gradlons Königreich Cornouaille und die Vereinigung mit Frankreich – die Bretagne blickt auf eine bewegte Geschichte zurück

Die Anfänge Armorikas

Erste Spuren menschlicher Besiedlung

Schon aus der Altsteinzeit vor rund 200 000 Jahren sind erste Spuren menschlichen Lebens im Armorikanischen Massiv nachgewiesen. Gegen 4500 v. Chr. wurden die nomadisierenden Jägergemeinschaften in der Bretagne allmählich sesshafte Bauern und Hirten. Am Oust bei Redon entdeckte man Gebrauchsgegenstände, die der mesolithischen Kultur **Campignien** angehören, auf den Inseln Téviec und Hoëdic im Golf von Morbihan wurden Gräber mit Grabbeigaben wie Schmuck und Mikrolithen (Feuersteingeräte) gefunden, die sich dem **Tardenoisien**, einer Kultur des Spätmesolithikums im 6. Jh. v. Chr., zuordnen lassen.

Rätselhafte Megalithkultur

Die meisten vorgeschichtlichen Kulturzeugnisse wurden in der Jungsteinzeit geschaffen. Riesige Steindenkmäler – **Menhire, Dolmen** und **Cairns** – gaben ihr den Namen (▶ Baedeker Wissen, S. 80 und 186). Welchen Zwecken sie dienten, ist (abgesehen von den Dolmen, die Archäologen als Grabkammern ansehen) noch ungelöst. Man weiß nicht einmal, wer die Erbauer waren. Zwei Invasionen beendeten jedenfalls die Megalithkultur: Um 1850 v. Chr. wanderten Stämme aus Griechenland und Irland ein und unterwarfen die Bevölkerung, was ihnen ohne Schwierigkeiten gelang; sie waren im Besitz metallener Waffen.

Bronzezeit

Damit hielt die Bronzezeit Einzug in die Bretagne. **Camp du Lizo** im Département Morbihan, die einzige bisher nachgewiesene Siedlung, stammt vom Ende der Bronzezeit. Der Handel blühte. Bretonische Äxte wurden in ganz Europa Zahlungsmittel. Das typischste Kennzeichen für die Kupfer- bzw. Bronzezeit sind die Einzelgräber (Grabhügel), in denen Schwerter, Beile und Schmuck, zuerst aus Kupfer, später aus Bronze, gefunden wurden. Viele davon weisen auf ein hochentwickeltes Metallhandwerk hin.

Die Kelten kommen

Im 6. Jh. v. Chr. wanderten die Kelten, mit Eisenwaffen ausgestattet, in die bretonische Halbinsel ein und nannten sie **Ar Mor**, das »Land am Meer«, Armorika. Wie Julius Cäsar in »De Bello Gallico« festhielt, legten die Kelten offene Dörfer oder Einzelgehöfte an und machten

EPOCHEN

DIE ANFÄNGE ARMORIKAS

5000 – 1500 v. Chr.	Jungsteinzeitliche Megalithkultur
6. Jh. v. Chr.	Kelten siedeln in der Armorika

GALLIEN, EINE RÖMISCHE PROVINZ

56. v. Chr.	Brutus schlägt bei Quiberon die Flotte der Veneter
56 v. – 300 n. Chr.	Gallo-römische Zeit

ARMORIKA WIRD ZUR BRETAGNE

450 – 650	Einwanderung britischer Kelten
600 – 799	Königreich Cornouaille
799	Karl der Große erobert die Bretagne.

HERZOGTUM BRETAGNE

845	Herzog Nominoë beendet die Frankenherrschaft
939	König Alain Barbe-Torte vertreibt die Normannen
952	Tod von Alain Barbe-Torte, dem letzten bretonischen König

BRETONISCHER ERBFOLGEKRIEG

1364	Schlacht von Auray
1492	Anne de Bretagne besteigt den Thron

FRANKREICH UND DIE BRETAGNE

1532	Vereinigung mit Frankreich
1675	Stempelpapier-Revolte
1793 – 1804	Aufstand der Chouans

19. JAHRHUNDERT

1832	Letzter Aufstand der Royalisten
Ab ca. 1850	Massenhafte Abwanderung in die französischen Industriezentren. Schriftsteller, Künstler und Touristen entdecken die Bretagne

20./21. JAHRHUNDERT

1940 – 1944	Deutsche Besatzung
1964	Gebietsreform, Einrichtung von vier Départements
1999	Havarie des Tankers »Erika«
2017	Neue TGV-Strecke zwischen Paris und Rennes
2020-2022	Während der Pandemie ist die Bretagne eine der am wenigsten betroffenen Corona-Regionen in Frankreich.

Immer noch ein Rätsel: die Hinterlassenschaften der Megalithkultur wie die Steinreihungen von Carnac

das Land urbar. Ihre hochgelegenen, später befestigten Fluchtstätten wurden Zentren für Handel, Handwerk und Verwaltung. Die Kelten verfügten über eine hohe Kultur. Ihre geistlichen Führer, die **Druiden**, genossen im Volk großes Ansehen. Die Druiden galten als gelehrte Männer und Frauen mit einem hervorragenden Gedächtnis, was in Ermangelung einer Schrift auch nötig war. Die Kultstätten dieser Priesterkaste lagen in Wäldern, an Quellen und Brunnen, denn in der keltischen Religion nahmen Naturverehrung und Fruchtbarkeitskult einen bedeutenden Platz ein. Relikte des keltischen Kults wurden auch nach der Christianisierung weiter gepflegt bzw. verschmolzen mit manchen christlichen Riten.

Gallien, eine römische Provinz

Rom erobert Armorika

58 v. Chr. begann Rom mit der Eroberung Galliens. Ganz Galliens? Nein, ein Stamm leistete entschieden Widerstand: die **Veneter**. Erst 56 v. Chr. konnte Brutus sie im Golf von Morbihan besiegen. Ihre schweren Schiffe hatten gegen die wendigen, besser ausgerüsteten

und zahlenmäßig weit überlegenen Schiffe der Römer keine Chance. Kurz nach der Schlacht von Quiberon war ganz Armorika erobert. Rund 350 recht friedliche Jahre lang gehörte es nun zur römischen Provinz **Lugdunensis**. Die Römer brachten Reichtum in die Region, sie förderten den Abbau von Eisenerzen, den Fischfang und die Gewinnung von Meersalz, darüber hinaus gründeten sie Städte und bauten Straßen. **Condevincum** (Nantes) als wichtige Kreuzung von Binnen- und Seeschifffahrt sowie **Condate** (Rennes) als bedeutender inländischer Verkehrsknoten entwickelten sich zu den führenden Städten der Halbinsel. Außerhalb der Städte und befestigten Siedlungen lebten die Menschen in einer »Villa« inmitten ihrer Feldern. Im 3. Jh. n. Chr. begann der Einfluss der Römer im Westen der gallischen Provinz mehr und mehr zu schwinden. Germanische »Barbaren« fielen auf der Halbinsel ein und verwüsteten ganze Landstriche. Auch von der Piraterie, die sich von der Nordsee bis in den Ärmelkanal erstreckte, blieben die Küsten Armorikas nicht verschont.

Armorika wird zur Bretagne

Keltische Einwanderung

Der Zerfall des Römischen Imperiums bescherte die nächste Einwanderungswelle. Ab 450 n. Chr. flohen 200 Jahre lang christianisierte Kelten aus Irland und dem Südwesten Britanniens vor heidnischen Sachsen, Angeln und Jüten über den Ärmelkanal gen Süden. Den Namen ihrer neuen Heimat prägte der fränkische Historiograph und Bischof Gregor von Tours im 6. Jh.: **Klein-Britannien** – aus der Armorika wurde die Bretagne.

Unter den Flüchtlingen waren viele Mönche, Priester, Bischöfe und Eremiten. In ihren Händen lag nicht nur die Religionsausübung, sondern auch die Rechtsprechung. Sie organisierten die Übersiedlung von den Britischen Inseln in die Bretagne, bekehrten die Bretonen zum Christentum und trieben die Besiedlung der neuen Heimat voran. Das Siedlungsschema war fast immer das gleiche: Ein Geistlicher landete allein oder mit einem Verband, dem »Clan«, und schnell entwickelten sich um dessen Einsiedelei bzw. Kloster oder Pfarrgemeinde neue Siedlungen. Aus dieser Zeit stammen auch die keltisch-religiösen Ortsnamen Plou (Pfarrgemeinde), Tré (Pfarrei) und Lan (Einsiedelei). Die Bevölkerung benannte Städte und Ortschaften nach den Missionaren und Gründungsvätern und machte sie, wie die ersten Bischöfe der sieben bretonischen Bistümer, zu Heiligen.

Unter **König Gradlon** wurde um 600 das erste bretonische Königreich gegründet, die **Cornouaille**, die sich lediglich durch das fehlende »s« am Wortende von »Cornouailles« unterscheidet, der französischen Bezeichnung für Cornwall. Erst 799 wurde es durch **Karl den Großen** zerschlagen.

Herzogtum Bretagne

826 wird die Bretagne Herzogtum

Doch schon 20 Jahre später herrschten die Bretonen wieder über ihr Gebiet und verleibten sich sogar Teile des Frankenreichs ein. In der Schlacht von Ballon 845 besiegte **Nominoë**, seit 826 Herzog der Bretagne, die Truppen des Frankenkönigs Karls des Kahlen und etablierte die Ostgrenze der Bretagne, die bis zur Französischen Revolution erhalten blieb. Sein Sohn Erispoë begnügte sich nicht mit der Herzogswürde, sondern nannte sich König. Nach einer weiteren militärischen Niederlage bei Le Grand-Fougeray musste Karl der Kahle im Jahr 851 im Vertrag von Angers ein unabhängiges **bretonisches Königreich** anerkennen. 857 wurde Erispoë von seinem Vetter und Rivalen Salaün (Salomon) ermordet, unter dessen Herrschaft die Bretagne eine Blütezeit und – mit der Einnahme von Cotentin, Anjou und Avrachin – ihre größte Ausdehnung erlebte.
Ab dem ausgehenden 9. Jh. aber wurde das insgesamt nur 100 Jahre währende Königreich Bretagne immer wieder von **Normannen** heimgesucht. Insbesondere auf Klöster hatten es die heidnischen Nordmänner abgesehen, denn hier war am meisten Beute zu machen. Aber auch Städte blieben nicht verschont. 939 gelang es **König Alain Barbe-Torte** (Zwirbelbart), die Eindringlinge aus dem Land zu jagen. Als er 952 starb, endete das bretonische Königtum. Das Land zersplitterte, einzelne Grafen rangen um die Oberherrschaft. Bis Anfang des 13. Jh.s hatten verschiedene Adelsgeschlechter den Herzogstitel inne; Sitz des Herrschers waren abwechselnd Nantes und Rennes. Auch Frankreich und England, von manchen Herzögen zu Hilfe gerufen, beteiligten sich am Kampf um die Herrschaft. Im 12. Jh. wurde sogar der englische König Heinrich II. Herzog der Bretagne.

Bretonischer Erbfolgekrieg

Kampf um den Thron

1341 starb Herzog Jean III., ohne legitime Kinder zu hinterlassen. Sofort setzte der Streit um seine Nachfolge ein. Anspruch erhoben **Jean de Montfort** und **Charles de Blois**, Gemahl einer Nichte des Herzogs. Auch jetzt mischten sich die benachbarten Großmächte wieder ein: England unterstützte Jean de Montfort, Frankreich Charles de Blois – die Bretagne wurde zum blutigen Schauplatz des **Hundertjährigen Kriegs** (1339 – 1453). Über 20 Jahre dauerte der Bretonische Erbfolgekrieg, bis Jean de Montforts gleichnamiger Sohn am 29. September 1364 in der **Schlacht von Auray** über Charles de Blois siegte, der auf dem Schlachtfeld fiel. Im Vertrag von Guérande wurde Montfort von Karl V. von Frankreich als neuer Herzog der Bretagne anerkannt. Während der Hundertjährige Krieg in Frankreich weiter wütete, sorgten die mächtigen, prunkliebenden

Herzöge aus dem Hause Montfort in der Bretagne für Ruhe, prosperierende Wirtschaft und Wohlstand.

Anne de Bretagne

Die Blütezeit endete mit Herzog Franz II., der der Bretagne die uneingeschränkte Unabhängigkeit zurückgeben wollte und sich gegen den französischen Thron erhob. 1488 wurde er in der **Schlacht von St-Aubin-du-Cormier** vernichtend geschlagen. Im Vertrag von Verger musste er sich verpflichten, seine Tochter Anne als künftige Herrscherin nur mit Zustimmung Frankreichs zu verheiraten. Kurz darauf verstarb der Herzog. Als die zwölfjährige Anne Kaiser Maximilian von Österreich versprochen wurde, marschierte Karl in die Bretagne ein und zwang Anne, ihn zu ehelichen. Doch schon 1498 starb Karl auf tragische Weise. Um den Ehevertrag zu erfüllen, musste Anne seinen Nachfolger Ludwig XII. heiraten. Auch in dieser Ehe konnte sie ein **souveränes bretonisches Herzogtum** zur Bedingung machen. Vereinbart wurde ferner, dass das Herzogtum auf den jüngsten Sohn der Königin oder deren Erbfolger übergehen sollte. Als Anne starb, erbte ihre Tochter das Herzogtum. Sie heiratete den späteren französischen König Franz I., wogegen sich Anne immer gewehrt hatte.

Frankreich und die Bretagne

Autonome französische Provinz

Auf Druck Franz' I. stimmten die bretonischen Landstände 1532 der **Vereinigung des Herzogtums Bretagne mit Frankreich** als französische Provinz mit autonomem Status zu. Zwar war die Region einem von Paris entsandten Gouverneur unterstellt, doch die oberste Rechtsprechung und die Festlegung der Steuern lag in den Händen der bretonischen Ständeversammlung, die ab 1554 in einem **Parlament in Rennes** zusammentrat.
Im 16. und 17. Jh. erlebte die Bretagne ihren größten Wohlstand. Handelsschifffahrt, Tuchhandel und Landwirtschaft profitierten von der Vereinigung mit Frankreich. Ab 1514 segelten bretonische Fischer auf der Suche nach Kabeljau vor die Küsten Kanadas, das der Bretone **Jacques Cartier** 1534 mit der Mündung des St.-Lorenz-Stromes entdeckte; er glaubte, in Asien zu sein.
Mit dem Amtsantritt König Ludwigs XIII. 1610 nahmen die Spannungen zwischen Paris und der bretonischen Provinz zu, die in der **Stempelpapier-Revolte** von 1675 gipfelten. Bis zu diesem Jahr konnte die Bretagne den von Colbert, Finanzminister Ludwigs XIV., angehobenen Steuern auf Zinn, Tabak, Zoll, Mühlen und Schifffahrt sowie einer neuen Steuer auf jede amtliche Beglaubigung (Stempelpapier) und öffentliche Handlung (Hochzeit, Taufe, Beerdigungen) entgehen. Doch dann bat der Sonnenkönig auch die Bretonen zur Kasse, womit er die Steuerautonomie des Ständeparlaments in Ren-

Auch in ihrer zweiten Ehe – mit Ludwig XII. – machte Anne de Bretagne die Souveränität des Herzogtums zur Bedingung.

nes außer Kraft setzte. Die Revolte in Rennes griff bald auf die ganze Bretagne über und entwickelte sich schnell zu einer Erhebung der Ärmsten gegen die Ständegesellschaft. 14 Gemeinden zwischen Douarnenez und Concarneau entwarfen das Bauerngesetzbuch **Code Paysan**, in dem sie neben der Rücknahme der Steuern auch die Abschaffung des Frondienstes und die Aufteilung adliger Besitztümer forderten. 20000 Bauern formierten sich unter Führung von Rechtsanwalt **Sébastien Ar Balp** zur **Armée der Bonnets Rouges**, der »Rotmützen«, und plünderten Schlösser, Kirchen und Klöster. Daraufhin verbündeten sich Adel, Klerus und Bürgertum mit den königlichen Truppen, die den Aufstand äußerst brutal niederschlugen. Die Bauern wurden gehängt, gerädert oder auf die Galeere verbannt. Um »den Stolz der Bretonen zu verletzen«, ließ Paris zahlreiche Kirchtürme schleifen, schränkte die Befugnisse des Parlaments ein und installierte 1688 das Amt des königlichen Statthalters, das bis 1789 bestehen blieb.

Französische Revolution

In den Jahren bis zur Französischen Revolution wurde die Bretagne durch Fischfang, Handelsschifffahrt, Schmuggel und Freibeuterei zur

wichtigsten Seeprovinz Frankreichs. Bedeutendster Militärhafen des Königreichs war Brest, größter Handelshafen und Zentrum der Sklavenwirtschaft Nantes. In Lorient hatte die Ostindische Handelsgesellschaft ihren Sitz; Roscoff wurde durch den Schmuggel mit England und Irland reich. Von St-Malo aus kaperten französische Freibeuter im königlichen Auftrag feindliche Schiffe. Doch das Hinterland blieb vom Wohlstand ausgeklammert.

Während der Französischen Revolution wurde die Bretagne in fünf Paris direkt unterstellte **Départements** eingeteilt; die Bezeichnung »Bretagne« verschwand von der Landkarte. Die bretonische Sprache wurde verboten, jakobinische Bilderstürmer »säuberten« selbst die entlegenste Dorfkirche. 1793 formierte sich bewaffneter Widerstand: Die **Chouans**, royalistische Rebellen, kämpften gegen die Zentralregierung in Paris und für die Wiedereinführung der Monarchie. Als der letzte Chouan **Georges Cadoudal** 1804 unter der Guillotine starb, krönte sich **Napoléon Bonaparte** zum Kaiser von Frankreich. Zwar ermöglichte der Korse wieder die freie Glaubensausübung, doch die Opfer, die die Bretagne für seine Feldzüge bringen musste, machten ihn zur verhassten Figur.

19. Jahrhundert

Ein **letzter Aufstand der Royalisten**, 1832 angezettelt von der Herzogin von Berry, scheiterte. Die industrielle Revolution erreichte die Bretagne nicht, der Seehandel geriet durch die Konkurrenz der Eisenbahn ins Hintertreffen. Die Anbindung von Le Havre an Paris durch eine 1847 eröffnete Eisenbahnlinie verlagerte die große französische Handelsachse von der Bretagne zur Städteachse Le Havre – Paris – Lyon. Mit der Bahn kamen auch **Schriftsteller und Künstler**, um sich von der wilden Schönheit des Landes inspirieren zu lassen. Zur gleichen Zeit setzte der **Badetourismus** an der Küste ein, wurde das Fischerdorf Dinard zum mondänen Seebad. An die Stelle der Hochseefischerei trat Mitte des 19. Jh.s die Küstenfischerei. Zwischen Douarnenez und Le Croisic an der Südküste, wo Sardinen gefangen wurden, entstand eine florierende Konservenindustrie.

Dank der Erneuerung der Kriegsmarine überstanden die beiden Militärhäfen Brest und Lorient die Wirtschaftskrise ebenfalls relativ gut. Neue Arbeitsmaschinen und Dünger ließen die Landwirtschaft florieren. Dennoch: Die Bretagne blieb ein übervölkertes Agrarland, geplagt von Seuchen und Hungersnöten. Eine Folge war die **massenhafte Abwanderung** von Bretonen in die Industriezentren im Norden, in die Schifffahrtszentren von Le Havre, die Schieferminen von Anjou und die Metropole Paris – erst in den 1950er-Jahren sollte eine Wende einsetzen.

Dinard gegen Ende des 19. Jh.s: Betuchte Gäste aus Adel und Großbürgertum werden mit Kutschen vom Schiff abgeholt.

20. und 21. Jahrhundert

Weltkriege

Im **Ersten Weltkrieg** ließen über 300 000 Bretonen an der Front ihr Leben, ein Zehntel der Bevölkerung. Die 1930er brachten einen kurzen wirtschaftlichen Aufschwung: Die bretonischen Werften erhielten staatliche Aufträge zum Bau von Schiffen, der Fischfang wurde modernisiert, der Badetourismus entwickelte sich weiter.
Im **Zweiten Weltkrieg** marschierten 1940 die deutschen Truppen ein. Die Häfen St-Nazaire, St-Malo, Lorient und Brest ließ die deutsche Kriegsmarine zu U-Boot-Stützpunkten ausbauen. Vor allem diese vier Hafenstädte fielen durch Bombenangriffe der Alliierten in Schutt und Asche, Abertausende Bewohner fanden den Tod.

Eintwicklung nach 1945

In der Nachkriegszeit unternahm Paris verstärkte Anstrengungen, um die Bretagne aus ihrer Isolation zu lösen, die Abwanderung zu mindern, die Schifffahrt zu stärken und die Industrialisierung voranzutreiben. Ab 1968 entstanden ausgedehnte Straßennetze; Fährverbindungen nach England folgten. Mehrere bretonische Städte sind an die Schnelltrasse des TGV-Atlantique angeschlossen, Nantes und Rennes wurden zu Drehkreuzen des Flugverkehrs. An der Küste wurden Freizeithäfen angelegt und Ferienhäuser gebaut. Natürlich hat die Bretagne mittlerweile auch mit Problemen zu kämpfen: Staatliche Subventionen werden abgebaut, die Fischerei schrumpft heftig, traditionelle landwirtschaftliche Kleinbetriebe verschwinden nach und nach, die Umweltverschmutzung nimmt zu. Doch ist es der Bretagne gelungen, zwei Spitzenpositionen in Frankreich zu erreichen: Die Halbinsel ist die bedeutendste Agrarregion und, nach der Côte d'Azur, Frankreichs **zweitwichtigste Destination für den Badetourismus.**

Regionalismus

1898 wurde die rechte **Union Régionaliste Bretonne** gegründet, ein Sammelbecken von Nationalisten, Royalisten und Keltomanen. In der ersten Hälfte des 20. Jh.s bildeten sich weitere, meist rechte Gruppierungen, die sich ebenfalls das Ziel setzten, die Unabhängigkeit der Halbinsel zu verwirklichen. »Breiz Atao« (»Bretagne für immer«) rekrutierte sich aus rechten Intellektuellen; die linksliberale PAB (Parti Autonomiste Breton) kämpfte für eine freie Bretagne in einem Europa ohne Grenzen. Die 1911 ins Leben gerufene rechte PNB (Parti Nationaliste Breton) trat politisch, ihre Untergrundarmee »Gwenn ha du«, benannt nach der bretonischen Fahne, mit Waffengewalt für einen autonomen bretonischen Staat ein.
Nach dem Zweiten Weltkrieg tauchten die als Kollaborateure verhassten rechten Regionalisten unter. Erst in den 1960er-Jahren meldete sich die **Autonomiebewegung** wieder zu Wort, diesmal formierte sie sich von links. Nun standen weniger keltische Traditionen im Vordergrund als konkrete politische Belange. 1964 wurde die UDB (Union Démocratique Bretonne) gegründet; 1966 bildeten sich militante nationalistische Gruppierungen: der FLB (Front de Libération de la Bretagne) und die ARB (Armée Révolutionnaire Bretonne), die mit Blockaden und Bombenanschlägen von sich reden machte. Nach der Auflösung der PSU (Parti Socialiste Unifé) 1989 vertritt nur noch die UDB die regionalpolitischen Interessen der Bretagne. Erfolge konnten beide Parteien bei Parlamentswahlen nicht verbuchen.
Belebt wurde hingegen die **bretonische Kultur**. Häufig sieht man in der Bretagne das **Triskell**-Symbol (▶ S. 328). Keltische Zirkel und Theater- und« Folkloregruppen wie der Barde **Alan Stivell** (▶ Interessante Menschen) sorgten und sorgen dafür, dass das kulturelle Erbe weiterlebt. Die feuchtfröhlichen Tanznächte, die **Festoù Noz** (Einzahl Fest Noz), sind für die meisten Bretonen interessanter als eine politische Unabhängigkeit.

Ölpest

Was Bretonen und Franzosen im Rest des Landes geeint hat, war die Solidarität nach den verheerenden **Tankerkatastrophen** vor der bretonischen Küste von der 1978 im Ärmelkanal zerborstenen »Amoco Cadiz« bis zur Havarie der »Erika« 1999. Seitdem müssen Öltanker zur bretonischen Küste einen **Mindestabstand von 200 Seemeilen** (370 km) einhalten.

Bretagne heute

Bei der regionalen Neugliederung Frankreichs 2016 blieb die Bretagne in ihren Grenzen unangetastet. 2017 nahm die TGV-Hochgeschwindigkeitslinie zwischen Paris und Rennes den Betrieb auf. Nach vielen Protesten wurde 2018 entschieden, keinen Großflughafen bei Nantes zu bauen. Während der Pandemie von 2020 bis 2022 war die Bretagne eine der am wenigsten betroffenen Corona-Regionen in Frankreich.

KUNSTGESCHICHTE

Worin unterscheiden sich Menhire, Dolmen und Cairns, was erzählen die Granitfiguren der Kalvarienberge, wann entstanden die wehrhaften Villes Closes und wo malte Paul Gauguin seine bretonischen Landschaften? Erfahren Sie es hier.

Rätselhafte Riesensteine und Spuren aus der Römerzeit

Magische Megalithkultur (▶ Baedeker Wissen, S. 80 u. 186)

Die ersten Spuren einer Hochkultur in der Bretagne stammen aus der Jungsteinzeit, dem Neolithikum. Große, von Menschenhand errichtete Steindenkmäler gaben dieser Epoche zwischen 5000 und 1500 v. Chr. ihren Namen Megalithzeit, von griechisch »megas lithos«, »großer Stein«. Man unterscheidet zwischen dem einzeln aufgerichteten Stein, dem **Menhir** (bret. Men hir = langer Stein), und **Dolmen**, Steintischen (bret. Taol = Tisch, Men = Stein). Sind Menhire kreisförmig oder halbkreisförmig angeordnet, entsteht ein **Cromlech**. Zu Linien aufgereiht bilden die Menhire **Alignements**. Eindrucksvolle Anordnungen finden sich in Le Ménec bei **Carnac**, wo 1170 Steine in elf Reihen aufgestellt sind, in **Monteneuf** mit über 420 Monolithen und in Erdeven, wo die Steinallee über 2 km lang ist.
Ein Dolmen-Grab besteht aus senkrechten Tragsteinen, die einen Deckstein stützen. Vermutlich wurden die meisten Gräber mit einem künstlichen Hügel zugedeckt – aus Erde und Sand, dann nennt man sie **Tumulus**, oder aus Bruchsteinen, dann spricht man von einem **Cairn**. Vom einfachen Dolmen unterscheidet man das Ganggrab, Dolmen à couloir, durch seine größere Anlage. Außerdem gibt es das Langgrab oder Steinkistengrab, die Allée couverte, die nur aus einem lang gestreckten Raum besteht. Zu den schönsten Tumuli gehört **St-Michel** in Carnac. In der Grabkammer wurden Äxte, Perlen und Ohrschmuck als Grabbeigaben gefunden. Gelegentlich zierten Gravuren die großen Steine: Schilder, Beile, Kämme, Krummstäbe, Strahlensonnen, Augenzeichen und Schlangen.

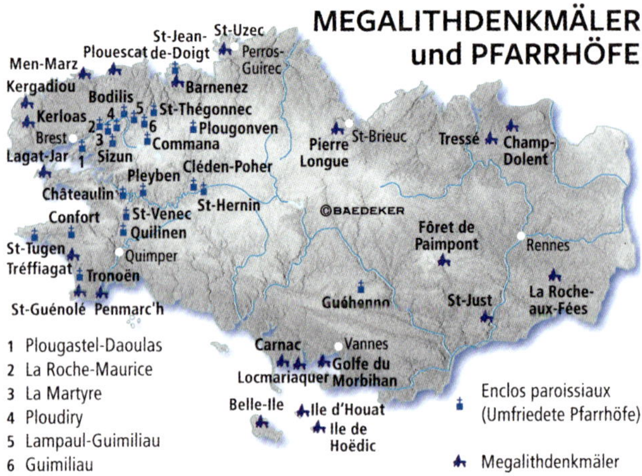

Ungelöst ist bis heute die Bedeutung der **Menhire**. Da sie häufig im Zusammenhang mit Gräbern zu finden sind, könnten sie Kultstätten gewesen sein; auch werden sie als Seelenthron der Verstorbenen gedeutet. Andere sehen in ihnen Observatorien für die Berechnung von Mondphasen oder als Orientierung für Seefahrer. Heilwirkung und Fruchtbarkeitszauber werden ihnen ebenfalls zugeschrieben. Da sich noch lange nach der Einführung des Christentums abergläubische Praktiken und Vorstellungen mit diesen Steinmalen verbanden, wurden Steinmetze beauftragt, die Hinkelsteine mit Kreuzen oder anderen Symbolen zu »christianisieren«, um ihren Zauber zu brechen. Zu den schönsten Beispielen gehört der Menhir von **St-Uzec** an der Rosa Granitküste.

Schmückende Bronze

Aus der **Bronzezeit** (2000 – 800 v. Chr.) sind Funde aus Gold, Silber oder Bronze bekannt: Nadeln, Halsbänder, Becher, Ringe, Vasen, außerdem Waffen und Äxte. Viele Äxte wurde zusammen mit einer Tülle gefunden und waren unbrauchbar – sie wurden als Zahlungsmittel bei Geschäften eingesetzt. Vor allem die Schmuckgegenstände waren mit geometrischen Mustern verziert.

Die Stelen der Eisenzeit

Erst in der Mitte des 1. Jh.s setzte sich das Eisen durch. Aus dieser Zeit sind Stelen bekannt, die nur zum Teil zu einer Nekropole gehörten. Die Urnen – in der Eisenzeit war die Feuerbestattung üblich – wurden dabei um die behauene Granitsäule gruppiert. Andere Stelen stehen isoliert. Sie sind zum Teil prächtig verziert – mit gemalten oder eingravierten geometrischen Mustern, Friesen, Mäandern, Halbkreisen, Fruchtbechern oder Spiralen. Münzen wurden zunächst aus Zentralgallien eingeführt, dann auch vor Ort u. a. mit stilisierten

Köpfen, Tieren und Perlschnüren geprägt. Die Bevölkerung lebte in einfachen Häusern aus Holzpfählen und Flechtwerk. Für Riten und Bestattungen wurden Bezirke teils mit Schutzwällen eingefriedet.

Relikte der Römer

Während der römischen Herrschaft seit 56 v. Chr. wurden in der Bretagne erstmalig Städte – Nantes, Rennes, Corseul, Vannes, Carhaix – angelegt, für den Hausbau Steine dem Holz vorgezogen, und Tempel in den Städten und auf dem Land errichtet. Ein ausgedehntes Straßennetz mit den für die Römer typischen Meilensteinen verband die wichtigen Zentren. Zu den wenigen Relikten aus dieser Epoche gehören die rätselhafte **Venus von Quinipily** bei Baud, Amphoren, Töpferarbeiten und die Münzfunde von Landebaeron und Rennes.

Schlichte Romanik und flammende Gotik

Romanische Sakralbauten

Im 5. Jh. landeten irische Mönche im Küstengebiet der Bretagne und gründeten Einsiedeleien wie in Lanrivoaré oder Landévennec. Ein weiteres Zeugnis des frühen Christentums ist die im Sand versunkene, im 19. Jh. wiederentdeckte und freigelegte Kirche auf der Insel Batz vor Roscoff, die vermutlich schon 952 gegründet worden war. Da Werkzeug für die Bearbeitung des harten Granits fehlte – Sandstein gab es nicht –, setzte sich der Steinbau bei den Kirchen erst im 10. Jh. durch. Das 11. und 12. Jh. war eine Blütezeit für den Kirchen- und Klosterbau der Zisterzienser, Benediktiner und Augustiner, häufig gefördert durch Stiftungen und Schenkungen von Adligen. Die frühen Kirchen entstanden über einfachem basilikalen Grundriss, die beiden einzigen bretonischen **Rundkirchen** Ste-Marie in Lanleff und Ste-Croix in Quimperlé nach dem Vorbild der Grabeskirche in Jerusalem. Allzu oft haben die Kirchen der Romanik die Zeiten nicht überdauert, so ist etwa der einzige romanische Kreuzgang Westfrankreichs in der Ruine der auf 1167 datierten Abtei von Daoulas erhalten. Wegekreuze und Kruzifixe sollten Reisenden Schutz bieten an Kreuzungen, Brücken, Flussfurten. Die Zeichen der Volksfrömmigkeit dienten als Wegzeiger, markierten Grenzen oder waren wichtige Stationen bei Prozessionen.

Gotische Gotteshäuser

Die gotische Architektur war im 13. Jh. noch stark von Bauten an der Loire, mehr noch von normannischen und englischen Vorbildern beeinflusst. Die Verarbeitung unterschiedlicher Stile und künstlerischer Formen ist deutlich an den **Kathedralen** von St-Malo und Dol-de-Bretagne, der Abteikirche von Redon oder St-Pol-de-Léon abzulesen: Französisch sind die Fenstergaden, normannisch der flache Chorabschluss, Arkadenprofile und Maßwerkformen, Emporen und breite Spitzbogenfenster, in denen eine Rosette Platz findet, englisch die polygonalen Pfeiler und die Kapitellformen. Ab 1400 setzten sich allmählich bretonische Bauformen durch. Vorbild für viele Kirchentürme wurde der Turm der **Chapelle du Kreisker** in St-Pol-de-Léon. Er erhebt sich 77 m hoch über der Vierung und übertraf alle Türme durch die üppige Dekoration von Maßwerk und Balustrade. Kleinere Kirchen und Kapellen trugen einfache, oft von Seitentürmchen begleitete Giebelglockentürme. Als weitere Besonderheit wurden die südlichen Gewändeportale entwickelt, die im Verbund mit einem umfriedeten Pfarrbezirk als Versammlungsorte für die angesehenen Bürger des Orts dienten.

Flammende Spätgotik

In der Spätgotik wurde die architektonische Gestaltung schlichter, die runden oder vieleckigen Säulen gingen jetzt ohne Kapitelle direkt in den Bogenlauf über. Große Maßwerkfenster mit Fischblasen oder Blättern wurden in St-Pol-de-Léon und in Folgoët eingesetzt, wodurch die Mauer an Massivität verlor. Weitere spätgotische Charakteristika wie stark hervortretende Archivolten, prismatische Zierleisten und Schmuckornamente aus schematisch gezacktem Blattwerk und die in die Länge gezogenen Bogenspitzen der Fenster und Portale, die als Flamme gedeutet werden, gaben dem **Flamboyant-Stil** (flamboyant = flammend) seinen Namen. 1430 begann der Bau der drei Kathedralen von Quimper, Nantes und Vannes. Vor allem die **Kathedrale von Quimper** mit der neuen Konzeption der Doppelturmfassade, den großen Fenstern, dem Skulpturenschmuck, den Engeln als Gewändefiguren, dem Einzelportal mit Wimperg hatte bedeutende Vorbildfunktion für viele Bauten. Während die Kathedralen ein Rippengewölbe erhielten, entstanden die meisten Pfarrkirchen und Kapellen mit einem weiten hölzernen Tonnengewölbe.

Die Pracht gotischer Fresken

Die Innenausstattung der gotischen Kirchen – Holztäfelung, Wandmalerei, Plastik, Glasmalerei – ist meist üppig und reich. Die Fresken von Notre-Dame in **Kernascléden** oder die von St-Gonéry in **Plougrescant** betonen mit ihrer Themenwahl die Präsenz und die Bedeutung des Todes: Fantasiereich sind die Qualen der Höllenstrafen vorgeführt. Das Chorgewölbe ist mit Szenen aus dem Leben Jesu und Marias graziös ausgemalt. In **St-Fiacre** bei Le Faouët ist die bemalte Holzschnitzerei des Lettners zu bewundern: Das Kreuz Christi und die beiden Schächer mit den trauernden Frauen sind zentrales Thema, umgeben von kleinteiligen allegorischen Szenen, Engel, Adam und Eva, die Verkündigung, Tierdarstellungen und Groteskenköpfe. Dazwischen finden sich bizarre, äußerst feine Maßwerkfüllungen im Flamboyant-Stil.

Nach außen wehrhaft

Massive Stadtbefestigungen und eine Kette von Burgen und Festungen des Spätmittelalters hatten die östliche Grenze der Bretagne und die Küste zu schützen, waren aber auch im Landesinnern verbreitet. Die eindrucksvollsten Beispiele der Wehrarchitektur sind in **Vitré**

Der farbenfrohe hölzerne Lettner in der Kapelle St-Fiacre bei Le Faouët

und **Fougères** erhalten. Höfisches Mäzenatentum machte sich in religiösen Stiftungen bemerkbar, Goldschmiedearbeiten und aufwendig bebilderte Handschriften wurden in Auftrag gegeben, in Kirchen Herzogstatuen aufgestellt und herrschaftliche Grabstätten angelegt. Von der wirtschaftlichen Blüte profitierten Bürger und Kaufleute, was sich im städtischen Hausbau niederschlug. Bestimmend bis ins 16. Jh. war der **Fachwerkbau** mit den in jedem Stockwerk weiter vorkragenden Etagen. Reizvolle Holzschnitzereien sind an vielen Fassaden zu finden. Die Häuser erhielten häufig auch einen Vorbau in der ersten Etage zur Straße hin, der im Erdgeschoss mit den stützenden Pfosten einen Laubengang bildet.

Enclos paroissiaux

Pfarrhöfe

Die Enclos paroissiaux, die umfriedeten Pfarrhöfe oder -bezirke, sind ein kulturhistorisches Kleinod der Bretagne und in dieser Form nirgends sonst auf der Welt zu finden. Sie entstanden zwischen 1450 und 1650, als Handel, Schifffahrt und Textilgewerbe für Wohlstand sorgten und sind besonders zahlreich im Nordwesten zwischen Morlaix und Landerneau zu finden (▶ Karte, S. 344). Der »vollständige« Pfarrbezirk besteht aus Kirche oder Kapelle, Beinhaus, Friedhof, Triumphtor und Kalvarienberg sowie einer Mauer, die den Pfarrhof nach außen abschließt.

ENCLOS PAROISSIAUX

In der Bretagne entstanden – einmalig in ganz Europa – zwischen 1450 (Tronoën und Kerbreudeur, St-Hernin) und 1610 (St-Thégonnec) »Enclos paroissiaux«, abgeschlossene Kirchhöfe. Sie spiegeln den wirtschaftlichen Aufschwung in der Region im 16. Jh. und die Frömmigkeit der Bretonen wider.

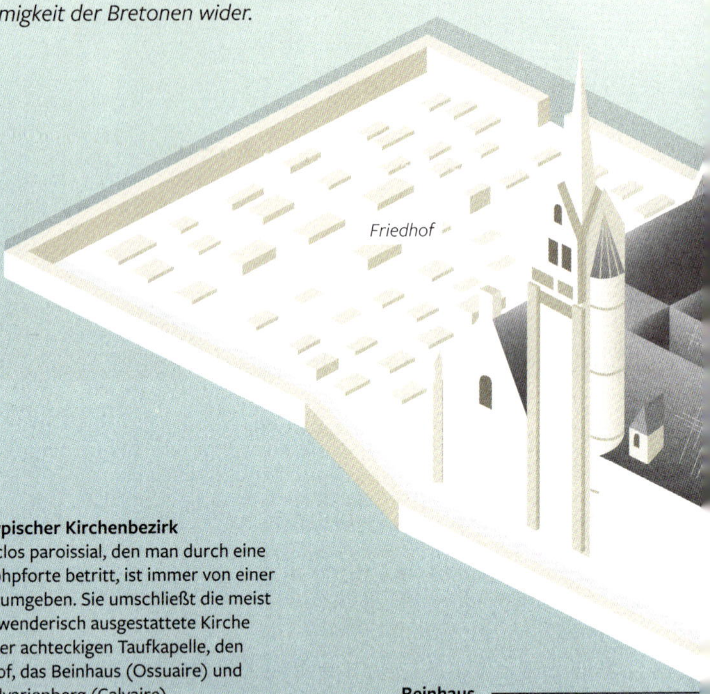

▶ **Idealtypischer Kirchenbezirk**
Ein Enclos paroissial, den man durch eine Triumphpforte betritt, ist immer von einer Mauer umgeben. Sie umschließt die meist verschwenderisch ausgestattete Kirche mit einer achteckigen Taufkapelle, den Friedhof, das Beinhaus (Ossuaire) und den Kalvarienberg (Calvaire).

Beinhaus
Hier werden die Gebeine der Toten aufbewahrt, wenn ihre Gräber aufgelassen werden mussten.

▶ **Grundelemente des Kalvarienbergs**
Das Kreuz Christi, die Kreuze der Schächer rechts und links davon. Figurengruppen, freistehend oder im Relief, auf der Plattform und in Form eines Frieses, der den ganzen Sockel umläuft; sie zeigen Szenen aus der Passionsgeschichte oder Personen aus der Bibel.

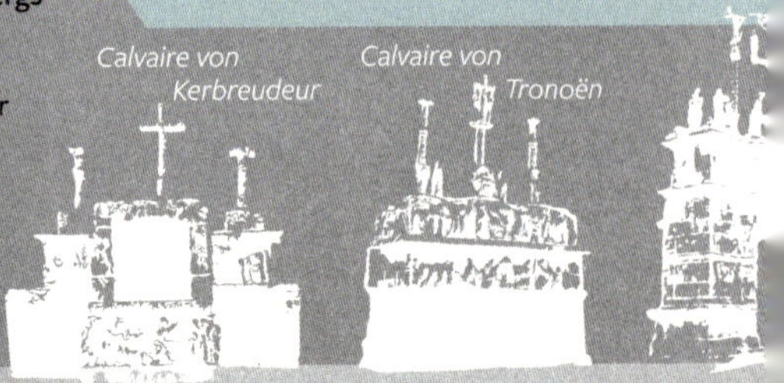

Bedeutende Kalvarienberge in der Bretagne **um 1450** **um 1550**

Plougastel-Daoulas Kalvarienberg
Unbekannte Künstler meißelten aus hartem Granit Figuren aus der Leidensgeschichte Christi und aus der Ortschronik. Daher waren Kalvarienberge, als »Bibel der Armen«, auch Schaubild und Schule für Kinder und Erwachsene, die nicht lesen konnten.

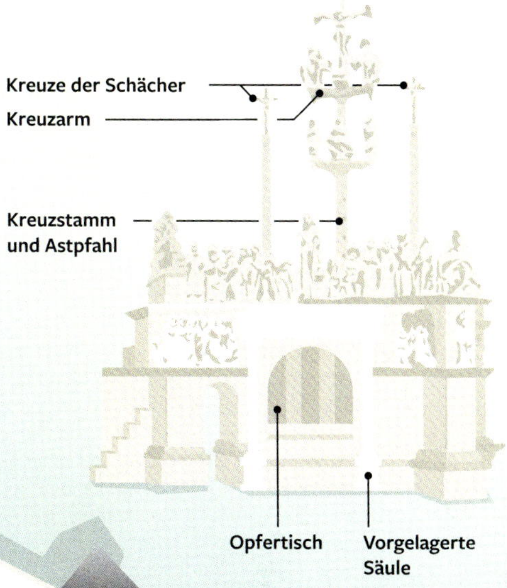

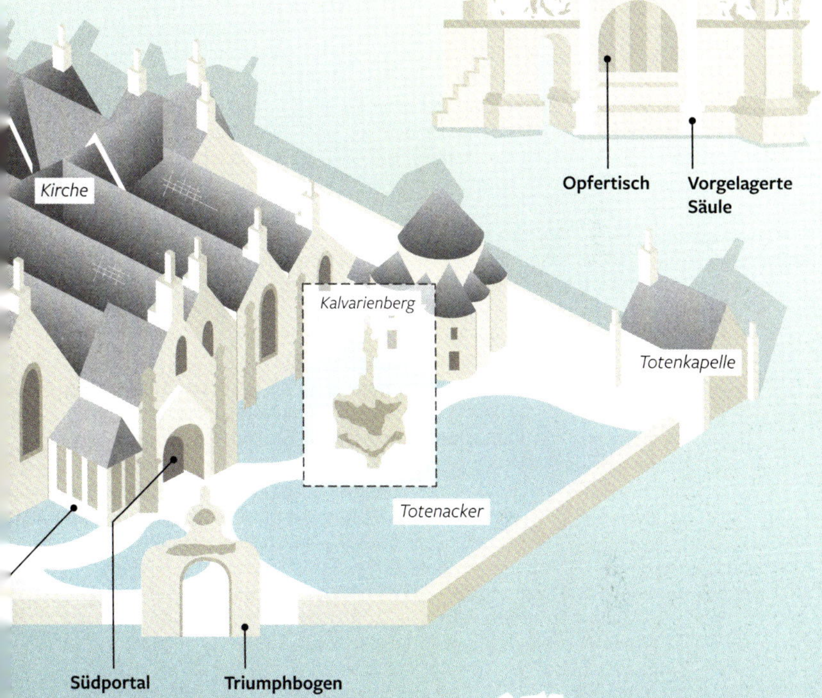

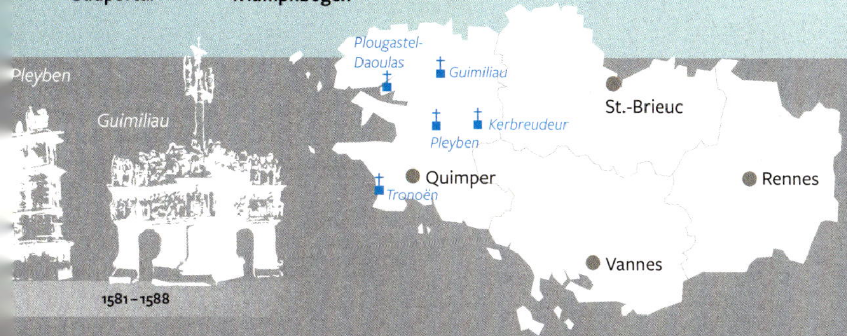

Porte Triomphale

Zugang zum Pfarrhof gewährt das meist sehr aufwendig gestaltete und prunkvoll geschmückte **Triumphtor**. In einigen Pfarrbezirken folgt anschließend noch eine hohe Steinplatte als Schwelle – bretonisch **Pazenn** –, die nur mit einem großen Schritt überwunden werden konnte und so Hühner und anderes Getier fernhielt und auch Dämonen den Zutritt zum heiligen Bezirk verwehren sollte.

Ossuaire

Wurde ein Friedhof zu klein, grub man die Gebeine schon länger Verstorbener wieder aus und schichtete sie in einem **Beinhaus** auf. Bei diesen »Ossuaires« handelte es sich zunächst nur um schlichte Häuser mit einem steilen Dach und lanzettförmigen Fensterschlitzen. Während der Renaissance gerieten sie aber zu kleinen Palästen mit prächtigen Fassaden, Figurennischen und Türmchen und dienten auch als Totenkapelle. **Ankou**, der Tod, personifiziert als Sensenmann, erinnerte den Besucher an seine Endlichkeit.

Calvaire (► Baedeker Wissen, S. 348)

Den Mittelpunkt des Pfarrhofs bildet der **Kalvarienberg**. Bereits um 1450 entstand der älteste Kalvarienberg der Bretagne in Tronoën. Die Blütezeit dieser Volkskunst lag jedoch in der Mitte des 16. Jh.s, als die Kalvarienberge von Plougonven, Pleyben und Quilinen entstanden. Gegen Ende des 16. Jh.s folgten 1575 Léden-Poher, 1581 – 1588 Guimiliau und 1610 St-Thégonnec.
Kalvarienberge sind gewissermaßen religiöse Lehrtexte, die man auch »lesen« kann, ohne des Alphabets mächtig zu sein. Zentrale Themen sind das **Leben und die Passion Christi**. Sein Kreuz, oft als Lebensbaum mit Astansätzen gestaltet, wird von den Kreuzen der Schächer eingerahmt: der reuige Sünder mit einem Christus zugewandten, der lästernde mit abgewandtem Gesicht. Am Mittelkreuz sind unten weitere Querbalken angebracht, auf denen die Trauernden stehen, meist handelt es sich um Maria und Johannes, den Lieblingsjünger. Später bevölkert sich die Szene immer mehr mit trauernden Frauen, Reitern, römischen Wachsoldaten, unter ihnen auch der Hauptmann Longinus, der Jesus die Lanze in die Seite gestochen hat. Ergänzt werden Szenen von Golgatha mit Kreuzabnahme, Grablegung und Auferstehung. Bei einigen Kalvarienbergen findet sich zudem als letzte Szene der Eingang in die Hölle. Die Bühne wurde durch einen rechteckigen Sockel vergrößert und fantasievoll ausgedehnt bis zur Anbringung von Reliefplatten an der Sockelzone. Die größten Kalvarienberge stellen mit bis zu 25 Szenen und nahezu 200 Einzelfiguren weitere Geschehnisse dar. Die Szenen und Figuren wurden von einheimischen Steinmetzen aus hartem Granit herausgearbeitet, ein Material, das Feinheiten der Darstellung nicht erlaubt. Daher wurden Details anschließend beim Bemalen der Figuren dargestellt. Heute sind die Farben längst verwittert.

BAEDEKER ÜBERRASCHENDES

6X ERSTAUNLICHES

Hätten Sie das gewusst? Überraschen Sie Ihre Reisebegleitung!

1. EINZIGARTIG

Die gelbe **Glénan-Narzisse** gibt es in keinem Blumengeschäft, sie blüht nur auf der Insel Saint-Nicolas im Glénan-Archipel. Seit die Blume in den 1950er-Jahren vom Aussterben bedroht war, hegt und pflegt man sie. (▶ **S. 93**)

2. STEUER-PARADIES

Die Bewohner der **Insel Molène** vor der Küste des Finistère sind seit Ludwig XIV. weitgehend von Steuern befreit. Die Natur fordere bereits einen hohen Tribut von den Insulanern, befand der König. (▶ **S. 72**)

3. INFLATION DER HEILIGEN

Es soll **7777 bretonischen Heilige** geben. Einen großen Teil von ihnen kennt keiner so recht. Rom hat die wenigsten bretonischen Heiligen anerkannt. Ihrer Verehrung tut das aber keinen Abbruch.

4. ALLES BLAU

Hortensien schmücken in der Bretagne jeden noch so kleinen Garten: rosa, weiß und violett – aber auch intensiv blau. Durch saure Erde und die Zugabe von Kaliumaluminiumsulfat hat man sie zum »Blaumachen« animiert. Hübsch anzusehen u. a. in Pont-Aven. (▶ **S. 236**)

5. ACHTUNG HAI

Haie vor der bretonischen Küste vermutet man erstmal nicht. Vor den **Glénan-Inseln** aber sichten Taucher bisweilen bis zu 7 m lange Riesenhaie – die sich aber ausschließlich von Plankton ernähren. (▶ **S. 93**).

6. GEFÄHRLICHE MENHIRE

Die riesigen, gen Himmel weisenden Steine waren der Kirche im Mittelalter nicht geheuer. Die christlichen Autoritäten ließen viele sogar umstürzen. Erst in den 1980er-Jahren wurden die »Hinkelsteine« bei **Monteneuf** wieder aufgerichtet. (▶ **S. 160**)

Der Kalvarienberg im Pfarrhof von Guimiliau erzählt vom Leben und Leiden Christi.

Pfarrkirche

Die Pfarrkirche oder eine Kapelle im Norden des Pfarrhofs betrat man durch ein reich mit Skulpturen geschmücktes Südportal mit kleiner Vorhalle. Für die bedeutenden Bürger der Gemeinde wurden Bänke in der Vorhalle aufgestellt. Darüber standen in Nischen Statuen der **zwölf Apostel**. Über dem Eingang ist die Jungfrau Maria mit dem Jesusknaben dargestellt.

Renaissance und Barock

Farbenpracht der Renaissance

Erste Renaissanceformen sind an der Sakramentskapelle der Kathedrale St-Pierre von **Vannes** zu finden, einem schlicht geschmückten turmartigen Rundbau. Eine klare Gliederung zeichnet den zweigeschossigen Anbau aus, im Untergeschoss durch Säulenvorlagen mit gerahmten Nischen, die abwechselnd durch einen Segment- oder Dreiecksgiebel bekrönt sind, das Obergeschoss mit Pilastern und rundbogigen Fensteröffnungen. Ein breites Gesims schließt den Bau ab. Das aufwendige Portal der Kirche von **Commana** deutet schon die Überleitung zum Barock an: Die kannelierten Säulen, die prägnante Konsole am Eingangsbogen, der abschließende Fries und die flankierenden Türmchen mit den Dreiecksgiebeln über den Nischen gehören zum klassischen Formenrepertoire der Renaissance, während der zweite breite Fries und der darüber geschwungene Giebel bereits auf das Barock hinweisen.

Elegante Herrensitze und Schlösser

Zu Wohlstand gekommene Landbewohner errichteten große Bauernhäuser, die Adligen ließen sich Herrensitze, die Manoirs, bauen, der Hochadel Schlösser. Vorbild für viele Profanbauten der bretonischen Renaissance wurde **Schloss Kerjean** bei Plouescat: Hohe rechteckige Fenster mit schlichten Umrahmungen, durch Gesimse getrennte Stockwerke, betonte Eingangsbereiche, unterschiedliche Zwerggiebel, durch Bogengänge gegliederte Innenhöfe, ein Brunnen mit Baldachin und der erkerartige Turm der Kapelle charakterisieren die Anlage. Die Herrensitze hatten häufig wehrhafte Einrichtungen, waren aber in erster Linie Wohnbauten. Einen markanten Blickfang stellen die Treppentürme dar.

Dekorative Barockretabel

Das Altarretabel gehört zu den eigentümlichsten Barockkunstwerken der Bretagne. Bis ins späte 18. Jh. sind knapp 1400 dieser heute noch zu sehenden **Altaraufsätze** entstanden, davon über die Hälfte zwischen 1660 und 1720. Da die Nachfrage so groß war, wurden viele Exemplare im Ausland in Auftrag gegeben. Vom Aufbau war das Retabel mittelalterlichen Tryptichen ähnlich. Der Rahmen zitierte Formelemente der Kirchenfassaden oder Fenster: Postament, Architrav, Sprenggiebel und Säulen – glatte in den Bistümern Rennes, Vannes und St-Malo, geschwungene in der Cornouaille und Léon. Die abgebildeten Skulpturen und Gemälde illustrieren zentrale christliche Figuren: Trinität – Gottvater schwebt über der Taube des Heiligen Geistes und Jesus – Maria als Mittlerin zwischen Mensch und Jenseits sowie Heilige. Christus ist häufig als siegreicher Erlöser, erkennbar an Engeln mit Marterwerkzeug, sowie als Schmerzensmann voller Wundmale dargestellt.

Die neue Stadt des Klassizismus

Strenge Ordnung

Im 18. Jh. stand die Neugestaltung der Städte durch Ingenieure und Architekten im Vordergrund. In der Ville Close von **St-Malo** errichteten wohlhabende Reeder und Kaufleute ihre Häuser nach dem Vorbild der Militärarchitektur mit strengen Fassaden ohne Dekor und regelmäßigen wiederkehrenden Formen. Enge Straßenschluchten und rationale Ordnung prägen seitdem die massive Festung, die zum Schutz gegen die Britien zwischen dem 17. und 19. Jh. ausgebaut wurde. Den Wiederaufbau des durch einen Brand zerstörten Stadtzentrums von **Rennes** leitete Ange-Jacques Gabriel ab 1724. Der Grundriss folgt dem Schachbrettmuster. Der Schlossplatz wurde im klassischen Stil angelegt, den Rathausplatz konzipierte er in Formen des französischen Rokoko.

Paul Gauguin malte 1894 die »Bretonischen Bäuerinnen«.

Zwischen Nostalgie und Fortschritt

19. Jahrhundert

In der zweiten Hälfte des 19. Jh.s machte sich der Historismus breit. Die Landsitze erhielten mittelalterliche Türme und eine Parkanlage im englischen Stil, die Kirchen Umbauten oder Vergrößerungen im Stil der Gotik, der Romanik oder der Byzantinik. Gleichzeitig verstärkten sich die kulturellen Unterschiede zum restlichen Frankreich, was an der ausgeprägten Tradition der Trachten oder den vielfältig verzierten Möbeln abzulesen ist. Die **Industrialisierung** setzte sich nur sehr zögerlich durch. Viele veraltete Manufakturen mussten schließen; nur wenige traditionelle Industriezweige wie die Tabakmanufakturen in Morlaix oder die Porzellanmanufaktur in Quimper überlebten. Nantes wurde zum Zentrum für Dampfkraftwagen. Der Bau der Eisenbahnlinien 1851 zwischen Rennes und Brest sowie zwischen Nantes und Quimper garantierte den schnellen Transport von Fischen und Agrarprodukten. Große Brücken wie der1861 eröffnete Eisenbahnviadukt in Morlaix zeugen von den neuen statischen und technischen Möglichkeiten der Industriearchitektur.

Die Bretagne der Maler

Die unverbaute Landschaft, fehlende Industrie und mystische Vergangenheit der Bretagne übten auf auswärtige Maler des 19. Jh.s eine große Anziehungskraft aus. Die Romantiker liebten besonders die Landschaft mit dem ausdrucksstarken Himmel, die raschen Wetterwechsel, das außergewöhnliche Licht. Die realistischen Maler beschäftigten sich ab Ende der 1830er-Jahre mit bäuerlichen Themen. Bauern und Fischer sind die agierenden Personen in Tragödien oder Anekdoten. Den formgetreuen Realismus vertraten Camille Corot und Francis Blin. Charles Leroux bemühte sich um realistische, objektive Darstellung; zu lichtbestimmten Lösungen fand Paul Huet. Impressionistische Bilder malte **Claude Monet** 1886 während seines Aufenthalts auf der Belle-Ile, neoimpressionistische Gemälde schuf Paul Signac 1890 in St-Briac.

Künstlerkolonien

Einige Orte der Bretagne wurden zu ständigen Künstlertreffpunkten, wo regelmäßiger und intensiver Austausch stattfand: Camaret, Cancale, Saint-Briac, Douarnenez und Pont-Aven (▶ Das ist die Bretagne, S. 8ff.) zählen dazu.

»

Ich liebe die Bretagne, ich finde hier Wildheit und Primitivität. Wenn meine Holzschuhe auf dem Granit klappern, höre ich den dumpfen, dunklen und starken Ton, den ich in meinen Bildern zu erreichen suche.

«

schrieb **Paul Gauguin** 1888 aus der Kleinstadt am Fluss Aven. Im Austausch mit den Kollegen Émile Bernard, Paul Sérusier, Charles Filiger, Ernest Ponthier de Chamaillard und Henry Moret suchte er nach neuen Ausdrucksmitteln, um die bloße Nachahmung der Wirklichkeit auf der Leinwand zu überwinden, und begründete den **Synthetismus**. Dieser kühne Malstil hatte starken Einfluss auf die Entwicklung der Malerei des 20. Jahrhunderts.

Aufbruch in die Moderne

20. Jahrhundert

Auch im 20. Jh. war die Bretagne beliebter Aufenthaltsort und Inspirationsquelle für Künstler: Pablo Picasso, Max Ernst, Marc Chagall, Yves Tanguy fühlten sich von dieser Landschaft angezogen, Maurice Denis ließ sich in Châteauneuf-du-Faou sogar dauerhaft nieder. Der zuerst in Rennes, dann in Paris ausgebildete **Mathurin Méheut** suchte die Eigenart der Bretagne in zeitgemäße malerische Bildsprache umzusetzen. Die Gruppe, die sich seit 1937 um **Charles Estienne** scharte, entwickelte eine eigene Form der abstrakten Landschaftsmalerei, in der Felsen, Meer und Wind in Zeichen umgesetzt wurden.

In der zweiten Hälfte des 20. Jh.s zählten Tal Coat, Martin Barré, James Guitet, Geneviève Asse zu den wichtigsten Malern, die das künstlerische Schaffen in der Bretagne ohne regionale oder nationale Beschränkungen, sondern mit großer Weltoffenheit bereichert haben. Wie intensiv sich bretonische Kunst mit internationalen Bewegungen auseinandersetzt, zeigen das Centre d'Art Contemporain im Schlosspark von **Kerguéhennec** (Morbihan) und die Sammlung des Regionalen Fonds zeitgenössischer Kunst in **Châteaugiron** (Ille-et-Vilaine).

Architektur

Das Spannungsverhältnis zwischen internationaler Moderne und Tradition der Bretagne wurde nach dem Ersten Weltkrieg vehement in der von Joseph Boreau gegründeten **Groupe Régionaliste** diskutiert. Zu ihren Mitgliedern gehörten Olivier Mordrelle, ein Architekt, der in Quimper baute, und Mervan Marchal, der als Professor an der Ecole Régionale d'Architecture in Rennes lehrte. Die ganze Bandbreite des architektonischen Schaffens dieser Jahre zeigte sich mit dem im Zweiten Weltkrieg zerstörten Magasin Decré von Henri Sauvage in Nantes, der **nüchternen Architektur** des Krankenhauses Augustin Morvan in Brest von Raymond Gravereaux und Raymond Lopez sowie der Brester Marineschule von André Maurice. Der Wiederaufbau nach dem Zweiten Weltkrieg erfolgte ohne Stildebatten und ohne architektonische Wagnisse. In Brest leitete Jean-Baptiste Mathon den Wiederaufbau in strenger **Schachbrettstruktur**. In St-Malo hingegen entschloss man sich zur originalgetreuen Rekonstruktion der zerstörten Viertel.
In den letzten Jahrzehnten sind drei Entwicklungen zu beobachten: eine **Rückbesinnung auf lokale Tradition** und starke Berücksichtigung der Wünsche der Bevölkerung, ein moderner Naturalismus und zuletzt die Anknüpfung an historistische Formen des 19. Jh.s und ihre postmoderne Umformulierung.

INTERESSANTE MENSCHEN

Unglücklich verliebt: Pierre Abélard

1079–1142
Philosoph

Einen Namen machte sich Pierre Abélard, geboren in Le Pallet bei Nantes, nicht nur mit seinen theologischen und philosophischen Schriften, mit denen er die Entwicklung der Scholastik maßgeblich beeinflusste, sondern auch mit seinen »Liebesbriefen« an Héloïse. **Abélard und Héloïse**, das ist eines der klassischen Liebespaare wie Tristan und Isolde, Romeo und Julia, sie stehen für eine romantische Liebesbeziehung mit tragischem Ende. Während seiner Tätigkeit als Hauslehrer bei Héloïse, einer Nichte des Kanonikers Fulbert, verliebte sich Abélard in seine Schülerin und brannte mit ihr durch. Nach der Geburt ihres Sohnes heirateten sie. Doch ihr Glück währte nur kurz: Fulbert ließ Abélard nachts überfallen und entmannen. Héloïse wurde in ein Kloster gesteckt, Abélard zog sich ins Kloster St-Denis zurück. Ihre unglückliche Liebesbeziehung ist in einem aufsehenerregenden Briefwechsel festgehalten, der bis heute Autoren inspiriert und in dem Héloïse, die 22 Jahre nach Abélard starb, ihr schriftstellerisches Talent offenbart. Beider sterbliche Überreste sind heute in einem neugotischen Grabmal auf dem Friedhof Père Lachaise in Paris bestattet.

Ungewöhnliche Frau: Anne de Bretagne

1477–1514
Herzogin

Bis heute ist Anne, Herzogin der Bretagne, die beliebteste historische Figur der Bretonen, obwohl sie, wenn auch unter Zwang, das bis dahin souveräne Herzogtum durch ihre Heirat mit dem französischen König Karl VIII. an Frankreich auslieferte. Dabei handelte sie die größtmögliche Unabhängigkeit für ihre Heimat aus. Fast wäre die 1477 in Nantes geborene Herzogin Kaiserin des Heiligen Römischen Reichs geworden, denn mit 13 Jahren wurde sie per Fernehe mit Erzherzog **Maximilian von Österreich** verheiratet, dem späteren Kaiser. Kurz darauf belagerte der französische König **Karl VIII.** Rennes, wo die Herzogin Zuflucht gesucht hatte. Auf Drängen der Bevölkerung willigte Anne in Karls Begehren ein: Nachdem der Papst die erste Ehe der Herzogin annulliert hatte, gaben sich am 6. Dezember 1491 Anne (»klein, mager, ein wenig hinkend, jedoch sehr lebhaft«) und Karl (»kurz, hässlich und mit so disproportionierten Gliedmaßen, dass er mehr einem Monster als einem Menschen glich«) im Schloss Langeais an der Loire das Ja-Wort. Die Bretonin ließ sich eine Schenkungsurkunde aushändigen, um sicherzustellen, dass das Herzogtum im Fall von Karls Tod wieder an sie zurückfallen würde.

1498 kam Karl VIII. bei einem Unfall ums Leben. Anne kehrte in die Bretagne zurück. Da sie laut Ehevertrag verpflichtet war, den Nachfolger auf dem französischen Thron zu ehelichen, heiratete sie 1499 Karls Bruder **Ludwig XII.** (1462 – 1515). Erneut ließ sie sich im Heiratsvertrag eine relative Unabhängigkeit der Bretagne zusichern. Als Anne 1514 starb, erbte ihre Tochter Claude das Herzogtum. Mit ihrer Heirat mit Franz von Angoulême trat sie jedoch das Herzogtum an ihren Gemahl ab. Als er 1532 König von Frankreich wurde, hörte das unabhängige Herzogtum Bretagne auf zu existieren.

OBEN: Einzug von Anne de Bretagne in Dinan, dargestellt auf einem Fenster in der Kirche St-Malo in Dinan
UNTEN: Politiker, Diplomat, Schriftsteller, Gourmet und »Vater der französischen Romantik«: François René de Chateaubriand

Die witzigsten Bretonen: Asterix und Obelix

1959 bis ?
Gallier

»Wir befinden uns im Jahre 50 v. Chr. Ganz Gallien ist von den Römern besetzt … Ganz Gallien? Nein! Ein von unbeugsamen Galliern bevölkertes Dorf hört nicht auf, dem Eindringling Widerstand zu leisten.« Es liegt im Schutz des armorikanischen Waldes an der Nordküste der Bretagne. Hier leben **die allerbekanntesten Bretonen**: Asterix, der blonde, gewitzte Knirps, und Obelix, sein großer, dicker Freund mit den roten Zöpfen. Beide setzen sich nach dem Motto: »Die spinnen, die Römer!« gemeinsam mit den anderen Dorfbewohnern auf listige und schlagkräftige Art gegen die römische Besatzung zur Wehr. Quelle ihres Heldenmuts ist ein Zaubertrank, der ihnen übermenschliche Kräfte verleiht und gegen den Cäsars Legionen nichts ausrichten können. »Geboren« wurden Asterix und Obelix 1959, »Väter« der beiden Helden sind **René Goscinny** und der Zeichner **Albert Uderzo**, der nach Goscinnys Tod die Serie allein weiterführte. Für Alben, die ab Ende 2012 erscheinen, hat der 202 verstorbene Uderzo gefunden: Frédéric Mébarki und jetzt Didier Conrad sitzen am Zeichentisch und Jean-Ives Ferri schreibt die Geschichten. Bis heute wurden fast 40 Abenteuerbände in 100 Sprachen und Dialekte übersetzt, viele wurden erfolgreich verfilmt. Im Stolz auf diese Comicreihe nannten die Franzosen den ersten Satelliten, den sie 1965 ins All schickten, »Astérix«.

Begründer der Romantik: François René de Chateaubriand

1768–1848
Schriftsteller

Den meisten ist dieser Name eher als Bezeichnung für ein Filetsteak geläufig: François René de Chateaubriand, Politiker und Diplomat, Schriftsteller und »Vater der französischen Romantik«. Seine ersten Jahre verbrachte er in St-Malo »als Gefährte der Wellen und des Windes«. 1777 zog die Familie ins Schloss Combourg, wo er im kargen Kinderzimmer des Katzenturms allein schlafen musste. »Die Wälder von Combourg haben mich zu dem gemacht, was ich bin«, äußerte er sich in seinen 1848 erschienenen »Erinnerungen von jenseits des Grabes«. Die Revolution von 1789 machte ihn zum Emigranten. Seine Reiseimpressionen aus Nordamerika, wo er ein Jahr bei Indianern lebte, erschienen 1828 als »Reise nach Amerika«.
1792 kehrte Chateaubriand nach Frankreich zurück und schloss sich dem **royalistischen Emigrantenheer** an. Anfang 1793 gelang ihm trotz Verwundung und Krankheit die Flucht ins englische Exil. 1800 begann er, zurück in Frankreich, unter Napoleon eine politische Laufbahn, brach aber 1804 mit dem Kaiser und nahm erst später wieder politische Ämter auf: 1821 war er Botschafter in Berlin, 1822 in London, 1822 – 1824 **französischer Außenminister**. Ab

1829 zog er sich aus dem politischen Leben zurück und widmete sich seinem autobiografischen, oft Person und Epoche mythisierenden Werk **»Von Jenseits des Grabes, Denkwürdigkeiten«**. Am 4. Juli 1848 starb er in Paris, bestattet wurde er auf der St-Malo vorgelagerten Insel Grand-Bé. Warum das mit Gemüse umlegte Doppelsteak seinen Namen trägt? Küchenchef Montmireil, der die Leibspeise des Dichters erfunden hatte, benannte sie ihm.

Beinahe ein Nationalheld: Bertrand du Guesclin

1320–1381
Heerführer

Schön war er nicht, vielmehr klein und hässlich. Dafür rücksichtslos und berechnend, auch unerschrocken, tapfer und sehr intelligent: Bertrand du Guesclin, **Connétable de France** und einerder berühmtesten und erfolgreichsten Heerführer Frankreichs. Bei seiner Geburt um 1320 im heute verschwundenen Schloss Motte-Broons bei Dinan konnte man seine Karriere keineswegs ahnen: Er gehörte nur dem niederen bretonischen Adel an. Seinen ersten Ruhm erwarb er sich 1337 als 17-Jähriger anonym: Hinter einer Rittermaske und in geborgter Rüstung besiegte er beim Turnier auf dem Marktplatz von Rennes mit seinem lahmen Gaul alle gestandenen Gegner. Während des **Hundertjährigen Kriegs** zeichnete er sich als Söldnerführer aus und wurde berühmt durch die Befreiung von Dinan: Im Zweikampf besiegte er 1359 Thomas of Canterbury – und die englischen Belagerer zogen ihre Söldnertruppen ab. Der Zweikampf auf der Place du Champ bedeutete auch privates Glück: Die schöne und gebildete **Tiphaine Raguenel** verliebte sich in den Sieger. Ihre Ehe soll glücklich gewesen sein. Seine Feldzüge für das französische Königshaus gegen England führten du Guesclin in die Normandie, nach Aquitanien und bis nach Spanien. 1370 wurde er zum Connétable, zum Kronfeldherrn, erhoben. Er starb 1380 bei der Belagerung von Châteauneuf-de-Randon in der Auvergne. Von dort ging sein Leichnam, auf den sowohl die Franzosen als auch die Bretonen Anspruch erhoben, auf eine makabre Reise. Die Eingeweide wurden in Le Puy-en-Velay bestattet, der übrige Körper einbalsamiert nach Paris geschickt. Doch das Fleisch löste sich vom Skelett und wurde bei Montferrand beigesetzt; das Skelett fand seinen letzten Ruheplatz im Königsdom von St-Denis in Paris. Nur **das Herz kehrte zurück** in die Bretagne: Es ruht in der Kirche St-Sauveur von Dinan.

Serienmörder: Gilles de Rais

1404–1440
Heerführer

Gilles de Laval, Marschall de Rais (Retz) im Südosten der Bretagne, war viellicht der berüchtigste Kindermörder aller Zeiten. Dabei galt er zu Lebzeiten als Inbegriff des tapferen, reichen und eleganten Ritters. Bereits als 26-Jähriger wurde Gilles von König Karl VII. wegen seiner Verdienste bei der Eroberung von Orléans als Kampfgefährte der hl. Jeanne d'Arc zum **Marschall von Frankreich** befördert – und ist bis heute jüngster Träger dieses Titels. 1440 wurde er wegen einer »Bagatelle« vor Gericht gestellt: Mit Waffengewalt hatte er einen ihm verhassten Geistlichen aus einer Kirche gezerrt und gefangengesetzt. Im Lauf des Prozesses kamen seine schauderhaften Verbrechen ans Tageslicht: Er gestand, auf seinen bretonischen Schlössern mehr als hundert Kinder auf perverse Art umgebracht zu haben. Die noch erhaltenen Gerichtsakten berichten von 140 Opfern. Bei seiner Hinrichtung inszenierte sich Gilles noch einmal selbst: Er zeigte Reue und wollte als bußfertiger Christ sterben, wofür er von den Zuschauern emphatisch gefeiert wurde. Sein Leben hat u. a. George Bernard Shaw zu seinem Schauspiel »Die heilige Johanna« inspiriert.

Richter und Anwalt der Armen: Saint Yves

1253 – 1303
Heiliger

Die Bretonen verehren 7777 Heilige und Schutzpatrone – die meisten sind nur dem Volk, aber nicht Rom bekannt. Historisch belegt und vom Papst kanonisiert ist indes der **Schutzpatron der Bretagne und der Juristen**: Sat-Yves, der heilige Ivo. Yves Hélory wurde am 17. Oktober 1253 auf dem Landsitz Kermartin in Minihy bei Tréguier geboren. Als er noch klein war, hatte seine Mutter der Legende nach eine Vision: Engel prophezeiten ihr, dass ihr Sohn der größte bretonische Heilige werden würde. So schickten ihn seine Eltern nach Paris und Orléans zum Studium von Theologie, Kirchen- und Zivilrecht. Nach seiner Rückkehr mit 27 Jahren arbeitete er zunächst in Rennes als kanonischer Richter, später bei Tréguier als Pfarrer und Kirchenrichter. 1298 zog er sich auf den Familiensitz zurück, wo er in größter Armut am 19. Mai 1303 starb. 1347 wurde er von Papst Clemens VI. heiliggesprochen. Die große Verehrung gilt nicht dem Pfarrer, sondern dem »Richter der Armen«, der »um Gotteslohn« Witwen, Waisen und Mittellose in den schwierigsten und hoffnungslosesten Prozessen vertrat, wenn er von ihrem Recht überzeugt war.

Eifrige Briefeschreiberin: Marie de Sévigné

1626–1696
Adelige

Sowohl Paris als auch die Bretagne erheben Anspruch auf Marie de Rabutin-Chantal, Marquise de Sévigné, die Verfasserin von über 1500 äußerst geistreichen Briefen. Sie selber aber bekannte sich immer zu ihrer eigentlichen Heimat, und das war das Burgund. Dennoch macht die Bretagne ihre Anrechte auf die wortgewandte Literatin nicht ganz grundlos geltend, denn 1675 schrieb sie an ihre Tochter: »Sie sehen, ich bin eine richtige Bretonin geworden.«

Als Marie de Rabutin-Chantal wurde die spätere Marquise in Paris geboren und wuchs in Burgund auf. Ihre Familie war adelig, der Vater Offizier, die Mutter aus einer Bankiersfamilie. Beide Eltern starben früh. 1644 heiratete Marie den Marquis Henri de Sévigné aus Vitré, der nach acht Jahren Ehe im Alter von nur 27 Jahren im Duell um die Ehre seiner Geliebten starb. 1677 bezog Marie de Sévigné das Hôtel Carnavalet in Paris und genoss zunächst die Pariser Salonkultur, suchte dann aber immer häufiger ihren Landsitz Les Rocher bei Vitré auf: zum einen aus Geldnot, zum anderen aus neu entdeckter Liebe zur »wilden« Heimat ihres Mannes.
Madame de Sévigné hatte zwei Kinder von Henri. Mit dem Sohn, über den nicht viel bekannt ist, erlosch der älteste Zweig des Geschlechts. Ihre **Tochter Françoise Marguerite** (1646 – 1705) wurde als Hauptempfängerin der 1671 – 1694 so zahlreich verfassten Briefe berühmt. Im lockeren Plauderton porträtiert Marie de Sevigné darin den französischen Adel und das Alltagsleben jener Zeit. Sie erließ oft Schuldnern die Zahlung, weil »die kaum Brot haben, auf Stroh schlafen und weinen.« Beim Adel schreckte sie vor scharfer Kritik und bösem Spott nicht zurück. So ließ sie sich über ein Festmahl nach einer Versammlung der Landstände mit den Worten aus, dass an diesem Tag die ganze Bretagne »besoffen« gewesen sei. 1695 zog Madame de Sévigné zu ihrer Tochter in die Provence, wo sie am 17. April 1696 auf Schloss Grignan starb.

Megastar des Celtic Rock: Alan Stivell

geb. 1944
Musiker
▸Abb. S. 19

Im Wiedererwachen der bretonischen Kultur spielt die Musik die wohl größte Rolle. Alan Stivell, Superstar unter den Sängern keltischer Melodien und Balladentexte, hat maßgeblich dazu beigetragen. »Stivell« bedeutet »Quelle« und ist der Künstlername des Barden, der als **Alan Cochevelou** geboren wurde und in Langonnet (Morbihan) aufgewachsen ist. Sein Vater, ein Musiklehrer, brachte ihm auf einer selbstgebastelten keltischen Harfe das Spielen bei. Zunächst übte er darauf nur klassische Stücke, aber nach einiger Zeit erwachte das Interesse an der keltischen Musik, an Liedern aus der Bretagne, aus Irland, Schottland und Wales. Nun erlernte Stivell auch noch das Dudelsackspiel. Seine Kindheit verbrachte er in der Bretagne, ging dann aber nach Paris. Anfang der 1970er-Jahre produzierte er mit **»Renaissance de la harpe celtique«** seine erste Solo-Schallplatte und begann, eine Begleitband mit elektronischen Rockinstrumenten aufzubauen. 1973 trat er mit seiner Band in der berühmten Pariser Konzerthalle »Olympia« vor ausverkauftem Haus auf. Schon bald war er nicht nur in Frankreich, sondern nach Auslandstourneen auch in Großbritannien und den USA ein gefeierter Star. Seine urkeltischen Melodien, von ihm ausschließlich auf Harfe und Dudelsack vor-

Marie de Sevigné korrespondierte leidenschaftlich mit ihrer Tochter.

getragen und von seiner Band mit Rock unterlegt, verhalfen nicht nur der keltischen Folklore zu erneutem Ansehen, sondern schufen auch eine neue Richtung des Folk Rock, den Celtic Rock (▶Das ist die Bretagne S. 19).

Der Erfinder des Reiseführers: Karl Baedeker

1801 – 1859
Verleger

Als Buchhändler kam Karl Baedeker viel herum, und überall ärgerte er sich über die »Lohnbedienten«, die die Neuankömmlinge gegen Trinkgeld in den erstbesten Gasthof schleppten. Nur: Wie sollte man sonst wissen, wo man übernachten könnte und was es anzuschauen gäbe? In seiner Buchhandlung hatte er zwar Fahrpläne, Reiseberichte und gelehrte Abhandlungen über Kunstsammlungen. Aber wollte man das mit sich herumschleppen? Wie wäre es denn, wenn man all das zusammenfasste? Gedacht, getan: Zwar hatte er sein erstes Reisebuch, die 1832 erschienene »Rheinreise«, noch nicht einmal selbst geschrieben. Aber er entwickelte es von Auflage zu Auflage weiter. Mit der Einteilung in »Allgemein Wissenwertes«, »Praktisches« und »Beschreibung der Merk(Sehens-)würdigkeiten« fand er die klassische Gliederung des Reiseführers, die bis heute ihre Gültigkeit hat. Bald waren immer mehr Menschen unterwegs mit seinen **»Handbüchlein für Reisende, die sich selbst leicht und schnell zurechtfinden wollen«**. Die Reisenden hatten sich befreit, und sie verdanken es bis heute Karl Baedeker.

E

ERLEBEN & GENIESSEN

Überraschend, stimulierend, bereichernd

Mit unseren Ideen erleben Sie typische, tolle und ganz neue Seiten der Bretagne.

Ein wenig Sonne tanken an der Plage Caroual bei Erquy ▶

BEWEGEN UND ENTSPANNEN

Die Bretagne hat sich zu einem Sportparadies entwickelt, kaum eine andere Region Frankreichs bietet mehr Möglichkeiten zu sportlicher Aktivität. Vor allem Wassersport wird großgeschrieben, kein Wunder bei der insgesamt 2700 km langen Küstenlinie, den vielen Kanälen, Flüssen und Seen. Aber auch an Land lockt Abwechslung.

Am und im Wasser

Badeurlaub

Buchten und Sandstrände bietet die zerklüftete Küste der Bretagne genug, da findet jeder seinen Traumplatz. Die Strände der Nord- und Westküste unterliegen am stärksten den **Gezeiten**. Bei Hochwasser sind die Badebuchten oft gänzlich überspült. An den breiten, langen Sandstränden der Südküste kann es im Sommer sehr voll werden. Im Hochsommer beträgt die **Wassertemperatur** maximal 22 °C, meist ist das Wasser aber nur um die 17 °C kühl. Strömungen, Klippen, oft knapp unter der Wasseroberfläche versteckt, und die heranbrausende Flut können auch den geübtesten Schwimmer in Bedrängnis bringen. An allen Stränden ist »oben ohne« üblich, **FKK** nur an Strandabschnitten und in Buchten abseits der großen Massen.

Surfen, Windsurfen und Kitesurfen

Wellenreiten (surf) und **Windsurfen** (planche à voile) werden fast überall betrieben, die Küste der Bretagne bietet alle Schwierigkeitsgrade. Die besten Windverhältnisse herrschen im Frühjahr und ab September. Wegen der starken Strömungen ist große Vorsicht geboten. Kostenlose **Gezeitentabellen** gibt es in den lokalen Tourismusbüros. An der Nordküste ist mit starker Brandung und großen Gezeitenunterschieden zu rechnen, im Westen mit starkem Wind, Brandung und Strömungen. Ideale Bedingungen mit teilweise flachem Wasser finden sich an der Südküste in der Bucht von Quiberon, bei La Baule und an der Pointe de la Torche, wo auch Weltcuprennen veranstaltet werden. Auch die Reede von Brest, ebenfalls Schauplatz internationaler Wettkämpfe, und die Bucht von Douarnenez gelten mit ihrem kräftigen Wind als Windsurferparadiese. Überall gibt es Schulen und Verleihstationen. Voll im Trend ist **Kitesurfen**, bei dem man sich von einem Drachen übers Meer ziehen lässt; spektakuläre Jumps und kurze Flüge sorgen für Adrenalinkicks. Mehrere Clubs in der Bretagne erteilen Unterricht in diesem Extremsport.

Segeln, Surfen, Baden – Perros-Guirec bietet alles, was an Wassersport möglich ist.

Stand-up-Paddling

Fortbewegung auf dem Wasser mit Brett und einem langen Paddel ist das Richtige für alle, die eher den ruhigen Genuss suchen. Auch an der bretonischen Küste wird diese Trendsport gepflegt. An der Rosa-Granit-Küste kann man sich von dem Surfchampion **Alexis Deniel** in diesen Sport einweisen lassen

Ponant Surf School | Perros-Guirec | www.ponantsurfschool.fr

Segeln

Die Bretagne ist die Heimat des französischen Segelsports, das zeigt sich auch an den rund 52 000 Ankerplätzen, davon 34 000 an Stegen und 18 000 an Bojen. 120 **Ecoles de voile** und 230 **Centres nautiques** bieten in der Saison Charterboote und Segelkurse an. Die bekannteste und größte Segelschule ist auf den Glénan-Inseln beheimatet. Auf das offene Meer vor der Nordküste sollte man sich nur als erfahrener Segler wagen; in der Reede von Brest, der Bucht von Douarnenez, im Golf von Morbihan und rund um die Inseln von Glénan können hingegen auch Anfänger gefahrlos segeln. Einen »Guide Nautisme en Bretagne«, Info zu allen Arten von Wassersport sowie Links zu Häfen, Segelrevieren und Segelschulen gibt es unter

www.nautismebretagne.fr.

Segelschule: www.glenans.asso.fr

Strandsegeln Bei Ebbe rasen die Strandsegler (char à voile) bis zu 100 km/h schnell über die breiten Sandstrände. Trendige Varianten sind **Buggykiting** (char à cerf volant), bei dem ein Drachen den Wagen zieht, und **Speed-Sailing** mit einem Windsurfrigg auf einer Art überdimensionalem Skateboard. Strandsegelkurse bieten z. B. der Club Les Passagers du Vents in Plouharnel (▶ Presqu'Ile de Quiberon), weitere: osez.tourismebretagne.com

Tauchen Sporttaucher begeistert die Bretagne mit einer höchst abwechslungsreichen Meeresflora und -fauna. Besonders attraktiv sind die Küsten des Finistère und der Côtes d'Armor. Schiffswracks (épaves) liegen u. a. bei St-Malo und Lorient, und im Golf von Morbihan haben Taucher so manche archäologische Sehenswürdigkeit entdeckt.
Wer den Rausch der Tiefe **auf eigene Faust** erleben will, muss seinen Tauchgang bei der Hafenbehörde anmelden. Wegen der Gezeiten und Strömungen sollte man aber auf kundige Führung nicht verzichten. In manchen Regionen der Bretagne ist das Tauchen generell nicht gestattet. Allgemeine Infos und Links zu den Tauchzentren finden sich unter
www.bretagne-plongee.com

Auf Flüssen und Kanälen Ob kleine Rundfahrt oder Kreuzfahrt: Das **Wasserstraßennetz** der inneren Bretagne lädt ein, den sanften Zauber der Landschaft vom Wasser aus zu genießen. Verleihstationen für Kajaks und Kanus sowie Ruder-, Motor- oder Segelboote sind an allen befahrbaren Gewässern zu finden. Wer Flüsse, Kanäle und Meeresküste nicht auf eigene Faust erpaddeln mag, kann an **geführten Touren** der Kanu- und Kajak-Klubs teilnehmen. In Perros-Guirec beginnen mehrtägige Touren entlang der herrlichen Rosa-Granit-Küste. Ein besonderes Erlebnis sind Ferien auf einem **Hausboot** (▶ Das ist die Bretagne, S. 20ff).

Angeln Angeln ist in Frankreich ein Nationalsport. Für das **Angeln am Meer** ist keine Erlaubnis nötig. In den Sommermonaten fahren von vielen Fischerhäfen – Arzon, Belle-Ile, Cancale, Concarneau, Douarnenez, Ile de Groix, Le Guilvinec, Lorient, Quiberon, Roscoff, St-Brieuc, St-Malo, St-Philibert – traditionelle Fischerboote und moderne Jachten zum Angeln auf hoher See. Einfacher ist es, sich auf eine Kaimauer zu setzen oder ans Meer zu stellen und eine Angelrute ins Wasser zu halten. Oder man begibt sich – wie viele Bretonen – mit Eimer und Harke zur »Pêche à pied« und sammelt im Watt die Meerestiere ein, die in Sand und Schlick leben.
Das **Angeln an Flüssen** ist streng reglementiert und nur zu bestimmten Zeiten mit einer »Carte de pêche« gestattet. Die Flüsse Alaune, Aulne, Aven, Ellé, Elorn, Léguer, Scorff und Trieux haben den größten Bestand an Lachs und Forellen; Barsch, Hecht, Karpfen und Zander finden sich vor allem im Département Ille-et-Vilaine.

Zu Land und in der Luft

Wandern

Auf den insgesamt 4500 km langen, markierten **Wanderwegen** der Bretagne können trainierte Wanderer ebenso wie Spaziergänger mit dem Land auf Tuchfühlung gehen. Wanderschuhe reichen völlig aus Man kann die Bretagne individuell erkunden oder auf organisierten Touren mit festgelegter Strecke und reservierten Hotels, bei denen das Reisegepäck von den Veranstaltern oder Hoteliers zur nächsten Unterkunft befördert wird. Touren und Herbergen vermittelt u. a. die Vereinigung Rando Accueil.

Ein Netz von Fernwanderwegen, die **Grandes Randonnées (GR)**, decken ganz Frankreich ab. In der Bretagne verlaufen die Routen mit den Nummern 34 und 37–39 (mit Varianten); sie sind rot-weiß markiert. Darüber hinaus gibt es viele **Petites Randonnées**, vom kurzen Spaziergang bis zur langen Tageswanderung. Beliebte **Wanderreviere** sind der Forêt de Paimpont und Huelgoat. Wanderstrecken in beliebiger Länge bieten der Parc Naturel Régionale d'Armorique im Département Finistère sowie mehrere hundert lokale Naturschutzgebiete. Schöne Wanderziele sind ferner die Ile de Groix, La-Trinité-sur-Mer, Guidel, Quiberon, Carnac und Arzon, im Landesinneren locken auch die Monts d'Arrée und die Montagnes Noires. Die **Fédération Française de la Randonnée Pédestre** gibt ausgezeichnete Wanderführer heraus (Topo-guides, auf Französisch).

Immer wieder eröffnen sich Wanderern herrliche Ausblicke auf Küste und Meer wie hier auf der île de Batz.

Als **Sentiers de Pays** werden Spazierwege auf dem Land bezeichnet. Die schönsten Wanderwege sind jedoch die **Zöllnerpfade** (Sentiers des Douaniers), auf denen in früheren Zeiten die Vertreter der Staatsmacht patrouillierten, um den lebhaften Schmuggel an der Küste einzudämmen. Auf 1300 km folgen sie der bretonischen Küste, heute als Fernwanderweg **GR 34** von der Bucht des Mont St-Michel bis Le Tour-du-Parc. Varianten ermöglichen Abstecher ins Hinterland. Absolut flach verlaufende Spazierwege und Wander- bzw. Radelstrecken stellen schließlich die rund 1500 km langen **Treidelpfade** an den Flüssen und Kanälen der Bretagne dar, z. B. am Canal de Nantes à Brest (360 km). Auf diesen Wegen zogen früher Pferde- und Ochsengespanne die Kähne.

Radfahren

Über 2000 km markierte **Radwege** durchziehen die ganze Bretagne. Allein über 1000 km lang sind die **Voies Vertes**, die Grünen Routen, die auf stillgelegten Bahngleisen, Treidelpfaden und Waldwegen angelegt wurden; unter af3v.org findet man Karten und reiche Information, man kann dort auch den »Guide des Voies Vertes et Véloroutes« bestellen. An sieben **Sites VTT/FFC** beginnen bzw. enden Touren mit 100 – 400 km Länge.
Unbedingt beachten: Außerhalb geschlossener Ortschaften müssen Radfahrer tagsüber bei schlechter Sicht sowie nachts eine reflektierende **Sicherheitsweste** tragen.
Leihräder vom Mountainbike bis zum Kinderrad gibt es tage- und wochenweise an Bahnhöfen der SNCF und den vielen örtlichen »locations des vélos«. Zahlreiche Gîtes d'étape bieten Radlern eine preiswerte Unterkunft (▶ Übernachten). Im TGV und in anderen Zügen werden Räder – zusammengelegt und verpackt – kostenlos transportiert (Höchstmaß: 120 × 90 cm; das Rad muss unter oder über dem Sitz verstaut werden; www.velo.sncf.com). Die Mitnahme nicht zusammengelegter Räder ist in den meisten Lokal- und Schnellzügen in Fahrradabteilen möglich (Gebühr 5 – 10 €); im Fahrplan sind diese Züge mit einem Radsymbol gekennzeichnet.

Reiten

Auf dem Pferd lässt sich die Bretagne wunderbar erleben. Überall wird Reitsport für Anfänger wie Fortgeschrittene angeboten: Reitstunden, organisierte Ausritte und Reiterferien bzw. »Reiten auf dem Bauernhof«. Die 2600 km markierten Reitwege werden vom **Comité Régional du Tourisme Equestre en Bretagne** betreut. Die Routenplanung wird durch Topoguides erleichtert, die Karten im Maßstab 1 : 50 000 und Adressen von Unterkünften, Hufschmieden und Pferdetransporten enthalten.

Roulottes

Eine besondere Art, die Bretagne kennenzulernen, ist die Fahrt in einer Roulotte. Diese Pferdewagen sind komfortabel eingerichtet: vier Schlafplätze, Gasherd, Kühlschrank und Kücheneinrichtung. Wie das

NÜTZLICHE ADRESSEN

ANGELN

FEDERATION PÊCHE BRETAGNE
www.federationpeche.com

BRETONISCHER SPORT

TIR AR GOUREN
www.tiargouren.fr

GOLF

LIGUE DE BRETAGNE DE GOLF
www.liguebretagnegolf.org

COMITÉ RÉGIONAL DU TOURISME
http://golf.tourismebretagne.com

PARAGLIDING

FÉDÉRATION FRANÇAISE DE VOL LIBRE
Tel. 04 97 03 82 82
www.ffvl.fr

CLUB CELTIC DE VOL LIBRE
Plomodiern
Tel. 02 98 81 50 27
https://parapente.bzh

RADFAHREN

FÉDÉRATION FRANÇAISE DES USAGERS DE LA BICYCLETTE
www.fub.fr

FÉDÉRATION FRANÇAISE DE CYCLISME
Tel. 08 11 04 05 55
www.ffc.fr

FÉDÉRATION FRANÇAISE DE CYCLOTOURISME
Tel. 01 56 20 88 88
https://ffvelo.fr

VÉLOROUTES ET VOIES VERTES
www.af3v.org

REITEN

COMITÉ RÉGIONAL DU TOURISME EQUESTRE EN BRETAGNE
Tel. 02 97 84 44 00
https://crte-bretagne.ffe.com

FÉDÉRATION FRANÇAISE D'EQUITATION
Tel. 02 54 94 46 00
www.ffe.com/tourisme

A L'OUEST
Unterwegs mit Pferd und Wagen
La Gare, Locmaria - Berrien
Tel. 02 98 99 73 28
http://konkouest.free.fr/

WANDERN

FÉDÉRATION FRANÇAISE DE LA RANDONNÉE PÉDESTRE
Tel. 01 44 89 93 90
www.ffrandonnee.fr
www.gr-infos.com

FRANCE RANDONNÉE
www..france-randos.com

LES CHEMINS DU TRO BREIZ
Tel. 02 96 13 78 02
www.trobreiz.com

RANDO ACCEUIL BRETAGNE
Übernachtungsmögichkeiten für Wanderer
Tel. 02 96 73 11 58
www.rando-accueil.com

WASSERSPORT

NAUTISME EN BRETAGNE
Tel. 02 98 02 80 44
www.nautismebretagne.fr

HEILKRAFT AUS DEM MEER

Schon im alten Ägypten war die therapeutische Wirkung des Meerwassers bekannt, auch der griechische Arzt Hippokrates hat Bäder im warmen Meer zur Behandlung von Wunden und zur Vorbeugung gegen allerlei Zipperlein empfohlen. Im Mittelalter geriet das Wissen um die Heilkraft des Meeres allmählich in Vergessenheit, in der Neuzeit jedoch erlebte es eine Renaissance. Besonders im Norden Frankreichs steht Thalasso seitdem hoch im Kurs.

In Dieppe, in der Normandie, wurde 1822 das erste Zentrum für warme Meerwasserbadekuren eröffnet. Ein paar Jahrzehnte später stießen die Heilkräfte des Meers auch auf das Interesse der medizinischen Fakultäten. 1865 verfasste Eric La Bonnardière, Mediziner in Montpellier, eine Dissertation zum Thema »Einführung in die Thalasso-Therapie«. Die Bezeichnung »Thalasso« entlehnte Bonnardière dem Griechischen: **»thalassa« heißt »Meer«.**
Die Rohstoffe aus dem Meer enthalten eine Fülle von **Mineralstoffen und Spurenelementen:** Natrium, Kalium und Schwefel, Calcium, Magnesium, Jod, Kupfer und Zink u. a. –, Stoffe, die auch für den menschlichen Körper von großer Bedeutung sind. Zwischen Meerwasser, Blutplasma und Lymphe besteht sogar eine erstaunliche physiologische Ähnlichkeit, weshalb die Stoffe vom Körper gut aufgenommen werden und einen positiven Effekt auf seine Organe haben.

Ein breites Spektrum

Die Thalassotherapie wird heute bei der Behandlung der unterschiedlichsten Beschwerden eingesetzt: Kreislauf- und Gelenkprobleme, Hauterkrankungen, Rheuma, Arthrose, Erschöpfungszustände u. v. m. Das Spektrum der Anwendungen reicht von Meerwasserbädern und -massagen über Algenbäder und -wickel, Schlick- und Schlammpackungen bis zu Starkstrahlduschen. Dazu Gymnastik, Trockenmassagen und viel Bewegung an frischer, jodhaltiger Meeresluft.

Thalasso in der Bretagne

Die bretonische Küste liefert sämtliche Therapiegrundstoffe im Überfluss. Seitdem der Arzt **Louis Bagot 1899 in Roscoff** das erste Meerwasser-Therapiezentrum gegründet hat, hat sich die Bretagne zu Frankreichs Thalassohochburg entwickelt. Inzwischen bieten hier 13 Thalassozentren ihre Dienste an. Laut einer Qualitätscharta, die sich der staatliche französische Thalassoverband auferlegt hat, dürfen dort Anwendungen ausschließlich von ausgebildetem Fachpersonal durchgeführt werden. Zudem müssen sich die Kurhäuser in direkter Strandlage befinden. In jedem Thalassozentrum haben Gäste die Möglichkeit, sich ärztlich untersuchen und ein individuelles Kurprogramm anpassen zu lassen. Um einen nachhaltigen gesundheitlichen Nutzen zu erzielen, sollte man sich mindestens sechs Tage Zeit nehmen. Folglich bieten alle Zentren **Sechs-Tage-Arrangements** an, ob für Rücken oder Beine, Entschlackung, Schlafstörungen, Stress, Erholung nach der Schwangerschaft u. v. m. Die Kurpakete umfassen jeweils etwa 15 – 25 Anwendungen und kosten rund 600 – 800 €.

Wer in der Hauptsaison (Juli/August) kuren möchte, sollte mindestens drei Monate vorher reservieren. Wer sich nur mal kurz ein kleines Wellnessprogramm gönnen möchte, kann auf einen Algenwickel oder eine Meerwassermassage vorbeischauen. Sämtliche Anwendungen sind einzeln buchbar, zudem gibt es Mini-Kurpakete für ein kompaktes Halbtagesprogramm. Weil sich die Thalassozentren in den letzten Jahren zunehmend auf die Ansprüche ihrer Wellness-Klientel eingestellt haben, gibt es neben Meerwasserschwimmbecken und Behandlungskabinen inzwischen auch Sauna und Dampfbad. Darüber hinaus warten Beauty-Experten mit einem Behandlungsspektrum für Gesicht und Körper auf, das praktisch keine Wünsche offen lässt.

INFORMATIONEN

Unter **www.france-thalasso.com** (auch in Dt.) findet man eine Übersicht über Thalasso-Zentren und ihr Anwendungsspektrum. Von dort kann man sich auf die Websites der Kurstationen durchklicken, die detailliert über Angebote und Tarife informieren. Mehr erfährt man auf den Websites der lokalen Tourismusbüros.

Thalasso der Oberklasse verspricht das Sofitel Quiberon Thalassa.

Zugtier zu versorgen ist, wird von den in der Bretagne zahlreichen Veranstaltern vor Fahrtantritt vermittelt. Pro Tag werden auf der festgelegten Rundstrecke mindestens 8 km zurückgelegt. Vermietet werden die Roulottes zwischen Juni und September.

Thalasso

Egal, ob man sich intensiver um die Gesundheit kümmern oder nur entspannende Wohlfühlmomente erleben möchte – die **Thalassozentren** der Bretagne bieten maßgeschneiderte Bausteine für Kur- und Wellnessaufenthalte. Zahlreiche ausgewiesene Thalassozentren gibt es in der Region: in Belle-Ile-en Mer, Bénodet, Carnac, Dinard, Douarnenez, Perros-Guirec, Port Crouesty, Quiberon, Roscoff und St-Malo und gleich drei in La Baule (▶ Baedeker Wissen, S.372).

Golf

In der Bretagne gibt es 42 **Golfplätze**. Die meisten liegen an oder nahe der Küste und können das ganze Jahr über bespielt werden. Auch Nichtmitglieder dürfen den Schläger in die Hand nehmen. Viele Golfplätze, die über eigene Hotels verfügen, bieten Golfferien an.

Paragliding

Im Norden, Westen und Süden der Bretagne finden sich Startplätze für Gleitschirmflieger. Der Berg Menez-Hom im Hinterland der Halbinsel Crozon ist wegen des fantastischen Panoramablicks über die Bucht von Douarnenez besonders beliebt. Hier können sich Anfänger auch unterrichten lassen.

Bretonische Sportarten

Wie überall in Frankreich wird auch in der Bretagne **Boule** gespielt. Doch bei typisch bretonischen Sportarten, die ihren Ursprung im Mittelalter haben, geht es etwas temperamentvoller zu. Beispielsweise beim populären Ringkampf **Gouren** (auch Lutte Bretonne genannt). Andere Formen des Kräftemessens sind Baumstammwerfen, Tauziehen sowie **Tire bâton**, ein Wettkampf, bei dem sich die Kontrahenten mit einem Pfahl hochheben. Solche Spektakel kann man auf keltischen Festen erleben. Es gibt aber auch Klubs, die rund ums Jahr in der Halle oder unter freiem Himmel Wettkämpfe austragen.

ESSEN UND TRINKEN

In der Bretagne weht einem fast immer eine frische Brise um die Nase – und Seeluft macht hungrig. Das trifft sich gut, schließlich wollen neben Kultur- und Naturschönheiten auch die kulinarischen Eigenheiten der Region entdeckt werden.

Meeresfrüchte satt

Die bretonische Küche ist **bodenständiger** und nicht so sehr auf Raffinesse getrimmt, wie es in weiten Teilen Frankreichs üblich ist. Fangfrischer Fisch und erlesene Meeresfrüchte sind – das versteht sich in diesem vom Atlantik umspülten Zipfel des Landes im Grund von selbst – das kulinarische Aushängeschild der Region. Gourmets läuft schon beim Anblick der frischen Ware in den Fischauktions- und Markthallen das Wasser im Munde zusammen.

Austern gelten als die Delikatesse schlechthin. Die berühmtesten Austernbänke der Bretagne finden sich in der Bucht des Mont St. Michel. Das Hafenstädtchen Cancale ist zu einem Pilgerort für Feinschmecker geworden. Dort kann man sich die Muscheln in einem der Restaurants schmecken lassen. Viele Austernfans pflegen jedoch ein anderes Ritual: Sie kaufen bei den Händlern, die ihre Ware direkt vor den Austernbänken – den »parcs aux huîtres« – anbieten und lassen sich die Frischware vom Verkäufer öffnen, um den weichen Inhalt gleich an Ort und Stelle aus der harten Schale zu schlürfen (▶ Baedeker Wissen, S. 298). In den Küstenstädtchen bietet jeder Küchenchef, der etwas auf sich hält, eine **Fischsuppe** nach Art des Hauses an. Empfehlenswert ist auch die herzhafte **Côtriade**, eine Art Bouillabaisse. Doch die Suppe ist zumeist nur der Auftakt. Danach wird die Bühne freigegeben für Seeteufel, Seezunge, Dorade, Barsch, Rochen, Kabeljau & Co. Welcher Fisch aus der Küche kommt, hängt ab von der Jahreszeit und dem Tagesangebot. Zudem hat jeder Mikrokosmos eigene traditionelle Rezepte. So gibt es etwa den Hecht nach Nantaiser Art mit weißer Buttersauce, Stockfisch nach Brester Art mit Kartoffeln, Crème fraîche und Lauch sowie den Thunfisch nach Art von Concarneau, dem Speck eine besonders herzhafte Note gibt.

Fleisch und Gemüse

Wer die bretonische Küche auf Meerestiere reduziert, wird ihr nicht gerecht. Auch an Land gedeihen Köstlichkeiten, und auch unter Bretonen finden sich etliche, die einem knusprigen Hammelbraten oder dem zarten Fleisch der Salzwiesenlämmer den Vorzug geben. Oder auch einem in Cidre geschmorten Huhn, einer Ente, die im Schmortopf gegart und mit Speck und Gemüse auf den Teller kommt. **Andouillette**, eine Wurst aus Kutteln, ist in ganz Frankreich beliebt und hat auch in dieser Regionalküche ihren Platz. In einem zarten Pfannkuchenmantel wird sie sogar zu einer bretonischen Spezialität. Denn **Crêpes** und **Galettes** sind das bretonische Nationalgericht (▶ Baedeker Wissen, S. 376).

Die **Gemüsehochburg** der Region ist die Ceinture dorée, der »Goldene Gürtel« zwischen Roscoff und Morlaix. Zwei Drittel der französischen Artischocken stammen aus dieser Region. Dass Empfindliches auf den küstennahen Feldern vortrefflich gedeiht, liegt am Golfstrom, der für frostfreie Winter sorgt. Gemüseernten können im Frühjahr und im Herbst eingefahren werden.

Gebäck

Veredelt wird vieles, was die Bretonen auf ihre Tische bringen, durch eine einfache Zutat mit großer Wirkung: **Butter**. Leichter oder stär-

KUNST AUS DER PFANNE

Hauchdünne Pfannkuchen haben eine jahrhundertelange Tradition in der Bretagne. Gebutterte Galettes waren Armeleuteessen. Selbst in Fischerfamilien wurden die Mäuler mit den dünnen Teigfladen gestopft, vor allem im Winter, wenn die Kutter wegen stürmischer See oft tagelang nicht auslaufen konnten und Fisch zur Mangelware wurde.

Der Teig wurde mit Buchweizenmehl zubereitet, weil feines, weißes Weizenmehl ebenso rar wie teuer war. Im Westen der Bretagne, wo die bretonische Sprache fest verwurzelt war, nannte man die Küchlein **Krampouezh**. Im Osten hingegen hat sich die Bezeichnung **Crêpes** für die süßen Variationen mit Weizenmehlteig durchgesetzt, **Galettes** werden die herzhaften Pfannkuchen aus Buchweizenteig genannt.

Die Vielfalt macht's

Heutige Gastronomen variieren ganz nach Lust und Laune. So werden herzhafte Crêpes angeboten, für deren Teig etwas Buchweizen- oder Roggenmehl verwendet wird. Auf der anderen Seite geben Galettes mit »blé noir« (Buchweizenmehl) durchaus mal die Basis für süße Kreationen ab. Doch nicht immer sind mit Crêpes und Galettes Pfannkuchen gemeint. Auch Kekse werden so genannt: »Crêpes dentelles« sind knusprige, dünne Röllchen, Galettes in diesem Fall runde Butterkekse. Die süßen Crêpes gehen ihre verführerischen Verbindungen mit Konfitüre oder Schokolade ein, mit frischem Obst, feinem Birnensorbet oder Apfelkompott. Besonders raffiniert wird der Gaumenkitzel, wenn man den Crêpe mit Lambig flambiert, dem bretonischen Apfelbranntwein. Die herzhaften Galettes belegen Bretonen gern mit Ziegenkäse oder Artischocken, mit geschmorten Zwiebeln, Tomaten, Speck und Champignons oder füllen sie mit Lachs oder Meeresfrüchten. Auf den regionalen Volksfesten wurde in jüngerer Zeit die **Galette-saucisse** zum Renner, ein Pfannkuchen mit eingerollter Bratwurst. Diese Variante wird scherzhaft auch als »bretonischer Hot-Dog« bezeichnet und ausnahmsweise nach Fast-Food-Art aus der Hand gegessen.

ker **gesalzen,** gibt sie u. a. den feinen Backwaren das gewisse Etwas. Der Gipfel des bretonischen Buttergenusses ist ein mehrschichtiger Hefekuchen namens **Kouign-amann** (gesprochen »kwien amon«), der pur oder mit Apfel- oder Schokoladenfüllung zubereitet wird. Restaurants bieten die süße Herrlichkeit auch als Dessert an. Doch am besten schmeckt das üppige Gebäck, wenn man es nach einem ausgedehnten Spaziergang bei einer Tasse Kaffee oder Tee genießt.

Essen gehen

Essenszeiten

Für das **Frühstück** nehmen sich die Franzosen kaum Zeit, Kaffee und Croissant im Stehen – das war's. Zur **Mittagszeit** aber wird es ruhig auf den Straßen. Wie in ganz Frankreich, so nimmt man sich auch in der Bretagne Zeit für die Mittagspause (12–14 Uhr) und ein warmes Essen, das zumindest aus Vor- und Hauptspeise oder Hauptspeise und Dessert besteht. Viele (auch teure) Restaurants bieten ein preiswertes Mittagsmenü an, oft mit Auswahlmöglichkeiten. Brot, Butter und ein Krug mit Leitungswasser gehören zum Service. Nach dem Essen genehmigt man sich einen kleinen Kaffee.
Mehr Zeit verbringen die Franzosen beim **Abendessen** – auswärts ebenso wie am Familientisch. In Restaurants wird das »diner« meistens von 19.30 bis 21 Uhr serviert. Für den späten Hunger ist ein Café die richtige Adresse. Kleinere Gerichte, Suppen und Salate, Omelettes oder belegte Baguettes bekommt man hier meist bis nach Mitternacht.

PREISKATEGORIEN RESTAURANTS

Preis für ein dreigängiges Menü, ohne Getränke

€€€€	über 100 €
€€€	50–100 €
€€	30–50 €
€	bis 30 €

Wohin?

Die Franzosen lassen sich ihr Essen verhältnismäßig viel kosten, und Essengehen ist im Land der Gourmets kein billiges Vergnügen. Andererseits muss man auch keine Unsummen investieren, um gut zu speisen. Mittags wird ein Tagesmenü oft schon für 10–15 € angeboten. Für Menüs am Abend sollte man mindestens 25–30 € einplanen. Preiswerte Alternativen zu den Restaurants sind **Crêperien**, wo man auch schon für wenig Geld eine ordentliche Mahlzeit bekommt. Viele der Pfannkuchen-Lokale haben allerdings nur mittags oder bis zum frühen Abend geöffnet. Empfehlenswert sind die als **Relais Routier** gekennzeichneten Lokale. Die werden gern von Fernfahrern aufgesucht, weil man hier in aller Regel solide Kost zum fairen Preis bekommt.

Meeresfrüchte satt

In ländlichen Gebieten sollte man nach einer **Ferme-Auberge** Ausschau halten. Unter diesem Label firmieren Bauernhöfe mit Gasthausbetrieb, bei denen Gerichte aus der Regionalküche mit Produkten aus eigenem Anbau zubereitet werden. Das Preisspektrum für ein Menü reicht etwa von 15–30 €, oft ist ein einfacher Hauswein im Preis inbegriffen. Das Label **Sites Remarquables du Goût** zeichnet Orte aus, die von touristischem Interesse sind und gleichzeitig Gastronomie auf besonders hohem Niveau bieten. In der Bretagne sind dies gegenwärtig Cancale, Pénestin und Guérande (weitere Infos unter www.sitesremarquablesdugout.com).

Zahlen, bitte!

Wie überall in Frankreich ist es auch in der Bretagne nicht üblich, dass nach gemeinschaftlichem Essen jeder eine eigene Rechnung verlangt. Das sollten die Tischgenossen untereinander regeln.

TYPISCHE GERICHTE

Kig ha farz: Der bretonische Begriff steht für einen deftigen Eintopf, der mit Ochsenschwanz, Rindfleisch und Schweinebauch zubereitet wird. Er stammt aus der Zeit, in der man in Europa die Kartoffel noch nicht kannte. Und so bildet der »farz«, ein aus Buchweizenmehl, Milch, Crème fraîche, Butter, Eiern und Rosinen geformter Kloß, die sättigende Basis; er wird separat in einem Leinensäckchen gegart. Das Suppenfleisch, das mitgegarte Gemüse und der »farz«, in appetitliche Scheiben geschnitten, werden auf einer Platte angerichtet. Die Brühe wird extra serviert.

Plateau de fruits de mer: Die bretonische Meeresfrüchteplatte ist die beste Gelegenheit, sich mindestens ein halbes Dutzend Arten von Krusten- und Schalengetier auf einmal munden zu lassen. In einem Lokal, das das Schild »fruits de mer frais bretons« führen darf, wird man Ihnen nur frische Ware servieren, niemals Tiefkühlkost. Deshalb variiert das Arrangement je nach Ort und Saison. In aller Regel wird die Platte mit Austern, Venus-, Kamm- oder Miesmuscheln, Garnelen, Langusten und Hummer zubereitet, auch ein Taschenkrebs ist oft dabei. Seeigel, Meeresschnecken und mehr können das Aufgebot ergänzen, das mit Zitrone, einer Schalotten-Vinaigrette, Brot und gesalzener Butter serviert wird.

Pre-salé nennen die Franzosen die Lämmer, die auf den Salzwiesen weiden. Ihr Fleisch bringt ein so delikates Aroma mit, das durch eine perfekte Zubereitung in der Küche nur noch hervorgehoben werden muss. Für »Gigot d'agneau à la bretonne« wird das Fleisch mit Knoblauch gespickt und mit flüssiger Butter eingepinselt, mit Thymian bestreut und im Ofen gebraten. Zum Lamm gibt's oft weiße Bohnen, die weich gekocht und anschließend in Apfelbranntwein erwärmt werden.

Crêpe complète rangiert in jeder Crêperie ganz oben auf der Beliebtheitsskala. Für diese Pfannkuchen-Variante werden Schinken, Käse und Kräuter auf dem goldgelb gebackenen Teig verteilt. In die Mitte setzt man ein aufgeschlagenes Ei. Anschließend wird die belegte Crêpe zum Päckchen gefaltet und auf der heißen Pfanne noch einige Minuten gegart. Zur Crêpe complète asst ein Cidre »brut« oder – wenn man's fruchtiger mag – auch ein »demi sec«.

Coquilles Saint-Jacques: Ob der Küchenchef eines bretonischen Restaurants mit mehr oder weniger Raffinesse zur Sache geht, zeigt sich bei der Zubereitung dieses »Grundnahrungsmittels«. Dabei kommen Jakobsmuscheln im Verbund mit Herz- und Miesmuscheln paniert und gebraten auf den Tisch. Gern werden die Muscheln mit der dekorativen Schale auch in Cidre und Sahne gedünstet. Selbst Muschelmuffel werden an dem zarten Muskelfleisch der Coquilles Saint-Jacques Gefallen finden.

Es prickelt und schäumt

Wein

Lässt man sich in einem bretonischen Restaurant bei der Wahl des Weins beraten, wird zu Fisch und Meeresfrüchten oft ein Muscadet Sèvre-et-Maine empfohlen. Die Melon-Rebe für diesen trockenen, frischen Wein stammt aus Burgund und wird in der Gegend südlich von Nantes angebaut. Aus derselben Gegend stammt der Gros Plant du Pays Nantais, ein trockener, leicht moussierender Weißwein, der ebenfalls gut zur Meeresküche passt.

Bier und Cidre

Bier, wenngleich hopfenfrei, sollen schon die Kelten hergestellt haben. Wer die üblichen Massenbiere meiden will, halte Ausschau nach einem »Coreff« aus Morlaix, dem Weißbier »Blanche Hermine«, dem Buchweizenbier »Telenn Du« oder nach dem dunklen, obergärigen »Cervoise Lancelot«, das sein spezielles Aroma dem Zusatz von Honig und Kräutern verdankt. Auch Bierkreationen mit Cidre, Algen oder Meereswasser finden offenbar ihre Abnehmer. In der Bar bestellt man »Un demi, s'il vous plaît«, und der Kellner bringt ein »Halbes«. Das allerdings ist nur ein Viertelliter: die Hälfte einer »chopine«, eines alten Raummaßes, das ungefähr einem halben Liter entspricht. »Chopine« leitet sich übrigens vom deutschen »Schöpfkelle« ab.
Spritzigen Cidre (Apfelwein) trinken die Bretonen seit weit über 1000 Jahren (►Baedeker Wissen, S. 102).

Hochprozentiges

Auch Hochprozentiges wird von Äpfeln dominiert: Der Apfelbranntwein **Lambig** kommt meist als Digestif zum Einsatz. Vor dem Essen genehmigen sich Bretonen schon mal einen **Pommeau**, eine Mischung aus Apfelsaft und Branntwein. **Chouchen** ist gegorener Nektar aus Honig und Wasser und wird sowohl als Aperitif als auch als kleiner Verdauungshelfer getrunken. Schon die Kelten haben diesen Honigmet geschätzt. Die enge Verbindung zwischen bretonischer und irischer Kultur findet nicht nur musikalischen Ausdruck: Auch die Bretonen haben ihren **Whisky**! In der Destille Warenghem in Lannion wird seit über 100 Jahren der Whisky Armorik gebrannt.

FEIERN

In der Bretagne wird gern und temperamentvoll gefeiert. Wer einmal eine Fest-Noz, eine nächtliche Feier mit traditioneller Musik und alten bretonischen Gesängen mitgemacht hat, wird das ausgelassene Miteinander, die keltisch inspirierten Rhythmen, das Klappern Dutzender Paar Schuhe auf dem Tanzparkett und den Zauber dieser Stunden nicht so schnell vergessen.

Die Wahl der Königin und ihrer Desmoiselles ist ein Höhepunkt beim Festival des Filets Bleus in Concarneau.

VERANSTALTUNGSKALENDER

GESETZLICHE FEIERTAGE

1. Januar:
Neujahrstag (Jour de l'An)

März/April:
Ostermontag (Lundi de Pâques)

1. Mai:
Tag der Arbeit (Fête du Travail)

8. Mai:
Tag des Waffenstillstands 1945 (Armistice)

Mai/Juni:
Christi Himmelfahrt (Ascension)

Mai / Juni:
Pfingstmontag (Lundi de Pentecôte)

14. Juli:
Nationalfeiertag (Fête Nationale)

15. August:
Mariä Himmelfahrt (Assomption)

1. November:
Allerheiligen (Toussaint)

11. November:
Tag des Waffenstillstands 1918 (Armistice)

25. Dezember:
Weihnachtsfeiertag (Noël)

VERANSTALTUNGEN

JANUAR

Nantes, Ende Jan.: Folle Journée (bedeutendes Klassikfestival)

FEBRUAR

Fougères und Umgebung, Anfang

Feb.: Les Flambées Musicales (Klassik, Jazz u. v. m.)
St-Malo, Mitte Febr.: Route du Rock (Rockfestival)

MÄRZ/APRIL
Vitré, 14 Tage vor Palmsonntag: Carneval des Gais Lurons (mehrtägiger Karneval mit Umzug, Eierwerfen und nächtlicher Prozession)

MAI
Carnac, Anf. Mai: Katamaran-Regatta
Tréguier, 3. Mai-So.: Pardon de St-Yves (Wallfahrt von Minhy nach Tréguier)
St-Brieuc, letzter Mai-So.: Pardon Notre Dame d'Espérance (Wallfahrt mit nächtlichem Fackelzug)

JUNI
Rennes: Festival Gourmand (Gaumenfreuden in Hülle und Fülle)
Plougastel-Daoulas, 2. Juni-So.: Fête de la Fraise (Erdbeerfest, mit Umzug und traditioneller Musik)
21. Juni: Fête de la Musique

JULI
Rennes, 1. Juli-Hälfte: Tombées de la Nuit (Festival mit Kunst, Musik, Musiktheater und Kino)
Pont-l'Abbé, 2. Juli-Wochenende: Fête des Brodeuses (Fest der Stickerinnen)
Locronan, 2. Juli-So.: Troménie (Pardon und Volksfest mit Umzug durch die Felder), alle sechs Jahre (wieder 2025) Große Troménie
14. Juli: Fête Nationale mit Paraden, Tanz und Feuerwerk
Brest, Mitte Juli alle 4 Jahre (wieder 2022): Fête Internationale de la Mer et des Marins (großes Fest mit alten Windjammern)
Quimper, 3. Juli-Woche, Festival de Cornouaille (Folklorefest mit Teilnehmern aus allen keltischen Gebieten Europas)
Ste-Anne d'Auray, 25./26. Juli: Pardon, der größte in der Bretagne: am 25. Lichterprozession, am 26. Prozession. Große Wallfahrt zu Ehren der hl. Anna, der Mutter Marias, die in der Bretagne besonders verehrt wird
Douarnenez, Ende Juli in geraden Jahren: Fêtes Maritimes mit Hunderten alter Segelschiffe

AUGUST
Lorient, 1. Aug.-Hälfte: Festival Intercéltique (keltisches Musikfest mit Tanz und Theater)
Concarneau, Mitte Aug. mehrere Tage: Fête des Filets Bleus (Fest der blauen Netze mit Trachtenumzug und traditioneller Musik).
St-Malo, Mitte Aug.: Route du Rock: Rockfestival (mit Pendant im Februar).

SEPTEMBER/OKTOBER
Mont St-Michel, So. nach dem 29. Sept.: Fête de St-Michel

NOVEMBER/DEZEMBER
Rennes, Ende Nov./Anfang Dez.: Trans Musicales (mehrtägiges Musikfestival mit Rock, Hip-Hop etc.)

Traditionsbewusste Bretonen

Kein Fest-Noz (»nächtliches Fest«) ohne die traditionellen energiegeladenen **Kreistänze** – Gavotte, Sabotée und all die anderen. Sie waren freilich dem Klerus ein Dorn im Auge, schon deshalb, weil es dabei zwangsläufig zu Körperkontakten zwischen Tänzern und Tänzerinnen kommt. Die Bretonen, wenngleich dem Glauben und der katholischen Kirche traditionell stark verbunden, ließen sich die populären Tänze aber nicht verbieten. Und auch der Zentralstaat, der nach der Französischen Revolution versuchte, die

bretonische Kultur samt Sprache und Musik zurückzudrängen, war in seinem Bestreben letztlich erfolglos: Seit den 1960er-Jahren werden die kulturellen Eigenheiten der Region wieder gepflegt, allen voran die **Fest-Noz**. Gefeiert werden sie rund ums Jahr, besonders jedoch in den Sommernächten – unter freiem Himmel, in Gemeinde- oder Gasthäusern. Und auch auswärtige Gäste sind herzlich willkommen.
Frömmigkeit und Traditionsbewusstsein vieler Bretonen finden in den **Pardons**, den Wallfahrten zu Ehren eines Schutzpatrons, ihren Ausdruck. Wer das kulturelle Erbe der Bretagne und die Befindlichkeiten ihrer Bewohner wirklich kennenlernen möchte, sollte sich solch ein lokales Großereignis nicht entgehen lassen: Mit Stolz tragen die Einheimischen ihre bretonische Tracht, zu der Frauen und Mädchen weiße Spitzenhauben aufsetzen, aufwendig gestärkt und mit Akkuratesse gebügelt. Nicht weniger prachtvoll sind Volks- und Folklorefeste wie die berühmte »Festival des Filets Bleus« in Concarneau (▶ Das ist die Bretagne, S. 16ff.).

Musikfestivals

In den vergangenen Jahrzehnten haben sich diverse Musikfestivals etabliert, von Klassik über Jazz bis Rock. Einige davon haben sich weit über die Bretagne hinaus einen Namen gemacht. Allen voran das **Festival Interceltique**, das alljährlich in Lorient gefeiert wird: Knapp zwei Wochen lang geben sich dabei Musiker aus Irland, Großbritannien und Nordspanien ein Stelldichein und verzaubern Fans aus ganz Europa mit ihren mystischen Celtic-Klängen.

SHOPPEN

In Frankreich zelebriert man, wenn man Zeit dafür hat, das Essen, und so ist auch der Einkauf von Lebensmitteln nicht nur lästige Pflicht, die man so nebenbei erledigt, sondern ein Stück Kultur, das man bewusst pflegt.

Einkaufsmöglichkeiten

Die Zeiten, wo es in jedem noch so kleinen Dorf eine **boulangerie** – eine der legendären kleinen Bäckereien mit frischesten Baguettes und Croissants –, eine **boucherie/charcuterie** (Metzgerei für Fleisch bzw. Wurst) und eine **epicerie oder alimentation** (Laden mit Lebensmitteln und Waren des täglichen Bedarfs) gab, sind leider auch in der Bretagne vorbei. Größere Städte verfügen über autofreie Einkaufsstraßen mit Kaufhäusern und Läden aller Art. Riesige **hypermarchés** (Supermärkte) findet man in praktisch allen größeren Orten, auf jeden Fall an den Ausfallstraßen. Wer ihr gigantisches Angebot durchforstet, kann Überraschendes entdecken. Neben einer

EINKAUF IM SCHLARAFFENLAND

Leckeres, das auch zu Hause schmeckt, offeriert die Bretagne in Hülle und Fülle. Hübsch verpackt, eignen sich die kulinarischen Spezialitäten auch perfekt als Souvenir für die Daheimgebliebenen.

Honig, Foie Gras (Stopfleber) und Galets (Schokoladentaler), Makronen aus St-Brieuc, Pralinen aus Rennes, Buttergebäck aus dem Bigoudenland im Südwesten der Finistère, aus Pont-Aven und Quimper, Schinken aus Morlaix oder Andouille aus Guéméné-sur-Scorff, ja selbst Fischsuppe in der Dose oder im Glas – die Palette an kulinarischen Souvenirs, die sich gut nach Hause mitnehmen lassen, ist lang. In Supermärkten finden sich fertige Backmischungen für Crêpes und Galettes, den passenden Cidre dazu kauft man am besten direkt beim Apfelbauer ein. Dort gibt's auch Hochprozentiges auf Apfelbasis, Pommeau und Lambig. In den Spirituosenregalen der Supermärkte oder in Spezialitätengeschäften wird fündig, wer Chouchen, den bretonischen Honigschnaps, oder bretonischen Whisky auf seine Einkaufsliste geschrieben hat. Whisky Armorik und Chouchen Melmor lassen sich auch direkt von der Brennerei in Lannion beziehen.

Feinkost aus der Dose

Gemeinhin gelten **Sardinen** aus der Dose als billiges Konservenprodukt, das vor allem als eiserne Reserve taugt. Dass die Büchsenware jedoch auch echte Feinkost sein kann, beweisen Jahrgangs-Ölsardinen. Ähnlich wie guter Wein werden die Fischchen mit der Zeit immer besser. Denn im Lauf von Monaten und Jahren durchdringt das Öl das Fischfleisch mehr und mehr – was dem Aroma gut bekommt, sofern ausgezeichnetes Olivenöl verwendet wurde.

Jahrgangs-Ölsardinen kommen aus der bretonischen Fischkonservenhochburg **Douarnenez**. Im normalen Handel – in Supermärkten und in vielen Souvenirgeschäften – finden Konsumenten meist die Konserven aus dem Vorjahr. Von Kennern wird aber ältere Ware mit entsprechend höherem Gourmetstatus gern gekauft. Neben dem puristischen Ölsardinen-Klassiker gibt es Variationen mit Zitrone oder grünem Pfeffer, getrockneten Tomaten oder schwarzen Trüffeln, auch Sardinen in Erdnussöl (huile d'arachide) oder Muskatwein eingelegt. Die Franzosen haben derlei Konservenprodukte schon längst als Delikatesse entdeckt. Und mehr noch: Auch das Sammeln der äußerst **dekorativ gestalteten Sardinenbüchsen** hat Tradition.

Gutes aus dem Meer

Das von Hand geerntete Meersalz aus den Salinen von Guérande gehört zu den feinen Dingen, die man mitnehmen sollte, wenn man ein Faible fürs Ausgefallene hat. »Fleur de Sel Guérande« wird wegen seiner Konsistenz und seinen wertvollen Mineralstoffen von Spitzenköchen in aller Welt geschätzt. Fürs Nudelwasser ist diese Luxuswürze natürlich zu schade ...

Nicht jedermanns Sache sind **Algen**, die übrigens eine Reihe von für den menschlichen Körper wertvollen Nährstoffen enthalten. Dass die Meerespflanzen äußerst delikate Ingredienzien sein können, wissen Sushi-Fans schon lange. Auch die Kochprofis der Bretagne haben sie zur Verfeinerung diverser Speisen entdeckt. Das bretonische Algenzentrum ist **Roscoff**, wo die Hersteller sogar Senf und Brotaufstrich aus Algen kreieren. Auch die Kosmetikindustrie setzt auf die wertvollen Pflanzen aus dem Meer und bietet »Nahrung« für Haut und Haar auf Algenbasis an.

BOUTIQUE ALGOPLUS
Roscoff, 2 Quai Charles de Gaulle (Vieux Port), Tel. 02 98 61 14 16
www.algoplus-roscoff.fr

LES SALINES DE GUÉRANDE
Guérande-Pradel
Tel. 02 40 62 01 25
www.leguerandais.fr

DISTILLERIE WARENGHEM
Lannion, Route de Guingamp
Tel. 02 96 37 00 08
Laden: ganzjährig Mo.–Fr. 10–12.30, 14–18.30, Juli, Aug. auch Sa geöffnet
https://distillerie-warenghem.bzh
Führungen (auch in engl. Sprache) werden das ganze Jahr n. V. angeboten. Die Besichtigung der Brennerei mit Degustation ist kostenlos.

Schmeckt. Und sammeln kann man die Sardinendosen auch noch.

Handbemalte Souvenirs: Fayencen aus Quimper

ausgezeichneten Auswahl an feineren Lebensmitteln und Fertiggerichten bieten manche Supermärkte Textilien an – immer preiswert und manchmal sogar richtig gut. Außerdem kann man hier am billigsten tanken.

Märkte Zu den schönsten Einkaufserlebnissen gehört – wie überall in Frankreich – ein Bummel über den Wochenmarkt. Selbst kleinere Dörfer haben mindestens einmal in der Woche Markttag, den die Einheimischen auch gern nutzen, um Freunde zu treffen, ein Schwätzchen zu halten und gemeinsam einen Kaffee zu trinken. Besonders eindrucksvoll präsentieren sich Bänke der Fischhändler: Austern, Hummer, Krebse – Luxusware, appetitlich arrangiert, wie anderswo in den edelsten Feinkostabteilungen. An den Gemüse- und Obstständen türmt sich, was kurz vorher auf den Feldern der Bretagne geerntet wurde: rote Zwiebeln aus Roscoff, Blumenkohl und Artischocken, bretonische Äpfel und im Frühsommer natürlich die berühmten Erdbeeren aus Plougastel. Bei vielen Händlern darf man probieren – greifen Sie zu, lassen Sie sich verführen und der Marktbummel kann zur sinnlichen Entdeckungsreise werden! Zu den größten und schönsten Lebensmittelmärkten der Region gehören die in Dinan (Rue de la Poissonnerie) und Dinard (beide Do.), in La Baule (Di., Mi., Fr. und Sa. in der Avenue du Marché) und der Markt von Rennes (Sa. Vormittag auf der Place des Lices), einer der größten in ganz Frankreich.

Dekoratives für Zuhause

In Quimper werden seit über 300 Jahren **Fayencen** hergestellt (▶ Baedeker Wissen, S. 267) . Dort gab es einige Werkstätten, in denen die Porzellanerzeugnisse zum Teil noch von Hand geformt und von Hand bemalt wurden. Das letzte Traditionsunternehmen ist die Faïencerie H. B. Henriot. Bei einem Werkstattbesuch, für den die Manufaktur Eintritt verlangt, kann man den Kunsthandwerkern über die Schulter schauen. Die Produktpalette reicht von dekorativen Kacheln über Tee- und Kaffeeservices unterschiedlicher Stilrichtungen bis zu Lampenfüßen und Christbaumkugeln. Die **Blancs de Quimper**, rein weiße Porzellanskulpturen von Art-déco-Künstlern der 1920er- und 1930er-Jahre, sind als begehrte Klassiker noch immer im Programm. Die Faïencerie vertreibt ihre Waren über Geschäfte in Quimper und Umgebung. Artikel mit kleinen Fehlern, Restposten und auslaufende Serien findet man im Laden der Manufaktur.

Cidre

Cidre wird in der Bretagne fast immer in einer Keramiktasse serviert. Solche »bols de cidre« (▶ Baedeker Wissen, S. 102) machen sich auch gut daheim zu einer Flasche Apfelwein. **Cidre-Tassen** bekommt man zu kleinen Preisen in jedem bretonischen Haushaltswarengeschäft, natürlich fehlen sie auch in keinem gut sortierten Souvenirladen. Das typische Tassendekor ist das bretonische Pärchen, der Fischer samt Gemahlin – putzig, aber für so manches moderne Küchenambiente doch ein bisschen bieder. Da fügt sich ein anderer Klassiker viel besser ein: die beige Tasse mit rotem Rand.

Seemännisches

Marineblaue **Troyer** aus reiner Schurwolle oder blau-weiß gestreifte Baumwollsweater genießten bei Bretagne-Fans regelrechten Kultstatus. Sturmerprobte Qualitätsware bekommt man zum fairen Preis bei **Hafenkooperativen**, die auch Gummistiefel und Ölzeug iführen. Wetterfestes und maritim Geringeltes halten aber auch viele Boutiquen in den Urlaubsorten an der Küste bereit. Zu den bekanntesten Herstellern für von Meer und Seefahrt inspirierte Mode gehört **Saint James**, ein Label aus der Normandie mit eigenen Boutiquen u. a. in Cancale, Carnac, Rennes und St-Malo. Lokalmatador und traditionsreicher Hersteller ist **Armor Lux in Quimper**, gegründet 1938 von dem Schweizer Walter Hubacher. Er begann mit der Fertigung von Seemannspullovern und Matrosenshirts und ist Ausstatter für das »offizielle Frankreich« für Marine, Polizei und Feuerwehr. Produkte beider Hersteller findet man in der Bretagne an jeder Ecke. Schnäppchenjäger können auch einen Ausflug zum Fabrikverkauf von Armor Lux in Quimper unternehmen. Im Frühjahr und im Herbst werden dort zudem Lagerbestände zu Dumpingpreisen verkauft, darunter auch Musterteile, die es nicht in die Kollektion geschafft haben.

Armor Lux in Quimper: 4 Rue du Roi Gradlon und 2 Rue de Kerhuel
Fabrikverkauf: 21 – 23 Rue Louison Bobet, ZI de Kerdroniou Ouest
www.armorlux.com

ÜBERNACHTEN

Mauern aus Naturstein, das Dach reet- oder schiefergedeckt, Kamine an den Giebelseiten, die Wärme spenden, das Gebäude aber auch als statische Stabilisatoren gegen wuchtige Orkanböen schützen, Türen und Fensterläden, mal rot, mal weiß, meist aber leuchtend blau gestrichen – so sehen die typischen Bauern- oder Fischerhäuser in der Bretagne aus. Üppige Hortensienbüsche machen die Postkartenidylle perfekt.

Ferienhäuser und -wohnungen

Viele Häuser in der Bretagne haben nicht nur eine Nummer, sondern auch einen Namen: »Ker Maria«, »Ker Izelle« – **Ker** ist das bretonische Wort für Haus. In den Katalogen von Ferienhausagenturen und entsprechenden Websites findet man Hunderte von **Gîtes ruraux**, Anwesen auf dem Land. Die Moderne hat in den Häusern, die oft aus dem 19. Jh. stammen, längst Einzug gehalten: Badewanne und Waschmaschine sind auch bei durchschnittlicher Ausstattung Standard. Auch moderne Ferienhäuser, Villen und Appartements sowie Ferienwohnungen und -häuser in meist strandnahen Feriensiedlungen bereichern das Angebot für Urlauber, die ihren Aufenthalt gern als Selbstversorger gestalten. Der Großteil der Unterkünfte rangiert unter dem Label **Gîte de France**, wird staatlich geprüft und je nach Ausstattung – analog zum Sternesystem für Hotels – mit einer bis fünf Ähren bewertet.

Hotels

Wer sich lieber an den gedeckten Frühstückstisch setzt, findet ebenfalls ein breitgefächertes Spektrum. Riesige Hotelkomplexe sind selten in diesem Teil Frankreichs, mit Ausnahme der Bettenburgen von La Baule. Das Gros der bretonischen Hotels bilden kleine oder mittlere, oft familiengeführte Betriebe. Hotels und andere Herbergen können sich klassifizieren lassen, in fünf Kategorien von einem bis fünf Sterne. Die Standards wurden von der staatlichen Tourismusorganisation Atout France festgelegt.

Das **Frühstück** ist im Übernachtungspreis meist nicht inbegriffen. In ausgeprägten Ferienorten sind die Preise in der Nebensaison deutlich niedriger als in der Hochsaison. Für die Hauptreiseziele und -zeiten ist eine **frühe Buchung** unabdingbar. Zeit und Geld sparen gängige Buchungsportale wie www.booking.com, www.hrs.de und spezielle Hotelportale, ▶S. 392. Auch über die Websites der Tourismusbüros lassen sich Unterkünfte buchen. In Frankreich wird eine **Übernachtungssteuer** je nach Kategorie in Höhe von 0,20 – 4 € erhoben. Einzelzimmer sind seltener verfügbar; die Buchung eines Doppelzimmers für eine Person kostet oft nur geringfügig weniger. Die meisten Zimmer sind mit dem typischen »französischen« Doppelbett mit einteiliger Matratze und einer gemeinsamen Bettdecke

OBEN: Gut schlafen wird man überall: etwas feudal im Château de Bonabry ...
UNTEN: ... oder bescheidener und ländlich in einem Ker.

NÜTZLICHE ADRESSEN

HOTELS

Aktuelle Hotelverzeichnisse erhält man bei Atout France, bei den Comités Régionaux du Tourisme (▶ Auskunft) und den örtlichen Tourismusbüros.

LES HÔTELS DE FRANCE

Verzeichnis aller klassifizierten Hotels, mit komfortabler Suche
www.hotel-france.com

LOGIS DE FRANCE

Tel. 01 45 84 83 84
www.logishotels.com/de

RELAIS & CHÂTEAUX

Deutschland: Tel. 069 96 75 91 17
Österreich: 0043 720 828 018
Schweiz: Tel.0041 22 508 3001
Frankreich: 01 76 49 39 39
www.relaischateaux.com

CHÂTEAUX & HÔTELS DE FRANCE

In Frankreich: Tel. 0892 230 075
Vom Ausland: Tel. 01 72 72 92 02
www.chateauxhotels.com

HÔTELS DE CHARME ET DE CHARACTERE

www.hotelscharmebretagne.com

FERIENHÄUSER UND -WOHNUNGEN

GÎTES DE FRANCE

Tel. 0826 10 44 44
www.gites-de-france.com

CLÉVACANCES

www.clevacances.com

PIERRE & VACANCES

Tel. 0892 70 21 80
In Deutschland:
Tel. 0221 65 03 14 04
www.pierreetvacances.com

INTERCHALET

Tel. 0761 21 00 77
www.interchalet.de

INTERHOME

Tel. 02421 12 20
www.interhome.de

PRIVATZIMMER

www.airbnb.de
www.bedbreak.com
www.bienvenueauchateau.com
www.chambresdhotesdecharme.com
www.vrbo.com

BAUERNHOFFERIEN

ACCUEIL PAYSAN

Tel. 04 76 43 44 83
www.accueil-paysan.com

BIENVENUE À LA FERME

Tel. 02 23 48 27 73
www.bretagnealaferme.com

CAMPING & CARAVANING

FÉDÉRATION FRANÇAISE DE CAMPING ET DE CARAVANING

Tel. 0 890 21 43 00
(0,50 Euro/min.)
www.ffcc.fr

LES CASTELS

Campingplätze bei Schlössern und Herrensitzen
www.lefrenchtime.com/les-castels

RANDO BRETAGNE

Unterkünfte an Wanderstrecken
Tel. 0221 65 03 14 04
rando.tourismebretagne.com

ausgestattet; zieht man getrennte Betten vor, frage man nach »deux lits« oder »des lits séparés«. Französische Doppelbetten sind üblicherweise 140 bis 160 cm breit und 200 cm lang sind, das Original war übrigens nur 150 cm breit und 190 cm lang.

Schlösser und Herrenhäuser

Besonders reizvoll ist eine Übernachtung in ehemaligen Schlössern und Herrenhäusern (Châteaux, Manoirs), Mühlen oder Klöstern, die zu stilvollen Unterkünften umgestaltet wurden, ob B & B oder Hotel, teilweise mit erlesenen Restaurants.

Privatvermieter

Eine gute Alternative zum Hotel sind Gästezimmer bei Privatvermietern, die **Chambres d'hôtes** (Zimmer mit Frühstück). Es gibt sie für jeden Geschmack und fast jedes Budget, die Palette reicht vom Zimmer auf dem Bauernhof bis zum feudalen Gemach. Meist bezahlt man für ein Bed & Breakfast deutlich weniger als für ein vergleichbares Hotelzimmer. Was diese Quartiere zudem sympathisch macht, ist der persönliche Kontakt. Einige Vermieter bieten ein **Table d'hôtes** (Abendessen) an, manchmal speisen Gäste und Gastgeber gemeinsam am Familientisch.

Ferien auf dem Bauernhof

Für alle, die mit kleineren Kindern reisen, ist Urlaub auf dem Bauernhof attraktiv. Aber auch für Urlauber ohne Kinder: Wer gern gärtnert oder bei der Apfelernte hilft, findet auf einer bretonischen »ferme« sicher sein Urlaubsglück.

Camping

Frankreichs Nordwestzipfel ist mit Campingplätzen reichlich gesegnet. Die meisten liegen am Rand beliebter Urlaubsorte, ggf. in Strandnähe. Ein eigenes Dach über dem Kopf muss man nicht unbedingt mitbringen, zahlreiche Anlagen bieten auch Mietzelte und kleine Holzbungalows an. Die Campingplätze sind klassifiziert, von null bis vier Sterne reicht die Skala. Auf einem Vier-Sterne-Platz können zwei Personen im Zelt für weniger als 30 € die Nacht verbringen.

PREISKATEGORIEN HOTELS

Preis für ein Doppelzimmer
mit Bad, ohne Frühstück

€ € € €	über 200 €
€ € €	150 – 200 €
€€	100 –150 €
€	bis 100 €

P
PRAKTISCHE INFOS

Wichtig, hilfreich, präzise

Unsere Praktischen Infos helfen in (fast) allen Situationen in der Bretagne weiter.

Einfahrt in den Hafen von Le Palais auf Belle-Île ►

KURZ & BÜNDIG

ELEKTRIZITÄT
220 Volt Spannung. Flachstecker (Eurostecker) passen in alle Steckdosen; Schukostecker müssen eine Aussparung für den Schutzkontaktstift der Steckdose haben, sonst braucht man einen Adapter (frz. adaptateur).

GELD

WÄHRUNG
Eurozone; Wechselkurs für den Schweizer Franken: 1 € = 0,99 SFR
1 SFR = 1.01 €

BANKEN
Schalterstunden sind Di. - Fr. 9–12, 14–16 Uhr

SPERRNOTRUF
Unter folgender Nummer kann man Bank- und Kreditkarten, Handys und Krankenkassenkarten sperren lassen:
Tel. +49 116 116
www.sperr-notruf.de

NOTRUFE

ALLGEMEINER NOTRUF
Tel. 112

FEUERWEHR
Sapeurs pompiers Tel. 18

POLIZEI
Police de secours Tel. 17

KRANKENWAGEN/NOTARZT
SAMU Tel. 15
(auch in Englisch)

ACE NOTRUFZENTRALE
Tel. +49 711 530 34 35 36

ADAC NOTRUFZENTRALE
Tel. +49 89 22 22 22

DRK-FLUGDIENST
Tel. +49 211 917 49 90

ÖAMTC
Tel. +43 1 251 20 00

TCS
Tel. +41 58 827 63 16

SCHWEIZERISCHE RETTUNGSFLUGWACHT
Tel. +41 333 333 333

LÄNDERVORWAHLEN
nach Deutschland: 00 49
nach Österreich: 00 43
in die Schweiz: 00 43
nach Frankreich: 00 33
Die führende Null der zehnstelligen Teilnehmernummer entfällt.

WAS KOSTET WIE VIEL?
Einfaches Doppelzimmer: ab 50 €
3-Gänge-Menü: ab 35 €
Einfache Mahlzeit: 15 €
Flasche Wein: ab 4 €
Espresso: ab 2 €
Superbenzin: ab 1,70 €/l
Diesel: 1,91/l

ZEIT
Mitteleuropäische Zeit

SOMMERZEIT
Ende März – Ende Oktober

ANREISE · REISEPLANUNG

Mit dem Auto

Über die Autoroute 11 L'Océane und das Anschlussstück A 81 gelangt man von Paris in gut 4 Std. bis Rennes, wo die Autobahn endet. Eine Schnellstraße (N 157) schließt ab Vitré an und führt über Josselin bis Lorient (N 24). Von Lorient bis Brest ist die Strecke vierspurig (N 165). Längs der Nordküste gelangt man von Rennes via St-Brieuc und Morlaix ebenfalls über eine vierspurige Trasse nach Brest (N 12). Wer in den Süden will, hält sich ab Le Mans auf der A 11 gen Nantes. Staumeldungen unter **www.bison-fute.gouv.fr**.

Mit Bus und Bahn

Fernbusse

Mit Fernbussen kann man über Paris in die Bretagne fahren; die Preise sind niedrig, die Fahrzeiten jedoch lang (z. B. von Frankfurt a. M. nach Paris: 30–59 €, ca. 10 Stunden). Aktuelle Angebote finden Sie unter www.flixbus.de und www.busliniensuche.de.

Aus Deutschland, Österreich und der Schweiz

Mit dem TGV oder ICE erreichen Sie Paris in weniger als 4 Stunden von Stuttgart, Frankfurt oder Köln aus. Zugreisende aus Hamburg, Berlin und Köln kommen an der Gare du Nord, aus München, Frankfurt an der Gare de l'Est an. Zeit zum Umsteigen in Paris kalkulieren: Man benötigt ca. 40 Min. mit Metro-Linie 4 zum Bahnhof Montparnasse! Der **TGV** verbindet Paris in gut 2 Stunden mit Rennes, zwischen 8 und 20 Uhr mit etwa stündlicher Frequenz. Bis Brest (4 Std.) hält er in Vitré, Rennes, Lamballe, St-Brieuc und Morlaix. Zweige führen nach St-Malo, Nantes/Le Croisic und Vannes/Lorient/Quimper. Normale Schnellzüge brauchen doppelt so lange. Von Österreich und der Schweiz ist die Bretagne mit dem TGV via Straßburg–Paris bzw. Dijon–Paris zu erreichen. Für den TGV ist eine **Reservierung** nötig. **Fahrkarten** bucht man am besten vorab unter www.sncf.com und https://de.oui.sncf/de, die Websites sind auch auf Deutsch.

Mit dem Flugzeug

Direkt oder mit Zwischenstopp

Als einziger Flughafen der Region wird **Nantes** von Deutschland aus direkt angeflogen (www.airfrance.de). Ansonsten muss man in Paris-Charles de Gaulle umsteigen(z.B. nach Brest). Die Air-France-

Tochter **Hop** fliegt zudem von Paris-Orly nach Rennes, Lannion und Lorient (www.airfranceklm.com/en/hop). **Finist'Air** (www.finistair.fr) fliegt ganzjährig von Brest zur Insel Ouessant. Einen Überblick finden Sie unter www.skyscanner.de. Für den Übergang Paris CDG–ORY bzw. zu den Bahnhöfen sollten Sie mindestens 2,5 Std. einplanen. Den Transfer besorgen die Air-France-Busse oder (schneller) die Züge des RER. Von Paris CDG und Paris Orly-Massy kann man auch mit dem TGV in die Bretagne weiterfahren.

Reisedokumente

Personalpapiere, Fahrzeugpapiere

Für EU-Bürger und Schweizer reichen **Personalausweis** oder **Identitätskarte**. Auch Kinder btauchen unabhängig vom Alter ein eigenes Reisedokument. Frankreich ist dem Schengener Abkommen beigetreten, kontrolliert aber infolge der Terrorismusdebatte stichprobenhaft an den Grenzen. Auch EU-Bürger benötigen für einen Aufenthalt über drei Monate eine Aufenthaltsgenehmigung. Zusätzlich zu **Führerschein** und **Kraftfahrzeugschein** ist die Mitnahme der »Grünen Internationalen Versicherungskarte« ratsam – seit 2021 gibt es sie nur noch in Weiß, so können Autofahrer ihre Grüne Karte einfach selbst ausdrucken.

Haustiere

Für Haustiere ist der **EU-Heimtierausweis** nötig. Das Tier muss zur Identifizierung eine Tätowierung oder einen Mikrochip tragen. Die letzte Tollwutimpfung muss zwischen 30 Tage und 12 Monate alt sein. Maulkorb und Leine sind mitzuführen.

Krankenversicherung

Versicherte deutscher Krankenkassen haben im Notfall Anspruch auf ärztliche Behandlung nach den in Frankreich gültigen Vorschriften. Die **Europäische Krankenversichertenkarte** (EHIC) ist beim Arzt oder Krankenhaus vorzulegen. In den meisten Fällen sind Zuzahlungen zu leisten. Wird die EHIC nicht akzeptiert, sind die Rechnungen zu bezahlen und zur Erstattung zu Hause der Krankenkasse vorzulegen. Privat Versicherte reichen zur Kostenerstattung die französischen Unterlagen ein. Der Abschluss einer **privaten Reisekrankenversicherung** schließt in der Regel auch eine eventuelle Rückholung ein.

Zollbestimmungen

Wiedereinreise in die EU

Zollfrei mitgenommen werden dürfen 10 l Spirituosen, 20 l andere alkoholische Getränke mit max. 22%, 90 l Wein, davon max. 60 l Schaumwein, 110 l Bier. Bei Tabak liegen die Grenzen bei 800 Zigaretten, 400 Zigarillos, 200 Zigarren oder 1 kg Tabak.

Für Schweizer Staatsbürger liegen die Freigrenzen für Personen über 17 Jahre bei 250 Zigaretten, bei 1 l Spirituosen mit mehr als 15 Vol.% Alkoholgehalt und 2 l Getränke mit weniger als 15 Vol.% sowie für andere Artikel im Gesamtwert von 300 €.

Wiedereinreise in die Schweiz

AUSKUNFT

AUSKUNFT ZU HAUSE

ATOUT FRANCE

In Deutschland
info.de@atout-france.fr
https://de.france.fr/de

In Österreich
info.at@atout-france.fr
https://at.france.fr/de

In der Schweiz
info.ch@atout-france.fr
http://ch.france.fr/de

AUSKUNFT VOR ORT

COMITÉ RÉGIONAL DU TOURISME DE BRETAGNE

1 Rue Raoul Ponchon
35069 Rennes
Tel. +33 2 99 28 44 30
Mo.–Fr. 9–12.30, 14–17.30 Uhr
www.tourismebretagne.com
www.bretagne-reisen.de

WEITERE LINKS

INFORMATIONEN ZU FRANKREICH

www.frankreich-info.de
www.culture.gouv.fr
www.linternaute.com

INFORMATIONEN ZUR BRETAGNE

www.bretagne.bzh
www.bretagne.com
www.bretagne-infos.de
www.bretagne-tip.de

ETIKETTE

In Frankreich schätzt man Höflichkeit und stilvolles Auftreten. Man grüßt nicht nur mit »Bonjour«, sondern mit »Bonjour Madame/Monsieur«. Eine Anrede sollte man auch nicht bei Bitte oder Dank vergessen: »S'il vous plaît/Merci, Madame/Monsieur.« Man hält der Person hinter sich die Tür auf und entschuldigt sich mit einem »Pardon!« oder »Excusez-moi!«, wenn man sich den Weg bahnen muss oder jemanden versehentlich anrempelt. Männer begrüßen sich mit Handschlag, Frauen mit (je nach Region zwei bis vier) angedeuteten Küsschen links und rechts.

Umgangsformen

Fremdsprachen Die »Grande Nation« ist stolz auf ihre Kultur und Sprache, was u.a. bedeutet, dass Fremdsprachenkenntnisse nicht hoch im Kurs stehen. Andererseits werden Sie freundliche Anerkennung finden, wenn Sie sich auf Französisch verständlich machen können; eignen sie sich daher vor der Reise die wichtigsten Wörter und Redewendungen für Begrüßung, Zimmerreservierung und Bestellung im Restaurant an.

Trinkgeld Im Allgemeinen gibt man ein Trinkgeld (pourboire) bei denselben Gelegenheiten und in ähnlicher Höhe wie von zu Hause gewohnt, mit Ausnahme von Restaurants und Cafés: Das Bedienungsgeld ist dort im Rechnungsbetrag enthalten (service compris) und ein Trinkgeld nicht unbedingt üblich, allenfalls – zum Dank für wirklich guten Service – bis etwa 5 % des Rechnungsbetrags. Wer mit Bank- oder Kreditkarte bezahlt, lässt einen entsprechenden Betrag in bar zurück; in Cafés und Bars lässt man einfach das Geld auf dem Tellerchen liegen. Auch Taxifahrer, Führer, Toilettenfrauen und der Zimmerservice freuen sich über ein Trinkgeld.

Rauchverbot In allen öffentlichen Gebäuden – d. h. für den Touristen Restaurants, Cafés, Hotels, Läden aller Art, Museen, Kinos, Verkehrsmittel und überdachte Plätze – ist Rauchen verboten. Selbst auf Caféterrassen und an Stränden kann es ein Rauchverbot geben.

GELD

Euro Frankreich gehört zur Eurozone, ►S. 396. **Beachten:** Da das Wort »cent« auch »hundert« bedeutet, benützt man für die Cent-Beträge meist das alte »centime(s)«.

Banken und Geldautomaten Mit Bank- und Kreditkarte kann man überall an Geldautomaten (bancomat, billetterie) rund um die Uhr Geld abheben. Banken haben nur bis 16.00 Uhr geöffnet.

Bar oder mit Karte? In Frankreich bezahlt man sehr häufig mit Bank- oder Kreditkarte, sei es im Supermarkt, an Tankstellen, im Hotel oder im Restaurant. **Autobahngebühren** können bar oder mit einer Kreditkarte bezahlt werden, jedoch nicht mit einer Bankkarte.

Kartenverlust Unter Tel. + 49 116 116 kann man Bank- und Kreditkarten, Handys und Krankenkassenkarten sperren lassen. Für die Verlustmeldung vor der Reise unbedingt Bankleitzahl, Konto- und Kartennummer im Handysafe bzw. seperat aufbewahren.

GESUNDHEIT

Ärzte, Apotheken und Corona

Adressen von **Ärzten** (médecins) und Zahnärzten (dentistes) finden Sie auf der deutschsprachigen Seite www.hospitalby.de/arzte-frankreich. **Apotheken** (pharmacie) werden durch ein grünes Kreuz signalisiert; Öffnungszeiten: 9–12, 14–18.30 Uhr. Welche Apotheke nachts und am Wochenende Dienst hat, ist an den Türen der Apotheken und in der Lokalpresse angezeigt. ▶ Notrufe, S. 396. Die wichtigsten Fragen und Antworten zu den **aktuellen Coronaregelungen** in Frankreich finden Sie unter www.diplomatie.gouv.fr/de/neuigkeiten/coronavirus-covid-19.

LESETIPPS

Krimis, Klassiker und Schmöker

Erich Ackermann: Keltische Märchen und Sagen. Anaconda 2021. Helden aus dem Kreis um König Artus, Feen und Fabelwesen der geheimnisvollen Kelten, die Jahrhunderte vor Christus in viele Länder Westeuropas eingedrungen waren.

Bannalec, Jean-Luc: Bretonische Idylle. KiWi-Paperback 2021. Ein Toter wird vor Concarneau aus dem Meer gefischt, ein Bewohner der Belle-Île, der »schönsten Insel der Welt«. Auch im 10. Band der von der ARD verfilmten Krimireihe löst der zwangsversetzte Pariser Kommissar George Dupin mysteriöse Morde feinsinnig und klug auf eher unkonventionelle Weise. Hintergründiger Humor und bretonische Eigenarten lassen immer wieder schmunzeln. Auch Kulinarisches und kunsthistorische Tipps haben ihren Platz, ▶Das ist die Bretagne S. 26.

Bannalec, Jean-Luc: Bretonisches Kochbuch. Kiepenheuer & Witsch 2016. Entrecôte, marinierte Schulter vom Salzwiesenlamm oder Baba mit Café Lambig – bodenständig, deftig und raffiniert sind alle Rezepte Lieblingsgerichte von Kommissar Dupin zum Nachkochen. Sein Stammlokal ist übrigens das L'Amiral in Concarneau – schon Georges Simenon wählte es als Schauplatz in einem seiner Maigret-Romane (▶S. 90).

Genet, Jean: Querelle. Rowohlt 2003. Tagebuch des Matrosen und Mörders Querelle in der Halbwelt am Hafen von Brest. Hier wird gegen alle Tabus rebelliert. Nicht leicht zu lesen, kompromisslos, abgründig und hart.

Guillo, Gisèle: Die Schöne von Carnac. Bookspot 2014. Kindesentführung, Kunstschmuggel und unterdrückte Leidenschaften verwebt die bretonische Autorin zu einem Krimi mit viel Lokalkolorit.

Hoefer, Natascha N.: Woanders – am Ende der Welt. Spurbuch 2019. Auf Crozon im Westen des Finistère machen sich die Bretonin Marie und der Deutsche Florian auf die spannende Suche nach Spuren ihrer Familiengeschichten.

Lamballe, Marie: Der Hortensiengarten. Lübbe 2017. Die junge Steinmetzin Giselle stößt in einem bretonischen Klostergarten auf ein dunkles Geheiminis aus dem Zweiten Weltkrieg. Romantischer Urlaubsschmöker mit viel Bretagne-Flair und poetischer Atmosphäre.

Mischke, Susanne: Das dunkle Haus am Meer. Piper 2020. Um das einsame Haus an der wilden bretonischen Küste ranken sich Gerüchte und uralte Geschichten – auch Paul und Helen holt hier schnell die Vergangenheit ein.

van Royen, Renè, van der Vegt, Sunnyva: Asterix. Die ganze Wahrheit. Beck 2008. Zwei Altphilologen beleuchten kurzweilig und kenntnisreich die historischen Fakten hinter dem Kult-Comic.

Zur Einstimmung

DuMont Bildatlas Bretagne. DuMont 2022. Klaus Simon (Text) und Elan Fleisher (Fotos) stimmen Sie ein für perfekte Tage am Meer.

PREISE UND VERGÜNSTIGUNGEN

Je nach Tageszeit

Das **Preisniveau** entspricht etwa dem in Deutschland. In den Feriengebieten sind die Preise in der Hochsaison spürbar höher. In **Bistros und Cafés** sind Getränke am Tresen günstiger als am Tisch oder auf der Terrasse, abends kosten Getränke mehr als tagsüber. Viele Restaurants, Cafés und Bistros bieten an Werktagen mittags ein preisgünstiges Tagesgericht (Plat du Jour) oder eine Formule an (Vorspeise plus Hauptgang oder Hauptgang plus Dessert, evtl. mit Café und/oder einem Glas Wein). In den bestens sortierten Supermärkten oder bei einem »traiteur« (Feinkostgeschäft) kann man gut für ein Picknick einkaufen. Viele **Museen** verlangen am ersten Sonntag des Monats keine oder nur eine ermäßigte Eintrittsgebühr; für junge Leute bis 25 Jahre aus den EU-Staaten sind sie meist gratis.

REISEZEIT

Kleine Unterschiede

Das »bretonische Wetter« gibt es nicht. Im Süden ist es wesentlich milder als im rauen Norden, wo auch mehr Regen fällt. Schnee ist allerdings in der gesamten Region selten, und die Sommer werden auch an der Südküste nicht heiß. Die Westwinde bringen oft rasche Wetterwechsel – nach einem kurzen, kräftigen Schauer zeigt sich der Himmel oft schnell wieder blitzblau. Die **Jahresdurchschnittstemperaturen** liegen bei 11 – 12 °C an der Küste, im Landesinneren bei 9 – 11 °C.

Zu jeder Jahreszeit

In der Hauptreisezeit von Juni bis September ist die **Wassertemperatur** in den Buchten recht angenehm und erreicht oft 22 °C, außerhalb dieser Monate sinkt die Wassertemperatur unter 15 °C. Die **Hauptsaison** im Juli und August fällt in die Zeit der großen Ferien in Frankreich. An der Küste und auf den Inseln ist alles ausgebucht, Unterkunft ist ohne Reservierung kaum zu finden. Im Binnenland der Halbinsel hingegen ist kein größeres Gedränge zu befürchten. Die meisten kulturellen und sportlichen Veranstaltungen konzentrieren sich auf den Sommer. Naturliebhaber und Kulturtouristen ohne große Badeambitionen kommen im **Frühjahr**, um die Natur in ihrer schönsten Entfaltung und die Kulturstätten ohne Gedränge zu genießen. Im **Herbst** locken die warmen Farben der Natur, die Stürme und der sich ständig verändernde Himmel. Aber auch der milde bretonische **Winter** mit steifer Brise und tosendem Meer hat seine Reize.

SPRACHE

SPRACHFÜHRER FRANZÖSISCH

AUF EINEN BLICK

Ja	**Oui**
Nein	**Non**
Vielleicht	**Peut-être**
Bitte	**S'il vous plaît (s. v. p.)**
Danke	**Merci**
Gern geschehen.	**De rien.**
Entschuldigen Sie!	**Excusez-moi!**
Wie bitte?	**Comment?**
Ich verstehe nicht.	**Je ne comprends pas.**

Ich spreche nur wenig Französisch.	**Je parle seulement un tout petit peu de français.**
Können Sie mir bitte helfen?	**Pouvez-vous m'aider, s. v. p.?**
Sprechen Sie Deutsch/Englisch?	**Parlez-vous allemand/anglais?**
Ich möchte/würde gerne ...	**J'aimerais ...**
Das gefällt mir nicht.	**Ça ne me plaît pas.**
Haben Sie ... ?	**Avez-vous ... ?**
Wieviel kostet das?	**Ça coûte combien?**
Wieviel Uhr ist es?	**Quelle heure est-il?**

KENNENLERNEN

Guten Morgen/Tag!	**Bonjour!**
Guten Abend!	**Bonsoir!**
Hallo/Grüß dich!	**Salut!**
Wie heißen Sie?	**Comment vous vous appellez?**
Wie heißt du?	**Comment tu t'appelles?**
Wie geht es Ihnen/dir?	**Comment allez-vous/vas-tu?**
Auf Wiedersehen!/Tschüss!	**Au revoir!/Salut!**

UNTERWEGS

links/rechts	**à gauche/à droite**
geradeaus	**tout droit**
nah/weit	**près/loin**
Verzeihung, wo ist ...?	**Pardon, où se trouve ... , s. v. p.?**
Wie viele Kilometer sind das?	**C'est à combien de kilomètres d'ici?**
Was ist der kürzeste Weg nach ...?	**Quel est le chemin le plus court pour aller à ...?**

TANKEN

Wo ist die nächste Tankstelle?	**Où est la station de service la plus proche?**
Ich möchte ... Liter ...	**Je voudrais ... litres ..., s'il vous plaît.**
... Super	**... de super**
... Diesel	**... de diesel**
Volltanken, bitte	**(Faites) Le plein, s. v. p.**

PANNE

Ich habe eine Panne.	**Ma voiture est en panne.**
Können Sie mir einen Abschleppwagen schicken?	**Est-ce que vous pouvez m'envoyer un remorqueur?**
Gibt es hier in der Nähe eine Werkstatt?	**Est-ce qu'il y a un garage près d'ici?**
... ist defekt.	**... est défectueux.**

UNFALL

Hilfe!	**Au secours!**
Achtung! Vorsicht!	**Attention!**

Rufen Sie schnell ...	**Appelez vite ...**
... einen Krankenwagen.	**... une ambulance.**
... die Polizei.	**... la police.**

ESSEN GEHEN

Wo gibt es hier ...	**Pourriez-vous m'indiquer ...**
... ein gutes Restaurant?	**... un bon restaurant?**
... ein nicht zu teures Restaurant?	**... un restaurant pas trop cher?**
Gibt es hier ein nettes Café (Bistro)?	**Y-a-t'il un café (bistrot) sympa?**
Ich möchte für heute Abend einen Tisch für 4 Personen reservieren	**Je voudrais bien réserver une table pour ce soir, pour quatre personnes**
Die Speisekarte, bitte.	**La carte, s. v. p.**
Wo ist bitte die Toilette?	**Où sont les toilettes, s. v. p.?**
Auf ihr Wohl!	**A votre santé!/A la vôtre!**
Messer/Gabel/Löffel	**couteau/fourchette/cuilllère**
C'était bon?	**Hat es geschmeckt?**
Le repas était excellent.	**Das Essen war ausgezeichnet.**

ÜBERNACHTUNG

Könnten Sie mir ... empfehlen?	**Pourriez-vous m'indiquer ...?**
... ein gutes Hotel	**... un bon hôtel**
... eine Pension	**... une pension de famille**
Haben Sie noch ... frei?	**Est-ce que vous avez encore ...?**
... ein Einzelzimmer	**... une chambre pour une personne**
... ein Doppelzimmer	**... une chambre pour deux personnes**
... mit Bad	**... avec salle de bains**
... für eine Nacht	**... pour une nuit**
... für eine Woche	**... pour une semaine**
Was kostet ein Zimmer mit ...	**Quel est le prix de la chambre ...**
... Frühstück?	**... petit déjeuner compris?**
... Halbpension?	**... en demi-pension?**

ARZT

Können Sie mir einen guten Arzt empfehlen?	**Pourriez-vous me recommander un bon médecin?**
Ich habe hier Schmerzen.	**J'ai mal ici.**
Wo ist die nächste Apotheke?	**Où est la pharmacie la plus proche?**

POST UND TELEKOMMUNIKATION

Briefmarke für einen Brief/eine Postkarte nach Deutschland	**Timbre pour une lettre/une carte postale à destination de l'Allemagne**
Eine Prepaidkarte für mein Handy	**une recharge pour mon portable**
Wo finde ich einen Internetanschluss?	**Où puis-je trouver un accès à internet?**
WLAN	**wi-fi**
Computer/Ladegerät	**ordinateur/chargeur**

WOCHENTAGE UND MONATE

lundi	**Montag**
mardi	**Dienstag**
mercredi	**Mittwoch**
jeudi	**Donnerstag**
vendredi	**Freitag**
samedi	**Samstag**
dimanche	**Sonntag**
janvier	**Januar**
février	**Februar**
mars	**März**
avril	**April**
mai	**Mai**
juin	**Juni**
juillet	**Juli**
août	**August**
septembre	**September**
octobre	**Oktober**
novembre	**November**
décembre	**Dezember**

ZAHLEN

0	**zéro**	19	**dix-neuf**
1	**un**	20	**vingt**
2	**deux**	21	**vingt et un**
3	**trois**	22	**vingt-deux**
4	**quatre**	23	**vingt-trois**
5	**cinq**	30	**trente**
6	**six**	40	**quarante**
7	**sept**	50	**cinquante**
8	**huit**	60	**soixante**
9	**neuf**	70	**soixante-dix**
10	**dix**	80	**quatre-vingt**
11	**onze**	90	**quatre-vingt-dix**
12	**douze**	100	**cent**
13	**treize**	200	**deux cents**
14	**quatorze**	1000	**mille**
15	**quinze**	2000	**deux mille**
16	**seize**	10 000	**dix mille**
17	**dix-sept**	1/2	**un demi**
18	**dix-huit**	1/4	**un quart**

PETIT DÉJEUNER/FRÜHSTÜCK

café noir	**schwarzer Kaffee**
café au lait	**Kaffee mit Milch**
décaféiné (déca)	**koffeinfreier Kaffee**
thé au lait/au citron	**Tee mit Milch/Zitrone**
tisane/infusion	**Kräutertee**
chocolat (chaud)	**(heiße) Schokolade**

sucre	**Zucker**
jus de fruit	**Fruchtsaft**
œuf à la coque	**weiches Ei**
œufs brouillés	**Rühreier**
œufs au plat avec du lard	**Spiegeleier mit Speck**
pain/petit pain/toast	**Brot/Brötchen/Toast**
croissant	**Hörnchen**
beurre	**Butter**
fromage	**Käse**
charcuterie	**Wurst und Schinken**
jambon	**Schinken**
miel/confiture	**Honig/Marmelade**
yaourt	**Joghurt**
céréales	**Müsli, Getreideflocken**

SOUPES ET HORS-D'ŒUVRES/SUPPEN UND VORSPEISEN

bisque d'écrevisses	**Krebssuppe**
bouillabaisse	**südfranzösische Fischsuppe**
brochettes de coquilles Saint-Jacques	**Spieße mit Jakobsmuscheln**
consommé de poulet	**Hühnerbrühe**
crudités	**verschiedene Gemüse, roh oder blanchiert**
escargots à la bourguignonne	**gekochte Weinbergschnecken, in ihren Häusern serviert**
pâté de campagne	**Bauernpastete**
pâté de foie	**Leberpastete**
salade lyonnaise	**grüner Salat mit gebratenen Speckwürfeln und Croûtons**
salade niçoise	**grüner Salat mit Tomaten, grünen Bohnen, hartem Ei, Tunfisch und Oliven**
saumon fumé	**Räucherlachs**
soupe à l'oignon	**Zwiebelsuppe**
soupe de poisson	**Fischsuppe**

VIANDES/FLEISCH

agneau/gigot d'agneau	**Lamm/Lammkeule**
bifteck	**Steak**
bœuf	**Rindfleisch**
cassoulet	**Fleisch und weiße Bohnen aus dem Ofen**
confit	**eingemachtes Fleisch**
côte de bœuf	**Ochsenkotelett**
crépinette	**kleine Frikadelle im Netzmantel**
filet de bœuf	**Rinderfilet**
foie gras	**Gänse-/Entenstopfleber**
foie	**Leber**
grillades	**Grillplatte**

mouton	**Hammel**
porc	**Schwein**
pot-au-feu	**Eintopf aus Rindfleisch und Huhn mit verschiedenem Gemüse**
rognons	**Nieren**
rôti	**Braten**
sauté de veau	**Kalbsragout**
tartare	**rohes Rinderhack mit Eigelb, Kapern und Zwiebeln**
tripes	**Kutteln**
	gebratenes Fleisch
saignant	**... im Kern noch blutig**
à point	**... halbdurch**
bien cuit	**... durchgebraten**

VOLAILLES ET GIBIER/GEFLÜGEL UND WILD

canard à l'orange	**Ente mit Orangensoße**
cerf	**Hirsch**
cuissot de chevreuil	**Rehkeule**
coq au vin	**in Rotwein geschmorter Hahn**
dinde	**Truthahn, Pute**
faisan	**Fasan**
lapin chasseur	**Kaninchen nach Jägerart**
oie	**Gans**
poulet (rôti)	**Hähnchen (Brathähnchen)**
sanglier	**Wildschwein**

POISSONS ET CRUSTACÉS/FISCH UND KRUSTENTIERE

cabillaud	**Kabeljau**
calmar frit	**gebackener Tintenfisch**
daurade	**Goldbrasse**
écrevisses à la nage	**gekochte Flusskrebse in würziger Brühe**
lotte	**Seeteufel**
loup de mer	**Seewolf**
maquereau	**Makrele**
morue	**Stockfisch**
omble chevalier	**Saibling**
perche	**Barsch**
petite friture	**gebackene kleine Fische**
quenelles de broschet	**Hechtklöße mit Sahne und Eiern**
rouget	**Rotbarbe**
sandre	**Zander**
sole au gratin	**überbackene Seezunge**
truite meunière	**Forelle Müllerin**
turbot	**Steinbutt**
coquilles Saint-Jacques	**Jakobsmuscheln**
crevettes	**Garnelen, Shrimps**
homard	**Hummer**

huîtres	**Austern**
moules marinières	**Miesmuscheln in Weißwein und Knoblauch gedünstet**
plateau de fruits de mer	**Meeresfrüchteteller**

LÉGUMES, PÂTÉS, RIZ/GEMÜSE, TEIGWAREN, REIS

artichaut	**Artischocke**
choucroute	**Sauerkraut**
courgettes	**Zucchini**
épinards	**Spinat**
fenouil	**Fenchel**
haricots (verts)	**(grüne) Bohnen**
nouilles	**Nudeln**
oignons	**Zwiebeln**
petits pois	**Erbsen**
poivrons	**Paprikaschoten**
pommes dauphine/ pommes duchesse	**Kartoffelkroketten**
pommes de terre	**Kartoffeln**
pommes de terre nature	**Salzkartoffeln**
pommes de terre sautées	**Bratkartoffeln**
riz au curry	**Curryreis**
tomates	**Tomaten**

DESSERTS/NACHSPEISEN

charlotte	**Löffelbiskuits mit Früchten und Vanillecreme**
crème brûlée	**Sahnepudding mit Karamell**
crème Chantilly	**Schlagsahne**
gâteau	**Kuchen**
glace	**Speiseeis**
pâtisserie maison	**Feingebäck nach Art des Hauses**
profiteroles	**kleine Windbeutel mit Sahnefüllung**
sabayon	**Weinschaumcreme**
tarte aux pommes	**Apfelkuchen**
tarte Tatin	**gestürzter karamellisierter Apfelkuchen**

FRUITS/OBST

abricots	**Aprikosen**
cerises	**Kirschen**
fraises/framboises	**Erdbeeren/Himbeeren**
macédoine	**Fruchtsalat**
mûres/myrtilles	**Brombeeren/Blaubeeren**
pêches	**Pfirsiche**
pommes/poires	**Äpfel/Birnen**
prunes	**Pflaumen**
raisins	**Trauben**

LISTE DES CONSOMMATIONS/GETRÄNKEKARTE

coca	**Cola**
eau minérale gazeuse	**Mineralwasser mit Kohlensäure**
eau minérale (plat)	**Mineralwasser (stilles)**
bière	**Bier**
bière blonde	**helles Bier**
bière brune	**dunkles Bier**
bière pression	**Bier vom Fass**
bière bouteille	**Flaschenbier**
bière sans alcool	**alkoholfreies Bier**
Panaché	**Radler (Bier mit Limonade)**
vin	**Wein**
café crème	**Kaffee mit aufgeschäumter Milch**
café exprès	**Espresso**
café au lait	**Milchkaffee**
un (verre de vin) rouge	**ein Glas Rotwein**
un quart de vin blanc	**ein Viertel Weißwein**
un pichet de vin	**ein Krug mit Wein**
jus de fruit	**Fruchtsaft**
jus d'orange/de pamplemousse	**Orangen-/Grapefruitsaft**
lait	**Milch**

TELEKOMMUNIKATION · POST

Telefonieren

Seit 2017 gibt es innerhalb der EU keine Roaming-Gebühren mehr. Wer in Frankreich mit dem **Handy** telefonieren, simsen oder mobiles Internet verwenden möchte, kann dies anbieterübergreifend zu den Konditionen wie zu Hause tun.

WLAN

Viele Hotels, Campingplätze, Restaurants und Cafés bieten kostenloses WLAN (»**WiFi gratuit**«). Auch an vielen öffentlichen Plätzen, Bahnhöfen und Flughäfen gibt es **WiFi-Hotspots**.

Post

Postämter erkennt man am gelben Schild »La Poste«, da und dort weisen noch alte PTT-Schilder (»Postes, Télégraphes, Téléphones«) den Weg. In größeren Städten haben die Postämter Mo. – Fr. durchgehend von 8.30 bis 18/19 Uhr geöffnet, in kleineren Orten von 9 bis 12 und von 14 bis 17/18, am Samstag bis 12 Uhr.
Briefmarken (timbres) erhält man einzeln oder in Heftchen (carnets) in Postämtern, Tabakläden (tabac) und manchen Bars. Postkarten und Briefe bis 20 g nach Deutschland, Österreich und in die Schweiz sind mit 1,10 € (prioritaire) zu frankieren.

Die **Briefkästen** in Frankreich sind gelb und haben in der Regel zwei Einwurfschlitze: einen für das Département, in dem man sich befindet, den anderen für den Rest der Welt (Autres destinations).

VERKEHR

Straßenverkehr

Verkehrsaufkommen

Die Autobahnen gelten in der Bretagne als (mautfreie) Schnellstraßen: die N12 von Rennes über St-Brieuc nach Brest, die N 24 von Rennes nach Lorient, die N 166 von Ploërmel nach Vannes sowie die N 165 von Nantes via Vanners, Lorient und Quimper nach Brest. Auf diesen »Voies Express« – Höchstgeschwindigkeit 110 km/h !– sowie auf den normalen Routes Nationales (N) und den Départementstraßen (D) herrscht mitunter starker Verkehr.
Wenig befahren ist das sehr dichte Netz der **Landstraßen**. Staus gibt es gelegentlich in den Ballungsgebieten Rennes und Brest sowie in den Innenstädten großer Orte in Küstennähe wie Quimper, Vannes und St-Malo.

Verkehrsregeln

Die französischen Verkehrsregeln entsprechen im Großen und Ganzen denen im deutschsprachigen Raum. Vorfahrtsstraßen sind durch das Schild »Passage protégé« vor Kreuzungen gekennzeichnet. Im Kreisverkehr müssen in den Kreis Einfahrende warten (Schild »Cedez le passage«), vor dem Verlassen ist rechts zu blinken. Das Anlegen der Sicherheitsgurte ist obligatorisch, auch für Beifahrer; Kinder unter 10 Jahren müssen hinten sitzen und gesichert sein. Telefonieren ist nur mit Freisprecheinrichtung erlaubt. **Motorradfahrer** müssen einen Sturzhelm tragen und tagsüber mit Abblendlicht fahren. Nachts dürfen Warnsignale nur mit der Lichthupe gegeben werden. Eine **Warnweste** und ein **Warndreieck** müssen mitgeführt werden. Bei Unfällen muss ein Personenschaden vorliegen, damit die Polizei tätig wird. Vorsicht: Damit man sich an das Tempolimit in Ortschaften hält, sind an Ortseinfahrten häufig Bodenschwellen in die Straße eingelassen! Und wer eine rote Ampel missachtet, wird nicht nur zur Kasse gebeten, er erhält auch Punkte in Flensburg.

Höchstgeschwindigkeiten

Die Höchstgeschwindigkeit ist innerorts 50 km/h, auf Landstraßen gilt ein Tempolimit von 80 km/h, auf Nationalstraßen 90 km/h (bei Nässe oder Schnee 80 km/h), auf Autobahnen 130 km/h (bei Nässe 110 km/h), Voies Express 110 km/h (bei Nässe 100 km/h). Viele Franzosen fahren ziemlich zügig, trotz häufiger **Radarkontrollen**. Tempoüberschreitungen sind teuer – zwischen 90 und 1500 € –, und sofort zu bezahlen, sonst kann das Fahrzeug beschlagnahmt werden.

Alkohol am Steuer Das Fahren nach dem Genuss von Alkohol (Grenze 0,5 Promille) ist ein Vergehen, noch größerer Alkoholkonsum auch ohne Verletzung der Straßenverkehrsordnung ein strafbares Delikt. Jedes Auto muss mindestens einen **Alkoholtester** mitführen – den »éthylotest« bekommen Sie u. a. in Raststätten, Tankstellen und Apotheken. Die Tests sind etwa 6 Monate haltbar.

Verstöße Ordnungswidrigkeiten werden meist sehr viel härter bestraft als in Deutschland. Schon das Anhalten (nicht Parken!) auf einem Behindertenparkplatz kann mit 150 € geahndet werden.

Parken In den Innenstädten ist Parken in der Regel gebührenpflichtig (meist Mo.–Sa. 9 –12, 14 –19 Uhr, außerhalb dieser Zeiten gratis) diese Bereiche sind auf der Straße mit »Payant« gekennzeichnet. Die Gebühr entrichtet man an **Parkscheinautomaten** (horodateur). In Einbahnstraßen darf auch auf der linken Seite geparkt werden, oft wechselt die zum Parken freigegebene Straßenseite täglich oder halbmonatlich (stationnement alterné). Gelbe Linien am Fahrbahnrand bedeuten Parkverbot. Die Polizei geht rigoros gegen Falschparker vor. Abgeschleppte oder mit einer Kralle festgesetzte Autos auszulösen ist kostspielig. Viele Parkplätze, besonders in den Stadtzentren und an den Küstenstraßen, sind **für Wohnmobile gesperrt** (Abschrankung an der Einfahrt in 1,90–2 m Höhe).

Tanken Die Kraftstoffpreise sind sehr unterschiedlich, am günstigsten tankt man bei den großen Supermärkten (Hypermarchés) wie LeClerc, Carrefour oder Auchan. Allgemein ist das Tanken in Frankreich etwas teurer als in Deutschland. Auf dem Land sind die Tankstellen nachts, am Wochenende und an Feiertagen meist geschlossen. Mit Kredit- und Bankkarten kann man rund um die Uhr an den automatischen Zapfsäulen von Tankstellen und Supermärkten tanken. Außer Diesel (diesel, gazole, gasoil), Super plus (98 Oktan, SP 98) und Super (95 Oktan, SP 95) gibt es Super mit 10 % Ethanol (SP 95 E10).

Panne Immer Warnblinker einschalten, Warnweste anlegen und das Warndreieck in ausreichendem Abstand aufstellen! Auf Autobahnen das Fahrzeug auf der Standspur abstellen und sich hinter die Leitplanke begeben. Um einen Pannendienst (dépanneur-remorqueur) und ggf. die Polizei zu rufen, auf Autobahnen und Schnellstraßen nur die orangefarbenen Notrufsäulen benutzen, nicht das Mobiltelefon; auf Landstraßen und in Orten ruft man die Polizei an (▶ Notrufe). Die Preise für die Hilfeleistung durch konzessionierte Unternehmen sind festgelegt und in den Einsatzfahrzeugen nachzulesen.

Unfall

Bei Verkehrsunfällen ohne Personenschäden ist es nicht üblich, die Polizei einzuschalten. Die Beteiligten sind gehalten, ein einvernehmliches Protokoll (constat amiable, Europäischer Unfallbericht) auszufüllen, das bei der Versicherung vorgelegt wird. Das Formular bekommt man bei seiner Versicherung und den Automobilclubs. Bei größeren Fahrzeugschäden ist es angezeigt, vor der Rückkehr nach Hause ein Sachverständigengutachten einzuholen.

Mietwagen

In allen größeren Städten findet man internationale und regionale Vermieter. Um ein Auto mieten zu können, sind ein Personalausweis, ein mindestens ein Jahr alter Führerschein und eine Kreditkarte nötig. Mindestalter ist meist 21 Jahre. Eine Übersicht der Mietwagenfirmen wie Avis, Europcar, Hertz und Sixt, aber auch lokale Anbieter, geben Portale wie www.billiger-mietwagen.de und www.check24.de. An vielen Bahnhöfen der SNCF ist Avis vertreten, die den Bahnkunden Sonderkonditionen gewährt.

Mit der Bahn

Weites Netz

Das Schienennetz in der Bretagne umfasst zwei Hauptstrecken: von Rennes über St-Brieuc/Morlaix nach Brest sowie von Rennes über Vannes nach Quimper (mit Verbindung zwischen Landerneau und Quimper). Darüber hinaus gibt es im Norden Stichbahnen nach St-Malo (TGV), Paimpol, Lannion und Roscoff, im Süden auf die Halbinsel Quiberon. Der reservierungspflichtige **TGV Atlantique** (www.thetrainline.com) hält in Vitré, Rennes, Lamballe, St-Brieuc, Guingamp, Plouaret-Trégor, Morlaix, Landivisiau, Landernau und Brest, an der Südtrasse in Redon, Vannes, Auray, Lorient, Quimperlé, Rosporden und Quimper; weiterhin in Nantes, St-Nazaire, La Baule und Le Croisic.

Mit dem Bus

Öffentlicher Nahverkehr

Meist liegt bei den Bahnhöfen und Flugplätzen gleich ein Busbahnhof (Gare routière), von dem die Busse der TER-SNCF (www.ter-sncf.com) und privater Unternehmen in die Umgebung fahren. **Tarife und Fahrpläne der öffentlichen Verkehrsmittel** – egal ob Zug, Bus, Bahn oder Schiff – finden Sie unter www.mobibreizh.bzh/en.

Schiffsverkehr

England, Irland, Kanalinseln

Fähren verbinden St-Malo mit Portsmouth, Weymouth und Poole sowie Roscoff mit Plymouth und Cork. Zu den Kanalinseln Jersey und Guernsey setzen von St-Malo mehrmals täglich Fähren über

(Kraftfahrzeuge und Passagiere: Condor Ferries und Hdferries; nur Passagiere: Compagnie Corsaire).
www.brittanyferries.com, www.condorferries.co.uk
www.hdferries.com , www.compagniecorsaire.com

Boots-ausflüge

Beliebt sind die Schiffsausflüge – in der Saison Plätze unbedingt spätestens am Vortag buchen! Vor der Küste liegen über 800 Inseln, 13 von ihnen sind bewohnt. Ganz oben auf der Hitliste stehen die Inseln im Golf von Morbihan. Von St-Malo schippern Boote nach Dinard und zu den Iles Chausey in der Bucht des Mont St-Michel. Die Reede von Brest ist auf einer Rundfahrt kennenzulernen. In Morgat auf der Halbinsel Crozon beginnen Fahrten zu Buchten und Höhlen der nahen Felsküste, außerdem zum Cap de la Chèvre; in Douarnenez werden Törns durch die große Bucht angeboten. Zu den beliebtesten Flussstrecken gehören Dinard–Dinan (Rance) und von der Pointe de l'Arcouest (Paimpol) auf dem Trieux zum Château Roche Jagu.
www.bretagne-reisen.de
www.finistere-tourismus.com/ausfluege-aufs-meer
www.kerarmor.de/ausflugstipps/ausflüge-auf-dem-wasser

REGISTER

A

B

C

D

E

F

Q

R

S

BILDNACHWEIS

AFP/Getty Images 24/25
akg-images 8/9
akg-images/Erich Lessing 354
Emmanuel Berthier/hemis/laif 10, 23, 66, 202
Bildagentur Huber/Fantuz 7, 187, 244
Bildagentur Huber/Giovanni 175
Bildagentur Huber/Susanne Kremer 3 (o.), 78/79
Bilderberg/E. Grames 284
Bilderberg/M. Kirchgessner 171
Marco Bottigelli/AWL Images 120
DuMont Bildarchiv/Christian Heeb 267, 388
DMBA Elan Fleisher 3 (u.) 14/15, 29, 51, 54, 57, 61, 69, 92 (2x), 95, 100, 108 (2x), 127, 151, 158, 164, 176, 190, 196, 201, 206/207, 214, 233, 238, 253, 264, 269, 270, 277 (2x), 281, 293, 298/299, 303 (2x), 310, 318, 321, 323 (2x), 332, 365, 367, 373, 376, 379, 383, 391 (o.), 395
dpa 19
Elan Fleisher/Lookphotos 132
fotolia/aterrom 306
fotolia/DjiggiBodgi.com U 7
fotolia/illustrez-vous 381 (M.)
fotolia/Radu Razvan 381 (u.)
fotolia synto 104
Getty Images/Mathieu Rivrin 2, 12/13
Glowimages/PhotoCuisine 377
Glow Images/Sofood 380 (o.)
Gunter Hartmann 129, 358 (o.)
Christian Heeb 335
Interfoto 341
Interfoto/Sammlung Rauch 363
iStockphoto/thelinke 391 (u.)
laif/Prignet/Le Figaro Magazine 387
laif/Top/Daniel Czap 381 (o.)
Rene Mattes/hemis/laif 146
mauritius images/atimages/Alamy 181
mauritius images/CuboImages 380 (u.)
mauritius images/David Crossland/Alamy 192
mauritius images/Rene Mattes 88, 185
mauritius images/Sergi Reboredo/Alamy 228
mauritius images/United Archives 27 (o.)
mauritius images/WorldPix/Alamy 225
Brigitte Merz/Lookphotos 20/21
Modrow/laif 211
Camille Moirenc 141
Tuul & Bruno Morandi/laif 255
picture alliance 345 (u.)
picture-alliance/akg-images 339
picture-alliance/dpa 358 (u.)
Reincke 351, 352
Shutterstock 99, 135
Shutterstock/Richard Semik) 111
Herve Ronne/REA/laif: 16/17
Rolf E. Staerk 216
Vario images/Theissen 103
Vintage/Jüttner 114, 157, 327, 347
Visum/Andia 369
Florian Werner/Lookphotos 125, 248, 260
Heinz Wohner/Lookphotos 297

Titelbild: Francesco Carovillano/Schapowalow

VERZEICHNIS DER KARTEN UND GRAFIKEN

BAEDEKER VERLAGSPROGRAMM

Viele Baedeker-Titel sind als E-Book erhältlich.

A
Ägypten
Algarve
Allgäu
Amsterdam
Andalusien
Australien

B
Bali
Baltikum
Barcelona

Belgien
Berlin · Potsdam
Bodensee
Böhmen
Bretagne
Brüssel
Budapest
Burgund

C
China

D
Dänemark
Deutsche
Nordseeküste
Deutschland
Dresden
Dubai · VAE

E
Elba
Elsass · Vogesen
England

F
Finnland
Florenz
Florida
Frankreich
Fuerteventura

G
Gardasee

Golf von Neapel
Gomera
Gran Canaria
Griechenland

H
Hamburg
Harz
Hongkong · Macao

I
Indien
Irland
Island
Israel · Palästina
Istanbul
Istrien · Kvarner Bucht
Italien

J
Japan

K
Kalifornien
Kanada · Osten
Kanada · Westen

Kanalinseln
Kapstadt · Garden Route
Kopenhagen
Korfu · Ionische Inseln
Korsika
Kreta
Kroatische Adriaküste · Dalmatien
Kuba

L
La Palma
Lanzarote
Lissabon
London

M
Madeira
Madrid
Mallorca
Malta · Gozo · Comino
Marrokko
Mecklenburg-Vorpommern
Menorca
Mexiko
München

N
Namibia
Neuseeland
New York
Niederlande

Norwegen

O
Oberbayern
Österreich

P
Paris
Polen
Polnische Ostseeküste · Danzing · Masuren
Portugal
Prag
Provence · Côte d'Azur

R
Rhodos
Rom
Rügen · Hiddensee
Rumänien

S
Sachsen
Salzburger Land
Sankt Petersburg
Sardinien
Schottland
Schwarzwald
Schweden
Schweiz
Sizilien
Skandinavien
Slowenien
Spanien
Sri Lanka
Südafrika
Südengland
Südschweden · Stockholm
Südtirol
Sylt

T
Teneriffa
Thailand
Thüringen
Toskana

U
USA · Nordosten
USA · Südwesten

Usedom

V
Venedig
Vietnam

W
Wien

Z
Zypern

IMPRESSUM

Ausstattung:
123 Abbildungen, 30 Karten und Grafiken, eine große Reisekarte

Text:
Susanne Kilimann, Hilke Maunder, Dr. Madeleine Reincke und Anja Schliebitz; mit Beiträgen von Achim Boumer und Reinhard Strüber

Bearbeitung:
Baedeker-Redaktion
(Dr. Madeleine Reincke, Stuttgart)

Kartografie:
Christoph Gallus, Hohberg,
Klaus-Peter Lawall, Unterensingen,
MAIRDUMONT Ostfildern
(Reisekarte)

3D-Illustrationen:
jangled nerves, Stuttgart

Infografiken:
Golden Section Graphics GmbH, Berlin

Gestalterisches Konzept:
RUPA GbR, München

14., aktualisierte Auflage 2023

Trotz aller Sorgfalt von Redaktion und Autoren zeigt die Erfahrung, dass Fehler und Änderungen nach Drucklegung nicht ausgeschlossen werden können. Dafür kann der Verlag leider keine Haftung übernehmen.
Kritik, Berichtigungen und Verbesserungsvorschläge sind jederzeit willkommen. Schreiben Sie uns, mailen Sie oder rufen Sie an:

Baedeker-Redaktion
Postfach 3162, D-73751 Ostfildern
Tel. 0711 4502-262
www.baedeker.com
baedeker@mairdumont.com

Printed in China

MIX
Papier aus verantwortungsvollen Quellen
FSC® C124385
FSC www.fsc.org

Meine persönlichen Notizen

La Manc
Côte des Abers
Île d'Ouessant
Lannilis
Ploudalmézeau
Pointe de Pontusval
Roscoff
Chât. de Kerjean
Baie de Lannion
Côte de Granit Rose
Perros-Guirec
Pointe du Château
Côte du Goëlo
Lannion
Tréguier
Paimpol
Morlaix
Bégard
le Conquet
Brest
N12
St-Thégonnec
Landerneau
Guingamp
Baie de St-Brie
Pointe de St-Mathieu
Plougastel-Daoulas
Roc'h Trévézel
384
Monts d'Arrée
Huelgoat
Callac
St-Brieuc
Pointe de Pen-Hir
Presqu'île de Crozon
N165
Crozon
Menez-Hom
330
Carhaix-Plouguer
Quintin
Châteauneuf-du-Faou
Moncont
Baie de Douarnenez
Châteaulin
Roc de Toullaëron
326
N164
Corlay
Pointe du Raz
Cap Sizun
Locronan
Aulne
Bel Ai
339
Douarnenez
Cornouaille
Ty Louet
Rostrenen
Plozévet
Gourin
Loudéac
Scaër
Ste-Barbe
Baie d'Audierne
Quimper
Le Faouët
Rohan
N.-D.de Tronoën
Pontivy
Penmarc'h
Bannalec
Concarneau
N165
Quimperlé
Bubry
Moho
Pointe de Penmarc'h
Pont-Aven
Hennebont
Îles de Glénan
Josselin
Pluvigner
Lorient
St-Jean-Brévelay
Larmor-Plage
Île de Groix
Auray
Vannes
Carnac
Questi
Locmariaquer
Golfe du Morbihan
Presqu'île de Quiberon
Muzill
Quiberon
Baie de Quiberon
Chat.de Suscinio
Ambon
OCÉAN ATLANTIQUE
Herbign
le Palais
Pointe du Castelli
Presqu Guéra
Belle-Île-en-Mer
le Croisic
la Baule
50 km
© BAEDEKER
Île de Noirmoutier